21世纪普通高等教育电子商务专业规划教材

电子商务技术与应用

主编　王谢宁
参编　徐本强　吕成戊　董明哲
张同军　刘　敏

机械工业出版社

本书涉及了当前电子商务领域最新的技术发展和应用潮流，将 Web2.0 相关技术和典型应用融为一体，上篇介绍了网络信息检索与搜索引擎技术、XML、Ajax、Web service、P2P 技术和宽带无线接入与移动电子商务等技术，下篇介绍了 RSS、SNS、维基、博客和播客等 Web2.0 典型代表模式。本书既注重理论性，又注重实践性，章后有案例、实践操作、相关知识链接和习题，既可用于高等院校电子商务相关专业的教学，也可作为广大有兴趣从事互联网事业的相关人士系统地了解、学习和实践的参考用书。

图书在版编目（CIP）数据

电子商务技术与应用/王谢宁主编. —北京：机械工业出版社，2010.7（2017.1 重印）21 世纪普通高等教育电子商务专业规划教材

ISBN 978-7-111-31340-3

Ⅰ.①电… Ⅱ.①王… Ⅲ.①电子商务 - 高等学校 - 教材 Ⅳ.①F713.36

中国版本图书馆 CIP 数据核字（2010）第 137783 号

机械工业出版社（北京市百万庄大街 22 号 邮政编码 100037）
策划编辑：易 敏 责任编辑：易 敏 版式设计：张世琴
责任校对：王 欣 封面设计：马精明 责任印制：李 洋
北京瑞德印刷有限公司印刷（三河市胜利装订厂装订）
2017 年 1 月第 1 版第 3 次印刷
184mm×230mm · 16.5 印张 · 393 千字
标准书号：ISBN 978-7-111-31340-3
定价：28.00 元

凡购本书，如有缺页、倒页、脱页，由本社发行部调换

电话服务
服务咨询热线：010-88379833
读者购书热线：010-88379649

网络服务
机 工 官 网：www.cmpbook.com
机 工 官 博：weibo.com/cmp1952
教育服务网：www.cmpedu.com
金 书 网：www.golden-book.com

前　言

随着信息技术的日新月异，电子商务也在不断发展创新。电子商务专业有其鲜明的专业特色，技术更新快，各种观点和商业模式百花齐放，处在不断的探索和碰撞之中。从这个意义上讲，应用已走在了理论的前面，因此，我们更应该不断总结与探索，及时推陈出新。

电子商务的技术发展与应用更新速度是当前任何一个学科所不能比拟的，它的核心其实是技术与应用的融合，如果将两者割裂便失去了电子商务的本意。技术的发展使得商务模式的发展有了可能，而使用这些技术加上人类的想象便不断创造出了新的商务模式。

本书涉及的内容代表了当前电子商务领域较新的发展应用方向和技术潮流，打破了目前不少同类书籍技术和应用陈旧的局限性。

电子商务已进入 Web2.0 时代，出现了不少新的技术和新的商业模式，以博客等为代表的 Web2.0 推动了互联网的发展，这种互联网模式弥补了原有网络模式的不足，使企业从原来围绕大型商务网络平台开展活动的形式，转变为以用户自身为主体的网络商务活动。这也引发了人们对其商业模式的重新思考和认识，人们都想系统地学习并迫切希望能够实践这种新的商业模式和技术。本书结合具体的实践操作和当前具有代表性的一些案例，对 Web2.0 环境下的技术进行整合和分析，从而使读者可以把握当前电子商务的一些关键技术和设计思想。

本书是作者多年来教学经验的积累，并结合当前学科领域的实际，涉及当前电子商务相关主流技术和 Web2.0 技术发展的新动向，将网络信息检索与搜索引擎技术、移动电子商务技术和 Web service、XML、Ajax 和 P2P 等技术融为一体，并穿插了实践操作和案例分析，力求做到既注重理论性又注重实践性，尽量通俗易懂，结构合理，层次清晰，绝大部分章节根据内容特点均有案例分析或实践操作，便于教师的教学和广大读者的学习。

在章节安排上，本书共分为技术篇和应用篇两部分，理论和实践相结合，避免了读者学了技术不知何处应用，而看了案例又不知使用何种技术的矛盾。第一章概述电子商务技术基础后，上篇涉及当前电子商务相关技术发展的新动向，全面介绍网络信息检索与搜索引擎技术、宽带无线接入技术和移动电子商务技术，以及 P2P、XML、Ajax、Web service 等技术；下篇介绍 RSS、维基、SNS、博客和播客等 Web2.0 典型应用。

本书具有如下特点：①注重时效性和应用性，写作力求增加较新的内容。使用最新资料（包括统计资料、案例）、介绍最新技术（如一些软件和开发工具等）。②对技术知识、理论原理的讲述比较细致，在难懂的地方一般都补充了图标和示例说明，避免大量纯文字性、抽象的描述。③丰富实用的示例。为了便于读者理解和掌握知识要点，各部分的内容中都穿插了丰富的示例。这些示例的设计力求与当前的实际需要接近，实用性较强，既有助于读者对相关知识的理解和学习，也为读者提供了大量上机实践的机会。在部分章节中，针对具体的案例和实践操作，本书还设计了详细的操作步骤。在每章的结尾，我们都设计了本章小结模块和习题模块，以利于读者学习后总结、归纳、巩固、检验学习成果。出于拓展知识目的，每章都给出了相关的阅读材料或与讲述的内容有关的参考网站的网址，读者可以进行电子商务的网上体验与资料补充。

本书由王谢宁负责总体内容设计，编写分工如下：第一、五、八、九、十、十一章由王谢宁编写，第三章由董明哲编写，第四、六章由徐本强编写，第七章由吕成戊编写，第二章和第十二章由王谢宁和吕成戊共同编写，张同军先生和刘敏女士进行了部分章节的资料收集和案例整理工作，东北财经大学电子商务专业的2006级的许多本科学生也参与了部分资料收集的工作，在此表示感谢。在编写过程中，本书借鉴了国内外大量的出版物、论文和网上资料，书后参考文献难免疏漏，在此向各位作者表示深深的敬意和感谢。

本书既可用于高等院校电子商务等相关专业的教学，也可作为广大有兴趣从事互联网事业的相关人士系统地了解、学习和实践的参考用书。

电子商务还处在快速发展过程中，本书在编写过程中虽然增加了许多新知识和新内容，并且书稿历经多次修改，但难免有错误和不足之处，真诚希望专家和读者提出宝贵意见。

我们制作了与本书配套的PPT课件，使用本书作教材授课的教师可向出版社编辑索取(cmp9721@163. com)

王谢宁

目 录

上篇　技 术 篇

下篇 应 用 篇

第一章

电子商务技术基础

【学习目标】电子商务是计算机技术、网络通信技术整合现代管理理念带来的一场新的工业革命．Internet应用已经深入到了社会的各行各业，正影响着人们的日常生活。本章重点是要让读者把握电子商务的网络技术基础，如互联网核心技术——TCP/IP 协议、主要的网络接入技术和电子商务网站设计技术，如静态和动态的页面设计技术，了解电子商务的基本概念、内涵、特点以及电子商务出现的新现象。

【关键概念】TCP/IP　网络接入　万维网　网站设计

第一节　电子商务概述

电子商务的概念起源于 20 世纪 70 年代。当时一些大公司通过建立自己的计算机网络，采用 EDI（电子数据交换）技术实现各个机构之间、商业伙伴之间的信息共享。EDI 传递的是标准的数据流，可以避免人为的失误，降低成本、提高效率。

随着互联网的发展，电子商务从萌芽时期进入快速成长阶段，在人们的不断探索和应用实践中，新技术与新的商业模式不断出现。

一、电子商务的定义

电子商务是指所有利用 Internet、Intranet、Extranet 来解决交易相关商务问题的一种商业运营模式。其目的是降低产供销成本、开拓新市场、创造新的商机，从而增加企业利润。

大多数学者将电子商务划分为广义和狭义两种范畴。广义电子商务的定义为使用各种电子工具从事商务活动。这些工具包括从初级的电报、电话、广播、电视、传真到计算机、计算机网络、NII（国家信息基础结构——信息高速公路）、GII（全球信息基础结构）和 Internet 等现代系统。而商务活动是从泛商品（实物与非实物，商品与非商品化的生产要素等）的需求活动到泛商品的合理、合法的消费除去典型的生产过程后的所有活动。狭义电子商务的定义为主要利用 Internet 从事商务活动。在现实生活中，我们从收音机、电视、报纸和网络常常听到、看到的电子商务这一概念，实际上是指“网上购物”，即通过 Web 技术将产品、服务和信息销售给顾客。

今天，已经可以从网络上购买到书、CD、鲜花、飞机票、电视机，甚至汽车。

二、电子商务的发展状况

1. 电子商务在欧美国家的发展

在欧美国家，电子商务发展得如火如荼。在法、德等欧洲国家，电子商务所产生的营业额已占商务总额的1/4，在美国则已高达1/3以上。同时，移动电子商务现在也开始蓬勃发展了。2008年，北美地区通过手机销售的实体产品的总销售额达到3.46亿美元。欧美国家电子商务飞速发展的原因主要有以下几点：

（1）在欧美国家，拥有计算机的家庭、企业众多，网民人数占总人口的2/3以上，尤其是青少年，几乎都是网民，优裕的经济条件和庞大的网民群体为电子商务的发展创造了良好的环境。

（2）欧美国家普遍实行信用卡消费制度，建立了一整套完善的信用体系，这为电子商务的网上支付问题找到了出路。在欧美国家，每个人都有一个独一无二的，不能伪造并伴随终生的信用代码。持信用卡进行消费时，如果某企业或个人恶意透支后不还款，那么以后他无论走到何地，他的信用记录上都会有此污点，不论他想贷款买房、购车或办公司，银行都不会贷款给他，这在贷款盛行的西方世界是极其可怕的。因此，西方人普遍将信用看作自己的第二生命，从而在网上进行商务活动时也注意诚信。

（3）欧美国家的物流配送体系比较完善、正规。近年来大型第三方物流公司的出现，使得不同地区的众多网民，往往能在点击购物的当天或转天就可收到自己所需的产品。这要得益于欧美国家发展了近百年的仓储运输体系。

2. 电子商务在我国的发展

在我国，电子商务始于1997年。如果说美国电子商务是“商务推动型”，那么我国电子商务则更多的是“技术拉动型”，这是在发展模式上我国电子商务与美国电子商务的最大不同。在美国，电子商务实践早于电子商务概念，企业的商务需求“推动”了网络和电子商务技术的进步，并促成电子商务概念的形成。在我国，电子商务概念先于电子商务应用与发展，“启蒙者”是IBM等IT厂商，网络和电子商务技术需要不断“拉动”企业的商务需求，进而拉动我国电子商务的应用与发展。了解这一不同点是很重要的，这是我国电子商务发展的一大特点，也是理解我国电子商务应用与发展的一把钥匙。

在1997年和1998年，我国电子商务的主体正是一些IT厂商和媒体，它们以各种方式进行电子商务的“启蒙教育”，激发和引导人们对电子商务的认识、兴趣和需求。在1999年和2000年，以网站为主要特征的电子商务服务商在风险资本的介入下成为我国电子商务最早的应用者，成为这一阶段我国电子商务的主体。随着电子商务应用与发展的深化，以及资本市场泡沫的破灭，网站电子商务开始跌入低谷，而企业特别是传统企业却开始大规模进入电子商务领域。我国电子商务从2001年开始进入第三个阶段，企业电子商务成为我国电子商务新的主体。

这一变化是深刻的，然而也引发了对我国电子商务形势的一些不正确看法——人们已经习惯以网站电子商务，特别是以一些“热点”网站电子商务作为了解和判断电子商务形势的重要甚至唯一的依据。实际上，传统企业正在大规模进入电子商务领域，其特点是坚定、有效但不太吸引“注意力”。企业电子商务应该成为今后观察和判断电子商务形势的主要视角。

截至2009年6月30日，我国网民规模达到3.38亿人，较2008年年底增长13.4%，半年增长了4000万人。而宽带网民规模则达到了3.2亿人，占总网民数的94.3%，较2008年年底上升了3.7个百分点。国家顶级域名注册量达1296万个。以上三项指标仍然稳居世界第一，互联网普及率稳步提升。受3G业务开展的影响，使用手机上网的网民在2009年6月也已达到1.55亿，占网民的46%，半年内增长了32.1%，增速十分迅猛。

2009年6月，我国个人网上购物销售额达到1320亿元，约占社会商品零售额的1%。消费者通过网络购物平台购买的产品范围不断扩大，种类从手机、计算机等高端产品延伸到低端的服装、化妆品、居家用品等，销售规模迅速扩大。2008年，全国电子商务带动的包裹量达到5亿件。快递企业优化网络、改善服务，积极承接电子商务的配送业务。

目前，我国的电子商务正处于一次重要的转型与升级时期，服务于企业供应链整合与协同的更深层次的电子商务服务是未来电子商务发展的方向。

三、Web2.0的出现与发展

自2006年开始，中国互联网行业掀起了新一轮创业热潮。围绕着改变互联网商业规则的Web2.0出现，并在这一概念下衍生出的博客、RSS、SNS、播客等众多网络创新模式，新一批互联网创业者汇同早期的成功人士，将整个中国的电子商务产业带入变革时期。Web2.0是相对早期网站（称之为Web1.0）的新的一类互联网应用的统称，是以blog、SNS、RSS、Wiki等应用为核心，依据六度分隔等新理论和技术实现的互联网新一代模式。Web2.0网站与早期Web1.0网站的不同之处在于前者所提倡的个性化，用户不是作为被动的客体而是作为一种主体参与到了互联网中，用户除了作为互联网的使用者之外，同时成为互联网主动的传播者、作者和生产者。Web1.0到Web2.0的转变，具体地说，在模式上，是从只读向可读写、信息共同创造的一个改变；在基本结构上，是由网页向发表/展示工具演变；在工具运用上，是由互联网浏览器向各类浏览器、RSS阅读器等内容发展。

Web2.0只是一种技术的应用手段，只有产生实际利润才符合商业原则，才有存在的价值和发展的基础。它的提出无论是对即将建立新的互联网企业的创业者来说，还是对目前已经在经营互联网企业的守业者来说，都具有重大的指导意义。

第二节 电子商务的网络基础

一、电子商务网络基础——TCP/IP协议

电子商务的应用平台是互联网，而整个互联网的发展始终都离不开TCP/IP协议。它能使不同硬件结构、不同操作系统和应用软件互连互通，从而成为计算机网络世界的“世界语言”。TCP/IP协议是互联网的基本技术，是一种网络通信协议，它规范了网络上所有通信设备之间的

数据往来格式及传递方式。只有了解 TCP/IP，我们才能更深入地了解电子商务的一些情况，更好地从事电子商务工作。

TCP（传输控制协议）负责发现传输的问题，一有问题就发出信号，要求重新传输，直到所有数据安全、正确地传输到目的地。而 IP 是给因特网中的计算机规定的地址代码。

TCP/IP 协议并不完全符合开放式系统互连（OSI）的 7 层参考模型。传统的 OSI 参考模型，是一种通信协议的 7 层抽象的参考模型，其中每一层执行某一特定任务。该模型的目的是使各种硬件在相同的层次上相互通信。这 7 层是：物理层、数据链路层、网络层、传输层、会话层、表示层和应用层。而 TCP/IP 协议采用了 4 层的层级结构，每一层都呼叫它的下一层所提供的网络来完成自己的需求。这 4 层分别为：

应用层：应用程序间沟通的层，如简单电子邮件传输（SMTP）、文件传输协议（FTP）、网络远程访问协议（Telnet）等。

传输层：此层提供节点间的数据传送和应用程序之间的通信服务，主要功能是数据格式化、数据确认和丢失重传等。

互连网络层：负责提供基本的数据封包传送功能，让每一个数据包都能够到达目的主机(但不检查是否被正确接收)。

网络接口层（主机—网络层）：接收 IP 数据报并进行传输，从网络上接收物理帧，抽取 IP 数据报转交给下一层，对实际的网络媒体的管理，定义如何使用实际网络（如 Ethernet、Serial Line 等）来传送数据。

以下简单介绍 TCP/IP 中的协议分别具备什么样的功能、是如何工作的。

1. IP

网际协议 IP 是 TCP/IP 的心脏，也是网络层中最重要的协议。IP 层接收由更低层（网络接口层，例如以太网设备驱动程序）发来的数据包，并把该数据包发送到更高层 TCP 或 UDP 层；相反，IP 层也把从 TCP 或 UDP 层接收来的数据包传送到更低层。IP 数据包是不可靠的，因为 IP 并没有做任何事情来确认数据包是按顺序发送的或者没有被破坏。IP 数据包中含有发送它的主机的地址（源地址）和接收它的主机的地址（目的地址）。

高层的 TCP 和 UDP 服务在接收数据包时，通常假设包中的源地址是有效的。也可以这样说，IP 地址形成了许多服务的认证基础，这些服务相信数据包是从一个有效的主机发送来的。

2. TCP

如果 IP 数据包中有已经封好的 TCP 数据包，那么 IP 将把它们向“上”传送到 TCP 层。TCP 将包排序并进行错误检查，同时实现虚电路间的连接。TCP 数据包中包括序号和完整确认信息，所以未按照顺序收到的包可以被排序，而损坏的包可以被重传。TCP 将它的信息送到更高层的应用程序，例如 Telnet 的服务程序和客户程序。应用程序轮流将信息送回 TCP 层，TCP 层便将它们向下传送到 IP 层、设备驱动程序和物理介质，最后到接收方。

传输控制协议软件确保了数据包的安全传输。路由器常常向一个网络发送太多的数据包，结果网络不能容纳所有这些数据，也不能对其进行加工。当这种情况发生时，整个网络就不得不放弃一些数据包。如果没有传输控制协议，这些被放弃的数据包就不会到达它们的预定目的地。

传输控制协议要求每一个数据包的目的地一旦接收到数据包，就发送一个确认信息。如果这一信息没有接收到，传输控制协议就会把这个数据包再发送一次。从同一原始信息发出的不同数据包也许会从不同的途径到达它们的最终目的地——一些数据包经过的途径也许短一些，另外一些则长些。结果，数据包到达最终目的地的顺序也许并不是它们被发送出来的顺序。传输控制协议能够自动地在数据包到达的时候就对数据包进行检查，并且按照正确的顺序把它们放好。最后，因为网络硬件的故障有时候会导致数据包的复制，而传输控制协议能够自动对复制的数据包进行检查，然后只接收首先到达的那份数据包。

面向连接的服务（例如 Telnet、FTP、rlogin、X Windows 和 SMTP）需要高度的可靠性，所以它们使用了 TCP。

3. UDP

UDP 与 TCP 位于同一层，但它是用户自带寻址信息的、独立地从数据源行走到终点的数据包协议（User Datagram Protocol，UDP）提供的是无保障的数据包发送服务——也就是说，与传输控制协议不同，UDP 并不对丢失的数据包进行检查。尽管 UDP 传输可靠性较差，但是一般要比 TCP 快。许多种流动式媒体软件（例如 RealPlayer）使用 UDP 协议是因为它的传输速度快（速度对视频的传输很重要），而且不需要保障质量（在完全动态的视频传输中，小的间隙不容易被觉察）。

4. ICMP

ICMP 与 IP 位于同一层，它被用来传送 IP 的控制信息，提供有关通向目的地址的路径信息。如果路径不可用了，ICMP 可以使 TCP 连接“体面地”终止。PING 命令是最常用的基于 ICMP 的服务。

5. TCP 和 UDP 的端口结构

TCP 和 UDP 服务通常有一个客户/服务器的关系，例如，一个 Telnet 服务进程开始在系统上处于空闲状态，等待着连接。用户使用 Telnet 客户程序与服务进程建立一个连接。客户程序向服务进程写入信息，服务进程读出信息并发出响应，客户程序读出响应并向用户报告。因而，这个连接是双工的，可以用来进行读写。

两个系统间的多重 Telnet 连接是如何相互确认并协调一致呢？TCP 或 UDP 连接唯一地使用每个信息中的如下 4 项进行确认：

源 IP 地址——发送包的 IP 地址。

目的 IP 地址——接收包的 IP 地址。

源端口——源系统上的连接的端口。

目的端口——目的系统上的连接的端口。

端口是一个软件结构，被客户程序或服务进程用来发送和接收信息。一个端口对应一个 16bit 的数。服务进程通常使用一个固定的端口，例如，SMTP 使用 25、Xwindows 使用 6000。这些端口号是“广为人知”的，因为在建立与特定的主机或服务的连接时，需要这些地址和目的地址进行通信。

二、WWW——万维网

1. 认识万维网

WWW建立在客户机/服务器模型之上的，是以超文本标注语言（hyper text mark-up language，HTML）与超文本传输协议HTTP（hyper text transfer protocol）为基础，能够提供面向Internet服务的、一致的用户界面的信息浏览系统。其中，WWW服务器采用超文本链路来链接信息页，这些信息页既可放置在同一主机上，也可放置在不同地理位置的主机上；链路由统一资源定位器（URL）维持，WWW客户端软件（即WWW浏览器）负责信息显示与向服务器发送请求。用户只需提出查询要求，至于到什么地方查询、如何查询，则由WWW自动完成。因此，WWW为用户带来的是世界范围的超级文本服务。用户只要操纵鼠标，就可以通过Internet从全世界任何地方调来所需的文本、图像、声音等信息。WWW使得非常复杂的Internet使用起来异常简单。

2. WWW的组成

简单地说，WWW由客户机和服务器组成。客户机是一个需要某些东西的程序，而服务器则是提供某些东西的程序。一个客户机可以向许多不同的服务器发出请求；一个服务器也可以向多个不同的客户机提供服务。客户机通常是作为某个用户请求或类似于用户的某个程序提出的请求而运行的。协议是客户机请求服务器和服务器如何应答请求的各种方法的定义。WWW客户机又可称为浏览器。

服务器的作用有：接受请求；请求的合法性检查，包括安全性屏蔽；针对请求获取并制作数据，包括Java脚本和程序、CGI脚本和程序、为文件设置适当的MIME类型来对数据进行前期处理和后期处理；审核信息的有效性；把信息发送给提出请求的客户机。

3. 万维网和互联网之间的区别

常见的一个误解是，人们认为互联网（Internet，也叫因特网）和万维网（World Wide Web）是同样的事物。一些词语如“互联网”、“万维网”、“网”和“网络”经常可以交替使用。但是，从技术的角度来说，“互联网”和“万维网”是两个独立的实体。

互联网是线路、协议以及通过TCP/IP协议实现数据电子传输的硬件和软件的集合体。Internet提供的主要服务有万维网（WWW）、文件传输（FTP）、电子邮件（E-mail）、远程登录（Telnet）等。

万维网则存在于互联网之上。它是无数个网络站点和网页的集合，构成了因特网最主要的部分（因特网也包括电子邮件、Usenet以及新闻组）。它实际上是多媒体的集合，是由超级链接连接而成的。我们通常通过网络浏览器上网观看的，就是万维网的内容。万维网由浏览器浏览的超文本页面组成，这些超文本页面是通过TCP/IP协议从网络上获取的。网页的开头部分总是http://或者https：//，表明被浏览的信息是超文本，是利用超文本传输协议来传输的。所以，如果把互联网看成是基础，那么万维网就可以被看成是对互联网的应用。

三、互联网的接入

网络接入方式的结构，统称为网络的接入技术，其发生在连接网络与用户的最后一段路程。网络的接入部分是目前最有希望大幅提高网络性能的环节。

互联网服务提供商 ISP（internet service provider），是指为互联网用户提供互联网接入服务及相关技术支持的公司，是广大用户进入互联网的入口和桥梁，它包括互联网内容提供商（ICP）和互联网接入服务商（IAP）。目前，我国的 ISP 有中国电信、联通、吉通、铁通等。互联网内容提供商提供内容服务，如网页制作、门户网站等。互联网接入提供商专门从事互联网接入服务及有限的信息服务，国内 IAP 的有新网（xinnet. com）、东方网景（east.net）、北京电信（bbn.com. cn）等。

总结目前的互联网接入方式，主要如下：

1. 普通电话拨号上网

其基本原理是，将数字信息通过调制解调器转为模拟信号，然后通过电话线进行传输，接收方再通过调制解调器将模拟信号转为数字信号，从而完成数据通信的过程。其上网速度理论上可以达到 33. 6（上传）~56（下载）KB/s，缺点是上网速度较慢，而且易受电话线路通信质量的影响。

2. ISDN 上网

ISDN（integrated services digital network）是综合业务数字网的简称，又称一线通，它是由电话综合数字网演变而来的。ISDN 有两个信道，可以全部用于接入互联网，也可以仅用一个信道接入。如果两个信道同时使用，则数据传输速率为 128KB/s，一个信道使用时数据传输速率为 64KB/s，此时另一个信道作为普通电话使用。

3. ADSL 上网

ADSL（asymmetric digital subscriber line）是不对称数字用户环路的简称，是目前电信系统所称的宽带网。它是利用现有的市话铜线进行数据信号传输的一种技术。ADSL 的基本原理是将传统电话线的双绞线的带宽充分利用起来，即使 ADSL 出现设备故障也不影响普通电话业务。ADSL 适用于人口密度大、高层建筑多、网络节点密集的地段，具有系统结构简单、使用维护方便、性价比高的特点。其接入方式如图 1-1 所示。

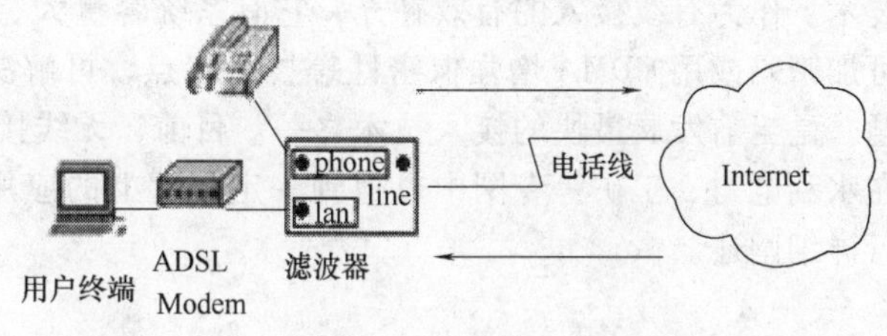

图 1-1　ADSL 接入方式示意图

4. DDN 上网

DDN（digital data network）就是数字数据网，它利用数字信道来传输数据信号。DDN 专线就是市内或长途的数据电路，电信部门将它们出租给用户做资料传输使用后，它们就变成用户的专线，直接进入电信的 DDN 网络。因为这种电路采用固定连接的方式，不需经过交换机房，所以称为固定 DDN 专线。因为 DDN 主要采用光纤传输直接传送数据，所以传输质量高，特别适用于业务量大、实时性要求强的用户。

5. 局域网共享上网

比如校园网通过光纤连入互联网，而学校内部的计算机可以共享这根光纤上网。光纤局域网内的传输速率为10～100MB/s。

6. 混合光纤同轴（HFC）接入上网

为了解决终端用户通过普通电话线入网速率较低的问题，人们一方面通过xDSL技术提高电话线路的传输速率，另一方面尝试利用目前覆盖范围广、最具潜力、具有很大带宽的CATV网络。HFC（hybrid fiber coaxial）接入技术就是以现有的CATV（common aeroline televisoion）有线电视网络为基础所产生的一种宽带接入网技术。

HFC技术可以统一提供CATV、话音、数据及其他交互业务。终端用户要想通过HFC接入，需要安装一个用户接口盒（UIB），它可以提供3种连接：使用CATV同轴电线连接到机顶盒（STB），然后连接到用户电视机；使用双绞线连接到用户电话机；通过Cable Modem连接到用户计算机。

由于CATV网络覆盖范围已经很广，而且同轴电线的带宽比铜线的带宽要宽得多，因此HFC是一种相对比较经济、高性能的宽带接入方案，是光纤逐步推向用户的一种经济的演变策略。尤其是在有线电视网络比较发达的地区，HFC是一种很好的宽带接入方案。

7. 光纤上网

光纤是一种直径为50～100μm的特殊传输介质，一般由石英玻璃或塑料制成，外裹一层折射率较低的材料，多根光纤连在一起，就组成了光缆。光纤通信网才是真正意义上的宽带网，由于其大容量、保密性好、不怕干扰和雷击、重量轻等诸多优点，正在得到迅速发展和应用。它的传输速度最快，单根光纤的传输速度可以达到100MB/s～10GB/s，而且相当稳定，唯一缺点就是价格较高。

8. 无线接入上网

无线接入技术是指全部或部分采用无线传输方式，为用户提供固定或移动的接入服务的技术。作为有线接入的有效补充，它有系统容量大、覆盖范围广、系统规划简单、扩容方便、可加密码或用CDMA增强保密性等技术特点，可解决边远地区、难于架线地区的信息传输问题，是当前发展最快的接入技术之一。目前，无线接入技术已较为广泛地应用于农村、城镇，在水利电力、工矿等专网中也得到一定程度上的应用。无线接入的技术，本书将在第七章进行详细阐述。

第三节 网站设计技术

在Web发展的早期，Web服务器只提供静态的HTML页面。随着应用需求的增长和相关技术的发展，业务数据存储与Web页面的集成变成了现实，从而推动了Web应用从单一的信息提供发展为电子商务工具。电子商务应用的发展也反过来促进了动态内容生成技术的发展。为了高效地开发电子商务系统，掌握好目前流行的快速Web网页开发原理和实现技术是必不可少的。

下面简要介绍标记语言、脚本语言、动态页面开发技术等网站设计技术。

一、标记语言

（1）HTML。HTML（hypertext mark-up language）即超文本标记语言或超文本链接标示语言，是目前网络上应用最为广泛的语言，也是构成网页文档的主要语言。HTML 文本是由HTML命令组成的描述性文本。HTML 命令可以说明文字、图形、动画、声音、表格、链接等。HTML 文档制作不是很复杂，且功能强大，支持不同数据格式的文件嵌入，这也是 WWW 盛行的原因之一。

（2）CSS。HTML 标签原本被设计为用于定义文档内容。通过使用 <h1>、<p>、<table> 这样的标签来表达“这是标题”、“这是段落”、“这是表格”之类的信息，文档布局由浏览器来完成。由于主要的浏览器（Netscape 和 Internet Explorer）不断地将新的 HTML 标签和属性（比如字体标签和颜色属性）添加到 HTML 规范中，要创建文档内容清晰地独立于文档表现层的站点就变得越来越困难。为了解决这个问题，万维网联盟（W3C）在 HTML 4.0 之外创造出样式（Style），极大地提高了工作效率。

由于允许同时控制多重页面的样式和布局，CSS 可以称得上 Web 设计领域的一个突破。网站开发者能够为每个 HTML 元素定义样式，并将之应用于你希望的任意多的页面中。如需进行全局的更新，只需简单地改变样式，网站中的所有元素均会自动更新。

采用 CSS 布局具有以下 4 个显著优势：

（1）表现形式和内容相分离。CSS 将设计部分剥离出来放在一个独立样式文件中，HTML 文件中只存放文本信息。这样的页面对搜索引擎更加友好。

（2）提高页面浏览速度。CSS 语言是一种标记语言。它不需要编译，可以直接由浏览器解释执行（属于浏览器解释型语言）。对于同一个页面视觉效果，采用 CSS 布局的页面文件要比传统 TABLE 编码的页面文件小得多，前者一般只有后者的 1/2，浏览器不用再去编译大量冗长的标签。

（3）易于维护和改版。只要简单地修改几个 CSS 文件，改变网页的整体表现形式，就可以重新设计整个网站的页面。CSS 可以减少网站设计的工作量，是每一个网页设计人员的必修内容。

（4）使用 CSS 布局更符合现在的 W3C 标准。

为了更直观地了解 CSS，先来看看这个没有添加 CSS 的 HTML 文件：http：//www. csszengarden. com/zengarden-sample. html，如图 1-2 所示。 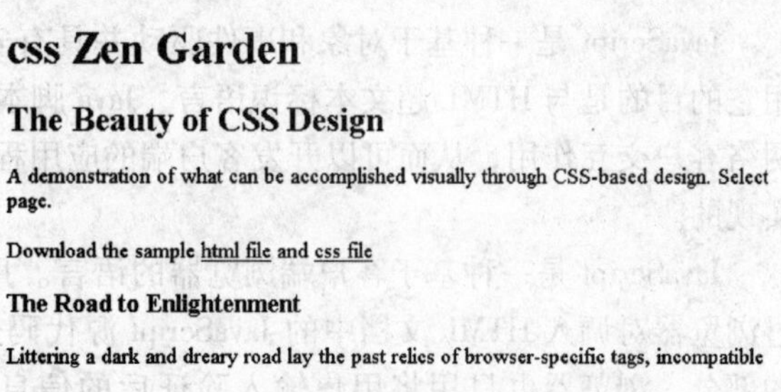

这是一个普普通通的网页。然而通过给这个文件添加的 CSS 规则，我们可以得到十分美观的网页：http：//www. csszengarden. com，

图 1-2　没有添加 CSS 的 HTML 文件

如图 1-3 所示。

图 1-3 添加 CSS 的 HTML 文件

不改动 HTML，只是通过添加不同的 CSS 规则，就可以得到各种不同样式的网页：http://www.csszengarden.com/?cssfile=/208/208.css&page=0，如图 1-4 所示。

图 1-4 改变 CSS 以得到不同的网页效果

二、脚本语言 JavaScript 和 VBScript

1. JavaScript

JavaScript 语言的前身叫做 Livescript。自从 Sun 公司推出著名的 Java 语言之后，Netscape 公司引进了 Sun 公司有关 Java 的程序概念，将自己原有的 Livescript 重新进行设计，并改名为 JavaScript。

JavaScript 是一种基于对象和事件驱动并具有安全性能的脚本语言，可使网页变得生动。使用它的目的是与 HTML 超文本标识语言、Java 脚本语言一起实现在一个网页中链接多个对象，与网络客户交互作用，从而可以开发客户端的应用程序。它是通过嵌入或调入标准的 HTML 语言中实现的。

JavaScript 是一种基于客户端浏览器的语言。用户在浏览器中填表、验证的交互过程只是通过浏览器对调入 HTML 文档中的 JavaScript 源代码进行解释执行来完成的，即使是必须调用 CGI 的部分，浏览器也只用将用户输入验证后的信息提交给远程的服务器，大大减少了服务器的负担。

2. VBScript

VBScript 是 Visual Basic Script 的简称，即 Visual Basic 脚本语言，有时也被缩写为 VBS。它是微软开发的一种脚本语言，是 Microsoft Visual Basic 的简化版本。它具有原语言容易学习的特性，广泛应用于网页制作和 ASP 程序设计中。配合 ASP 内建对象和 ADO 对象，用户很快就能掌握访问数据库的 ASP 动态网页开发技术。同时它还可以直接作为一个可执行程序，用来调试简单的 VB 语句时非常方便。

VBScript 易学易用，既可编写服务器脚本，也可编写客户端脚本。当作为网页浏览器（客户端的 VBS）时，网页中的 VBS 可以用来指挥客户方的网页浏览器（浏览器执行 VBS 程序）。VBS 与 JavaScript 在这一方面是竞争者，它们可以用来实现动态 HTML，甚至可以将整个程序结合到网页中来。至今为止，VBS 在客户方面未能占优势，因为它只获得 Microsoft Internet Explorer 的支持（Mozilla Suite 可以通过装置一个外挂来支持 VBS），而 JavaScript 则受到所有网页浏览器的支持。在 Internet Explorer 中，VBS 和 JavaScript 使用同样的权限，它们只能有限地使用 Windows 操作系统中的对象。

三、动态页面开发技术

我们用 HTML、CSS 已经能够编写非常漂亮的静态网页，但是这些网页缺乏和用户的互动性。比如，你需要为你的网站增加用户注册和登录的功能；可能还需要做一些网上调查，了解用户对于某个事件或者产品的反馈；你还可能需要满足用户在线订购的需要等。编写动态网页能够帮助你实现这些和用户互动的功能。

动态内容页面为什么对于电子商务网站是必需的？假设管理有 10 个产品的电子商务站点，只要产品不是经常变动，那么手工编写 10 个带有必要的信息、表单和诸如此类内容的静态产品页面并不困难。但是，假设在本月要添加 10 个或更多产品，然后在下个月要添加更多，而且价格有时会变动或者想改变站点的观感，那么你就会陷入用手工重新编写数十个、也许上百个静态页面的困境中。而假设从创建 product. asp 页面开始，它没有静态信息，而是编码成可以从产品数据库中提取信息并动态地构建一个页面，然后你就拥有了一个元数据页面，它可以根据存储在数据库中的信息提供一个、一百个、甚至十万个单独页面。这样网站管理员就不用重复做更新静态页面的工作，因为在更新公司数据库中的信息同时就可以更新页面上的信息。当前，编写动态页面的网站开发语言主要有如下几种：

1. ASP

ASP 是 active server page（动态服务器页面）的缩写。ASP 是微软公司开发的代替 CGI 脚本程序的一种应用，它可以与数据库和其他程序进行交互，是一种简单、方便的编程工具。ASP 的网页文件的格式是 .asp，现在常用于各种动态网站中。它是一种服务器端脚本编写环境，可以用来创建和运行动态网页或 Web 应用程序。ASP 网页可以包含 HTML 标记、普通文本、脚本命令以及 COM 组件等。利用 ASP 可以向网页中添加交互式内容（如在线表单），也可以创建使用 HTML 网页作为用户界面的 Web 应用程序。

ASP 也不仅仅局限于与 HTML 结合制作 Web 网站，而且还可以与 XHTML 和 WML 语言结合制作 WAP 手机网站。但是其原理也是一样的。

2. PHP 介绍

PHP（Hypertext Preprocessor）是一种嵌入在 HTML 中并由服务器解释的脚本语言。它大量地借用 C 和 Perl 语言的语法，并结合 PHP 自己的特性，使 Web 开发者能够快速地写出动态页面。PHP 可以用于管理动态内容、支持数据库、处理会话跟踪，甚至构建整个电子商务站点。它支持许多流行的数据库，包括 MySQL、PostgreSQL、Oracle、Sybase、Informix 和 Microsoft SQL Server。

PHP 是完全免费的开源产品，Apache 和 MYSQL 也是这样，在国外非常流行。PHP 和 MYSQL 搭配使用，可以非常快速地搭建一套不错的动态网站系统，因此国外大多数主机系统都配有免费的 APACHE + PHP + MYSQL。通常认为这种搭配的执行效率比 IIS + ASP + ACCESS 要高，而后者的使用还必须另外支付费用给微软。

大多数常规 PHP 的安装通常是与 Linux 或各种 UNIX 上的 Apache 一起运行的 PHP 模块。PHP 可以在 Windows NT 和 9x 以及其他许多 Web 服务器上运行。可以在主要介绍 Apache/Linux/PHP 组合的一些网站上找到更多有关 PHP 的文档，但它并不是支持 PHP 的唯一平台。

总体来说，PHP 语法简单，易学易用，有利于快速开发各种功能不同的定制网站，但在复杂的大型项目上的开发和维护相对比较困难。

3. JSP

JSP（Java Server Pages）是由 Sun Microsystems 公司倡导、许多公司参与一起建立的一种动态网页技术标准。它以 Java 语言作为脚本语言，熟悉 Java 语言的人可以很快上手。JSP 规范是 Web 服务器、应用服务器、交易系统以及开发工具供应商间广泛合作的结果。在传统的 HTML 文件（*.htm，*.html）中加入 Java 程序片段（Scriptlet）和 JSP 标记（tag），就构成了 JSP 网页（*.jsp）。Web 服务器在遇到访问 JSP 网页的请求时，首先执行其中的程序片段，然后将执行结果以 HTML 格式返回给客户。程序片段可以操作数据库、重新定向网页以及发送 E-mail 等，这就是建立动态网站所需要的功能。所有程序操作都在服务器端执行，通过网络传送给客户端的仅是得到的结果，对客户浏览器的要求最低，可以实现无 Plug-in、无 ActiveX、无 Java Applet，甚至无 Frame。

JSP 本身虽然也是脚本语言，但是却和 PHP、ASP 有着本质的区别。PHP 和 ASP 都是由语言引擎解释执行程序代码，而 JSP 代码却被编译成 Servlet 并由 Java 虚拟机执行。这种编译操作仅在对 JSP 页面的第一次请求时发生，因此普遍认为 JSP 的执行效率比 PHP 和 ASP 都高。

JSP 技术在多个方面加速了动态 Web 页面的开发：

（1）将内容的生成和显示进行分离。使用 JSP 技术，Web 页面开发人员可以使用 HTML 或者 XML 标识来设计和格式化最终页面。使用 JSP 标识或者小脚本来生成页面上的动态内容（内容是根据请求来变化的，例如请求账户信息或者特定商品的价格）。生成内容的逻辑被封装在标识和 JavaBeans 组件中，并且捆绑在小脚本中，所有脚本在服务器端运行。

（2）强调可重用的组件。绝大多数 JSP 页面依赖于可重用的、跨平台的组件（JavaBeans 或者 Enterprise JavaBeansTM 组件）来执行应用程序所要求的更为复杂的处理。开发人员能够共享和交换执行普通操作的组件，或者使得这些组件为更多的使用者或者客户团体所使用。基于组件的方法加速了总体开发过程，并且使得各种组织在他们现有的技能和优化结果的开发努力中得到平衡。

(3) 采用标识简化页面开发。Web 页面开发人员不会都是熟悉脚本语言的编程人员。JSP 技术封装了许多功能，这些功能是在易用的、与 JSP 相关的 XML 标识中进行动态内容生成所需要的。标准的 JSP 标识能够访问和实例化 JavaBeans 组件、设置或者检索组件属性、下载 Applet，以及执行用其他方法难于编码和耗时的功能。

总的来看，JSP 对于网站开发来讲不像 PHP 和 ASP 那样易学易用，支持 Java 的主机也少于支持 PHP 的主机，这在一定程度上限制了 Java 技术在网站上的发展。不过它目前被推荐为 Sun 公司 J2EE 平台上使用的 MVC 设计模式（M 是指数据模型，V 是指用户界面，C 则是控制器。使用 MVC 的目的是将 M 和 V 实现代码分离，从而使同一程序可以使用不同的表现形式），拥有相当大的优势的。虽然其配置和部署相对其他脚本语言来说要复杂一些，但对于跨平台的中大型企业应用系统来讲，基于 Java 技术的 MVC 架构几乎成为唯一的选择。

4. ASP.net

网站设计过程中，通常是由程序开发人员做后台的程序开发，前面有专业的美工设计页面，这样，在相互配合的过程中就会产生各种各样的问题。同时，ASP 页面是由脚本语言解释执行的，使得其速度受到影响。受到脚本语言自身条件的限制，在编写 ASP 程序的时候不得不调用 COM 组件来完成一些功能。为了解决以上问题，微软推出了 ASP.net。

ASP.net 是微软公司提供的一个网络开发环境。它是微软公司一个跨时代的产品，虽然名称带一个“ASP”，但是各方面都有质的飞跃。它功能强大，有更好的适应性、安全性，可以用不同的程序语言进行开发，使用包括 MySQL、Access 等常用数据库；多处理器的支持，可以大大提高执行速度，ASP 做不到这一点；另外，ASP 和 ASP.net 可以共用一个 IIS 组件，不会受互相干扰。

除以上几种技术外，还有 CGI，全称为 Common Gateway Interface。它是最早被用来建立动态网站的后台技术。在 CGI 中使用的最为广泛的是 Perl 语言。所以，狭义上所指的 CGI 程序一般都是指 Perl 程序，一般 CGI 程序的扩展名都是 . pl 或者 . cgi。CGI 程序在运行的时候，由于 CGI 程序每响应一个客户就会打开一个新的进程，所以，当有多个用户同时进行 CGI 请求的时候，服务器就会打开多个进程，这样就加重了服务器的负担，使服务器的执行效率变得越来越低下。这也就是最近几年来随着各种新的后台技术的诞生，CGI 应用在 Internet 上越来越少的原因。

5. 几种网站开发技术的比较

下面比较一下 ASP、ASP.net、JSP 和 PHP 的优点和缺点：

ASP 的优点有：①无需编译；②易于生成；③独立于浏览器；④面向对象；⑤与任何 ActiveX scripting 语言兼容；⑥源程序码不会外漏。

其缺点主要有：①ASP 由于使用了 COM 组件所以变得十分强大，但是 Windows 系统所附带的相应组件的漏洞也会给 ASP 带来麻烦，外部攻击就可以取得相当高的权限而导致网站瘫痪或者数据丢失；②还无法完全实现一些企业级的功能；如完全的集群、负载均衡；③无法实现跨操作系统的应用。

ASP.net 的优点有：①简洁的设计和实施；②语言灵活，并支持复杂的面向对象特性；③良好的开发环境和强大的支持工具。

其缺点有：在内存使用和执行时间方面耗费非常大，这大部分归因于较长的代码路径。对基于 Web 的应用程序，这些局限可能是一个严重的问题，因为在 Web 上，应用程序可能扩展为每秒成千上万的用户。

JSP 的优点有：①一处编写随处运行；②系统的多平台支持；③强大的可伸缩性；④多样化和功能强大的开发工具支持。

其缺点有：①与 ASP 一样，Java 的一些优势正是它致命的问题所在；②缺少系统性的资料。

PHP 的优点有：①一种能快速学习、跨平台、有良好数据库交互能力的开发语言；②简单轻便，易学易用；③与 Apache 及其他扩展库结合紧密；④良好的安全性。

其缺点有：①缺少正规的商业支持；②不适合应用于大型电子商务站点；③安装复杂；④无法实现商品化应用的开发。

这几种开发技术的优缺点用表格对比如表 1-1 所示。

表 1-1　几种开发技术的比较

后台界面	CGI	ASP	ASP. net	PHP	JSP/Servlet
操作系统	几乎所有	Windows	Windows 为主	几乎所有	几乎所有
服务器	几乎所有	IIS	IIS	非常多	非常多
执行效率	慢	快	较快	很快	极快
稳定性	高	中等	高	高	非常高
开发时间	长	短	短	短	中等
修改时间	长	短	短	短	中等
程序语言	几乎所有	VB	较多	PHP	仅支持 Java
网页结合	差	优	优	优	优
学习门槛	高	低	低	低	较高
函数支持	不定	少	多	多	多
系统安全	佳	低	佳	佳	极佳
使用网站	多	多	较多	很多	目前一般
更新速度	无	慢	快	快	较慢

目前在国内 PHP 与 ASP 应用非常广泛，而 JSP 在国内采用也比较多；在国外，电子商务类的网站多采用 JSP 技术。但由于 PHP 本身存在的一些缺点，PHP 缺乏规模支持；缺乏多层结构支持，并且 PHP 提供的数据库接口支持不统一，使得它不适合应用于大型电子商务站点，而更适合一些小型的商业站点。对于大负荷站点，解决方法只有一个：分布计算。数据库、应用逻辑

层、表示逻辑层彼此分开，而且同层也可以根据流量分开，群组成二维数组。但 PHP 则缺乏这种支持。

ASP 和 JSP 则没有以上缺陷，ASP 可以通过 Microsoft Windows 的 COM/DCOM 获得 ActiveX 规模支持，通过 DCOM 和 Transcation Server 获得结构支持；JSP 可以通过 SUN Java 的 Java Class 和 EJB 获得规模支持，通过 EJB/CORBA 以及众多厂商的 Application Server 获得结构支持。

在这几种开发技术中，JSP 和 ASP.net 应该是未来发展的主流和趋势。

总之，ASP、PHP、JSP 和 ASP.net 都有相当数量的支持者，各有所长，用户可根据它们的特点选择一种适合自己的技术。

【本章小结】

本章主要对电子商务技术的基础作了概要的综述，首先概述了电子商务的定义、对电子商务在国外和国内的发展历史和状况作了总结；分析了电子商务的发展环境；然后对电子商务的网络基础，包括 TCP/IP 协议的结构、数据包交换技术以及目前常见的网络接入技术进行了梳理；最后分析了当前网站设计的几类技术，主要包括常见的静态页面和动态页面的设计技术，并对它们的优缺点作了对比。

【相关链接】

1. TCP 数据包格式　http：//hi. baidu. com/ww999/blog/item/45c31234318f8d 385ab5f5 65. html
2. ADSL 宽带接入技术的原理和应用简介　http：//industry. ccidnet. com/art/1084/20070326/1044535 _ 2. html
3. TCP/IP 协议　http：//tieba. baidu. com/f? kz = 477764940
4. CSS 教程　http：//www. w3school. com. cn/css

习　题

一、选择题

1. 在电子商务分类中，B2B 是（　　）。

   A. 消费者与消费者间的电子商务　　B. 企业间的电子商务
   C. 企业内部的电子商务　　D. 企业与消费者间的电子商务

2. 不适合电子商务的业务是（　　）。

   A. 软件、音像制品的购销　　B. 易腐食品的购销
   C. 旅游服务的促销　　D. 出版业务

3. 专用网络的最大缺陷是（　　）。

   A. 两个企业之间可以专线连接　　B. 两个企业内部网之间可以物理连接
   C. 专线成本太高　　D. 专线是一直连通的

4. 中国域名是（　　）。

   A. us　　B. de　　C. uk　　D. cn

5. 电子商务的前提是（　　）。

   A. 商务信息化　　B. 商务国际化　　C. 交易国际化　　D. 交易网络化

6. TCP/IP 协议组是一个 4 层体系结构，它的最高层和最低层分别是（　　）。

   A. 应用层，网络接口层　　B. 传输层，应用层

C. 应用层，物理网络　　D. 传输层，物理网络

7. JSP是一种基于（　　）的脚本技术。

A. TCP/IP　　B. VB　　C. Java　　D. XML

8. 当利用电话线登录互联网时，数据一般被变换成（　　）。

A. 数字信号　　B. 模拟信号

C. 数字信号或者模拟信号　　D. 数字信号和模拟信号

9. 超文本标记语言是（　　）。

A. WWW　　B. FTP　　C. HTML　　D. XML

10. HTTP是Web上最常用的（　　）。

A. 超文本传输协议　　B. 统一资源定位技术

C. 互联网协议　　D. 远程登录技术

二、思考题

1. 支持交易中的电子商务系统必须完成哪些业务？对这类系统在技术上有什么要求？举例说明。
2. 与传统的商务相比，电子商务的优点有哪些？
3. 说明企业电子商务系统结构与基础环境。
4. 说明E-Commerce的基本业务流程。

上篇

技术篇

第二章

网络信息检索与搜索引擎技术

【学习目标】在网络信息环境下，网络信息检索是人们学习、工作、生活中利用率最高的网络信息服务之一，相对于纸质文献信息资源和数字资源的检索利用，其对人们的影响更为深远。本章重点学习目标是掌握网络信息检索的概念与特点，了解网络检索的主要技术——搜索引擎的发展历程与分类；理解搜索引擎的原理与技术实现过程；掌握搜索引擎的常用技巧；了解几款目前新出现的特色搜索引擎。

【关键概念】网络信息检索　搜索引擎　网络蜘蛛

第一节　网络信息检索技术与搜索引擎简介

互联网的飞速发展以及经济、贸易、信息传播的全球化，极大地丰富了互联网上的信息资源，互联网上现已有约 40 亿个网页，还在以每天 730 万个网页的速度增加。网络信息数量的海量化、形式的多样化、内容的复杂化，使得如何有效地获取信息与知识成为日益突出的问题，由此推动了网络检索技术的迅速发展。网络检索技术目前已成为最普遍、最受关注的研讨领域。

1. 网络信息检索的概念

网络信息检索就是利用计算机、高速信息网络等信息技术存储和检索信息的过程。人们通过联网计算机，并使用特定的检索指令、检索词、检索提问和检索策略，从网络资源中检索出所需要的信息，并可以由终端设备显示、下载、保存或打印。

网络信息检索的实质是“匹配运算”，即将用户输入的检索提问与检索系统中存储的信息特征标识及其逻辑组配关系进行比对、组配，并把相符合的信息调出来的过程。

2. 网络信息检索的特点

（1）信息检索空间宽。网络信息资源分布及服务的全球化，扩展了网络信息检索的空间。

（2）检索快捷。其处理速度快，运算准确，可靠性高。

（3）多元灵活。可以采用逻辑运算和限制检索等功能，使检索词之间能够灵活地进行组配。

（4）交互式作业方式。能够从用户命令中获取指令，即时响应用户要求，执行相应操作，并具有良好的信息反馈功能。用户在检索过程中可以及时调整检索策略，并能及时获得联机检索帮助和指导。

（5）更新迅速、及时。如许多动态类资源，可以随时更新。

（6）资源共享。利用本地计算机可以查询、获取网上丰富的信息资源，每个联网计算机都可以成为网上的信息源，实现资源共享。

（7）用户界面友好，操作简便。

3. 几种典型的搜索引擎

（1）百度中文搜索引擎（www. baidu. com）。百度于 2000 年推出，是全球最大中文搜索引擎，主要提供中文信息检索，并且为门户站点提供搜索结果服务。搜索范围涵盖了绝大部分华语地区网站以及北美、欧洲的部分站点。其拥有的中文信息总量达到 1 亿 2 千万网页以上，并且还在以每天几十万页的速度快速增长。

（2）Microsoft 搜索引擎 Bing（www. bing. com）。Bing（必应）搜索引擎是一款由微软公司推出的用以取代 Live Search 的搜索引擎。简体中文版 Bing 已于 2009 年 6 月 1 日正式对外开放访问。

（3）北大天网中英文搜索引擎（e. pku. edu. cn）。它由北京大学网络与分布式系统实验室开发并维护运行，于 1997 年 10 月开始提供服务，是我国最早的搜索引擎。天网搜索搜集了我国范围内大量的网络信息资源，尤其较全面地覆盖了中国教育科研网（CERNET）内的资源。天网目前索引的信息资源除已经超过 3 亿的网页外，还包括 2000 多万各种非网页类型的文件。在系统功能上，天网除了提供通常的关键词和短语检索外，还有自动网页分类目录。

（4）Yahoo 搜索引擎（www. yahoo. com）。它有 10 余种语言版本，各版本的内容互不相同。它提供类目、网站及全文检索功能；目录分类比较合理，层次深，类目设置好，网站提要严格清楚，但部分网站无提要；网站收录丰富，检索结果精确度较高，有相关网页和新闻的查询链接；全文检索由 Inktomi 支持；有高级检索方式，支持逻辑查询；可限时间查询；设有新站、酷站目录。

（5）Excite 搜索引擎（www. excite. com）。

它是一个基于概念性的搜索引擎，搜索时不只搜索用户输入的关键字，还可“智能性”地推断用户要查找的相关内容进行搜索。除美国站点外，它还有中文站点，以及法国、德国、意大利、英国等多个站点，查询时支持英文、中文、日文、法文、德文等 11 种文字的关键字。它提供类目、网站、全文及新闻检索功能；目录分类接近日常生活，细致明晰，网站收录丰富；网站提要清楚完整；搜索结果数量多，精确度较高；有高级检索功能，支持逻辑条件限制查询（AND 及 OR 搜索）。

（6）Lycos 搜索引擎（www. lycos. com）。其主页如图 2-1 所示。

Lycos 是个多功能搜索引擎，提供类目、网站、图像及声音文件等多种检索功能。其目录分类规范细致，类目设置较好，网站归类较准确，提要简明扼要；收录丰富，搜索结果精确度较高，尤其是搜索图像和声音文件的功能很强；有高级检索功能，支持逻辑条件限制查询。

搜索引擎在这十几年来的迅猛发展，呈现出百花争放的局面，下面就其发展进程与分类情况展开阐述。

图 2-1 Lycos 搜索引擎首页

第二节 搜索引擎的分类

搜索引擎按其工作方式主要可分为三种，分别是全文搜索引擎（full text search engine）、目录索引类搜索引擎（search index/directory）和元搜索引擎（meta search engine）。

1. 全文搜索引擎

全文搜索引擎的工作方式是由大规模机器运行的程序，按照某种策略自动地在互联网中搜集和发现信息，由索引器为搜集到的信息建立索引，由检索器根据用户的查询输入检索索引库，并将查询结果返回给用户。其服务方式是面向网页的全文检索服务。该类搜索引擎的优点是信息量大、更新及时、无须人工干预；缺点是返回信息过多，可能有很多无关信息，用户必须从结果中进行筛选。这类搜索引擎的代表有 Baidu。

全文搜索引擎的自动信息搜集功能分两种：

一种是定期搜索，即每隔一段时间，搜索引擎主动派出“蜘蛛”程序，对一定 IP 地址范围内的互联网站进行检索，一旦发现新的网页，它会自动提取网页的信息和网页并输入自己的数据库。

另一种是提交网站搜索，即网站拥有者主动向搜索引擎提交网址，搜索引擎在一定时间内（2 天到数月不等）定向地向网站派出“蜘蛛”程序，将有关信息存入数据库，以备用户查询。由于近年来搜索引擎索引规则发生了很大变化，主动提交网址并不能保证网站能进入搜索引擎数据库，因此目前最好的办法是多获得一些外部链接，让搜索引擎有更多机会找到并收录。

当用户以关键词查找信息时，搜索引擎会在数据库中进行搜寻，如果找到与用户要求内容相符的网站，便采用特殊的算法——通常根据网页中关键词的匹配程度、出现的位置/频次、链接质量等——计算出各网页的相关度及排名等级，然后根据关联度高低，按顺序将这些网页链接返回给用户。

从搜索结果来源的角度，全文搜索引擎又可细分为两种，一种是拥有自己的检索程序（indexer），俗称"蜘蛛"（spider）程序或"机器人"（robot）程序，并自建网页数据库，搜索结果直接从自身的数据库中调用的搜索引擎，如上面提到的 Baidu；另一种则是租用其他引擎的数据库，并按自定的格式排列搜索结果，如 Lycos 引擎。

2. 目录索引类搜索引擎

目录索引，顾名思义就是将网站分门别类地存放在相应的目录中，因此用户在查询信息时，可选择关键词搜索，也可按分类目录逐层查找。如以关键词搜索，返回的结果跟搜索引擎一样，也是根据信息关联程度排列网站，只不过其中人为因素要多一些。如果按分层目录查找，某一目录中网站的排名则是由标题字母的先后顺序决定（也有例外）。

这类搜索引擎的特点是：①比较适合主题浏览，因为一般主题检索都为检索用户的查找提供有价值的提示；②检准率较高，检全率有限。

目前，全文搜索引擎与目录索引有相互融合渗透的趋势。

目录索引虽然有搜索功能，但在严格意义上算不上是真正的搜索引擎，仅仅是按目录分类的网站链接列表而已。

与全文搜索引擎相比，目录索引有许多不同之处。

首先，搜索引擎属于自动网站检索，而目录索引则完全依赖手工操作。用户提交网站后，目录编辑人员会亲自浏览你的网站，然后根据一套自定的评判标准甚至编辑人员的主观印象，决定是否接纳你的网站。

其次，搜索引擎收录网站时，只要网站本身没有违反有关的规则，一般都能登录成功。而目录索引对网站的要求则高得多，有时即使登录多次也不一定成功。

最后，搜索引擎中各网站的有关信息都是从用户网页中自动提取的，所以用户拥有更多的自主权；而目录索引则要求必须手工另外填写网站信息，而且还有各种各样的限制。更有甚者，如果工作人员认为你提交的目录、网站信息不合适，他可以随时对其进行调整。

3. 元搜索引擎

元搜索引擎是一种调用其他独立搜索引擎的引擎。在这里，"元"（meta）为"总的"、"超越"之意。检索时，元搜索引擎根据用户提交的检索请求，调用其他独立搜索引擎进行搜索，并对搜索结果进行汇集、筛选、删并等优化处理后，以统一的格式在同一界面集中显示。元搜索引擎的特点是：检全率大大提高，但检准率较难保障。

元搜索引擎虽没有网页搜寻机制，亦无独立的索引数据库，但在检索请求提交、检索接口代理和检索结果显示等方面，均有自己研发的特色元搜索技术支持。如提交检索请求时，它可以指定优先顺序，并对检索时间、检索结果数量进行控制；作为若干源搜索引擎的检索接口代理，元搜索引擎必须具有较强的字符和语法转换功能，以认知和接受不同用户的检索请求；而对检索结果的显示，不同的元搜索引擎有不同的处理技术，显示检索结果的数量多少、排序先后、结果信息描述选择等也有较大差异。

著名的元搜索引擎有：InfoGrid（http：//www.infogrid.com）、Infonetware RealTerm Search（http：//www.infonetware.com）、Ithaki（http：//www.ithaki.net/dir.html）、Mamma（http：//www.mamma.com）等。

尽管搜索引擎种类繁多，但其原理是相通的。下面将介绍搜索引擎的原理。

第三节 搜索引擎原理分析

一、搜索引擎的原理

搜索引擎是一个网络应用软件系统，对它有如下基本要求：能够接受用户通过浏览器提交的查询词或者短语，记作 q，例如“非典”，“伊拉克战争”，“床前明月光”等；在一个可以接受的时间内返回一个和 q 匹配的网页信息列表，记作 L（如图 2-2 所示），这个列表的每一条目至少包含三个元素（标题、网址链接、摘要）。

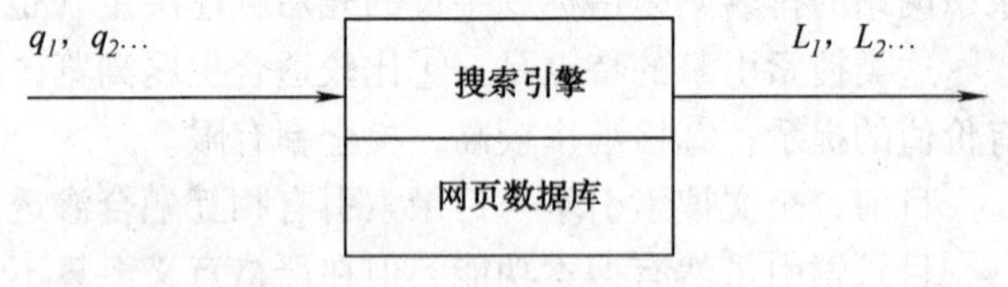

图 2-2 搜索引擎示意图

现代大规模高质量搜索一般采用三段式的工作流程，即网页搜集、预处理和查询服务。如图 2-3 所示。

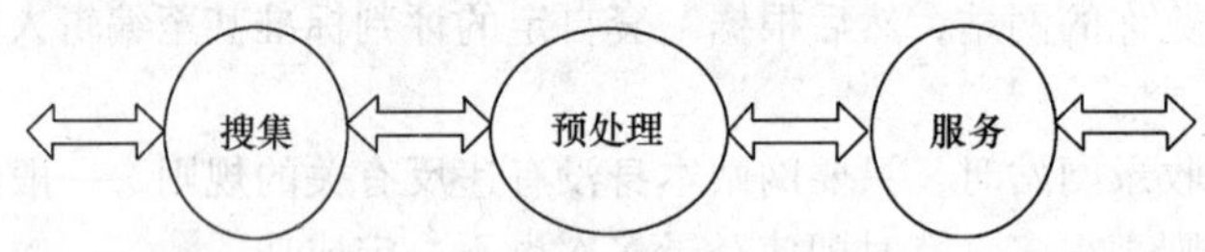

图 2-3 三段式搜索的工作流程示意图

通俗地理解，该过程可以看作三步：从互联网上抓取网页→建立索引数据库→在索引数据库中搜索排序。

1. 从互联网上抓取网页

大规模搜索引擎服务的基础是一批预先搜集好的网页（直接或者间接）。在对这一批网页的维护上可以有两种基本的考虑：

一是定期搜集，每次搜集替换上一次的内容，又称为“批量搜集”。由于每次都是重新来一次，对于大规模搜索引擎来说，每次搜集的时间通常会花几周。而由于这样做开销较大，通常两次搜集的间隔时间也不会很短。这样做的好处是系统实现比较简单，主要缺点是“时新性”（freshness）不高，还有重复搜集所带来的额外带宽的消耗。

二是增量搜集，开始时搜集一批，往后只是搜集新出现的网页、在上次搜集后有过改变的网页，以及删除已经不再存在了的网页。由于除新闻网站外，许多网页的内容并不经常变化（有研究指出 50% 网页的平均生命周期大约为 50 天）。这样做每次搜集的网页量不会很大，因而是可以经常启动搜集过程（例如每天）。例如对于30万网页来说，一台PC在一般的网络条件下半天就可以完成搜集。这样的系统表现出来的信息时新性就会比较高。增量搜索方式的主要缺点是系统实现比较复杂，而且这种复杂不仅在于搜集过程，还在于下面要谈到的建立索引数据库的过程。

2. 建立索引数据库

由分析索引系统程序对收集回来的网页进行分析，提取相关网页信息，主要包括4个方面：关键词的提取、“镜像网页”（网页的内容完全相同，未加任何修改）或“转载网页”（near-replicas，主题内容基本相同但可能有一些额外的编辑信息，也称为“近似镜像网页”）的消除、链接分析，以及网页重要程度的计算。然后根据一定的相关度算法进行大量复杂计算，得到每个网页的页面文字中及超级链接中每个关键词的相关度（或重要性），然后用这些相关信息建立网页索引数据库。

（1）关键词的提取。为了支持后面的查询服务，需要从网页源文件中提取出能够代表它的内容的一些特征。对于中文来说，就是要根据一个词典Σ，用一个所谓的“切词软件”，从网页文字中切出Σ所含的词语来。在那之后，一篇网页主要就由一组词来近似代表了，$p=\{t_1, t_2, \cdots, t_n\}$。一般来讲，我们可能得到很多词，同一个词可能在一篇网页中多次出现。从效果（effectiveness）和效率（efficiency）考虑，不应该让所有的词都成为关键词，要去掉诸如“的”、“在”等没有内容指示意义的词，称为“停用词”（stop word）。这样，对一篇网页来说，有效的词语数量大约在200个左右。

（2）重复或转载网页的消除。天网在2003年的一次大规模统计分析表明，网页的重复率平均大约为4。也就是说，当你通过一个URL在网上看到一篇网页的时候，平均还有另外三个不同的URL也给出相同或者基本相似的内容。这种现象对搜索引擎的影响主要是负面的：它不仅在搜集网页时要消耗机器时间和网络带宽资源，而且如果在查询结果中出现，无意义地消耗了计算机显示屏资源，也会引来用户的抱怨。因此，消除内容重复或主题内容重复的网页是预处理阶段的一个重要任务。

（3）链接分析。大量的HTML标记既给网页的预处理造成了一些麻烦，也带来了一些新的机遇。HTML文档中所含的指向其他文档的链接信息近几年来尤其受到关注。人们认为它们不仅给出了网页之间的关系，而且还对判断网页的内容有很重要的作用。

（4）网页重要程度的计算。搜索引擎返回给用户的是一个和用户查询相关的结果列表。列表中条目的顺序很重要。由于面对各种各样的用户，加之查询的自然语言风格不同，对同样的q_0返回相同的列表肯定不能使所有提交q_0的用户都满意（或者都达到最高的满意度）。如何对查询结果进行排序有很多因素需要考虑，以实现统计意义上的用户满意。

3. 在索引数据库中搜索排序

当用户输入关键词进行搜索后，由搜索系统程序从网页索引数据库中找到符合该关键词的所有相关网页。因为所有相关网页针对该关键词的相关度早已算好，所以只需按照现成的相关度数值排序，相关度越高，排名越靠前。最后，由页面生成系统将搜索结果的链接地址和页面内容摘要等内容组织起来返回给用户。

对服务子系统的要求和其工作原理，主要有三个方面：①查询方式和匹配。查询方式指的是系统允许用户提交查询的形式，考虑到各种用户的不同背景和不同的信息需求，不可能有一种普适的方式。②结果排序。用户查询相关的文档需要以一定的形式通过计算机显示屏呈现给用户，就目前的技术情况看，列表是最常见的形式。③文档摘要。搜索引擎给出的结果是一个有序的条目列表，每一个条目有三个基本的元素：标题，网址和摘要。其中的摘要需要由网页正文生成。

二、搜索引擎的体系结构

由上述搜索引擎工作原理的分析，可以勾画出搜索引擎的体系结构，如图 2-4 所示。

搜索引擎一般由网络蜘蛛（Web spider）、知识库（repository）、索引系统（包括索引器 indexer、桶 barrels、文件索引等）、排序器（sorter）和搜索器（searcher）5 个部分组成。

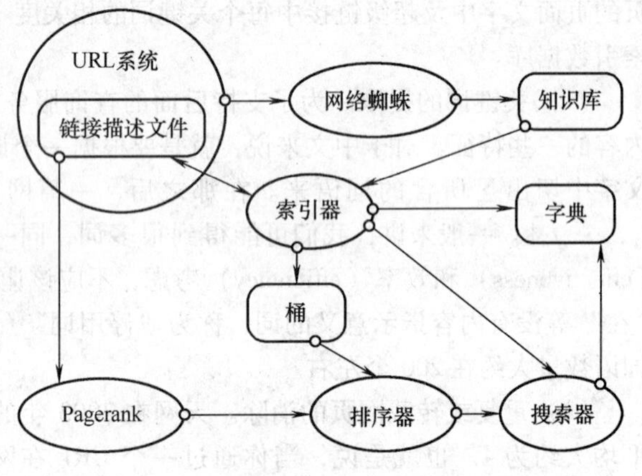

图 2-4 搜索引擎体系结构

（1）网络蜘蛛。其功能是在互联网中漫游，发现和下载信息。网络蜘蛛要尽可能多、尽可能快地搜集新信息和定期更新旧信息，避免死链接和无效链接，因此它的实现常采用分布式、并行计算技术，以提高信息发现和更新的速度。有一个辅助系统——URL 系统负责向网络爬行机器人提供 URL 地址。URL 系统还又一个模块，叫做链接描述文件，记录一些链接信息，用于计算网页的重要性，为排序提供依据。

（2）知识库。网络蜘蛛下载的网页以一定的格式存储在知识库中，以便查询。

（3）索引系统：知识库往往很大，为此需要对知识库建立索引。其功能是理解知识库中的信息，从中抽取出索引项，生成索引表。索引器可以使用集中式索引算法或分布式索引算法。大型搜索引擎的索引器往往还包含若干模块：桶、字典、文件索引等。

（4）排序器。它把搜索到的网页排序。网页是按一定的顺序提供给用户的。一般每个网页有一个值，表示这个网页的重要性，称为 rank 值。网页就是按照 rank 值从大到小排序的。如何计算 rank 值，有不同的算法，而且要考虑各个方面的重要性。典型的 Rank 算法有 Pagerank 等。

（5）搜索器。一般利用一个 Web 服务器，根据用户的查询在索引器中快速检出文档，利用排序器的结果，把查询结果提供给用户。

尽管搜索引擎的原理已比较清晰，但必须要有相关的技术来实现搜索引擎的这些功能，下面将重点介绍搜索引擎的实现技术。

第四节　搜索引擎技术与实现

搜索引擎的原理通常为：首先是用网络蜘蛛（Web spider）进行全网搜索，自动抓取网页；然后将抓取的网页进行索引，同时也会记录与检索有关的属性，中文搜索引擎中还需要首先对中文进行分词；最后，接受用户查询请求，检索索引文件并按照各种参数进行复杂的计算，产生结果并返回给用户。

1. 利用网络蜘蛛（网络机器人）获取网络资源

网络蜘蛛即 Web spider，是一个非常形象的名字。把互联网比喻成一个蜘蛛网，那么 Web Spider 就是在网上爬来爬去的蜘蛛。网络蜘蛛通过网页的链接地址来寻找网页，从网站某一个页面（通常是首页）开始，读取网页的内容，找到在网页中的其他链接地址，然后通过这些链接地址寻找下一个网页，这样一直循环下去，直到把这个网站所有的网页都抓取完为止。如果把整个互联网当成一个网站，那么网络蜘蛛就可以用这个原理把互联网上所有的网页都抓取下来。对于搜索引擎来说，要抓取互联网上所有的网页几乎是不可能的，这是由于数据量太大，而且也不利于提高搜索效率。因此，许多搜索引擎的网络蜘蛛只是抓取那些重要的网页，而在抓取的时候评价重要性的主要依据是某个网页的链接深度。

在抓取网页的时候，网络蜘蛛一般有两种策略：广度优先和深度优先。

① 广度优先是指网络蜘蛛会先抓取起始网页中链接的所有网页，然后再选择其中的一个链接网页，继续抓取在此网页中链接的所有网页。这是最常用的方式，因为这个方法可以让网络蜘蛛并行处理，提高其抓取速度。

② 深度优先是指网络蜘蛛会从起始页开始，一个链接紧随着一个链接跟踪下去，处理完这条线路之后再转入下一个起始页，继续跟踪链接。这个方法有个优点是网络蜘蛛在设计的时候比较容易。两种策略的区别，图 2-6 的说明会更加明确。

由于不可能抓取所有网页，有些网络蜘蛛对一些不太重要的网站设置了访问的层数。例如，在图 2-5 中，假定 A 为起始网页，属于 0 层，B、C、D、E、F 属于第 1 层，G、H 属于第 2 层，I 属于第 3 层。如果网络蜘蛛设置的访问层数为 2 的话，网页 I 是不会被访问到的。因此，对于网站设计者来说，扁平化的网站结构设计有助于搜索引擎抓取其更多的网页。

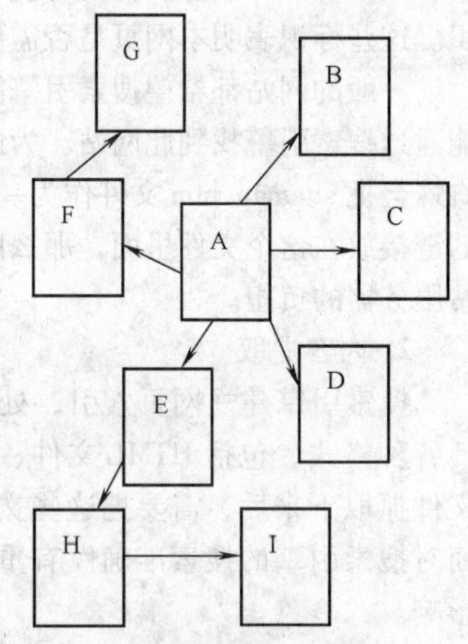

图 2-5　抓取策略

注：广度优先的抓取顺序为：A→B、C、D、E、F→H、G→I；深度优先的抓取顺序为：A→F→G，E→H→I

网络蜘蛛在访问网站网页的时候，经常会遇到加密数据和网页权限的问题，有些网页需要会员权限才能访问。当然，网站的所有者可以通过协议让网络蜘蛛不去抓取，但对于一些出售报告的网站，他们希望搜索引擎能搜索到他们的报告，但又不能完全让搜索者查看，这样就需要给网络蜘蛛提供相应的用户名和密码。网络蜘蛛可以通过所给的权限对这些网页进行网页抓取，从而提供搜索。而当搜索者点击查看该网页的时候，同样需要搜索者提供相应的权限验证。

网络蜘蛛抓取网页不同于一般的访问，如果控制不好，则会引起网站服务器负担过重（2004 年 4 月，淘宝就因为雅虎搜索引擎的网络蜘蛛抓取其数据引起淘宝网服务器的不稳定）。这就需要网站和网络蜘蛛进行交流。网站管理员需要了解网络蜘蛛都来自哪里、做了些什么，也要告诉网络蜘蛛哪些网页不应该抓取，哪些网页应该更新。

每个网络蜘蛛都有自己的名字，在抓取网页的时候，都会向网站表明自己的身份。网络蜘蛛在抓取网页的时候会发送一个请求，这个请求中就有一个字段为 User-agent，用于标识此网络蜘蛛的身份。例如 Abide 网络蜘蛛的标识为 BaiduSpider，Yahoo 网络蜘蛛的标识为 Income Slurp。如果在网站上有访问日志记录，网站管理员就能知道，哪些搜索引擎的网络蜘蛛来过、什么时候来过，以及读了多少数据等。如果网站管理员发现某个网络蜘蛛有问题，就通过其标识来和其所有者联系。

robots. txt 文件告诉蜘蛛程序在服务器上什么文件是可以被查看的。当一个搜索蜘蛛访问一个站点时，它会首先检查该站点根目录下是否存在 robots. txt，如果存在，搜索机器人就会按照该文件中的内容来确定访问的范围；如果该文件不存在，蜘蛛将能够访问网站上所有没有被口令保护的页面。

当然，robots. txt 只是一个协议，如果网络蜘蛛的设计者不遵循这个协议，网站管理员也无法阻止网络蜘蛛对于某些页面的访问。但一般的网络蜘蛛都会遵循这些协议，而且网站管理员还可以通过其他方式来拒绝网络蜘蛛对某些网页的抓取。

网络蜘蛛在下载网页的时候，会去识别网页的 HTML 代码，在其代码的部分，会有 META 标识。这些标识表明本网页是否需要被抓取、本网页中的链接是否需要被继续跟踪。

一般的网站都希望搜索引擎能更全面地抓取自己网站的网页，因为这样可以让更多的访问者能通过搜索引擎找到此网站。为此，网站管理员可以建立一个网站地图，即 Site Map。许多网络蜘蛛会把 sitemap. htm 文件作为一个网站网页抓取的入口，网站管理员可以把网站内部所有网页的链接放在这个文件里面，那么网络蜘蛛可以很方便地把整个网站的网页抓取下来，也减小了网站服务器的负担。

2. 内容提取

搜索引擎建立网页索引，处理的对象是文本文件。对于网络蜘蛛来说，抓取下来网页包括各种格式，包括 HTML 文件、图片、文本文档、pdf 文档、多媒体文件、动态网页等。这些文件抓取下来后，需要把这些文件中的文本信息提取出来。准确提取这些文档的信息，一方面对搜索引擎的搜索准确性有重要作用，另一方面对于网络蜘蛛正确跟踪其他链接也有一定影响。

对于 doc、pdf 等由专业厂商提供的软件生成的文档，厂商都会提供相应的文本提取接口。网络蜘蛛只需要调用这些插件的接口，就可以轻松地提取文档中的文本信息和文件其他相关的信息。

HTML 等文档不一样，HTML 有一套自己的语法，通过不同的命令标识符来表示不同的字体、颜色、位置等版式等，提取文本信息时需要把这些标识符都过滤掉。过滤标识符并非难事，但在识别这些信息的时候，需要同步记录许多版式信息，例如文字的字体大小、是否是标题、是否是加粗显示、是否是页面的关键词等。这些信息有助于计算单词在网页中的重要程度。同时，对于HTML网页来说，除了标题和正文以外，会有许多广告链接以及公共的频道链接，这些链接和文本正文一点关系也没有，在提取网页内容的时候，也需要过滤掉。例如某个网站有“产品介绍”频道，因为导航条在网站内每个网页都有，若不过滤导航条链接，在搜索“产品介绍”的时候，则网站内每个网页都会搜索到，无疑会带来大量垃圾信息。过滤这些无效链接需要统计大量的网页结构规律，抽取一些共性，统一过滤；对于一些重要而结果特殊的网站，还需要个别处理。这就需要网络蜘蛛的设计有一定的扩展性。

对于多媒体、图片等文件，一般是通过链接的锚文本和相关的文件注释来判断这些文件的内容。例如有一个链接文字为“故宫照片”，其链接指向一张bmp格式的图片，那么网络蜘蛛就知道这张图片的内容是“故宫的照片”。这样，在搜索“故宫”和“照片”的时候都能让搜索引擎找到这张图片。另外，许多多媒体文件中有文件属性，考虑这些属性也可以更好地了解文件内容。

动态网页一直是网络蜘蛛面临的难题。由于开发语言不断增多，动态网页的类型也越来越多，如asp、jip、pup等。这些类型的网页对于网络蜘蛛来说，可能还稍微容易一些。网络蜘蛛比较难于处理的是一些脚本语言（如VBScript和JavaScript）生成的网页，如果要处理好这些网页，网络蜘蛛需要有自己的脚本解释程序。对于许多数据是放在数据库的网站，需要通过本网站的数据库搜索才能获得信息，这些给网络蜘蛛的抓取带来了很大的困难。对于这类网站，如果网站设计者希望这些数据能被搜索引擎搜索，则需要提供一种可以遍历整个数据库内容的方法。

对于网页内容的提取，一直是网络蜘蛛中的重要技术。整个系统一般采用插件的形式，通过一个插件管理服务程序，遇到不同格式的网页采用不同的插件处理。这种方式的好处在于扩充性好，以后每发现一种新的类型，就可以把其处理方式做成一个插件补充到插件管理服务程序之中。

3. 更新周期

网站的内容经常在变化，这就需要网络蜘蛛按照一定的周期去扫描网站，查看有哪些页面已经更新，有哪些新增页面，哪些页面已经过期。

更新周期对搜索引擎搜索的查全率有很大影响。如果更新周期太长，则总会有一部分新生成的网页搜索不到；周期过短，技术实现会有一定难度，而且会对带宽、服务器的资源都有浪费。搜索引擎的网络蜘蛛并不是对所有网站都按同一个周期进行更新，对于一些重要的更新量大的网站，更新的周期短，如有些新闻网站，几个小时就更新一次；对于一些不重要的网站，更新的周期就长，可能一两个月才更新一次。

一般来说，网络蜘蛛在更新网站内容的时候，不用把网站网页重新抓取一遍，对于大部分的网页，只需要判断网页的属性（主要是日期），把得到的属性和上次抓取的属性相比较，如果一样则不用更新。

第五节 搜索引擎的使用方法与技巧

如何快速、准确地检索网络信息，充分利用网上丰富的信息资源，是网络用户关注的热点。要利用搜索引擎这一强有力的工具，从信息资源宝库中找到所需的各种各样的信息，掌握一些基本的搜索技巧十分重要。

1. 选择合适的搜索引擎

各搜索引擎的能力和偏好不同，所以抓取的网页各不相同，排序算法也各不相同。全文式搜索引擎的内容综合性强，搜索面宽，信息开放性明显；目录式搜索引擎的内容主题性强、冗余信息少；特殊搜索工具的搜索面狭窄，针对性强，比如专门的音乐搜索工具、地图搜索工具等。每种搜索引擎都有不同的特点，只有选择合适的搜索工具才能得到最佳的结果。用户可根据自己所需要的资料类型确定搜索引擎。如果需要查找具体的资料乃至相关信息，可选择全文式搜索引擎，比如百度；如果希望浏览某方面的专题信息，类似 Yahoo 的目录式搜索引擎可能会更合适；如果需要查找的是某些特殊资料，比如 MP3、视频、地图等，最好是到专门的搜索引擎上进行搜索。

2. 选择合适的查询词

在搜索技巧中，选择合适的查询词是最基本也是最有效的技术。查询词一定要准确，不要模糊也不能有错别字；查询词应力求简练，避免使用自然语言；最后，要根据网页特征选择查询词，很多类型的网页都有某种相似的特征。例如，小说网页通常都有一个目录页，页面上通常有“目录”两个字，查询小说时，就可在查询词中添加“目录”一词；又如软件下载页，通常网页正文有下载链接，并且会出现“下载”这个词，因而在搜索软件下载页面时，使用“下载”则可以提高搜索结果的准确率。选择查询词是一种经验的积累，通过不断的实践，并留心观察、总结，将会使搜索变得准确而高效。

3. 正确使用布尔检索

比较著名的搜索引擎都支持使用逻辑词进行更复杂的搜索设定，就是应用布尔表达式的检索方式，比如“与”（AND）、“或”（OR）、“非”（NOT）。正确地使用布尔检索方式可以提高检索效率。

在搜索时，一方面要注意不同搜索引擎工具的布尔检索的表达方法不尽相同，可以通过各引擎的帮助页找到各自不同的方法；另一方面，也要注意自己要搜索的内容逻辑关系是否合理。

当要求查询结果同时包含多个关键词时，关键词之间用逻辑“与”连接。

逻辑“非”的作用是为了去除无关的搜索结果，提高搜索结果相关性。比如，要找“申花”企业的信息，输入“申花”却找到一大堆申花足球队的新闻，在发现这些新闻的共同特征是“足球”后，输入“申花_足球”来搜索，就不会再有足球新闻了。

4. 及时调整检索策略

（1）扩大检索范围。当检索结果为零或检索结果太少时，就需要扩大检索范围。主要方法有：①使用同义词、近义词或相关词，或逐渐减少最不重要的概念词，或使用较普遍的词。使用同义词或相关词，用布尔逻辑操作符 OR 连接关键词。②使用某些搜索引擎的自动扩检功能进行相关检索。如某些搜索引擎在检索结果面上有“More like This”键，或“更多结果”或“相关结果”键，在此可获得与检索式相关的一些推荐性网址。③使用多个搜索引擎。没有哪两个搜索引擎是完全相同的，每个搜索引擎都有自己的检索特色，从不同的搜索引擎的检索结果中，可以综合出最符合要求的答案。④使用元搜索引擎。当用户已知检索词，但对独立搜索引擎不熟悉或想节省在多个搜索引擎之间的转换时间，可选用元搜索引擎。

（2）缩小检索范围。如果检索时得到的结果太多，或检索结果不相关，则需要缩小检索范围。其方法有：使用逻辑“与”，或增加概念词；使用逻辑“非”，排除一部分检索结果；使用全称；只利用某些搜索引擎的进阶检索功能（二次检索），限制查询范围。搜索引擎提供的范围限制类型大体有：类目的分类范围、地域范围、时间范围、文件类型（文本、图形、声音等）。这些范围限制实现的方法不同，有些是通过在关键词前加特殊符号，有些是通过下拉菜单实现的。

5. 特色功能的使用

今天的搜索引擎已不仅仅只是网页搜索工具，其功能越来越多样化，实用性、技巧性也越来越完善。以下简单地列举几项常见的特色功能：

（1）相关搜索：相关搜索就是和用户使用的关键词很相似的一系列查询词，这些相关的查询词一般比较常用，并且更可能产生相关的结果，按照搜索热门度排列在搜索结果页的下方。若因为键入的查询词不是很妥当而对搜索结果感到不满意时，用户可以参考“相关搜索”来获得一些启发，或直接点击某个相关搜索词而得到其结果页。

（2）网页快照。每个被收录的网页，在搜索引擎上都存有一个纯文本的备份，称为“网页快照”。当用户无法打开某个搜索结果，或者打开速度特别慢时，用户可以通过“快照”快速浏览页面内容。网页快照的服务稳定，下载速度极快，由此避免了死链接或网络堵塞的困扰。

（3）拼音提示。一般的中文搜索引擎都设置了拼音提示功能。如果用户只知道某个词的发音却不知道怎么写，或者嫌某个词拼写输入太麻烦，则只要输入查询词的汉语拼音，搜索引擎就能把最符合要求的对应汉字提示出来。

此外，搜索引擎大都还提供股票查询、列车时刻表和飞机航班的查询、计算器和度量衡转换、英汉互译词典、错别字提示、天气、邮编、区号查询功能等。

第六节　特色搜索引擎

在网络信息多样化和网络用户多样化的呼唤下，特色搜索引擎应运而生。

（1）寻人搜索引擎。如果您想在网上寻找一位老朋友，那么可以考虑使用 Yahoo 提供的寻人搜索引擎（http：//people. yahoo. com）。由于 Yahoo 的用户群极为庞大，大多数网民都拥有或曾经拥有 Yahoo 的账户，而且国际化特征明显，用户群包含了全世界各国的网民，因此成为大范围寻人的较好选择。尤其当寻找的人正好在某些非英语国家，找不到专门的搜索引擎时，Yahoo 的优势就更为明显。

（2）图像搜索引擎。图像搜索引擎虽然还没有成熟的产品，但是这项研究工作却在紧锣密鼓地进行着。据称，美国 Purdue 大学的研究人员已经开发出了一种新的搜索引擎，这种搜索引擎不再使用关键词文本进行搜索，而是使用图像或者草图进行搜索。不久的将来，用户自己画一幅草图，搜索引擎就可以对数据库进行搜索，并找到所有与草图类似的图像。不过，这要求图像搜索引擎能够快速处理超大容量数据库。这种技术不仅为网民提供了方便，在生物、化学、医学等领域都可能发挥极大的作用。

（3）多媒体搜索引擎。FAST（http：//multimedia. alltheweb. com）是国外著名的多媒体搜索引擎，很多同类搜索引擎都会引用此引擎的内容。在 FAST 可以同时搜索图像、音频、视频等多种格式的多媒体文件，图像支持 JPEG、GIF、BMP 三种格式，音频支持 MP3、Wave、AIFF、RealAudio、MIDI 五种格式，视频支持 AVI、Diva、QuickTime、MPEG 四种。FAST 为每一个搜索结果提供预览和说明，同时还有可供下载的直接链接，以及该文件所在网站的地址。

（4）房产地图搜索引擎。房产地图搜索引擎是结合地理信息系统（GIS）、数据库系统（DBMS）和动态 Web 软件技术开发研制，可以通过智能化地理信息分析查找特定范围内的特定目标。例如用户可以选择购房愿望：价格、面积、户型、房屋布局、地理位置、周边商业、交通、自然环境、小区状况等，在互联网上进行查询。引擎立即会将所有满足条件的房源显示出来，并可以任意放大、缩小、移动房源地图。

（5）美国华盛顿大学科学家正在研究一种新型搜索引擎——搜得（Know It All），它能像拖网一样“捞到”所需资料网页，然后以目录表格形式将其进行整理。目前的搜索引擎使用起来其实并不“方便”，必须访问大量网页、检索大量资料数据。但新一代搜索引擎技术将有可能仅“按一次”鼠标，就能找出想查找的内容。它的研发者埃齐奥尼说：“这种方法很奇特，它可将一大堆网页中的有关信息以目录表格的形式放在一个单一网页上。”他们的最终目标是让“Know It All”能回答诸如“列表指出 1900 年以前出生的全英科学家”这样的问题。

搜索引擎改变了我们上网的习惯，改变了我们的工作方式甚至是生活方式。搜索引擎正在不断创造奇迹，而我们正在享受着奇迹。

【本章小结】

本章首先介绍了网络信息检索的概念、特点以及网络信息检索技术的发展情况；然后重点介绍了目前使用最为广泛的基于超文本的搜索引擎服务；对搜索引擎发展与分类、搜索引擎的原理、体系结构、搜索引擎技术与实现、搜索引擎的常用技巧等相关问题进行了较为详细的阐述；最后介绍了几款特色搜索引擎。

本章的重点是掌握网络信息检索的概念与特点，了解网络检索的主要技术——搜索引擎的发展历程与分类。

本章的难点在于理解搜索引擎原理与技术的实现过程，掌握搜索引擎的常用技巧。

应用案例　企业搜索引擎营销案例㊀

搜索引擎营销，是英文 Search Engine Marketing 的翻译，简称 SEM。简单来说，搜索引擎营销就是基于

㊀ 资料来源：http：//it. hexun. com/2008-07-16/107477599，html，有删改。

搜索引擎平台的网络营销，利用人们对搜索引擎的依赖和使用习惯，在人们检索信息的时候尽可能将营销信息传递给目标客户。搜索引擎营销追求最高的性价比，并产生商业价值。下面介绍三个企业搜索引擎营销的典型案例。

一、BMW——根据 IP 地址显示搜索结果，达成品牌的本地化细分覆盖

BMW 在美国本土的搜索营销策略是激进的投放策略，即让旗下所有产品名称都置于搜索结果的第一位，并在此基础上，详细研究用户查询时可能出现的关键词组合方式，将有关产品名称的各种排列组合的关键词搜索结果排名首位购买下来。

此外，BMW 与搜索运营商精诚合作，利用搜索引擎分 IP 显示关键词广告的功能，联合分散在全美各城市的经销商，进行当地市场的品牌精准传播。用户输入 BMW 产品的名称后，在结果列表首位展示的是 BMW 美国的官方网站，次位展示的是当地经销商的网站。例如，如果用户的 IP 来自西雅图，第二位结果则是西雅图的经销商网站。

BMW 的这一创举，首先达成了品牌的大面积覆盖，关于 BMW 的一切产品都排在搜索结果首位，在用户心目中树立了良好的品牌形象。其次，它达成了品牌的细分覆盖，能够根据用户所属地区提供有针对性的结果，为经销商的销售带来机会。最后，BMW 与经销商联合进行搜索营销，使得 BMW 的整体品牌形象得到高度统一，同时节省了经销商各自为战带来的高额广告预算。

二、欧洲杯——突出官方色彩，达成品牌传播和公关效果的双提升

欧洲杯足球赛，也同样积极进行了搜索营销的实践，将与欧洲杯有关的关键词自然搜索结果都导向欧足联的官方网站，并且在结果列表右侧的赞助商链接中，将举办国政府网站列在首位，以向世人传播举办国的风土人情。此外，还在右侧赞助商链接中体现票务购买的官方网站，减少了“黄牛”借助网络投机倒把的空间，维护了公众利益。

以上这些举措都突出了官方色彩，将最权威、最准确的信息，在最突出的位置呈现给受众，在受众面前建立了专业、权威的品牌形象。

三、B2C 网站成功利用 SEM

卓越、当当在利用搜索引擎推广 B2C 网站的业务上积累了非常丰富的成功经验，每年投入数百万费用在搜索引擎领域，同时也获得了巨大的回报，他们在搜索引擎领域的投入都在中国的前十名之列。

作为一个几十万关键词投放的管理，这两个企业除了巨额的推广费用，还支付了大量的管理成本来不断地修改、调整关键词的投放，并都有相应的策略来具体管理搜索引擎。

四、美联航空——优化关键词选取，达成机票销量翻番增长

美国联合航空公司（United Airlines，简称美联航空）在 2007 年第一季度期间，充分利用搜索营销手段，在消费者形成机票购买决策前就与之充分互动，将消费者最想预先知晓的机票信息作最有效的传达，在广告预算没有增长的情况下，搜索营销产生的销售业绩增长超过两倍。

美联航空通过调研获知，有 65% 的消费者在作出旅行决定前，会进行至少三次的搜索；有 29% 的消费者会进行 5 次以上的搜索。而用户关注的信息主要体现在三个层面：价格、服务和关于航空公司的详细信息。因此，针对这三个层面的信息，分别对关键词的选择以及结果的呈现方式作了优化，使消费者在决策前知晓相关的信息，从而带动了机票的销售。

美联航空的案例告诉我们，搜索营销能够告知客户在购买周期内关注的细节是什么。而如果把握住这些细节，在营销活动中提升与客户的信息传达能力，并且时刻优化这些信息的呈现，让市场营销人员和用户保持互动循环，就能对销售产生实际的促进意义。

五、兰蔻——品牌、销售两不误

如若有消费者在百度搜索上敲下“兰蔻”两字，搜索结果页面最上方不再是普通的文字链接，而是图文并茂的兰蔻网上商城品牌专区。作为国内首家试水网上营销业务的化妆品品牌，兰蔻与百度联手，意在将搜索引擎上的潜在消费者吸入其B2C网站进行消费。

通过百度品牌专区，兰蔻网上商城链接、促销公告、商品信息等以图文并茂的形式呈现。与传统的搜索显示结果最大的不同是，广告主可以亲手编辑栏目内容，将企业的最新信息前移，主动管理企业在搜索引擎上的品牌形象，促进网络平台和线下活动的良性互动。

通过百度的品牌专区，兰蔻品牌在那些搜索兰蔻的消费者面前有了更好的展示，不但能够提升品牌形象，并且为兰蔻网上商城带来了很多高质量的流量。在使用了品牌专区之后，兰蔻大幅度地提高了品牌关键词的转化率，因此而产生的销售也相应提高了30%。

【相关链接】

1. 实用的搜索引擎，http：//www. ydm8. com/xinwen _ 3880. html
2. 网络信息检索工具发展的历程，http：//wenwen. soso. com/z/q62015969. htm
3. 100个实用的搜索引擎，http：//www. wlinkw. com. cn/html/edit/20081117/460493. html
4. 国外优秀搜索引擎介绍及搜索引擎原理，http：//hi. baidu. com/imlxm/blog/item/1000a7fb1d35e4234e4aea44. html
5. 微软新搜索引擎品牌Bing的细节与特征，http：//news. csdn.net/a/20090531/211618. html

习 题

一、选择题

1. 用户在网上最常用的一类信息检索工具叫做（　　）。

   A. 搜索引擎　　B. ISP　　C. 网络加速器　　D. 离线浏览器

2. 下列关于搜索引擎的叙述，正确的是（　　）。

   A. 搜索引擎可以离线搜索　　B. 搜索引擎只能在线搜索

   C. 搜索引擎是用户安装在本地计算机上的软件　　D. 搜索网站就是搜索引擎

3. 下面关于元搜索的叙述中哪一个是正确的？（　　）

   A. 一次检索输入，多引擎同时搜索，搜索结果由各搜索引擎分别以不同页面提交

   B. 调用相同的源搜索引擎的不同元搜索引擎显示检索结果的数量多少、排序先后、结果信息描述选择相同。

   C. 只是搜索引擎的初级形态，不能控制和优化检索结果

   D. 没有网页搜寻机制，亦无独立的索引数据库

4. 以下选项中哪个不是广度优先策略的特点（　　）。

   A. 速度快　　B. 并行处理　　C. 设计复杂　　D. 实现容易

5. 下面对搜索结果的叙述，正确的是（　　）。

   A. 搜索的关键词越长，搜索的结果越多

   B. 搜索的关键词越简单，搜索的结果越少

   C. 搜索的类型对搜索结果没有影响

   D. 要想快速达到搜索的目的，搜索的关键词要尽可能具体

6. 当检索结果为零或检索结果太少时，就需要扩大检索范围。可以使用同义词或相关词，用布尔逻辑操作符（　　）连接关键词。

A. AND　　B. NOT　　C. OR　　D. NEAR

7. 如果检索时得到的结果太多，或检索结果不相关，则需要缩小检索范围，使用逻辑（　　）。

A. AND　　B. NOT　　C. OR　　D. NEAR

二、名词解释

1. 网络信息检索
2. 搜索引擎

三、简答题

1. 网络信息检索的特点有哪些？
2. 简述搜索引擎的分类及特点。
3. 简述搜索引擎原理。

第三章

网站的数据表示与交换——XML

【学习目标】本章主要讲述与 XML 相关的各种技术，包括文档类型定义、XML 模式、XML 和电子数据交换，讨论 XML 作为标准的数据交换形式的作用。通过本章的学习，读者应对 XML 语言有一个全面的了解，掌握相关的主要知识点，在实践中能运用 XML 技术灵活地进行信息的描述、交换和显示。

【关键概念】XML　HTML　DTD　XSL　Schema　XMLProcessor

第一节　XML 概述

一、XML 的定义

XML 全称 eXtensible Markup Language，翻译为可扩展置标语言、可扩展标记语言或可延伸标示语言，是一种置标语言。置标是指计算机所能理解的信息符号，通过此种标记，计算机之间可以处理包含各种信息的文章等。要定义这些标记，既可以选择国际通用的标记语言，比如 HTML，也可以使用像 XML 这样由相关人士自由决定的标记语言，这就是语言的可扩展性。XML 是从标准通用置标语言（SGML）中简化修改出来的。它主要用到的有 XML、XSL、XBRL 和 XPath 等。

二、XML 的产生背景

XML 的前身是 SGML（the Standard Generalized Markup Language），是自 IBM 从 20 世纪 60 年代就开始发展的 GML（Generalized Markup Language）标准化后的名称。1978 年，ANSI 将 GML 加以整理规范，发布为 SGML，1986 年起为 ISO 所采用国际标准规范（ISO 8879），并且被广泛地运用在各种大型的文件计划中。SGML 实际上是一种通用的文档结构描述符号化语言，主要用来定义文献模型的逻辑和物理类结构。一个 SGML 语言文件由三部分组成，即语法定义、文件类型定义 DTD（definition type document）和文件实例。语法定义部分定义了文件类型定义和文件实例的语法结构；文件类型定义部分定义了文件实例的结构和组成结构的元素类型；文件实例是 SGML 语言程序的主体部分。

在SGML的实际使用中，每一个特定的DTD都定义了一类文件。因此，习惯上把具有某一特定DTD的SGML语言称为某某符号化语言。这样SGML就成为那些派生语言的元语言。但是SGML是一种非常严谨的文件描述法，过于庞大复杂，难以理解和学习，影响其推广与应用。

于是，人们对SGML进行了简化，衍生出HTML（超文本标记语言）。它是一种网页制作的编排语言（严格地说，HTML不是一种编程语言，而只是一种页面描述语言），是Web最基本的构成要素。HTML语言发展得很快，在短短的几年里已历经了HTML1.0、HTML2.0和HTML3.0、HTML4.0等多个版本，同时，DHTML（动态）、VHTML（虚拟）、SHTML等也飞速发展起来。HTML语法简单精练、极易掌握，在初期没有任何定义文档外观的相关方法，仅用来在浏览器里显示网页文件。而后，随着因特网的发展，人们为了控制其文件样式，扩充了描述如何显现数据的卷标。

但是，HTML不够稳定，不同的浏览器会产生不同的显示效果。此外，由于HTML对超级链接支持不足，并缺乏空间立体描述，处理图形、图像、音频、视频等多媒体能力较弱，图文混排功能简单，不能表示多种媒体的同步关系等，也影响HTML的大规模应用以及在复杂多媒体数据处理方面的应用。

为了解决以上问题，专家们精简SGML，并依照HTML的发展经验，推出一套规则严谨但是又简单的描述数据语言——XML。XML是在一个这样的背景下诞生的——是不是能有一个更中立的方式，让消费端自行决定要如何消化、呈现从服务端所提供的信息。XML是SGML的一个优化子集（XML只占SGML的20%），它将SGML的丰富功能与HTML的易用性结合到Web的应用中，以一种开放的、自我描述方式定义了数据结构。它在描述数据内容的同时能突出对结构的描述，从而体现出数据之间的关系。这样所组织的数据对于应用程序和用户都是友好的、可操作的。W3C在1998年将XML作为其标准之一发布（XML1.0），之后，又用XML设计出一个与HTML4.01功能等价的语言，称为XHTML（extensible hyper text markup language），使之与HTML相兼容。

与HTML不同的是，XML有DTD，因而也可以像SGML那样作为元语言来定义其他文件系统，或称其他符号化语言。如果把符号化语言分为元符号化语言和实例符号化语言，SGML和XML都是元符号化语言，而HTML和由XML派生的XHTML都是实例符号化语言。所以可以说，XML的出现，使HTML存在的问题可以得到很好的解决。

三、XML的用途

XML的应用主要分为文档型和数据型，具体包括以下几种：

1. 作为电子数据交换的统一格式

Web存储格式语言从HTML发展到DHTML，直到XML，每一步都是为了适应Web应用发展的需求。虽然XML原本是为出版界设计的一种文档描述语言，即SGML派生而来的一种符号化语言，但是它也是为互联网的数据交换而设计的，它使电子商务等各个领域的数据交换成为可能，如图3-1所示。

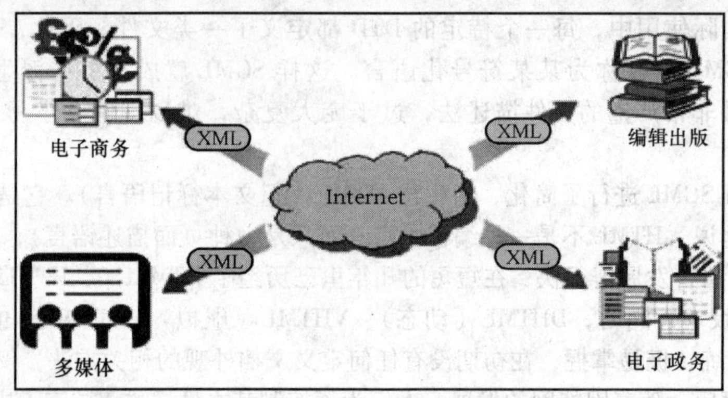

图 3-1 XML 作为电子数据交换的统一格式

2. 自定义 XML + XSLT = > HTML

这是最常见的文档型应用之一。XML 存放整个文档的所有数据，然后 XSLT 将 XML 转换、解析，结合 XSLT 中的 HTML 标签，最终成为 HTML，显示在浏览器上。典型的例子就是 CSDN 上的帖子。

3. 作为微型数据库

这是最常见的数据型应用之一，XML 标识节点表述数据组成。我们利用相关的语言的 XML API（例如 MSXML DOM、JAVA DOM 等）对 XML 进行存取和查询。在 Web 留言板中，就经常可以看到用 XML 作为数据库。

4. 作为一些应用程序的配置数据和通信数据

最典型的就是 Web service。Web service 的通信协议 SOAP，它利用 XML 来传递数据的。作为配置数据，常见的如 J2EE 配置 Web 应用服务器时用的 Web. XML。

5. 其他一些文档可以转换成 XML 格式

如微软公司的 WORD、EXCEL 等，均可转换为 XML 格式。

这里介绍的几种应用，基本涵盖了 XML 的主要用途。总之，XML 是一种抽象的语言，注重表现形式的结构。它不如传统的程序语言那么具体。

XML 在网络中的应用场合可总结为 4 点：①网络客户必须在不同的数据库之间传递信息时；②大部分从网络服务器载下的数据在用户端处理；③相同的数据对于不同的用户需要有不同的界面时；④网络情报供货商要把发现的信息精心裁减，并发送给不同的个人用户时。

四、XML 的特点

XML 能够应用于各种领域的原因，就是 XML 具有其他方法所不具备的数据描述特点，数据的控制信息不是采用应用软件的独有形式，而是采用谁都可以看得懂的标记形式来表现，从而适合作为数据交换的标准。

1. XML 的特点

（1）自描述。XML 是一种标记语言，其内容由相应的标记来标识，具有自描述的特点。

（2）可扩展性。XML是一种可扩展的标记语言，用户可以定义自己的标记来表达自己的数据，具有强大的可扩展性。

（3）内容和显示分离。XML文档只描述数据本身，而与数据相关的显示则由另外的处理程序来完成，具有内容和显示相分离的特点。

（4）本地计算。XML解析器读取数据，并将它递交给本地应用程序（例如浏览器）进一步查看或处理，也可以由使用XML对象模型的脚本或其他编程语言来处理。

（5）个性化数据视图。传递到桌面的数据可以根据用户的喜好和配置等因素，以特定的形式在视图中动态表现给用户。

（6）数据集成。使用XML，可以描述和集成来自多种应用程序的不同格式的数据，使其能够传递给其他应用程序作进一步的处理。

（7）通过粒度更新来提高性能。XML允许粒度更新。开发人员不必在每次有改动时都发送整个结构化数据集。有了粒度更新后，只有改变的元素才必须从服务器发送到客户机。改变的数据可以在不必刷新整个页面或表的情况下显示。

2. XML的不足之处

XML作为数据描述语言是非常优秀的，但是并不是所有的电子数据都应转换到XML。例如XML的文本表现手法、标记的符号化等会导致XML数据比二进制表现方法数据量增加，尤其当数据量很大时，会成为很大的问题。XML的导入要根据具体需求，比较其优缺点，在充分发挥XML优点的领域进行。

另外，尽管XML具备了作为通用数据描述语言的优秀特征，但是XML不是编程语言，说到底它是一种数据描述的技术。因此XML文件的显示、文件结构的变更、应用程序的操作等XML相关技术也是非常重要的。

五、XML与HTML的关系

表面上看，XML文件与HTML文件比较相似，都以一对相互匹配的起始和结束标记符来标记信息，但二者功能不同。HTML的标记符用来显示数据，XML的标记符则是描述数据的性质，后者可以多种方式显示，这和把地址簿的信息放在数据库的字段和记录中而不是放在字处理器产生的清单中的道理一样，数据库可以让你把地址簿中的信息合成到标签、信封、信件或其他任何想要的载体上面。最终，就是把XML合成到一种表现语言中，如HTML上显示出来。

XML的标记符也可以由其他应用软件进行深入的处理，你可以告诉其他程序如何使用这些有意义的标记符；也可以通过编码把标记符中的内容放入数据库的某个域中，然后把它输出到一本书的硬拷贝中；还可以用一个支持XML的字处理器使网页的出版轻而易举等。这就是XML的本质：使标记对人和机器都可读。

XML数据同样可以以“数据岛”的形式存储在HTML页面中。你仍然可以集中精力在使用HTML格式化和显示数据上去。XML和HTML的主要区别有以下几点：

（1）XML是用来存放数据的。XML不是HTML的替代品，XML和HTML是两种不同用途的语言。XML 是被设计用来描述数据的，重点是什么是数据、如何存放数据。HTML 是被设计用来显示数据的，重点是显示数据以及如何显示数据更好。HTML 是与显示信息相关的，XML 则是与描述信息相关，用来组织、存储和发送信息。下面的例子是“李四”给“张三”留的便条，便条使用的是 XML 格式：

```
<note>
<to>张三</to>
<from>李四</from>
<heading>Message</heading>
<body>本周五,请你吃饭。</body>
</note>
```

这个便条有信息头，又有信息主体，还包括发送人和接收人。尽管如此，这个 XML 文档仍然什么都不做，它只是用 XML 标记存储信息的文件。

(2) XML 是 HTML 的补充。XML 并不是 HTML 的替代品，理解这一点非常重要。在将来的网页开发中，XML 将被用来描述、存储数据，而 HTML 则是用来格式化和显示数据的。

(3) XML 是自由的、可以扩展的。XML 标记并不是预先规定好的，你必须创造你自己的标记。在 HTML 文档中必须使用规则中定义好的标记，如 <P>、
、<a>、</a>等。XML 允许定义自己的标记以及文档结构。比如在上面例子中的“<to>”、“<from>”标记都不是在 XML 规范中事先定义好的。这些标记都是 XML 文档的作者“创造”出来的。

(4) XML 具有更强的超链接功能。HTML 的超链接功能不但可以轻松实现文字、图片、热点链接，还有页面内锚点链接，帮助我们利用网状组织信息，方便地浏览感兴趣的内容。HTML 链接尽管定义简单，使用方便，但它也存在着明显的局限性。首先，HTML 链接是单向的，它只能从链接所在的文件指向另一个文件。也就是说，我们可以通过标记<A>的 href 属性知道该文件的若干链接目标，但无法知道又有哪些文件链接到该文件，不知道它有哪些链接源。其次，HTML 链接只能指向一个文件，在需要指定多个链接的时候，不得不使用多个<A>标记，而由于 HTML 是非结构化的，这些链接的关系和结构信息无法表现。最后，HTML 可以链接到文件内部的某一部分，这通过在目标文件中插入命名锚点来实现。但是，如果源文件和目标文件由不同的人员负责，甚至在不同的站点上，两个文件的协作就成了问题。

XML 链接在 HTML 链接的功能之上又加以扩展，可以支持更为复杂的链接。通过 XML 链接，不仅可以在 XML 文件之间建立链接，而且可以建立其他类型数据之间的链接。不仅如此，XML 链接还为文件内部定位提供了全新的方式，允许链接的建立者利用文件结构指定文件内部的资源片断。利用简单 XML 链接，可以轻松地实现 HTML 中的链接功能；利用扩展 XML 链接，可以在多个资源之间建立链接，还可以建立多向链接；利用 XPointer 在一个 XML 文件内部的定位功能，可以利用目标文件的结构指定所链接的资源，而无需对目标文件进行任何修改；利用链接库，可以将链接从文件中分离出来，就像用 XSL 文件把样式转换信息从 XML 文件中独立出来一样，从而简化链接的管理。

简而言之，XML 与 HTML 的不同点可归纳为表 3-1：

表 3-1　XML 与 HTML 的比较

XML	HTML
信息的含义	信息的显示
可扩展的标签集	固定的标签集
数据交换语言	数据显示语言
更强的超链接功能	有限的超链接功能

第二节　XML 语法规则

XML 文件的结构分为逻辑结构和物理结构。首先来看一看 XML 文件的逻辑结构。

一、XML 文件的逻辑结构[⊖]

下面是一个例子，它是有关专有名词解释的 XML 文件：

```
<?xml version="1.0" encoding="GB2312" standalone="no"?>
<?xml-stylesheet type="text/xsl" href="mystyle.xsl"?>
<专有名词列表>
    <专有名词>
        <名词>XML</名词>
        <解释>XML 是一种标记语言,其内容由相应的标记来标识,具有自描述的特点</解释>
        <示例>
            <!--一个 XML 的例子-->
            <![CDATA[
                <联系人>
                <姓名>AAAA</姓名>
                <EMAIL>aaaa@163.com</EMAIL>
                </联系人>
            ]]>
        </示例>
    </专有名词>
</专有名词列表>
```

一个 XML 文件最基本的构成是

⊖ 示例部分参考 www.souzz.net 网站，有改动。

XML 声明

处理指示(可选)

XML 元素

在本例中，[1] 是一个 XML 声明，[2] 是文档类型说明，[3] ~ [17] 是文件中的各个元素。除此以外，上面例子中出现的其他逻辑要素还有：

[5] 的“<名词>XML</名词>”中，“<名词>”“</名词>”是标记，“XML”是字符数据。[8] 是注释。[9] ~ [14] 是 CDATA 部分定界符。

1. 用 XML 声明作为开头

当开始写一个 XML 文件时，最好以一个 XML 声明作为开始。之所以说“最好”，是因为 XML 声明在文件中是可选内容，可加可不加，但 W3C 推荐加入此声明。因此，作为一个良好的习惯，通常把 XML 声明作为 XML 文件的第一行。

XML 声明是处理指令的一种，形象地说，它的作用就是告诉 XML 处理程序：“下面这个文件是按照 XML 文件的标准对数据进行标记的”。

一个最简单的 XML 声明是这样的：

```
<?xml version = "1.0"?>
```

像所有处理指令一样，XML 声明也是以“<?”开始，以“?>”结束。在“<?”后面紧跟着处理指令的名称，在这里是“xml”。

XML 声明中要求必须指定“version”的属性值。同时，声明中还有两个可选属性，分别是“standalone”和“encoding”。因此，一个完整的 XML 声明是这样的：

```
<?xml version = "1.0" encoding = "GB2312" standalone = "no"?>
```

几个属性的具体含义为：

(1) version 属性。在一个 XML 的处理指令中必须包括 version 属性指明所采用的 XML 的版本号，而且，它必须在属性列表中排在第一位。

(2) encoding 属性。这是说明文件采用的编码标准。所有的 XML 语法分析器都要支持 8 位和 16 位的编码标准。不过，XML 可能支持一个更庞大的编码集合。在 XML 规范中，有一大堆编码类型，但一般用不到这么多编码，只要知道下面几个常见的编码就可以了：①简体中文码：GB2312；②繁体中文码：BIG5；③西欧字符：UTF-8。采用哪种编码取决于文件中用到的字符集。尤其要注意的是，在前面的例子中，标签是可以用中文来写的，这时务必要在声明中加上 encoding = "GB2312" 的属性。

(3) standalone 属性。这个属性表明该 XML 文件是否和一个独立的标记声明文件配套使用。因此，如果该属性置为“yes”，说明没有另外一个配套的 DTD 文件来进行标记声明。相反，如果这个属性置为“no”，则有可能有这样一个文件（也可能没有）。

2. 文档类型声明

文档类型声明包含或者指向为某类文档提供语法规则的标记说明，并在文档和解析程序之间就文档内容交换分析信息来进行约束。分析信息包括：文档允许的标签顺序和嵌套；属性值及其类型以及默认值；可能引用的外部文件名；可能包括的一些外部（非 XML）数据格式可能遇到的实体。例如：<?xml-stylesheet type = "text/ xsl" href = "mystyle. xsl"?>声明了数据显示格式为xsl，该文件所在的位置由herf决定。

3. XML元素

(1) 元素。

元素是XML文件内容的基本单元。从语法上讲，一个元素包含一个起始标记、一个结束标记以及标记之间的数据内容。其形式是：

<标记>数据内容</标记>

在前面的例子中，共有5个元素，例如下面关于名词的元素：

<名词>XML</名词>

另外，元素中还可以再嵌套别的元素。如例子中的元素“专有名词列表”中就嵌套了元素“专有名词”，而元素“专有名词”中又嵌套了“名词”、“解释”、“示例”三个元素。

最后需要区分一下，把XML中开始和结束标记之间的文字称作“字符数据”，而把标记内的标示文字称作“标记”。

(2) 字符数据。一对标记之间出现的字符数据可以是任何合法的UNICODE字符，但不能包含字符“<”，因为它已经被预留用作标记的开始符。

在XML中，起始和结束标记之间出现的所有合法字符都被如实传给XML处理程序。

例：

<格式>一段文字</格式>

和

<格式>
一段文字
</格式>

二者是不同的，因为后者的文本数据比前者多了两个换行符。

(3) 标记。标记在XML的元素中、乃至整个XML文件中，占了举足轻重的位置。XML的标记和HTML的标记在模样上大体相同，除了注释和CDATA部分以外，所有符号“<”和符号“>”之间的内容都称为标记。其基本形式为：

<标记名(属性名 =“属性取值”) * >

不过，XML对于标记的语法规定比HTML要严格得多，表现在如下几个方面：

1) 所有XML元素都须有关闭标签。在HTML中，经常会看到没有关闭标签的元素：

```
<p>This is a paragraph
<p>This is another paragraph
```

在XML中，省略关闭标签是非法的。所有元素都必须有关闭标签：

```
<p>This is a paragraph</p>
<p>This is another paragraph</p>
```

你也许已经注意到，XML声明没有关闭标签。这不是错误。声明不属于XML本身的组成部分。它不是XML元素，也不需要关闭标签。

2）XML 标签对大小写敏感。XML 元素使用 XML 标签进行定义，而 XML 标签对大小写敏感。如在 XML 中，标签 <Letter> 与标签 <letter> 是不同的。因此，必须使用相同的大小写来编写打开标签和关闭标签。

```
<Message>这是错误的。</message>
<message>这是正确的。</message>
```

3）XML 必须正确地嵌套。在 HTML 中，常会看到没有正确嵌套的元素，例如：

```
<b><i>This text is bold and italic</b></i>
```

在 XML 中，所有元素都必须彼此正确地嵌套，例如：

```
<b><i>This text is bold and italic</i></b>
```

在上例中，正确嵌套的意思是：由于 <i> 元素是在 <b> 元素内打开的，那么它必须在 <b> 元素内关闭。

4）XML 文档必须有根元素。XML 文档必须有一个元素是所有其他元素的父元素，该元素称为根元素。包含在根元素内的元素称为子元素，如果子元素中还包含子元素，则称为“树枝”，不包含其他子元素的元素称为“树叶”。

5）XML 的属性值须加引号。与 HTML 类似，XML 也可拥有属性。在 XML 中，XML 的属性值须加引号。下面的两个 XML 文档中，左边是错误的，右边是正确的。

```
<note date=05/08/2010>
<to>George</to>
<from>John</from>
</note>
```

```
<note date="05/08/2010">
<to>George</to>
<from>John</from>
</note>
```

左面文档的错误之处在于 note 元素中的 date 属性没有加引号。

（4）实体引用。在 XML 中，一些字符拥有特殊的意义。为了避免把字符数据和标记中需要用到的一些特殊符号相混淆，XML 还提供了一些有用的实体引用。当在字符数据中需要使用这些特殊符号时，采用它的实体引用来代替。这些特殊的 XML 实体引用包括：

字符	实体引用
>	>
<	<
&	&
"	"
'	'

字符“<”的实体引用是必不可少的，为“>”设立实体引用同样是为了避免与标记混淆，而字符“&”的实体引用则防止它与实体引用中开头所用的“&”相混淆。

不难看出，实体引用必须以“&”开始，以“;”结束。这样，如果需要在“示例”这个标记中出现文本：

“<姓名>张三</姓名>”

正确的写法应该是：

```
<示例>&lt;姓名&gt;张三&lt;/姓名&gt;</示例>
```

此外，在标记中可以为标记设立属性，而XML规定属性值必须用“"”括起来。因此，当属性值中出现字符“"”时，需要将它用实体引用代替。请看下面的例子：

```
<STATEMENT VALUE="She said,"Don't go there!"">
```

正确的写法应该是：

```
<STATEMENT VALUE="She said,&quot;Don&apos;t go there! &quot;">
```

另外，如果把字符"<"放在XML元素中，也会发生错误，这是因为解析器会把它当做新元素的开始。例如：

```
<message>if salary<1000 then</message>。
```

为了避免这个错误，用一个实体引用来代替"<"字符：

```
<message>if salary &lt;1000 then</message>
```

说明：在XML中，只有字符"<"和"&"是非法的。">"是合法的，但是用实体引用来代替它是一个好习惯。

4. CDATA部分定界符

在XML文件中某些不是标记的源代码可能会被分析程序当成标记，CDATA部分指示分析程序忽略这些代码的标记特征，所有的标记、实体引用都被忽略，而被XML处理程序一视同仁地当做字符数据看待。

CDATA的形式如下：

```
<![CDATA[
文本内容
]]>
```

例如：<![CDATA[a=(b>=4); *x=&y;]]>在“<![CDATA[”和“]]>”之间，所有的特征数据都直接传给应用程序。

注意：CDATA的文本内容中是不能出现字符串“]]>”的，因为它代表了CDATA数据块的结束标志。

CDATA很有用。当文本数据中包含大量特殊符号时，不得不通篇地使用实体引用，这样会把本来很清晰的一段文字弄得乱七八糟。例如，在前面的“示例”元素中放入了一个XML程序。这时，如果没有CDATA，那么麻烦来了。这个元素会被写成：

```
<示例>
    &lt;联系人&gt;
    &lt;姓名&gt;AAAA&lt;/姓名&gt;
    &lt;EMAIL&gt;aaaa@163.com&lt;/EMAIL&gt;
    &lt;/联系人&gt;
</示例>
```

如果把所有的标记都用实体引用改写，最后写出来的文字会很复杂。可以把这些字符数据放在一个CDATA数据块中，这样不管它看上去是一个标记还是一个实体引用，这些数据统统被当做字符照单全收。于是，上面的元素就可以写为：

```
<示例>
        <![CDATA[
          <联系人>
          <姓名>AAAA</姓名>
          <EMAIL>aaaa@163.com</EMAIL>
          </联系人>
        ]]>
</示例>
```

5. 注释

注释以“<!—”开始，以“-->”结束。注释能包括除“--”之外的任何数据，可以放置在文件里任意标记之间，注释不属于XML文档的文本部分。因此，下面是一个合法的XML文件：

```
<示例>
  <!--一个XML的例子-->
  <![CDATA[
    <联系人>
    <姓名>AAAA</姓名>
    <EMAIL>aaaa@163.com</EMAIL>
    </联系人>
  ]]>
</示例>
```

在XML文件中使用注释时，同样要遵守几个规则：①在注释文本中不能出现字符“-”或字符串“--”，XML处理器可能把它们和注释结尾标志“-->”相混淆。②不要把注释文本放在标记之中。例如下面这段代码：

```
<示例 <!--一个XML的例子-->>
  <![CDATA[
    <联系人>
    <姓名>AAAA</姓名>
    <EMAIL>aaaa@163.com</EMAIL>
    </联系人>
  ]]>
</示例>
```

③类似地，不要把注释文本放在实体声明中，也不要放在XML声明之前，永远用XML声明作为XML文件中的第一行。

④注释不能被嵌套，在使用一对注释符号表示注释文本时，要保证其中不再包含另一对注释

符号。

例如下面例子是不合法的：

```
<! ---一个 XML 的例子
   <! --以上是一个注释-->
-->
```

XML 处理器对于注释中的一切内容都会视而不见，注释中出现的标记也一同被忽略。因此，在下面这段文本中，所有注释中的“名词”元素都被忽略，剩下的只有最后一行中的元素“XML”。

```
<! --不处理以下信息
      <名词>HTML</名词>
      <名词>XHTML</名词>
      <名词>SGML</名词>
-->
<名词>XML</名词>
```

6. 处理指令

处理指令就是把一些处理请求提交给应用程序来处理的命令，也就是说，XML 分析器可能对它并不感兴趣，而把这些信息原封不动地传给 XML 应用程序。然后，这个应用程序来解释这个指示，遵照提供的信息进行处理，或者再把它原封不动地传给下一个应用程序。

所有的处理指示都遵循下面的格式：

```
<? 处理指示名　处理指示信息? >
```

处理指令名就是代表由何种应用程序来处理。例如 <? browser break ? > 就是让浏览器执行换行。

XML 声明就是一个处理指令。由于 XML 声明的处理指令名是“xml”，因此其他处理指令名不能再用“xml”。例如在本章的例子中，使用一个处理指令来指定与这个 XML 文件配套使用的样式单的类型及文件名：

```
<?xml-stylesheet type="text/xsl" href="mystyle.xsl"? >
```

一个 XML 文件通常以一个 XML 声明开始，后面通过 XML 元素来组织 XML 数据。XML 元素包括标记和字符数据。为了组织数据更加方便、清晰，还可以在字符数据中引入 CDATA 数据块，并可以在文件中引入注释。此外，由于有时需要给 XML 处理程序提供一些指示信息，XML 文件中可以包含处理指令。

二、XML 文件的物理结构

1. 实体

从物理结构上讲，XML 文件归根结底是由一组“实体”构成的。

简单地说，实体充当着和别名类似的角色，即一个简单的实体名称可以用来代表一大段文本内容。像任何计算机别名系统一样，实体引用简化了录入工作，因为要使用文本时，只需使用它的别名就可以了，处理器会自动把这个别名替换为相应的文本。

假如你为信件署名定义了一个实体 lettersign，它代表下面这一大段文本：

AAAA
某 IT 公司市场部
北京市海淀区万柳中路 18 号，100089

那么当 XML 文件中出现“信件”元素时，可以这样写：

```
<信件>
    <收件人>BBBB</收件人>
    <主题>hello</主题>
    <正文>hello! &lettersign;</正文>
</信件>
```

所有的 XML 文件都包含了一个“根实体”，又称为“文件实体”。这个实体是由 XML 本身给出的，无需显式定义就可以使用。它指的其实就是整个文件的内容。除此之外，可能还要用到其他一些实体，这些实体在文件类型 DOCTYPE 中给出定义。

2. 实体的两种类型

实体包括两种类型：一般实体和参数实体。

（1）一般实体。前面说到的 lettersign 就是一般实体。定义一般实体的格式如下：

```
<! ENTITY 实体名"文本内容">
```

关于信件署名的实体定义如下：

```
<! ENTITY lettersign
"AAAA
某 IT 公司市场部
北京市海淀区万柳中路 18 号,100089">
```

另外，也可以指定一个实体代替一个外部文件的内容，此时要使用 SYSTEM 这个关键字，例如：

```
<! ENTITY lettersign
SYSTEM "http://www.mydomain.com/lettersign.xml">
```

（2）参数实体。与一般实体相同，参数实体既可以是内部的也可以是外部的。不过，参数实体只用在 DTD 中。参数实体的格式与一般实体很类似，只不过中间要加上符号“%”，例如：

```
<! ENTITY % 实体名"文本内容">
```

3. 实体的使用方法

实体的使用包括两部分：实体声明和实体引用。

（1）实体声明。对于实体的声明应该放在文件类型 DOCTYPE 中。DOCTYPE 一般放在文件头（即 XML 声明和 DTD）之后，XML 元素之前。这样一来，XML 文件就变为下面的形式：

```
<?xml version="1.0"?>
<! DOCTYPE 文件根元素名[
```

```
  实体声明部分
]>
<文件根元素名>
  具体数据内容
</文件根元素名>
```

（2）实体引用。前面曾用“<”代表字符“<”，这就是一个实体引用。简而言之，实体引用是引用一个在实体声明中已经声明过的一个实体。实体引用的形式为：

```
&实体名;
```

不过，实体引用有以下几点规则一定要注意：①在引用 XML 实体之前，必须已经在 XML 文件中对此实体进行过声明。②在实体引用中不能出现空格。也就是说，“& lettersign;”和“&letterhead;”的用法都会引起错误。③尽管在一个实体中可以再引用其他实体，但是不能出现循环引用。也就是说，一个实体不能引用它自己；同样，也不能出现实体 A 引用实体 B，然后实体 B 再反过来引用实体 A 的情况。④实体引用不能在 DOCTYPE 声明中出现。⑤实体引用的文本必须是形式良好的 XML。

同样，参数实体的引用与一般实体的引用大同小异，只是要把实体前的符号“&”换为“%”就可以，形式是：

```
%实体名;
```

一个完整的实体声明和实体引用的例子如下：

```
<?xml version="1.0"?>
<!DOCTYPE 联系人列表[
    <!ENTITY X公司地址“北京市复兴路XXX4号”>
    <!ENTITY Y公司地址“天津市海滨路XXX8号”>
]>
<联系人列表>
    <联系人>
        <姓名>AAAA</姓名>
        <公司>>X公司</公司>>
        <地址>&X公司地址</地址>
    </联系人>
    <联系人>
        <姓名gt;BBBB</姓名>
        <公司>Y公司</公司>
        <地址>&Y公司地址</地址>
    </联系人>
    <联系人>
        <姓名>CCCC</姓名>>
```

<公司>Y公司</公司>
<地址>&Y公司地址</地址>
</联系人>
</联系人列表>

从这个例子中可以看出，一旦哪个公司地址变更了，只需改变实体声明中有关该公司的地址，所有这个公司的联系人的地址也就都改过来了，省去了不少麻烦。

此外，实体引用不仅可以出现在字符数据中，还可以出现在标记的属性中。例如下面这个例子：

<联系人 公司="Y公司"地址="&Y公司地址;">

如果在属性中出现实体引用，不但要遵守前面所述的实体引用的种种规则，还要注意以下两点：①在标记属性中不能引用一个外部实体。②引用的文本中不能出现字符“<”，否则替换后就不再是一个“形式良好的”XML文件了。

在XML中，“形式良好”有着明确的标准，即是要遵守XML1.0规范中的语法规则。无论是从物理结构上讲，还是从逻辑结构上讲，XML都必须符合规范，才能被正确解释处理。

第三节 XML的相关技术和工具

一、XML的相关技术

XML是描述内容的数据格式，在使用XML数据时，还需要XML数据的显示、打印、数据结构的变更等许多相关技术。如果这些相关技术也都标准化，在不同平台上开发应用程序也都可以用相同的方法，则开发难度可以大大降低。

应用程序对接收到XMLProcessor传递来的XML树进行处理，向用户提供服务。此时，不管是电子商务还是知识管理，都是定义XML数据结构的技术、显示打印XML数据的技术、XML数据结构变更技术、XML数据连接整合技术、用程序操作XML树的API和其他应用技术的组合。

1. 定义XML数据结构的技术

在XML中，用户可以自由地定义标记名以及与标记相关的元素及元素层次，这是XML的主要特征。但是，如果定义的都是只有自己才能理解的标记，就无法与其他人进行交换数据。为了在企业团体之间进行XML格式的数据的交换，XML数据的结构、元素的名称、元素的数据类型以及元素的亲子关系都需要仔细考虑，一定要设计成人和系统都能够理解的语言。这样设计的XML数据结构在XML领域称为Schema，描述Schema的语言称为Schema语言。

在普通XML中的Schema语言是DTD（document type definition，文档类型定义）。DTD是远在SGML时期就开始使用的Schema语言。1998年制定XML语法时，也沿用了描述Schema的DTD。

DTD描述的Schema应用非常广泛。但是，随着XML的应用的发展，从SGML继承下来的

DTD 显然有许多不足的地方。为了解决这些问题，W3C 制定了 XML Schema。

XML Schema 中有下述 DTD 不具备的特征：

- 由多个 Schema 复合使用 XML 名字空间；
- 可以用 XML 语法描述；
- 可以详细定义元素的内容及属性值的数据类型。

由于在 XML Schema 中的数据结构都是用 XML 数据来表现的，与 DTD 相比数据量增大了很多。但是，XML Schema 的表现力要远比 DTD 强得多，它不仅支持字符串、十进制数、浮动小数点、日期等，还支持 m 以上和 n 以下出现的元素（m、n 为整数）的指定。例如“邮编××××××”（×是字符）是邮政编码元素的格式指定等，都是 DTD 所不能表现的内容。

鉴于以上优点，XML Schema 于 2001 年 5 月被推荐成为 W3C 的规范，这对 XML 的广泛利用产生了重要的影响。

2. 显示和打印 XML 数据的技术

XML 数据定义打印、显示排版信息主要有三种方法：

- 用 CSS 定义打印和显示排版信息；
- 用 XSLT 转换到 HTML 进行显示和打印；
- 用 XSLT 转换成 XSL 的 FO（formatter object）进行显示和打印。

描述 HTML 样式表的语言是 CSS（cascading style sheet）。这里介绍的是使用 CSS 来浏览、打印 XML 数据的方法，具体来讲是给 HTML 的每个标记元素指定排版信息，同样也可以用来给 XML 的标记元素定义显示排版方法。CSS 不能改变 XML 的结构，只能在简单的定义排版信息的时候使用。

还有一种是使用改变 XML 数据结构的语言 XSLT（extensible stylesheet language transformations）的方法。使用 XSLT，可以改变 XML 元素名、属性名、元素层次结构等，根据 XSLT 的指定，可以将 XML 的元素转换为 HTML 元素，使用浏览器浏览。现在，这种用浏览器显示 XML 数据的方法是最常用的方法。

3. XML 数据结构转换技术

在 XML 的应用中，有的 XML 数据需要转换到其他结构的 XML 数据，W3C 为此制定了描述标准化的 XML 数据结构转换规则的语言 XSLT。

XSLT 是为显示和打印 XML，而从 XSL 规范独立出来的规范，原本是描述排版信息的语言，因此，用 XSLT 制作的程序称为样式表。但是，XSLT 也可以用于排版以外的各种用途。

例如，使用了不同 Schema（标记集合）的企业团体之间交换 XML 数据时，需要将数据格式各异的 XML 数据向双方系统共同采用的业界标准格式结构转换以后，才可能进行数据交换。XSLT不仅描述了转换规则，结构转换还可以交给 XSLT 样式表的执行引擎（XSLT processor）。为了跨过业界之间的障碍实现数据交换，其他文件格式的数据交换也会经常发生。然而，如果结构转换时利用了 XSLT，可以不更改程序而只改变样式表。

随着 XML 的普及，XSLT 的应用也会更加广泛。在 Windows 上，只需进行简单的环境设定，用 IE5. x 以上版本和任意一个文本编辑器就可以制作和执行 XSLT。即使只会一点点制作 XSLT 样式表的方法，也可以进行 XML 的处理，非常方便。

同时，随着计算机和网络技术的不断发展深入，XML 技术的应用也将不断扩大。该技术不仅在传统的银行之间数据交换、证券公司对上市公司情况的数据统计、图书馆对图书的查询检索、企事业文件档案管理等领域的应用更加迫切，在电子商务、搜索引擎软件、自动智能翻译、文档发声软件等领域也将得到更大的发展，特别是近期发展起来的移动通信网络服务，使各种各样的信息经过格式转换到达 PDA 甚至手持电话。

二、实用工具

伴随着 XML 技术本身的成熟和应用领域的不断扩大，相关的工具也如雨后春笋不断地被开发出来。下面将介绍现有的、较有代表性的 XML 的实用工具。

1. XML 浏览工具

（1）Microsoft Internet Explorer（IE）是 Micorsoft 公司开发的 Web 浏览器，是当今两大主流浏览器之一，最先开创了 XML + CSS、XML + XSL 的 Web 浏览方式。但 IE 能实时地将一个 XML 文档根据 XSL 样式单转换为 HTML 文档来显示。

（2）Mozilla 是两大主流浏览器之一，是在 Netscape Communicator 5. 0 的一个较早版本的源代码的基础上开发而成的，因此，人们总是把它看做是 Netscape 5. 0 的未来版本。Mozilla 的新增功能中有很大的比重在 XML 方面，表现在其对 XML 的支持、对 MathML 的支持。在对 CSS 的支持方面，也以较完善的支持超过了同期的 IE 版本，但它不支持 XSL。

此外，Netscape 6. 0 基于 Mozilla 引擎，支持 HTML 4. 0、XML、CSS、DOM、命名空间，简单 XML 链接。

2. XML 编辑工具

（1）XML Spy。它是 Icon Information-Systems 公司的产品，提供集成开发环境 IDE，但不支持所见即所得。它支持 Unicode、多字符集，支持格式良好的和有效的 XML 文档，可编辑 XML文档、DTD、Schema，以及 XSLT。XML Spy 提供了四种视窗：结构视窗以树形结构编辑 XML 文档（包括 XML、XSL、DTD 文档）；增强表格视窗以表格的方式显示出文档中元素的数据库项；源代码视窗可以查看和修改文档源码；预览视窗采用内嵌 IE 的方式在软件内对 XML 文档进行浏览，支持 CSS 和 XSL。XML Spy 可运行在 Windows 95/ 98/ 2000 和 WindowsNT 环境下。

（2）VisualXML。它由 Pierre Morel 开发，以树形结构显示 XML、DTD、DOM 文档；实现同数据库的集成，并可通过 Wizard 方式进行数据库的浏览、SQL 语句和存储过程的创建和执行；以图形界面实现 XML 元素同数据库对象的绑定，同时创建 XML 文档和 DTD 文档；支持多种数据库，如 Oracle、Access、SQL Server、Informix、Sybase、DB2。该软件的运行环境是 Java（JDK1. 1）。

（3）EditML。它是 EditML Technologies 开发的产品，是 Windows 平台上的 XML 编辑器，可以用于创建有效的及形式良好的 XML 数据文档，Schema 文档或者 XSL 样式单。它使用 Microsoft 的 MSXML 分析器，遵守 W3C 的 XML1. 0 标准。

3. XSL 编辑工具

（1）eXcelon Stylus。eXcelon Stylus 是 eXcelon 公司开发的第一个可视化 XSL 编辑软件。

它是一个面向 XSL 编辑，集创建、管理、保存于一体的集成环境，使用它，用户可以快速、简便地创建 XSL 样式单，并可以很方便地进行调试。使用 Stylue 可以进行 XML 商务开发。

（2）IBM XSLEditor。它由 IBM 公司的 alphaworks 开发，是交互式 XSL 编辑软件，支持 XSLT 与 XPath。它有四个主要的窗口完成 XML 编辑、XSL 编辑、结果树显示和 XPath 匹配。该软件要在 Java 环境中运行，要求安装有 JDK1. 1 版本。

4. XML 分析工具

（1）IBM XML4J。它完全用 Java 开发，是目前功能比较全面的支持有效性检查的 XML 分析器。它遵守 XML1. 0 标准、最新的 DOM、SAX、命名空间的标准，提供多语种支持，支持 XML 的有效性检查，支持元素识别、DOM 创建、错误处理等。除此以外，IBM 还用 C + + 编写了 XML 分析器，称为 XML4C。

（2）Microsoft 的 MSXML。微软 XML 分析器已经内嵌入 IE，支持一般的语法检查，也提供有效性检查供选择，它利用 Java 将一个 XML 文档中的数据组织为树形结构。

（3）expat。expat 是 James Clark 实验室的开发项目，用 C 语言写成，目前正尝试用于 Netscape Navigator 5 和 Perl 中，以便在 Netscape 的下一个版本中对 XML 提供支持。

5. 图形应用工具

（1）IBM SVGViewer。它由 IBM 公司 alphaworks 开发，主要功能有：基本图形、路径（path）、图形勾边（stroke）、图形填充（fill）、文字字体字号、字的轮廓填充、图像、path 裁剪、链接、对象成组。该软件在运行时要安装 Java 2. 0 以上的运行环境和 IBM 的 XML4J XML 分析器。

（2）CSIRO SVG Viewer。它由 CSIRO 开发，对图形的支持较好，对 SVG 的支持功能有基本图形、路径（path）、图形勾边（stroke）、图形填充（fill）、文字的字体字号、图像、path 裁剪、链接、对象成组、嵌入 Javascript。

（3）支持 SVG 的其他工具。Corel 公司的 CorelDraw 9. 0 配备了 SVG 的过滤器，可生成含有 SVG 的网页。Adobe Illustrator 9. 0 也支持 SVG。

6. WAP 应用工具

（1）UP. SDK for WML。它由 Phone. com 提供，支持 WML1. 1。UP. SDK 包含有文档说明、工具和编码样例，帮助开发者在 Phone. com 的 UP. Link 平台上开发 WAP 应用程序。在该开发包中还有一个 UP 模拟器，可以模拟手持式设备上网。该开发包的运行平台是 Windows 95/ 98 及 WindowsNT 4. 0。

（2）Nokia WAP 开发包。由 Nokia 提供的 WML 开发包，由两部分组成——WML 编辑器和 Nokia 手机的模拟器，可以边调试边显示。软件的运行环境是 Java，对中文有所支持。

（3）Wappage。它由 Wapmine. com 公司开发，是一个交互式的所见即所得 WML 编辑软件，支持项目管理，并有多个视窗方便用户编辑。用户不需要知道详细的 WML 标记就可以进行操作，也允许直接修改 WML 代码。该软件的运行平台是 Windows 95/ 98/ NT。

7. 电子出版工具

（1）Microsoft Reader。Microsoft 开发出的一种专门的 eBook 阅读软件 Microsoft Reader，支持 OEB1.0。Reader 的最大特色就是首次使用了 Microsoft 对于字符显示的研究新成果 ClearType，它是一种能使文字在显示器上的显示效果像印刷效果一样的字符技术。

（2）ReaderWorks standard。ReaderWorks. com 推出的支持 Microsoft Reader 的软件，它可以生成 Reader 可读的文件格式，可将 html、txt 等格式文件转换为 Reader 格式，让用户生成自己的 eBook。

第四节 XML 应用和前景

一、应用概述

1. 设计标记语言

作为元标记语言，XML 为用户提供了定义本行业本领域的标记语言的最好工具。目前这一应用的成功例子比比皆是，例如化学领域的 CML、数学领域的 MathML、移动通信领域的 WML 等。

2. 文件保存

XML 良好的保存性和自描述性使它成为保存历史档案，如政府文件、公文、科学研究报告等的最佳选择。

3. 数据交换

数据交换无疑是 XML 最令人激动的应用。数据交换的核心问题是信息的标准化，主要解决信息的可理解性问题，包括人和机器对信息的理解。而且，更重要的是机器对信息的识别，并能根据数据进行自动处理。XML 的出现，为信息的标准化提供了有力的工具。由于不同的应用领域对数据的要求千差万别，因此要想制定一个放之四海而皆准的数据交换标准是不现实的，同时也是不必要的。由于数据交换在电子商务尤其是 B2B 电子商务的核心作用，XML 为电子商务带来了新的机遇和活力。它可以：

- 替代传统的 EDI。电子数据交换（Electronic Data Interchange，EDI）是 XML 出现以前的数据交换标准，用于在异构系统间交换数据并进行事务处理。由于 EDI 难于使用和实施费用昂贵等缺点，使得它没有成为数据交换的主流技术。XML 的出现，使得数据交换更为廉价和方便。
- 智能代理。智能代理能够理解接收到的数据，然后作出相应的反应。如果数据是结构化的 XML 数据，智能代理就能够非常容易利用已有的知识库理解数据。XML 的出现，为智能代理的发展提供了新的推动力。

4. Web 应用

由于 XML 是由 SGML 特别为 Web 简化的，因此 XML 文档将成为 Web 资源的重要组成部分，XML 使得搜索引擎更为智能和准确。XML 还可以用于建立多层 Web 应用。

二、XML——电子商务的基石

电子商务是利用电子手段尤其是互联网进行商务活动。

从技术上说，电子商务是通过互联网传输和交换商务数据，并能根据商务数据进行人工或自动处理。数据的标准化在数据传输和交换过程中起着至关重要的作用，它决定了数据的语义，增强了数据的可读性和可理解性。XML 的可扩展性和自相容性，使它成为数据标准化和信息交换的有力工具。

电子商务的发展，首先出现的是企业-消费者 B2C 和消费者-消费者（C2C）模式。在这些模式当中，由于数据的传输路径是 Web 服务器-浏览器或者浏览器-Web 服务器-浏览器，数据最后发布在浏览器上，供人们阅读和理解，侧重于信息对人的可理解性，因此数据表现被提到一个重要的地位，数据的结构化显得较为次要一些，侧重于数据表现的 HTML 基本上能够满足这些应用。但是随着电子商务的发展，HTML 在 B2C 和 C2C 这两种模式中已经开始显得力不从心。

首先，从数据库提取信息生成 HTML 页面后，信息的语义、结构已消失殆尽，如果建立在其基础上的进一步应用需要用到这种结构化信息，开发就非常困难。例如电子商务中的比较购物，它需要在各个电子商务网站的页面中抓取相同商品的信息，然后放在一起比较。如果各个电子商务网站都按照自己的方式组织页面，对于从事比较购物的网站，难度就可想而知。

相反，XML 可以保持数据的结构。现有的主流关系数据库如 SQL Server 7.0、Oracle 8i 和 Informix 等都提供了对 XML 的支持，可以直接保存或生成 XML 文件。再为其配上相应的 XSL 样式文件，就可以将数据直接显示在浏览器上。而且，XML 使得数据在数据库之间交换显得非常容易。有人预测，XML 将是数据在数据库之间交换时的标准方式。

其次，现在很多电子商务网站都提供个性化服务，例如 Web 服务器可以根据客户的定制生成和传输不同的页面。事实上，不同显示效果的页面之后的数据是相同的，因而一个自然的想法就是将数据及其表现分离开来。显然，XML 在这方面比 HTML 要擅长得多，利用 XSL 无须改变数据内容本身，只传送样式文件就可以实现页面的重新显示。

随着 B2B 电子商务尤其是供应链管理的出现，数据的传输路径转变为 Web 服务器-Web 服务器，数据的传输过程不需要浏览器。Web 服务器不仅需要接收对方传送的数据，而且还应该能够理解数据的含义，并能根据数据作出相应的处理。两个 Web 服务器直接进行通信，无需人工干预，在这种情况下，数据的结构化和标准化就显得至关重要。在电子商务的发展过程中，传统的 EDI 作为数据交换的方式，对数据的标准化起到了重要的作用。EDI 将商业文件如订单、发票、货运单、报关单等按统一的标准，编制成计算机能够识别和处理的数据格式，在计算机之间进行传输。不过，传统 EDI 存在着巨大的局限性：

- EDI 需要建设专用网络，开发专用程序，投入巨大，因此它的应用往往仅局限于少数大企业。
- EDI 数据侧重于信息对机器的可读性，人工阅读 EDI 数据简直就是灾难。
- 所有 EDI 数据都不能通过 Web 来进行数据搜索和定位，也无法在 Web 上显示。而这正是那些现代 Internet 小型企业与一些不固定商业伙伴进行小型交易的最基本要求。
- 传统 EDI 经过几十年的发展，EDI 信息标准仍然得不到统一，没有形成一个全球通用的标准。

XML 自从出现以来，以其可扩展性、自描述性、自相容性等优点，被誉为信息标准化过程的有力工具，基于 XML 的标准将成为以后信息标准的主流。由于 XML 提供了一个通行的方法来传送自我描述的资料，因此它是将文件和结构化资料一起移动和沟通的最佳机制。不过，为了保护企业在 EDI 上的巨大投资，传统的 EDI 也没有被彻底废除，而是与 XML 相结合，形成了 XML-EDI。

XML 技术对电子商务有重大影响，XML 的人机互动式架构提供了使用者与计算机之间的互动交流，利用其可延伸性及自我描述特性，电子通信文件可以在企业间的应用程式中自动传输、处理及储存，不同厂商的电子商品目录可以在同一个使用者界面同时呈现，资讯的搜寻变得更为精确快速，不同系统间可以流畅地互通，不同网站之间的资料得以动态共享，强化了使用者与系统之间的聚合性。

三、XML 与移动通信

1990 年以来，互联网和移动通信的发展极大地改变了人们的生活、学习和工作。人们不仅仅将互联网视为一种手段或工具，更将它视为一种生活方式。人们要求能够随时随地与互联网保持连接，并且能够在移动中获取信息。但是由于互联网需要与固定的有线网相连，无法满足人们的这个需要。移动电话生产商和电信运营商顺应人们需求，利用无线上网技术，将互联网与无线网结合起来。

随着移动电话与互联网结合，无线上网的趋势正在形成，新的移动通信标准使得移动终端的带宽可以达到最高 2Mbit/s。有人预言，随着无线带宽的增加和无线上网技术的迅速发展，. move 将替代 . com 成为新的潮流。一些网络先锋将电子商务应用与无线上网结合起来，开始展开移动电子商务的业务。在这过程当中，WAP（wireless application protocol）起着决定性的作用。

WAP 的提出是为了满足人们在移动中连接互联网的需要。相对互联网而言，无线数据网络的带宽窄，连接的稳定性差，手机的 CPU 功率相对于 PC 会更小，内存和显示器更小，输入设备更为简单等。由于无线网络和移动设备的这些特点，使得 WAP 规范无法直接利用互联网的技术和标准，而必须重新定义符合移动设备和无线网络特点的规范。1997 年 6 月，Phone. com 联合了 Nokia、Ericsson、Motorola 合作建立了 WAP 论坛，旨在利用已有的互联网技术和标准，为移动设备连接互联网建立全球性的统一规范。它们的工作很快有了成果，在 1998 年 5 月，推出了 WAP 规范（specification）1.0 版，并于 1999 年 11 月发布了 1.2 版。

1. 无线标记语言（WML）

WML 是利用 XML1.0 标准定义的面向显示的置标语言，特别适合于在性能方面严重受限的手持设备。WML 和 WML Script 并不要求用户使用传统的 PC 的键盘或鼠标进行输入，而且它设计时就考虑到了手机的屏幕尺寸限制。使用 WAP 网关，所有的 WML 内容都可以通过 Internet 使用 HTTP 1.1 请求进行访问，因此传统的 Web 服务器、工具和技术可以继续使用。

2. WAP 网关

WAP 规范使用标准的 Web 代理技术将无线网络与 Web 连接起来。通过将处理功能集中在

WAP网关中，WAP结构大大减少了手机上的操作负载，因此为手机实现价廉物美提供了基础。例如，一个WAP网关一般可以使用所有的DNS服务来解析URL中使用的域名，因此就不再需要手机来完成这个计算任务。还可以利用WAP网关来为用户提供各种服务并且可以帮助网络服务商防止诈骗和服务利用，如图3-2所示。

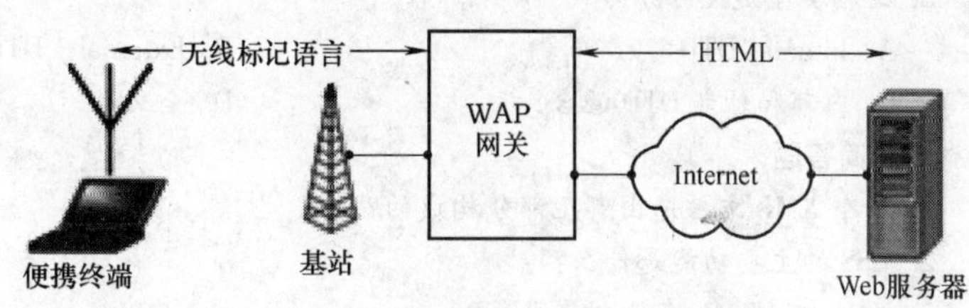

图3-2　WAP网关

WAP创造了一种商业机会，它使得现有的业务或新的业务可以每时每刻被用户访问。它可以发掘出各种崭新的、甚至目前无法想象的增值业务，为电信业务运营商提供了创造丰厚利润的宝贵商业机会。

【本章小结】

当新科技不断冲击互联网的发展之际，XML技术对电子商务产生了重大影响，XML的人机互动式架构提供了使用者与计算机之间的互动交流，利用其可扩展性及自我描述特性，电子通信文件可以在企业间的应用程序中自动传输、处理及储存，不同厂商的电子商品目录可以在同一个使用者界面中同时呈现，信息的搜寻变得更为精确快速，不同系统间可以流畅地互通，不同网站之间的数据得以动态共享，强化了使用者与系统之间的聚合性。XML所带来的是一个全新的视野，一种对于整个电子商务架构的观念上的颠覆，而中小企业也可以轻易享受电子商务的好处。电子商务的威力已开始爆发，而在电子商务中，XML是一个不可忽视的技术。

【相关链接】

1. W3C标准之XML，http：// www. webw3c. org/w3c-biaozhun/w3c-biaozhunzhi-xml
2. XML的诞生、特点及主要相关技术分类，http：//www. jspcn.net/htmlnews/1100380316. html
3. w3school在线教程，http：//www. w3school. com. cn
4. XML教程，http：//www. blue1000. com/bkhtml/c21
5. 中国XML论坛，http：//bbs. xml. org. cn/index. asp
6. XML实用大全，http：//www. vchome.net/dotnet/xml/xml4. htm

习　　题

一、选择题

1. 下列（　　）选项不是XML文档所必须具备的要素。

   A. XML声明　　B. 文档类型说明　　C. 元素　　D. 文档元素

2. 下列（　　）是XML的基本组成部分。

   A. 元素　　B. 属性　　C. 注释　　D. 指针

3. 以下（　　）是XML标记名的命名规则。

   A. 标记名不能包含冒号　　B. 标记名可以包含实体

   C. 标记名必须以字母或下划线开始　　D. 后继字符可以是任意字符

4. 下列不符合元素类型声明的作用是（ ）。

A. 设置元素的类型　　B. 设置元素出现的次数

C. 设置元素如何嵌套子元素　　D. 设置文档的结构

5. 文档类型定义可分为（ ）。

A. Internal DTD　　B. External DTD

C. 内部和外部 DTD 混合　　D. 全文档

二、简答题

1. 一个 XML 文档是由哪几部分构成的？
2. CSS 的主要功能是什么？
3. XML 与 HTML 有什么异同？

第四章

复杂网站页面开发技术——Ajax

【学习目标】了解互联网应用程序架构的发展与变迁，了解传统互联网应用程序架构的特点与局限性，能够对 Ajax 与其他富客户端应用程序方案进行比较和分析；能够掌握 Ajax 的基本原理，并能够编写简易的 Ajax 应用；了解常用的 Ajax 技术应用架构。

【关键概念】Ajax　CSS　DOM　Ajax 技术架构

第一节　互联网应用程序架构

一、从“胖客户端”到“瘦客户端”

最初期的网络应用程序通常被称为“客户端/服务器模型”（Client/Server 模型，简称 C/S 模型），这种模型通常在每一个用户的计算机上安装一个交互式的用户界面，称为客户端；而所有用户的数据都集中存放在一台服务器上。客户端接收用户的操作请求，并通过网络协议发送给服务器。服务器接收到客户端的请求后，进行相应的处理，并将结果发送回客户端。客户端接收到该处理结果后，以特定的形式显示给用户。

这种模型下的客户端在早期通常是字符界面的，随着图形化用户界面以及可视化快速开发工具（RAD）的普及，主流的网络应用程序开始采用图形化的用户界面。这一时期主要的快速开发工具有 Microsoft 的 Visula Basic、Viusal C + +，Sybase 公司的 PowerBuilder，和 Borland 公司的 Delphi。这些工具可以用来快速的开发各种具有图形界面的客户端，并且提供了 DCOM 等各种网络通信功能及各种方便的数据库连接方案，非常适合开发企业内部的信息管理系统。C/S 架构的网络应用程序开发一度成为软件行业开发的主流。

Web 的出现带来了互联网的飞速发展，同时一种新的网络架构开始兴起，这就是“浏览器/服务器模型”（Browser/Server 模型，简称 B/S 模型）。这种模型不需要在用户的计算机上安装专门的客户端，只需要有一个浏览器就可以。用户的操作请求被浏览器通过 HTTP 协议发送给服务器。服务器处理之后，将所需提供给用户的界面以 HTML 页面的形式生成，再通过 HTTP 协议发送给浏览器，浏览器则将该页面呈现给用户。由于在这种模式下，所有的用户界面的生成和用户操作的解析都在服务器端进行，客户端只需要浏览器显示页面，既减少了客户端的计算量，又不需要额外的空间来安装程序，因此该模型被称为“瘦客户端”。相应地，C/S 模型通常被称为“胖客户端”。

B/S 模型相对于 C/S 模型的进步之处主要体现在以下几个方面：

(1) 客户端的软件安装成本。C/S 模型中，需要在用户的计算机上安装专用的客户端软件。这些客户端软件通常包括快速开发工具的运行时库，往往还和所使用的数据库管理软件有关系。这使得在实际应用中，客户端软件往往需要配备专业人员才能安装。而 B/S 模型中，客户端只需要一个浏览器即可，浏览器又几乎在所有的计算机上都能找到，大大降低了客户企业和软件开发公司的成本。

(2) 客户端软件的兼容性。在有些情况下，客户端软件和操作系统之间，或者多个客户端软件之间会出现兼容性问题。这要求软件公司所开发的程序必须根据用户企业已有的软件系统来确定软件的架构，因此在开发的过程中非常受限。同时，由于要为不同的企业开发不同的软件，也大大降低了软件重用性。B/S 架构不需要安装特殊的客户端，因此没有这些顾虑。

(3) 网络适应性。C/S 模型中，应用程序通常需要指定专门的网络端口和特定的通信协议，这使得该程序很难通过防火墙或者是地址转换协议访问因特网的其他机器。因此 C/S 模型通常只适合局域网内部使用，甚至无法在大型企业的多个分部中互相访问。B/S 模型中的网络通信是通过 HTTP 协议进行的，可以很容易地跨越防火墙和地址转换协议。

(4) 以维护和升级的难易程度。C/S 模型中，每一次软件的版本更新，或者是每一次对程序的错误进行修改，都必须重新配置所有用户的客户端，维护和升级成本极高。而 B/S 模型中，应用程序实际上是运行在服务器上，所以只需要重新配置一下服务器，所有用户就都可以访问到更新后的程序了。

(5) 对潜在的用户的服务性。如果采用 C/S 模型，对于一些无法事先确定用户的 Web 应用，如网上订购、教学等服务，根本无法事先将客户端安装到所有潜在用户的计算机上。而 B/S 模型通过浏览器将服务程序提供给用户，这样每一个上网的人就都有可能接触到该应用程序，从而成为该程序的客户。

由于 B/S 模型解决了 C/S 模型的一些致命的缺陷，因而很快就普及开来。这对软件开发的方式也造成了很大的影响。Java 由于最先提供了 B/S 架构的完整解决方案而真正开始普及。Microsoft公司迅速提出了 .net 战略，在其基础之上提供了 Visual C#，同时参照 Visual C#重新设计了 Visual Basic，并且拒绝与之前曾获得极大成功的旧版本 Visual Basic 兼容。Borland 公司的 Delphi 和 Sybase 公司的 PowerBuilder 几乎被挤出新市场。

二、从“瘦客户端”到“富客户端”

作为“瘦客户端”，B/S 模型将大量的计算任务分配给了服务器，从而达到了跨平台的优势，但是它也有很多劣势。随着 B/S 模型不断普及，人们对互联网应用程序也提出了更高的要求。B/S 模型主要的缺点有以下几个方面：

(1) 视觉效果差。B/S 模型将用户界面以 HTML 页面的形式展现给客户，但是长期以来，

HTML 页面的元素非常单调，软件设计者对页面的控制能力较低。同时，浏览器也不具备桌面应用程序丰富的功能，因此带给客户的用户体验也非常差。

（2）网络延迟高。由于 B/S 模型的用户界面是在服务器端生成并送到客户机器上的，因此哪怕是一个微小的改动也会导致服务器重新向浏览器传递整个页面信息。在网速较低的情况下，采用 B/S 模型的网络延迟要比 C/S 模型明显得多。

（3）交互性差。Web 页面的一些控件的行为与桌面程序的行为不同。在桌面程序，比如当鼠标滑过控件的时候，程序可以弹出提示信息等效果，或者当用户在文本框中输入信息，程序可以提供一些自动完成的提示信息。但是在 Web 页面中，如果每一次用户的操作都要提交给服务器来进行相应，则一方面导致服务器负载激增，另一方面网络传输速度也无法胜任频繁的数据传送。

由于 Web 页面的效果与传统桌面程序有着较大的差距，而大家期望传统的 Web 页面也能够像桌面程序一样绚丽多彩，这就催生了富客户端应用程序技术。

富客户端应用程序（Rich Internet Application，RIA）既具备桌面应用程序的优良的用户界面功能，又可以像 Web 应用程序一样可以进行快速、低成本的部署。RIA 的 Rich Client 提供可承载已编译客户端应用程序的运行环境，同时使用异步客户/服务器架构连接现有的后端应用服务器。这是一种安全、可升级、具有良好适应性的新的服务模型。

三、富客户端应用程序的几种技术方案

为了帮助 Web 开发人员构建一种比传统 HTML 更为丰富的客户端，使用比 HTML 更为健壮、反应更加灵敏的接口，实现更令人感兴趣的可视化特性，曾经出现过很多种非常具有竞争力、各有特色的 RIA 客户端开发技术。

1. Adobe Flash/Flex

Adobe Flash 最早是美国 Macromedia 公司所设计的一种二维动画软件。该软件采用了矢量图技术、流媒体和 ActionScript 动态语言等技术，因而具备体积小、传输快、交互性强、简单易学等特性，很快成为了桌面系统上最普及的浏览器插件。Flash 技术被认为是 2005 年 Adobe 公司收购 Macromedia 的最重要的战略目标。这使得以 Flash Player 作为客户端的 RIA 可以支持种类广泛的平台和设备。

Flex 是为满足希望开发 RIA 的企业级程序员的需求而推出的表示服务器和应用程序框架，由 MXML、ActionScript 及 Flex 类库构成。它可以运行于 J2EE 和 .net 平台。Flex 开发人员利用 MXML 定义应用程序用户界面元素，利用 ActionScript 定义客户逻辑与程序控制。Flex 类库中包括 Flex 组件、管理器及行为等。利用基于 Flex 组件的开发模型，开发人员可在程序中加入预定义的组件、创建新组件或是将预定义的组件加入复合组件中。程序由 Flex 服务器翻译成 SWF 格式的客户端应用程序，在 Flash Player 中运行。

由于 Flash 在流媒体方面具有优势，随着近几年视频分享网站的流行，Flash 技术在 Internet 上的使用变得更加广泛和频繁。同时，Flash 以前被轻视的技术能力也被挖掘，出现了一些复杂的 Flash 应用程序，比较典型的是 Photoshop Express。

2. Microsoft Silverlight

Silverlight 是微软推出的用于和 Adobe Flash 进行竞争的一种 RIA 技术。它的前身被称为 WPF/E 技术。Silverlight 被定义为一个跨浏览器、跨平台的 .net Framework 的实现，用于创建具备多媒体体验和复杂交互效果的网络应用。Silverlight 易于下载，提供高质量的视频和音频流技术，并支持用户在浏览器中对图片进行拖拽、翻转和放缩。Silverlight 在读取数据并且更新显示外观的时候，并不会通过刷新整体页面来打断用户操作。

Silverlight 提供了一个强大的平台，能够开发出具有专业图形、音频和视频的 Web 应用程序，增强了用户体验。Silverlight 包含了微软最新推出的 Windows Presentation Foundation（WPF）技术的大部分功能，这个技术在创建用户界面方面对浏览器元素进行了较大的扩展。WPF 使得开发人员具备创建融合图形、动画、媒体和其他的富客户端特性，以及其他超越普通 HTML 模型的用户界面的能力。

Silverlight 同时支持多种语言的开发。在微软的努力下，开发人员可以使用 Visual Studio 开发环境，使用 .net Framework 编程模型及相关工具，以及托管的 JavaScript 和 IronPython 这样的动态语言或者 C#及 VB 来开发 Silverlight 应用程序。

3. Java FX

Java FX 是美国 Sun 公司于 2008 年年底发布的基于 Java 编程语言的一种软件平台，旨在创建一种跨平台的，可以运行在各种联网设备上的 RIA 应用程序。JavaFX 使用一种静态类型的、声明式的语言，即 JavaFX Script 语言。JavaFX 完全集成于 Java Runtime Environment（JRE）中，这使得任何运行了 JRE 的浏览器和任何运行了 Java ME 的移动电话都可以运行 JavaFX 应用程序。

在 RIA 的研究过程中，还出现了很多其他的富客户端应用框架，比如 Mozilla 的开放源项目 XUL、Eclipse 平台下的 SWT、Laszlo、Bindows 等框架。这些框架目前普及面不广，不再详细介绍。

四、Ajax 的产生与发展

在各公司和组织纷纷推出自己的 RIA 架构的时候，一种富客户端技术引领了一种潮流。这种技术就是 Ajax。Ajax 的完整拼写是 Asynchronous Javascript and XML，这个名词是 Jesse James Garret 在 2007 年年初于《Ajax：A New Approach to Web Applications》一文中提出的。他对网络应用程序的建议如下：

① 使用 XHTML 和 CSS 来表示页面内容；

② 使用 DOM（Document Object Model）来进行动态显示和交互；

③ 使用 XML 和 XSLT 来进行数据交换和传输；

④ 使用 XMLHttpRequest 来进行异步数据检索；

⑤ 使用 JavaScript 将所有的事物连接在一起。

Ajax 技术实际上是将一系列早已出现的技术，遵照一定的规律结合在一起。它的流行乍看时出人意料，想来却合情合理。Ajax 流行的因素大致如下：

(1) 跨平台且不需安装额外插件。前文所述的各种 RIA 技术，大部分技术如 Flash、Silverlight 都需要安装浏览器插件，一些技术需要安装特定的程序，还有一些技术甚至只能运行于特定的平台上。这就决定了采用该技术的网站，总是无法被所有的客户使用。而 Ajax 采用的几种技术都是出现很久的技术，因此虽然各种浏览器平台上的编程规则略有不同，但只要多进行投入，就可以确保网站对于所有平台上的用户来说都可以得到很好的效果。

(2) 与旧有网站相容性高。大多数 RIA 技术都采用和传统 Web 技术不同的新标准，所提交到最终用户的也不是以 HTML 页面形式存在的，因此与传统 Web 页面有着明显的界限。由于 Ajax 技术中的各种技术早已广泛地应用于传统网站设计之中，而不是提出一个全新的架构，传统的 Web 程序可以逐步添加 Ajax 元素来达到 RIA 的效果，而不是全部重新设计。这样可以充分利用以前的工作成果和技术积累。

(3) 平台中立。另外，由于 Ajax 技术并不隶属于任何公司或团体，因此在采用该技术的时候没有后顾之忧。这也是很多网络公司采用它的一个重要原因。

第二节 Ajax 的基本原理

一、异步的服务器通信模型

传统的 Web 应用模型是：大多数用户操作向服务器提交一个 HTTP 请求，服务器对该请求进行处理，如检索数据、计算数值、与其他系统对话等，最终将一个 HTML 页面返回给用户。

Ajax 的 Web 应用模型是：用户与服务器中间增加了一个 Ajax 引擎。这正验证了软件工程中的一个基本原理：几乎所有问题都可以通过增加一个或几个中间层来解决。

在 Ajax 的 Web 应用模型中，浏览器在会话刚刚开始的时候并不加载 Web 页面，而是加载一个用 JavaScript 编写的、嵌入进一个隐藏框体中的 Ajax 引擎。该引擎接管所有的用户交互动作，并负责与服务器进行通信。

传统的 Web 应用模型在服务器处理信息的时候，用户必须等待。这种模型比较适合早期的 Web，那时的 Web 页面以超文本信息为主，文件规模较小，而且服务器端不需要对用户请求进行大量的计算。但是对于现在的 Web 应用程序来说，大容量的页面信息、多种多样的媒体形式、复杂的事务逻辑处理会使得用户的等待时间越来越长。

在 Ajax 的 Web 应用模型中，Ajax 引擎使得用户的操作和与服务器之间的通信相互独立，这也就是 Ajax 名字中所强调的异步处理。并且，针对于内存中的数据编辑、页面导航、数据校验这些不需要与服务器通信的操作，可以交给 Ajax 引擎来执行。对于需要与服务器通信的操作，在由 Ajax 引擎交付服务器后，用户同时可以对页面其他不相关的元素进行操作。当服务器返回信息时，Ajax 只更新页面中需要更改的那部分元素，而不是刷新整个页面。这样一来，虽然 Ajax 在用户与服务器之间增加了一个中间层，但是页面对用户操作的反应看起来却更加灵敏了。

二、用 CSS 定义应用的外观

制作网页所使用的 HTML 原本是一种简单且容易理解的标记语言。早期的 Web 也仅仅是一系列相互链接的文档，并使用 HTML 添加基本的格式和结构。但是随着网页变得越来越复杂，代码变得几乎不能理解了。人们使用字体和粗体标签的组合来创建所需的视觉效果，使用块引用来添加空白而不是表示引用。Web 很快就失去了意义，成了字体和表格标签的大杂烩。

一些复杂的网页编辑工具提供了“所见即所得”的功能，这些工具处理大量的无意义标签，帮助人们创建网页。但是这些工具并没有简化网页代码，反而添加了它们自己的复杂标记。其结果是：即使是普通的网页也变得非常复杂，几乎不可能进行手工编辑而不破坏代码。而 Ajax 技术需要在运行时实时更新代码片段，这个想法近乎于痴人说梦。

CSS（Cascading Style Sheets，层叠样式表）是一种标记语言，它不需要编辑，可以直接由浏览器所执行。它可以用来控制页面的外观，并且将文档的表现部分与内容分隔开。于是 HTML页面中的表现标签（比如字体、颜色标签）可以去掉。CSS2 还可以高精度地在网页上进行定位，而不需要使用表格。现在，CSS 不仅可以完成 HTML 的格式化，而且可以用于产生专业的布局。

所谓样式表就是包含一个或多个规则的文本文件，这些规则通过属性和值来决定网页中的某些元素应该如何显示。CSS 属性可以控制基本格式（比如字体大小和颜色）和布局（比如定位和浮动）。CSS 还有许多动态属性，可以让某些项显示或消失，可以用来创建下拉菜单和其他交互性组件。

还可以使用 CSS 在网页之外创建样式表，然后将它同时应用到站点上的所有页面，因此可以节省大量时间和带宽。

一个样式规则由两部分组成：选择器和样式声明。选择器决定页面中的哪些元素要受到该规则影响，样式声明由一个或多个属性/值对组成，则决定要对这些元素应用哪些样式属性。最简单的样式规则如下：

```
h1{color:red}
```

在这里，h1 为选择器，表示页面中所有的 <h1>标签都会应用这个样式。样式声明为花括号中的部分，包含一个属性/值对。其中“color:”为属性，“red”为值，表示将选择器所选中的标签的 color 属性，应用为 red，即所有的 <h1>标签都用红色显示。

样式规则可以包含多于一个的属性/值对。如下面的样式规则，为所有的 <h1>标签同时制定了字体颜色和背景颜色：

```
h1{color:red;background:yellow;}
```

选择器的功能非常强大，可以对页面中的元素进行精确的定位。后代选择器可用来寻找特定元素或元素组的后代。如果我们只需要对位于 <div>标签中的 <h1>标签应用样式规则，则可将 CSS 规则修改为：

```
div h1{color:red}
```

ID 选择器可以用来寻找具有指定 ID 的元素，该选择器由一个#字符来表示。下面的示例使简介的段落文本以粗体显示：

```
#intro{font-weight: bold}
<p id="intro">Some Text</p>
```

类选择器可以用来寻找具有指定类名的元素，该选择器由一个点号表示。下面示例使日期显示为绿色：

```
.datePosted{color:green}
<p class="datePosted">28/5/2009</p>
```

上述规则可以进行组合使用，如：

```
#mainContent h1{font-size:1.8em;}
#secondaryContent h1{font-size:1.2em;}

<div id="mainContent">
<h1>Welcome to my site</h1>
...
</div>
<div id="secondaryContent">
<h1>Latest news</h1>
...
</div>
```

通用选择器很少被使用，但是作用强大，通常用一个星号表示。如下面的例子可以用于删除每个元素上默认的浏览器填充和空白边：

```
*{padding:0;margin:0}
```

可以将 CSS 样式表存在一个扩展名为 CSS 的文件中，然后在 HTML 文件中加入链接，如：

```
<html>
<head>
<link rel='stylesheet'type='text/css'href='common.css'/>
</head>
<body>...</body>
</html>
```

这样就可以在需要使用该 CSS 的页面文件中应用样式规则了。

三、用 DOM 组织视图

传统的 Web 应用中，用户进行操作后，向服务器发出请求，服务器返回新的 HTML 流来刷新整个页面。而在 Ajax 应用中，为了避免频繁的刷新，必须有一种方式来更好地对页面的各个部分进行访问和更新。DOM 是一个 W3C 规约，是与平台和语言无关的接口，允许程序和脚本动态地访问和更新文档的内容、结构和样式。文档可以进一步处理，处理的结果可以放回到所提供的页面中。DOM 是表示和处理一个 HTML 或 XML 文档的常用方法。

Ajax 应用中，用户界面的更新主要是使用 DOM 来完成的。Web 页面被组织成一个树状结构。树的根节点是 <html> 标签，它代表这个文档。在他内部的 <body> 代表文档的主体部分，是可见的文档结构的根节点。在文档主体之内，有表格、段落、列表以及其他标签类型，每个标签之中还可能有其他标签。

Web 页面的 DOM 表示也是一个树状结构，由元素或节点组成，节点还可能包含很多的子节点。DOM 中元素之间的关系可以看做是 HTML 清单的双向映射。DOM 定义了表示和修改文档所需的对象、这些对象的行为和属性，以及这些对象之间的关系。DOM 的意义在于它提供了一种与文档交互的标准方法。由于 DOM 不仅允许遍历 DOM 树，还可以编辑内容，因此可以建立极为动态的页面。

四、用 XML 相关技术交换数据

自从 20 世纪 90 年代中期基于 SGML 衍生出了 W3C 的可标记扩展语言（extensible markup language，XML）之后，XML 变得非常流行，至今已至少有 4 种 XML 衍生语言可以用于创建 Web 应用程序：Mozilla 的 XUL；一种结合 Java 的开元语言，XAMJ；Macromedia 的 MXML；Microsoft 的 XAML。

由于 XML 在现代技术中几乎是一种无处不在的数据格式，在 Ajax 中同样涉及大量的 XML 相关技术。DOM 本身就是面向 XML 的 API，现代标准的浏览器把页面信息看做是遵循 DOM 的 XML 文档。除极简单的信息外，大多数复杂的数据结构都很适合以 XML 格式进行接收。向服务器发送请求时，XML 同样也作为一种标准的发送参数的方法。

XMLHttpRequest 对象对 Ajax 技术的出现起到了决定性的作用，该对象对处理 XML 提供了很好的技术支持。XMLHttpRequest 对象可以将接收到的 XML 内容类型转换为 DOM，同时可以将请求参数转换为 XML 进行发送。

最近比较流行的一个 XML 替代方案是 JSON。JSON 是一种文本格式，独立于具体程序设计语言，但是使用了与 C 系列语言（如 C、C + +、Java、C#、JavaScript）相类似的约定。使用 JSON 格式也是一种常见的 Ajax 应用方法。

除使用 JavaScript 语句来手工解析 XML 并生成 HTML 布局外，还可以采用 XSLT（eXtensible Stylesheet Language Transformation，可扩展样式表语言）技术来进行转换。采用 XSLT 转换的代码通常更容易维护。XSLT 使得表示页面布局的 HTML 文件和表示页面数据内容的 XML 文件创建在两个文件中，然后再将它们进行合并。这样可以简化导航 XML 节点、创建表格、菜单和 HTML 布局等所有琐碎乏味的工作。

第三节 编写简易的 Ajax 应用

一、Ajax 技术模型

Ajax 由多种技术组合而成，每种技术的都有其特定的作用：XHTML 与 CSS 将数据以一个标

准化的用户界面呈现给用户；XML 与 XSLT 用于数据的交换与处理；DOM 被用于实现数据的动态显示与交互；XMLHttpRequest 对象是 Ajax 的核心，它支持异步请求，Ajax 通过它和服务器进行数据层面的交换而不用每次都刷新界面，并且减少服务器的数据处理工作；Javascript 用来编写 Ajax 引擎，操作 HTML、XHTML、CSS，并被用来绑定和处理所有的数据。

二、创建 XMLHttpRequ4st 类

微软的 IE 浏览器是最先以 ActiveX 对象引入 XMLHttpRequest 类的，并称其为 XMLHTTP。随后，Mozilla 、Netscape 、Safari 等其他浏览器也相继提供了 XMLHttpRequest 类，但是，它们创建 XMLHttpRequest 类的方法是不同的。

IE 浏览器创建 XMLHttpRequest 的方法如下：

```
xmlhttp_request = new ActiveXObject("Microsoft.XMLHTTP");
```

在不同 IE 浏览器中，XMLHTTP 版本可能不一致，因此为了能兼容不同版本的 IE 浏览器，需要根据不同版本的浏览器来创建 XMLHttpRequest 类。下面的代码就是根据不同版本的 IE 浏览器创建 XMLHttpRequest 类所可能的其他的方法。

```
xmlhttp_request = new ActiveXObject("Msxml2.XMLHTTP");
```

对于 Mozilla 、Netscape 、Safari 等浏览器，创建 XMLHttpRequest 的方法如下：

```
xmlhttp_request = new XMLHttpRequest();
```

在实际应用中，为了兼容各种版本的浏览器，一般将创建 XMLHttpRequest 类的方法写成如下形式：

```
try{
    if(window.ActiveXObject)
        xmlhttp_request = new ActiveXObject("Microsoft.XMLHTTP");
    else if(window.XMLHttpRequest)
        xmlhttp_request = new XMLHttpRequest();
}
catch(e){xmlhttp_request = false;}
```

三、指定处理相应的函数

服务器返回的信息需要进行合适的处理，因此需要给客户端指定服务器返回信息时的处理方式，指定的方法是将相应的处理函数名称赋给 XMLHttpRequest 对象实例的 onreadystatechange 属性，例如：

```
xmlhttp_request.onreadystatechange = processRequest;
```

也可以用 Javascript 即时定义函数的方式直接在此定义响应函数，此时需要按照函数定义的格式来编写，例如：

```
xmlhttp_request.onreadystatechange = function()
{//Javascript 代码段};
```

四、调用 HTTP 请求类的 open（）和 send（）方法发送请求

指定了处理响应的函数后，便可以调用 XMLHttpRequest 对象的 open（）和 send（）方法发送 HTTP 请求了，例如：

```
xmlhttp_request.open('GET',URL,true);
xmlhttp_request.send(null);
```

函数 open（）的第一个参数是 HTTP 请求方式——GET，这是 POST 或任何服务器所支持的方式。按照 HTTP 规范，该参数要大写，否则某些浏览器（如 Firefox）可能无法处理请求。第二个参数是请求页面的 URL 地址。出于安全的考虑，这个 URL 只能是同网域的，否则会提示“没有权限”的错误。这个 URL 既包括静态页面，也包括需要服务器解释执行的页面。第三个参数设置请求是否为异步模式。其默认值是 TRUE，此时 Javascript 函数将继续执行，而不等待服务器响应。这就是"AJAX" 中的"A"（异步）的含义。

send（）的参数如果是以 POST 方式发出的话，可以是任何想传给服务器的内容。不过此时必须先调用 setRequestHeader 方法修改 MIME（Multipurpose Internet Mail Extensions，多功能 Internet 邮件扩充协议）类别：

```
xmlhttp_request.setRequestHeader("Content-Type","application/x-www-form-urlencoded");
```

这时资料则以查询字符串的形式列出，作为 send 的参数：

```
name=value&anothername=othervaluek&so=on
```

五、得到服务器返回的信息

处理信息前，首先要检查请求的状态，即 XMLHttpRequest 对象实例的 readyState 值。只有当服务器响应被完整收到，函数才能处理该响应。

readyState 的取值如下：0（未初始化）、1（正在装载）、2（装载完毕）、3（交互中）、4（完成）。只有取值为 4 时，响应才算完整收到了，才能进行处理。函数处理响应的代码如下：

```
if(http_request.readyState==4){//收到完整的服务器响应}
else{//没有收到完整的服务器响应,继续等待}
```

一个完整的服务器响应已经收到了后，函数还会检查 HTTP 服务器响应的状态值，当 HTTP 服务器响应的值为 200 时，表示状态正常。

```
if(http_request.status==200){//页面正常,可以开始处理信息}
else{//页面有问题}
```

在检查完请求的状态值和响应的 HTTP 状态值后，就可以处理从服务器得到的数据了。有两种方式可以得到这些数据：①将服务器返回的信息当字符串使用，即 responseText；②将服务器返回的信息当 XML 文档使用，以 XMLDocument 对象的方式处理。前者适合简单的数据，如将响应显示在警告框中，或只是显示成功/失败；后者适合比较复杂需要结构化表示或是需

要特定格式输出视图而文本无法表示的数据，或是与系统其他API或者其他系统交互时作为一种数据中转中介。

六、操作DOM将数据显示到客户端

在DOM看来，HTML和XML一样是树形结构的文档，如图4-1所示。

DOM下，HTML文档的各节点被视作各种类型的Node对象，通过这些对象的属性和方法可以遍历、编辑整个文档树，以及进行其他操作。利用DOM操作HTML文档，首先要遍历文档的节点，然后搜索文档中特定的元素进行定位，然后添加、修改或是删除文档的内容，这样，页面的改变就完成了，实现了页面的无缝更新，对于用户来说这个过程是看不见的。

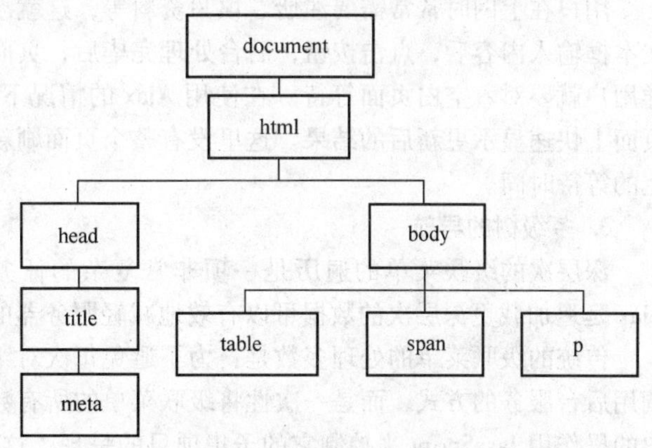

图4-1　树形结构的文档

使用DOM还能够操作XML文档。当前浏览器把XML看做是遵循W3C DOM的XML文档，W3C DOM制定了一组很丰富的API，可用于搜索和处理XML文档。整个操作XML文档的步骤是加载XML文档→提取信息→加工信息→创建HTML文档，具体方法在此不作描述。

简而言之，Ajax的工作原理相当于在用户和服务器之间加了一个中间层，用户发送的请求不是直接发给服务器，而是发给同在客户端的Ajax引擎，而服务器也是与引擎直接交互。这就相当于用户是看不见服务器的，即对用户来说，这一过程就像是只在客户端进行一般，同我们用的桌面程序一样。整个过程中，用户操作与服务器响应异步化，以前的一些服务器负担的工作很多分给了客户端，利于客户端闲置的处理能力来处理，减轻了服务器和带宽的负担，从而达到节约ISP（互联网服务提供商）的空间及带宽租用成本的目的，同时实现了页面的无缝刷新，从而给用户更好的上网体验，进而还可以吸引和留住更多的客户。

第四节　Ajax的应用场景

一、Ajax的基础应用技术

Ajax是Web2.0的核心之一。Ajax打破了使用页面重载的惯例技术组合，使用XMLHttpRequest对象进行异步数据读取，完成了浏览器和服务器之间的异步通信。可以说，Ajax已成为Web开发的重要武器。现在，许多公司都希望能充分利用它，并且在它身上发现更高的效用，进一步提升它的价值。

Ajax 的主要技能归纳为以下几点：

1. 方便的文本输入提示

最早期的 Ajax 应用非常简单，也非常有吸引力。这就是在用户向文本框等输入表单中输入信息时，可以给予一定的输入提示，帮助用户自动完成表单的输入。

2. 表单提交

用户在上网时常常需要注册、填写资料等，这就涉及表单的提交问题。传统的表单提交是在文本框输入内容后，点击按钮，后台处理完毕后，页面刷新，再回头检查是否刷新结果正确，这样用户就要对着空白页面等待。在使用 Ajax 的情况下，表单提交后，立刻进行异步处理，并在页面上快速显示更新后的结果。这里没有整个页面刷新的问题，明显减少了用户在心理上和事实上的等待时间。

3. 多级树的导航

深层次的级联菜单的遍历是一项非常复杂的任务，使用 JavaScript 来控制显示逻辑，使用 Ajax 延迟加载更深层次的数据可以有效地减轻服务器的负担。

传统的级联菜单的处理多数是：为了避免每次对菜单的操作引起的重载页面，并不采用每次调用后台服务的方式，而是一次性将级联菜单的所有数据全部读取出来并写入数组，然后根据用户的操作用 JavaScript 来控制它的子集项目的呈现。这样虽然解决了操作响应速度、不重载页面以及避免向服务器频繁发送请求的问题，但是如果用户不对菜单进行操作或只对菜单中的一部分进行操作的话，读取的数据中的一部分就会成为冗余数据而浪费用户的资源。特别是在菜单结构复杂、数据量大的情况下（比如菜单有很多级、每一级菜单又有上百个项目），这种弊端就更为突出。

在应用 Ajax 的技术方案中，初始化页面时，用户端只读出数据的第一级的所有数据并显示；在用户操作一级菜单其中一项时，会通过 Ajax 向后台请求当前一级项目所属的二级子菜单的所有数据；如果再继续请求已经呈现的二级菜单中的一项时，再向后面请求所操作二级菜单项对应的所有三级菜单的所有数据。这样，从服务器端传输的数据和用户端所需要的数据基本符合，不会有数据的冗余和浪费，减少了数据下载总量，而且更新页面时不用重载全部内容，只更新需要更新的那部分即可。这种方案相对于后台处理并重载的方式缩短了用户等待时间，也把对资源的浪费降到最低。许多大型网站都用到过此项技术，大多数 Ajax 网站，比如 Microsoft Live、豆瓣网等，都有一些这种导航方式的影子。

4. 快速的用户之间交流

在众多人参与交流讨论的场景下，用户最大的困扰是：当用户需要知道其他用户的最新互动消息时，必须反复刷新页面。Ajax 成功地将用户从枯燥的刷新中解脱出来。用户可以方便、不费时地与别人进行信息交流。这在现在的一些互动性比较强的网站中已经得到普及。

5. 快速数据过滤器

在一些需要对大量数据进行操作的网站，经常会使用一些数据过滤器，如按照时间排序、或者按照时间和名称排序、只选择符合需要的数据等场景。传统的网站通常需要一系列的服务器请求来完成，在每次数据更新后，再对原有数据进行重新查找和传送，并产生长时间的页面刷新过程。使用Ajax，可以将所需要的数据一次性传输到客户端，而由Ajax引擎负责决定显示哪一部分。

二、Ajax的主要应用领域

对各种Ajax的基础应用技术进行组合，就可以得到丰富多彩的Ajax应用。下面是一些常见的Ajax应用案例。

1. 购物网站

传统的购物网站都提供了购物车环节。用户首先登录网站，然后依次是浏览商品、选择商品、输入购买数量、继续浏览和选购、最后确认商品清单。在这个过程中，从浏览商品时的切换分页，到输入购买数量以及最后确认的每一个操作，浏览器都会向服务器提交一个HTTP请求，然后服务器重新访问数据库、生成页面、并传送回浏览器。这种情况的弊端在前面已讨论清楚：服务器负载较重、占用较多的网络带宽、页面反复刷新而导致用户长时间的等待等。

在传统购物网站中，用户正在浏览的商品、购物车以及用户信息通常被放置在不同的页面中。这是由于这三类信息在发生变化时，它们之间的同步性比较差。由于用户不可能一下子看到所有的待购商品，因此会经常在不同的分页之间进行切换。实际上，在用户选购商品的时候，通常所需更新的只有购物车里面的数据，而在此时通常不会更新商品目录及个人信息。在传统网站技术下，如果将这三者放在同一页面下，每一次用户的操作虽然都是只针对一部分信息进行改动。但是会导致整个页面的更新，因而加重了服务器和网络的负载，并且使用户体验变得更差。

在应用Ajax技术的购物网站中，用户信息、购物车、所浏览的商品通常可以放置到一个页面中。当用户浏览数据时，Ajax引擎仅仅更新商品目录部分的数据，而无需更新用户个人信息以及购物车。当用户进行选购商品时，Ajax引擎更新购物车里的购物数量、购物金额以及剩余金额，而不用重新生成大量的商品图片、详细数据等信息。在整个过程中，没有发生变化的数据只有在用户一开始的登录过程中一次性载入，减轻了服务器及网络负载；同时，当一部分页面进行更新时，用户可以浏览并操作页面的其余部分，从而不会感到无聊。

Ajax引擎不仅可以为商品的购买者提供便利，同时也提高了商品的出售者的用户体验。在传统的购物网站中，商户在更改商品的各种信息时需要切换到单独的编辑页面。在每一次保存数据时都要对所有数据重新进行传送，并且商户在编辑页面时很难对客户的体验有一个直观的印象。应用Ajax技术后，浏览界面和编辑界面可以共用一个页面。商户可以直接单击所需更改的数据区域，Ajax引擎将该区域切换到编辑状态，而其他部分保持不变。当商户进行数据的更改后，Ajax引擎仅仅将发生改动的数据发送回服务器，并且只改动相应界面，从而使得整个页面效果变得更为流畅。

2. 图片共享网站

很难对图片共享网站的传统模型以及Ajax模型进行对比，因为在Ajax技术出现之前，并没有专门的图片共享网站。一些其他形式的网站提供了图片共享服务，但是这种服务通常都只是其他服务的一种配合和补充。由于图片所占用的空间比较大，以图片为中心的操作通常在页面刷新的时候要反复的对图片重新进行加载，所以用户体验很不好。因此，在以传统技术构建的网站中，图片无法成为网站的中心，只能以配角的身份出现。

在 Ajax 技术出现以后，兴起了以 flickr 为代表的一批图片共享网站。这些网站将页面分为整体框架区和核心页面区两部分。整体框架区的内容大部分为静态的，当用户登入后则保持不变，大部分的用户操作可以在整体框架区找到。而核心页面区的内容则根据用户当前操作的不同而变化，可以提供所有图片的预览，也可以提供一幅比较大的图片的全景，还可以作为用户上传图片等操作的操作区。在用户进行各种操作时，仅仅是核心页面区的内容发生变化，这样即使网络带宽较低，图片无法显示的时候，用户也可以在整体框架区进行其他操作。

如图 4-2 是 flickr 的上传文件界面，可以看到网站页面的中心是正在上传文件的操作界面。Ajax 引擎用两个线程同时上传文件（图片中的 France2. jpg 和 France3. jpg），同时将传送文件的进度用形象的图片显示给用户。页面的上方和下方包含了用户可以在这个网站中进行的所有操作，虽然在上传文件时用户不能离开这个页面，但是用户可以右键单击这些链接，然后在弹出菜单中选择“在新窗口中打开”或者“在新标签页中打开”的形式去进行其他操作，如在上传的同时可以浏览已上传图片等。相比之下，在传统的 Web 页面中，上传文件时通常页面停顿，而且无法进行任何操作，用户会非常不耐烦，甚至中断上传操作。

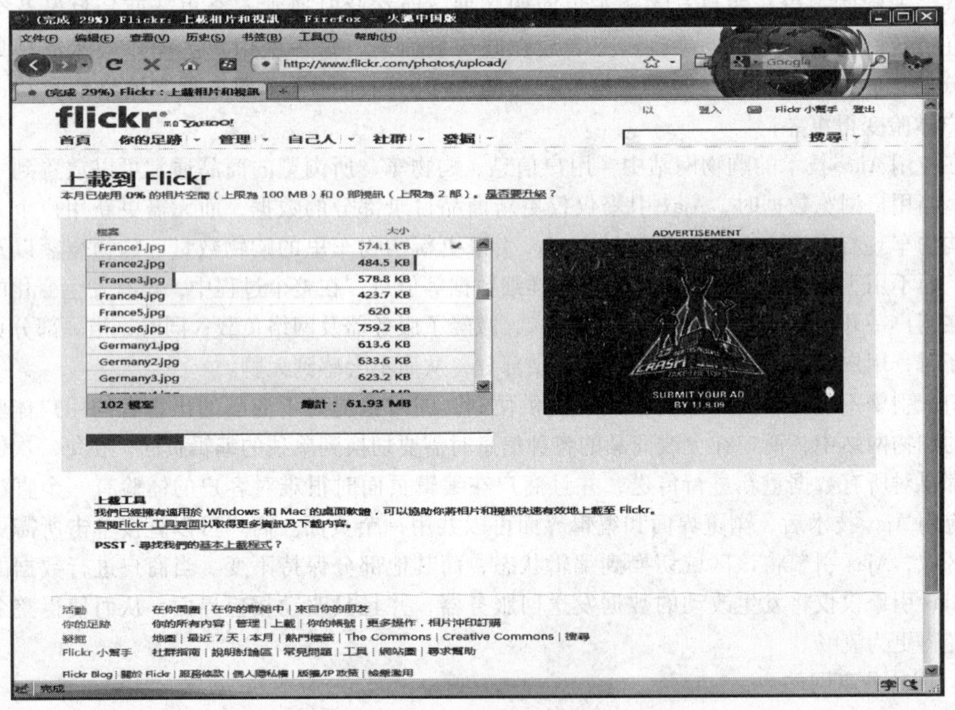

图 4-2 flickr 的上传界面

用户体验是一个网站能否生存的决定性因素。从浏览器可以显示图片，到图片共享网站出现之间相距将近十年。其中的原因就在于，利用传统网站技术来管理图片会使得用户体验非常不好。Flickr 的创办人兼 CEO 巴特菲尔德认为，Ajax 使他的网站变得“更快、更酷、更有直觉力”，并且说：“我相信，如果没有了 Ajax，Flickr 不可能像今天这么受欢迎”。Ajax 技术提高了图片共享网站的用户体验，成为图片共享网站风行网络的关键。

3. 地图网站

在 Ajax 技术流行之前，和地图相关的网站就已经出现了。这个时期的地图网站通常分为两种，第一种仅仅是在网页中显示图片，将图片切割成小块，每一块链接到该地区的详细地图。这种网站构建工作量大，并且地图的分辨率级别有限，从相邻地图之间切换需要经过上级地图，数据传输量大，操作繁琐，因而通常仅仅用于一个区域的地图管理。

更为成熟的一种形式就是用专门的浏览器插件。比较典型的有公交查询网站，如北京公交网。北京公交网早期采用的是专门开发的 ActiveX 插件。这种插件开发难度较大，开发人员同时要熟悉浏览器技术以及操作系统相关技术。而且它的跨平台能力较差，花费大量资源开发的插件只能用于 IE 浏览器及 Windows 操作系统中，无法被 Linux、Mac、iphone 等平台的用户使用。现在的北京公交网采用 Flash 技术，解决了跨平台的问题，但是仍然无法做到零插件。

Ajax 技术应用到了地图网站中，人们不需要安装任何插件，就可以看到由 Ajax 引擎动态加载的、各种分辨率的地图。这种技术很快就被认同并得到了推广。目前雅虎、微软、百度都已经提供了自己的地图服务，无一例外都应用了 Ajax 技术。

4. 社交网站

从 Web 出现起，社会交际就成为了网站的一个重要用途，并发展出了一系列成熟的应用，如电子公告板（bbs）、论坛（forum）、博客（blog）、兴趣组（group）等形式。但是随着 Ajax 技术的应用，一系列新的社交网站开始兴起。国际上比较成功的社交网站有 Myspace、Facebook 和 Orkut 等。最先引发国内社交网站热潮的是开心网（www. kaixin001. com）。

以 Facebook 为代表的社交网站通常以互动游戏众多著称。这类网站同样将整体框架与核心内容分开，从而保证了网站可以通过 Ajax 技术来快速、动态地切换网页内容。另一方面，由于社交网站利用 Ajax 技术来实时监控好友的互动信息，因此用户可以在第一时间获取好友的状态变化、好友发送给自己的消息、小游戏中好友与自己的最新互动以及其他各种系统事件。通过 Ajax 技术，用户能够感到在社交网站上，自己时时刻刻与朋友在一起，因此提高了用户体验。

三、Ajax 存在的问题和不适用的场景

Ajax 对 Web 带来了革命性的改变，为用户也带来的前所未有的体验，但不能毫无原则地应用 Ajax。Ajax 在不合理应用时有下面几个问题：

1. 兼容性

目前的主流浏览器通常包括 Microsoft 的 Internet Explorer、Mozilla 的 firefox、Apple 的 Safari、Opera 公司的 opera 浏览器。还有一些浏览器使用与上述浏览器相同的内核。如国内的大部分浏览器使用的是 IE 内核。各种不同的浏览器对 HTML 代码的解析往往有微妙的不同，从而导致相

同的页面在不同的浏览器中显示效果不同。而相同的JavaScript代码，也可能在一个浏览器中正常运行，而到了另一个浏览器中则会出错。因此，同时涉及大量标准的Ajax技术的网站要比传统网站出现兼容性问题的可能性大。

2. 运行速度

Ajax技术的一个优越性就是提高了网页的响应速度，但这种速度的提升是依靠重新分配计算负载、重新安排数据传输时间带来的。Ajax技术将一部分计算任务从服务器移到了客户端，将一部分数据传输延迟到页面生成后进行，并且将一部分重复传送的数据改为只传送一次。但是当用户的计算机性能较差而JavaScript引擎又过于复杂时，浏览器很难快速执行大量的JavaScript代码，用户反而会觉得变慢。另外，应用了Ajax的页面通常要将Ajax引擎代码传到浏览器，然后由Ajax引擎负责下载页面数据。如果原有页面内容并不是很多，在网速很差的时候，传送Ajax引擎的这部分网络流量就变得额外明显，也会影响用户的体验。

3. 开发成本较高

Ajax技术涉及的技术领域本身就比较复杂，同时JavaScipt语言的一些缺陷使得其难于构造比较复杂的代码，因此Ajax技术对开发人员技术水平的要求也更高。同时，由于Ajax技术的兼容性问题，很多网站都为不同的浏览器提供了不同的代码，这使得Ajax网站的很多工作要针对不同的浏览器进行多次的编写和测试。这些都大大提高了Ajax网站的开发成本。

4. 无法利用"后退"按钮

浏览器大多提供"后退"及"前进"按钮，这可以使得浏览器的用户可以很轻易地通过在历次浏览记录中进行切换。但是由于使用了Ajax技术的网页都是通过Ajax引擎来完成页面内容的更替的，对于浏览器来说，这些不同的内容实际上都是同一个网页，用户无法前进或后退。因此，Ajax技术网页最好在页面上提供一些链接以供用户返回到之前访问过的内容。

虽然Ajax技术有上述的一些缺点，但是由于Ajax技术非常容易嵌入到传统模型中，因此开发人员可以将Ajax模型和传统模型相结合。在开发的过程中，要注意区分哪些网页更适合Ajax技术，哪些不适合。在使用了Ajax技术的网页中，也要区分哪些元素适合用Ajax技术实现，哪些不适合。这依赖于开发人员的技术水平和经验。

【本章小结】

本章介绍了一种复杂网站页面开发技术——Ajax技术。本章首先回顾了互联网应用程序架构从客户端/服务器模型进化到浏览器/服务器模型的过程，又介绍了当今网络应用程序富客户端化的大趋势。在大量的富客户端技术中，Ajax技术由于能够跨平台，同时又是唯一不需安装额外插件的技术，从而占据了最令人瞩目的地位。

Ajax技术是将一系列早已出现的技术，遵照一定的规律结合在一起，包括异步的服务器通信模型、JavaScript、XML、CSS等一系列早已出现的技术。这些旧的技术，按照新的思路进行整合，打破了传统的浏览器/服务器模型中的"提交/刷新"模式，在保持兼容性的同时，提高了用户体验质量。

Ajax技术选取JavaScript作为程序设计语言，用XML作为各种数据的载体，以确保应用程序的跨平台性。一个用JavaScript编写的Ajax引擎接管所有的用户交互动作，并负责与服务器进行通信。由于这种通信相对于传统的浏览器/服务器模型是异步的（Asynchronous），因此整套技术被称为Ajax（Asynchronous Javascript and XML）。为了让Ajax引擎更好地对Web页面进行操作，在应用了Ajax技术网站中，页面的内容大多用 DOM 来组织，而页面的显示外观则用 CSS 来定义。由于这种页面组织方式相对于早期的 HTML 页面更清晰、更美观，也被大量的非 Ajax 网站所采用。

Ajax 网站的制作是一件难度较高的工作，其工作量和技术难度通常被认为远远超过了早期的“胖客户端”技术和“瘦客户端”技术。但这也为掌握了 Ajax 开发技能的求职者提供了广大的就业市场。由于篇幅所限，本章无法对 Ajax 技术进行详细的介绍，仅能对 Ajax 的基本开发原理作简单的介绍，感兴趣的读者可以阅读相关的专业书籍。

虽然 Ajax 技术有着较高的难度，但是一些在推动新技术上更为积极的公司已经将 Ajax 应用到了很多领域。由于 Ajax 技术可以和传统的网站技术无缝链接，所以 Ajax 技术可以应用到任何领域中。目前，在地图网站、电子邮件、社交网站、图片共享网站及电子商务领域中，Ajax 技术显得更为耀眼。Ajax 技术目前仍处于刚起步的发展过程中，但是只有时刻关注新技术的发展，才能在快速的行业发展中处于不败之地。

应用案例　必应地图（Bing Map）系列服务

Web Map 是 Ajax 的经典应用，几乎每一个介绍 Ajax 的文章或书籍都要提到它。采用 Ajax 技术，Web Map 可以不需任何插件运行在所有的浏览器上。Bing Map 是 Microsoft 公司推出的 Web Map 服务，该服务将不同层次的地图分成一个个小的块状区域，由 Bing Map 的 Ajax 引擎根据当前浏览地图面积自动确定显示哪一层次的地图，而不是由用户自己来操作。同时，Ajax 引擎可以有效地控制每个图片的显示大小，并且将相邻地图进行无缝拼接，使得用户得到最流畅的操作体验。

要使用 Bing Map 服务，用户只需在浏览器中键入“http://maps.bing.com”并回车即可。微软为中国用户提供了中文版，称为必应地图服务，网址是“http://ditu.bing.com”。图 4-3 是必应地图的首页，它根

图 4-3　必应地图首页（笔者所在地为北京）

据登入 IP 自动为用户选择用户所在城市的局部地图作为默认地点。如果根据用户所使用的网络难以准确地判别所在区域，必应地图可能会显示用户的所在省或者所在国家。

如果想查询其他城市的地图，可以单击页面左部“热点城市”面板中的“选择更多城市”链接，Ajax 引擎会在页面中央显示一个窗口，如图 4-4 所示。这个窗口由于是 Ajax 引擎在页面中画出来的，因此它并不像其他弹出窗口技术一样会扰乱用户的正常浏览和其他操作，也因此不会被其他插件和保护程序所屏蔽。

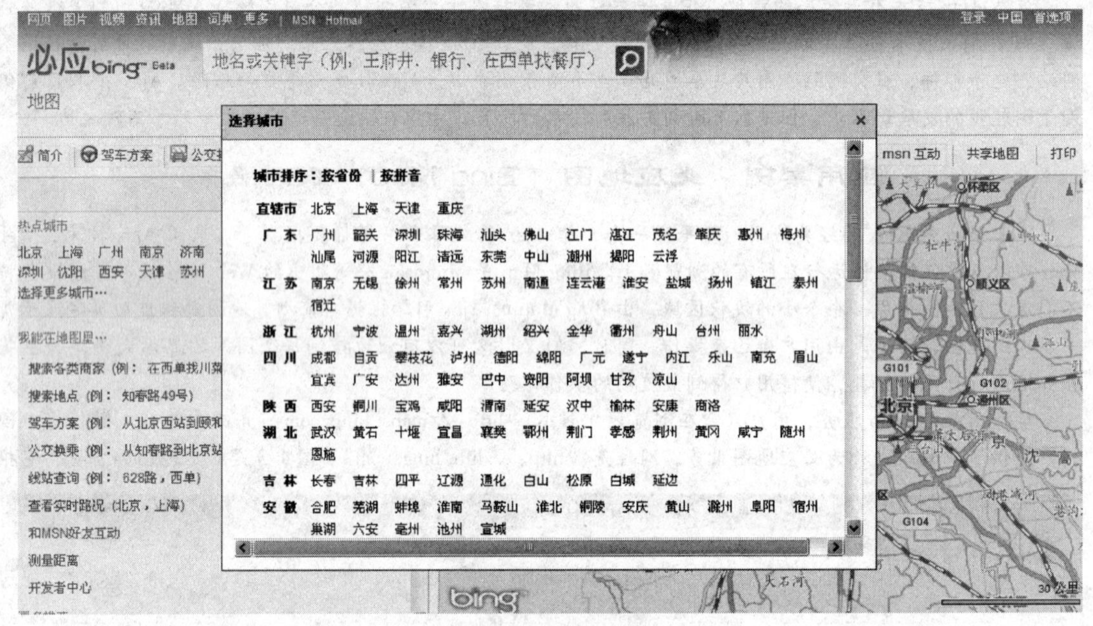

图 4-4 选择城市

在 Bing Map 的页面中央有一个窗口分隔条，用来将左侧的面板区和右侧的主体地图区分开。这个分隔条的位置也可以受到 Ajax 引擎的控制，拖动这个分隔条可以更改两部分的显示比例，甚至关闭左侧的面板区。

目前，几乎所有的地图网站都提供了地图的移动和放缩。在 Bing Map 中，用户可以在地图左上角圆形的方向操作盘来对地图进行四个方位的平移，也可以直接在地图上进行拖动操作。在采用 Ajax 技术之前，页面很难捕获用户对地图的拖动操作，只能通过安装插件来进行。

放缩操作可以通过方向操作盘下方放置的两个放大镜工具，或者在地图区域中旋转鼠标滚轮来进行。

结合放缩和平移，用户可以将地图移动至任何想观察的区域。如果用户并不知道自己所要查找的事物的确切位置，可以在上方的搜索框中输入所要该事物的名称。网站可以查找到该事物的坐标并地图显示锁定该地点。如图 4-5 所示为搜索“北京大学”的搜索结果。

当今的互联网可以非常自然地将很多网络服务集成起来。Bing Map 自动地在左侧的面板区列举了一些常见的周边搜索内容，如餐饮、休闲等生活便利服务。如果用户想查找的对象在列表中没有列出，也可以自行在搜索框中键入关键字。如图 4-6 所示，输入“火锅”关键字，Bing Map 会搜索北京大学周边的火锅店的信息，在地图上标出各搜索结果的位置，并在左侧的面板区按照序号列出该结果的详细信息。根据这

图 4-5　搜索“北京大学”的搜索结果

图 4-6　在北京大学附近找“火锅”

些信息，用户可以快速地了解各个地点的地址、电话号码以及该地点与自身位置的距离有多远。

在地图浏览与搜索的基础上，Bing Map 还可以提供一系列基于地图的服务。路线查询是一个经常被使用到的功能。如想知道从北京大学到北京火车站的驾车路线，可以单击整个页面左上方的“驾车方案”链接，则进入“驾车方案”页面。在页面左面的始发地和终到地分别填上“北京大学”和“北京火车站”，然后回车。由于在必应地图中符合“北京火车站”的地点不止一个，所以地图服务在页面的左下部给出了北京市区的几个火车站供选择。单击其中的“北京站”选项，地图上用蓝绿色标出了必应所建议的行车路线。如图4-7所示。该行车路线在一些细节上存在瑕疵，但是整体路线是正确的，对驾车者来说具备一定的参考意义。

图4-7 北京大学到北京站的驾车方案

必应地图的公交查询功能也很强大，图4-8显示了查询北京大学到国家图书馆的公交路线。地图左部分显示出了几种可能的乘车路线，并对每种路线进行了非常详细的描述；而地图主体部分则用蓝色标示了所选中乘车路线的路线图，还用虚线标出了步行部分。

微软的 Bing Map 服务除了和其自身的搜索服务紧密结合之外，还和很多其他 Microsoft 创新服务结合在一起，比如航摄相片（aerial photo）。其中又分为卫星相片和鸟瞰相片。航摄相片服务目前还只局限于一些发达国家，主要是西欧、北美、日本和澳大利亚，尚未在我国推出。

传统的地图服务中通常是某个区域的平面行政区划与交通地图，而卫星相片服务则将卫星图片平滑地拼接到了网页当中，使用户可以方便地从行政区划与交通图切换到卫星地图。这个功能深受用户的喜爱，很多用户乐于在网页上查找自己家的房顶，或者是查看世界各地的建筑。如搜索“coliseum，rome”，然后分别在普通视图与卫星视图下观看的效果如图4-9与图4-10所示，可通过单击地图上方的 Road 菜单项和 Aerial 菜单中的 Aerial 子菜单来互相切换。

单击 Aerial 菜单中的 Bird's eye 子菜单则切换到鸟瞰视图。鸟瞰视图有更为详尽的细节，使用户有一种在城市上空向下俯视的感觉，如图4-11所示。在地图左侧的面板上，放大镜工具的下方增加了两个旋转按钮，可以从四个不同方向来观测地面景物。

Bing Map 所依托的 Ajax 技术是基于浏览器/客户端架构的，服务提供者可以随时在客户端进行更新，因此用户可以很快使用到最新的技术。Microsoft 仍然在不断地向 Bing Map 加入新的功能，使其更加方便。

图 4-8 北京大学到国家图书馆的公交路线

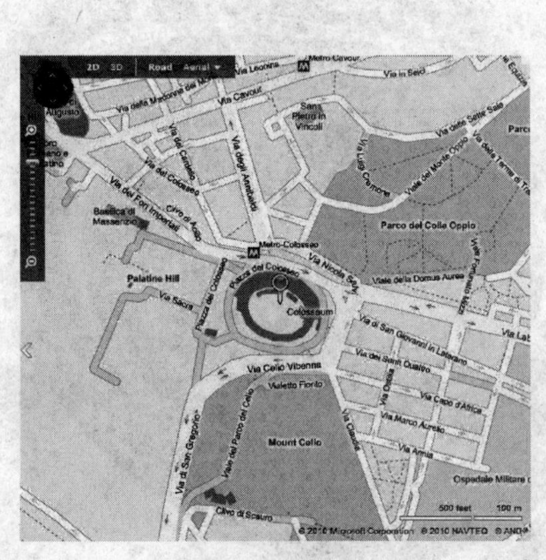

图 4-9 普通视图

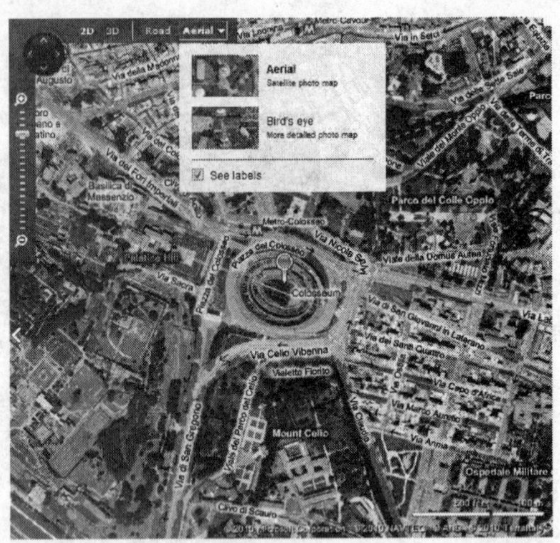

图 4-10 卫星视图

图 4-11 鸟瞰视图

【相关链接】

1. flicker 照片分享，http：//www. flickr. com
2. AJAX 数据库实例，http：//www. w3school. com. cn/ajax/ajax _ database. asp
3. 必应地图，http：//map. bing. com
4. 开心网，http：//www. kaixin001. com

习　　题

一、名词解释

1. 客户端/服务器模型
2. 浏览器/服务器模型
3. Ajax

二、简答题

1. Ajax 技术具有什么样的优点和缺点？
2. Ajax 技术的技术要点都有哪些？
3. Ajax 技术通常应用在哪些领域中？请举出几个应用了 Ajax 技术的例子。

第五章

网站架构技术——Web service

【学习目标】Web service 是目前构造复杂电子商务网站的主流技术和发展方向，它是一种新的 Web 应用程序分支，是自包含、自描述、模块化的应用，可以发布、定位、通过 Web 调用。Web service 为其他应用程序提供数据与服务，用户可以把它理解成一个可以远程调用的组件。本章主要掌握 Web service 的基本原理和关键技术，能够判断 Web service 的正确适用场合，在搭建系统时合理的使用 Web service；会利用工具编写 Web service 的相关应用。

【关键概念】Web service　UDDI　WSDL　SOAP

第一节　Web service 概述

一、Web service 的出现

网络成为今天商业、雇员、客户之间的日常联系的纽带，人们迫切需要可以把 PC、服务器、智能设备等基于互联网的设备无缝地连接起来。商业用户希望不论用户用什么平台、什么软件、什么计算机设备，都可以共享他们的数据，集成他们的业务流程，进一步简化网上业务的复杂程度。目前的互联网仍然是一个以服务器为中心的计算模型。个人或者个人的业务上所需要的数据都是已经集中在数据库中，网页仅仅是这些数据的一个“镜像”，而不是数据本身，这迫使开发人员从屏幕上选取需要的信息再添加到自己的程序中，这就增加了一个现存的商业系统维护和开发的成本。如果有一种方法，可以将数据与现实的格式分离出来，数据的表示也与平台无关，那么更多的商业程序可以利用计算机自动完成。

基于此，人们开始偏爱基于浏览器的瘦客户应用程序。这当然不是因为瘦客户能够提供更好的用户界面，而是因为它能够避免花在桌面应用程序发布上的高成本。发布桌面应用程序成本很高，一半是因为应用程序安装和配置的问题，另一半是因为客户和服务器之间通信的问题。

传统的 Windows 富客户应用程序使用 DCOM 来与服务器进行通信和调用远程对象。配置好 DCOM 使其在一个大型的网络中正常工作是一个极富挑战性的工作，同时也是许多 IT 工程师的

噩梦。事实上，许多IT工程师宁愿忍受浏览器所带来的功能限制，也不愿在局域网上去运行一个DCOM，结果就是一个发布容易但开发难度大而且用户界面极其受限的应用程序。极端的说，就是花了更多的资金和时间，却开发出从用户看来功能更弱的应用程序。关于客户端与服务器的通信问题，一个完美的解决方法是使用HTTP协议来通信。这是因为任何运行Web浏览器的机器都在使用HTTP协议。同时，当前许多防火墙也配置为只允许HTTP连接。

许多商用程序还面临另一个问题，那就是与其他程序的互操作性。然而，事实上有不少的商业数据仍然在大型主机上以非关系文件（VSAM）的形式存放，并由COBOL语言编写的大型机程序访问。而且，目前还有很多商用程序继续在使用C++、Java、Visual Basic和其他各种各样的语言编写。除了最简单的程序之外，所有的应用程序都需要与运行在其他异构平台上的应用程序集成并进行数据交换。这样的任务通常都是由特殊的方法来完成，如文件传输和分析、消息队列，还有仅适用于某些情况的API（application programming interface，应用程序编程接口）。在以前，没有一个应用程序通信标准，是独立于平台、组建模型和编程语言的。随着XML技术的成熟以及HTTP协议的广泛使用，一种新的可以建立互操作的分布式的平台产生了，它就是Web service。通过Web service，客户端和服务器能够自由地用HTTP进行通信，而不论两个程序的平台和编程语言是什么。

Web service一词，首先是由微软公司提出的。不同的IT厂商出于各自利益的需要，对于Web service的定义各不相同，但其表述的含义是一样的，即Web service是建立可互操作的分布式应用程序的新平台。可以看出，Web service并不是一种新的编程语言，它是一套标准，定义了应用程序如何在Web上实现互操作性。人们可以用任何喜欢的语言，在任何喜欢的平台上写Web service，只要他人可以通过Web service标准对这些服务进行查询和访问。Web service是封装成单个实体并发布到网络上供其他程序使用的功能集合，是用于创建开放分布式系统的构件，可以使公司和个人迅速且低成本地向全世界提供其数据服务。

二、什么是 Web service

不同的提供Web service的服务商，根据自己的理解提出了不同的解释。

微软公司认为对于那些实施了基于Web service的解决方案的商业领袖来说，Web service是一种帮助他们联系客户、合作伙伴以及自己员工的方法工具；对于开发人员来说，Web service是自描述软件模块。

IBM公司认为Web service是一种新的Web应用程序类型，是一种自包含、自解释、模块化的应用。

结构化信息标准促进组织在UDDI规范中认为Web service是只由企业发布的完成其特定任务需求的在线应用服务，其他公司或应用软件能够通过互联网来访问并使用这项在线应用服务。

W3C（万维网协会，Web Services Architecture Working Group，www.w3c.org）工作组认为Web Service就是一个软件系统，在网络中的计算机与计算机之间可以通过这个软件系统进行互相操作。暂定义如下：Web service是由URI（统一资源定位符，UniversalResource Identifier）标识的软件应用程序，其接口和绑定可以通过XML构件进行定义、描述和发现，Web service支持通过基于因特网的协议使用基于 XML 的消息与其他软件应用程序直接交互。

W3C 的 Web service 定义中，Web service 是使用以下三个主要技术类别中的一些特定技术开发的软件组件：①基于 XML 的描述格式（如 WSDL）；②应用程序消息传递协议（如 SOAP）；③一组传输协议（如 HTTP）。

在上述每个类别中，都有专有（特定于供应商或平台的）技术和开放（与供应商或平台无关的）技术可供使用。面向服务的应用程序（Service-Oriented AppEication）包括可能利用 Web service 技术．如 SOAP，但可能不包括 WSDL 或其他基于 XML 的描述的应用程序。这样的应用程序被看做是类似于 Web service 的，但从技术上讲它们不是 Web service。可以认为，使用某种基于 XML 的描述机制描述的软件的任何部分都可以成为 Web service。即便这样的应用程序使用了任何其他 Web service 技术也没有关系。使用与编程语言相关的消息传递协议和专有传输协议的应用程序，只需提供该应用程序接口的 WSDL 描述，就可以成为一个完全符合定义的 Web service。反之，通过 HTTP 发送 SOAP 消息但不提供 WSDL 描述的应用程序则不能成为 Web service，尽管它将被看做类似于 Web service 并面向服务的应用程序。

目前，大多数的客户端和服务器都是按照 HTTP 协议进行通信的，因为任何运行 Web 浏览器的机器都在使用 HTTP 协议。同时，当前许多防火墙也配置为只允许 HTTP 连接。但是许多商用程序还面临着与其他程序的互操作问题，因为不是所有的应用程序都是使用 com 或者 .net 语言编写的，并且不是都运行在 Windows 平台上。在没有 Web service 之前，没有一个应用通信标准独立于平台、组件模型和编程语言。所以只有通过 Web service，客户端和服务器才能够自由地用 HTTP 进行通信，不论两个程序的平台和编程语言有何差异性。

从表面上看，Web service 就是一个应用程序，它向外界表露出一个能够通过 Web 进行调用的 API。API 是一套用来控制 Windows 的各个部件（从桌面的外观到为一个新进程分配内存）的一套预先定义的 Windows 函数。用户的每个动作都会引发一个或几个函数的运行以告诉 Windows 发生的事件。也就是说，Web service 可以使外界通过 Web 控制 Windows 的各个部件。客户端就发送一个 http 请求给服务器，服务器就会调用一个 ASP 页面返回给客户端。这个 ASP 页面就是一个 Web service。

举个简单的例子，如果想查询各个城市的天气情况，可以输入城市的名称，然后提交请求。这就要创建一个 Web service，它的作用就是返回当前的天气情况。那么就是生成一个 ASP 页面，它接受邮政编码作为查询字符串，然后返回一个由逗号隔开的字符串，包含了当前的气温和天气情况。要调用这个 ASP 页面，客户端需要发送以下这个 HTTP GET 请求：

```
http://host.eompany.eom/weathor.asp?zipeode=310027
```

返回的数据是：

31，阴转多云

这个 ASP 页面就可以说是一个最简单的 Web service 应用了。当然，Web service 绝不止这些，还有更多的东西。更确切地来说，Web service 是建立可互操作的分布式应用程序的新平台。Web service 就是一套标准，用于规范应用程序如何在 Web 上实现互操作。

三、Web service的特征

从外部的使用者的角度而言，Web service是一种部署在Web上的对象或组件，它具备以下特征：

（1）完好的封装性。Web service是一种部署在Web上的对象，具备对象的良好封装性，使用者且仅能看到该对象提供的功能列表。

（2）松散耦合。这一特征也是源于对象/组件技术。当一个Web service的实现发生变更的时候，调用者是不会感到这一点的。对于调用者来说，只要Web service的调用界面不变，Web service的实现的任何变更对他们来说都是透明的。对于松散耦合而言，尤其是对在Internet环境下的Web service而言，需要有一种适合Internet环境的消息交换协议。而XML/SOAP正是目前最为适合的消息交换协议。

（3）使用协议的规范性。相比一般对象，其界面规范更加规范化和易于机器理解。首先，作为Web service，对象界面所提供的功能应当使用标准的描述语言来描述。其次，由标准描述语言描述的服务界面应当是能够被发现的，因此这一描述文档需要被存储在私有的或公共的注册库里面。同时，使用标准描述语言描述的使用协议将不仅仅是服务界面，还将被延伸到Web service的聚合、跨Web service的事务、工作流等，而这些又都需要服务质量（QoS）的保障。再次，安全机制对于松散耦合的对象环境的重要性，因此需要对授权认证、数据完整性、消息源认证以及事务的不可否认性等运用规范的方法来描述、传输和交换。最后，在所有层次的处理都应当是可管理的，因此需要对管理协约运用同样的机制。

（4）使用标准协议规范。Web service所有公共的协约完全需要使用开放的标准协议进行描述、传输和交换。这些标准协议具有完全免费的规范，以便由任意方采用。一般而言，绝大多数规范将最终由W3C作为最终版本的发布方和维护方。

（5）高度的可集成性。由于Web service采取简单的、易理解的标准Web协议作为组件界面描述和协同描述规范，完全屏蔽了不同软件平台的差异，无论是CORBA、OCOM还是EJB都可以通过这一种标准的协议进行互操作，实现了在当前环境下最高的可集成性。

四、Web service与传统Web应用技术的区别

Web service建立于传统Web应用模型的松散耦合特性之上，并将这种特性运用于其他应用程序。Web service和传统的Web应用有三个主要区别：

（1）Web service采用SOAP消息而不是传统Web应用的MIME消息。从MIME消息到SOAP消息的转变反映了传统的基于浏览器的Web客户端与Web service客户端的关键不同之处。浏览器仅仅是呈现接收到的HTML页面或者其他MIME类型的数据，而让用户去识别页面的含义。但是，Web service的客户端则需要解释接收到的数据，并根据含义执行一定的操作（也许并不具有用户界面接口）。

（2）Web service不指定传输协议。SOAP规范定义了在HTTP协议上如何发送SOAP消息（这是如今大多数Web service采用的），其他传输协议也可以用于SOAP消息的发送，如SMTP、

TCP、实时消息协议等。由于 Web service 可以采用不同的传输协议进行通信，任何高层服务（如安全）都需要被定义以满足消息中立，与传输方式无关。为了支持这种高层服务，SOAP 消息格式中包含了一个元素可扩展的消息头，消息头包含了消息数据元，那些扩展元素与消息体内的领域数据没有直接联系。

(3) Web service 是自描述的，它提供了信息产生和使用时的元数据描述。它本身表达了 Web service 具有的行为，使用的物理传输协议和逻辑访问地址。Web service 使用 XML Schema 来定义其消息格式，有足够的灵活。

五、Web service 的适用范围

为什么要采用这种新技术，它和 Web Application 所采用的 CORBA、J2EE 和 DCOM/COM + 分布式技术有什么区别，能带来什么提高呢?

CORBA、J2EE、DCOM/COM + 等传统的分布式技术存在的共同问题之一在于需要受控环境。CORBA 组件必须运行于 ORB 之上，但 CORBA 在最早提出的时候并没有明确 ORB 的规范，这造成了各个厂家的 ORB 产品不兼容，为某种 ORB 开发的 CORBA 组件无法在另一种 ORB 下运行。虽然 CORBA2.0 中提出了不同 ORB 之间通信的规范，但也只能保证一部分的兼容性。J2EE 和 CORBA 虽然都是由一个公司控制标准，但 EJB 只能在 EJB 容器中生存，DCOM 组件也只能运作在 MTS 的控制下。它们都不能适应 Web 这种非受控环境。

问题之二在于通信协议。这些组件之间都用自己的专有协议进行通信，造成的结果是不同组件环境之间无法互操作，甚至在一些特定场合中，连通过防火墙都成了问题。如果要使两种异构组件环境之间可以通信，则需要在两边各写一个适配器，将通信协议进行双向映射。要是想解决 n 种协议的映射，则要写 $n(n-1)$ 个适配器，代价太大。

问题还有：DCOM 和 J2EE 都有一定的依赖性，有的依赖平台，有的依赖语言。J2EE 将开发语言限定在了 Java，这使得很多项目为了移植到 J2EE 平台而不得不全部重写，况且限定一种语言就限制了开发者队伍的规模；DCOM 组件虽然可以使用多种语言开发，如 VB、VC 等，但目前真正可用的系统平台只有 Microsoft Windows，在非 Microsoft 平台，DCOM 技术就没有了用武之地。CORBA 只定义语言平台无关的接口和基础结构，没有上述的限制，但其实现复杂，在计算资源受限制的条件下（如嵌入式设备中）无法实现。

（一）Web service 的优势

Web service 的主要目标是跨平台的可互操作性。为了达到这一目标，Web service 是完全基于 XML、独立于平台、独立于软件供应商的标准的。Web service 在应用程序跨平台和跨网络进行通信的时候非常有用，具体表现为：

1. 跨越防火墙的通信

如果应用程序有成千上万的用户，而且分布在世界各地，那么客户端和服务器之间的通信将是一个棘手的问题，因为客户端和服务器之间通常会有防火墙或者代理服务器。传统的做法是，选择用浏览器作为客户端，写下一大堆 ASP 页面，把应用程序的中间层暴露给最终用户。这样做的结果是开发难度大，程序很难维护。

举个例子，在应用程序里加入一个新页面，必须先建立好用户界面（Web 页面），并在这个页面后面，包含相应商业逻辑的中间层组件，还要再建立至少一个 ASP 页面，用来接受用户输入的信息，调用中间层组件，把结果格式化为 HTML 形式，最后还要把“结果页”送回浏览器。如果客户端代码不是如此依赖于 HTML 表单，客户端的编程就简单多了。

如果中间层组件换成 Web service 的话，就可以从用户界面直接调用中间层组件，从而省掉建立 ASP 页面的那一步。要调用 Web service，可以直接使用 .NET 这样的 SOAP 客户端，也可以使用自己开发的 SOAP 客户端，然后把它和应用程序连接起来。这样不仅缩短了开发周期，还减少了代码复杂度，并能够增强应用程序的可维护性。同时，应用程序也不再需要在每次调用中间层组件时，都跳转到相应的“结果页”。

从经验来看，在一个用户界面和中间层有较多交互的应用程序中，使用 Web service 这种结构，可以节省花在用户界面编程上 20% 的开发时间。另外，这样一个由 Web service 组成的中间层，完全可以在应用程序集成或其他场合下重用。最后，通过 Web service 把应用程序的逻辑和数据“暴露”出来，还可以让其他平台上的客户重用这些应用程序。

2. 应用程序集成

企业级的应用程序开发者都知道，企业里经常都要把用不同语言写成的、在不同平台上运行的各种程序集成起来，而这种集成非常费事。应用程序经常需要从运行在 IBM 主机上的程序中获取数据；或者把数据发送到主机或 UNIX 应用程序中去。即使在同一个平台上，不同软件厂商生产的各种软件也常常需要集成起来。通过 Web service，应用程序可以用标准的方法把功能和数据“暴露”出来，供其他应用程序使用。

例如，有一个订单登录程序，用于登录客户的新订单，内容包括客户信息、发货地址、数量、价格和付款方式等；还有一个订单执行程序，用于实际货物发送的管理。这两个程序来自不同软件厂商。一份新订单进来之后，订单登录程序需要通知订单执行程序发送货物。通过在订单执行程序上面增加一层 Web service，订单执行程序可以把“AddOrder”函数“暴露”出来。这样，每当有新订单到来时，订单登录程序就可以调用这个函数来发送货物了。

3. B2B 的集成

用 Web service 集成应用程序，可以使公司内部的商务处理更加自动化。但当交易跨越供应商和客户、突破公司的界限时会怎么样呢？

跨公司的商务交易集成通常叫做 B2B 集成。Web service 是 B2B 集成成功的关键。通过 Web service，公司可以把关键的商务应用“暴露”给指定的供应商和客户。例如，把电子下单系统和电子发票系统“暴露”出来，客户就可以直接发送订单，供应商则可以以电子的方式发送原料采购发票。当然，这并不是一个新的概念，EDI（电子文档交换）早就是这样了。但是，Web service 的实现要比 EDI 简单得多，而且 Web service 运行在 Internet 上，在世界任何地方都可轻易实现。不过，Web service 并不像 EDI 那样是文档交换或 B2B 集成的完整解决方案。Web service 只是 B2B 集成的一个关键部分，还需要许多其他部分才能实现集成。

用 Web service 来实现 B2B 集成的最大好处在于可以轻易实现互操作性。只要把商务逻辑“暴露”出来，成为 Web service，就可以让任何指定的合作伙伴调用这些商务逻辑，而不管他们的系统在什么平台上运行、使用什么开发语言。这样就大大减少了花在 B2B 集成上的时间和成本，让许多原本无法承受 EDI 的中小企业也能实现 B2B 集成。

4. 软件重用

软件重用是一个很大的主题。重用的形式很多，重用的程度有大有小。最基本的形式是源代码模块或者类一级的重用，另一种形式是二进制形式的组件重用。

当前，像表格控件或用户界面控件这样的可重用软件组件，在市场上都占有很大的份额。但这类软件的重用有一个很大的限制，就是重用仅限于代码，数据不能重用。原因在于，发布组件甚至源代码都比较容易，但要发布数据就没那么容易，除非是不会经常变化的静态数据。

Web service 在允许重用代码的同时，可以重用代码背后的数据。使用 Web service 再也不必像以前那样，要先从第三方购买、安装软件组件，再从应用程序中调用这些组件，只需要直接调用远端的 Web service 就可以了。举个例子，要在应用程序中确认用户输入的地址，只需把这个地址直接发送给相应的 Web service，这个 Web service 就会帮你查阅街道地址、城市、省区和邮政编码等信息，确认这个地址是否在相应的邮政编码区域。Web service 的提供商可以按时间或使用次数来对这项服务进行收费。这样的服务要通过组件重用来实现是不可能的，那样的话你必须下载并安装好包含街道地址、城市、省区和邮政编码等信息的数据库，而且这个数据库还不能实时更新。

另一种软件重用的情况是把好几个应用程序的功能集成起来。例如，要建立一个局域网上的门户站点应用，让用户既可以查询快递包裹、查看股市行情，又可以管理自己的日程安排，还可以在线购买电影票。现在 Web 上有很多应用程序供应商，都在其应用中实现了这些功能。一旦他们把这些功能都通过 Web service“暴露”出来，就可以非常容易地把所有这些功能都集成到你的门户站点中，为用户提供一个统一的、友好的界面。

许多应用程序都会利用 Web service，把当前基于组件的应用程序结构扩展为组件和 Web service 的混合结构，可以在应用程序中使用第三方的 Web service 提供的功能，也可以把自己的应用程序功能通过 Web service 提供给别人。两种情况下，都可以重用代码和代码背后的数据。

（二）Web service 的弱势

可以看出，Web service 在通过 Web 进行互操作或远程调用的时候是最有用的。但是，Web service 也不是万能的，在有些情况下，Web service 会降低应用程序的性能，而不会带来任何好处：

1. 单机应用程序

目前，企业和个人还使用着很多桌面应用程序。其中一些只需要与本机上的其他程序通信。在这种情况下，最好就不要用 Web service，只要用本地的 API 就可以了。COM 非常适合于在这种情况下工作，因为它既小又快。运行在同一台服务器上的服务器软件也是这样。

2. 局域网上的同构应用程序

在许多应用中，所有的程序都是用 VB 或 VC 开发的，都在 Windows 平台下使用 COM，都运行在同一个局域网上。例如，有两个服务器应用程序需要相互通信，或者有一个 Win32 或 WinForm 的客户程序要连接局域网上另一个服务器的程序。在这些程序里，使用 DCOM 会比

SOAP/HTTP 有效得多。与此相类似，如果一个 . NET 程序要连接到局域网上的另一个 .NET 程序，应该使用 .NETremoting。虽然在 . NETremoting 中也可以指定使用 SOAP/HTTP 来进行 Web service 调用。但最好还是直接通过 TCP 进行 RPC 调用。

总之，只要从应用程序结构的角度看，有别的方法比 Web service 更有效、更可行，那就不要用 Web service。

六、Web service 的应用类型

综合当今的 Web 应用以及 Web service 的特点，一般认为 Web service 实施的领域可以分为 4 类：

1. Business-Oriented Web service（面向商务的 Web service）

该类服务针对的是那些面向企业应用服务，包括企业内部的 ERP 系统，企业间的 SCM/CRM 等系统。当这些系统以 Web Service 的形式在网络（Internet 和 Intranet）中出现时，企业内的应用集成将更容易，而在企业间的众多合作伙伴的系统对接也将不再是无法完成的任务。目前现有的解决方案和产品的提供商有 Bowstreet、Epicentric 等。

2. Consumer-Oriented Web service（面向客户的 Web service）

此类服务针对的是那些原先的 B2C 的网站的改造，为这些 Web 应用增加（注意是增加）Web Service 的应用界面，使得第三方的桌面工具或其自身提供的增值的桌面工具能够利用更优秀的用户界面提供跨越多个 B2C 服务的桌面服务。比如我们完全就可以在个人理财桌面系统中集成（调用）Internet 上的股票价格查询 Web service、机票预定 Web Service 等，使得个人理财应用的自动化程度更高。

3. Device-Oriented Web service（面向设备的 Web service）

此类服务的使用终端一般是手持设备和日用家电。对于前者而言，可以在不用修改网络服务的体系架构的前提下，用先前的网络服务支持除 PC 以外的各种终端，比如 Palm、PocketPC、手机等，使得天气预报服务、E-mail 服务、主动信息服务等更有效、便捷。而后者还只处在市场的启动期，有了 Web service 作为基础框架，智能型的日用家电将真正获得标准的支持，从而有了广泛使用的可能。

4. System-Oriented Web service（面向系统的 Web service）

一些传统意义上的系统服务，比如用户权限认证、系统监控等，如果被迁移到全球范围的 Internet 上，或者企业内部的 Intranet 上，其作用范围将从单个系统或局部网络拓展到整个企业网络或整个 Internet。如此，基于同一系统服务的不同应用将得以在整个 Internet 环境中部署，譬如跨国企业的所有在线服务都可以使用同一个用户权限认证 Web service。

第二节　Web service 的体系结构

一、Web service 的逻辑结构

Web service 被分为 5 个逻辑层：

① 数据层（Data Layer）：存储 Web service 需要的任何物理数据。

② 数据访问层（Data Access Layer）：为业务层提供数据服务，把业务逻辑从底层数据存储的改变中分离出来，保证了数据的完整性。

③ 业务层（Business Layer）或业务逻辑层：提供业务面使用的服务。

④ 业务面（Business Facade）：提供一个到底层业务对象的可靠接口，把客户端从底层业务逻辑的变化中分离出来。

⑤ 监听者（Listener）：和客户端进行交互，接收并解析带有请求服务的输入消息，并将请求发送给业务面的相应方法。

离客户端最近的是监听者，离客户端最远的是数据层，如图 5-1 所示。

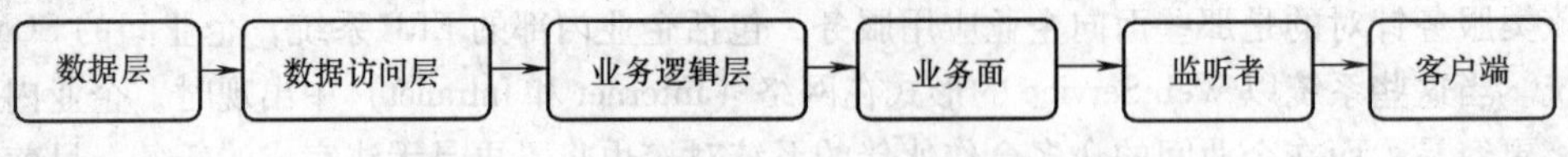

图 5-1 Web service 的 5 个逻辑层和客户端

这种体系结构与 Windows DNA（Windows 网络分布式应用体系结构）定义的 n 层应用程序体系结构非常相似。Web 服务监听者相当于 Windows DNA 应用程序的表现层。

使用 HTTP 通信协议，我们可以从因特网上的一个地方向另一个地方发送消息。通过网络发送的消息可以使用 XML 结构化，XML 协议定义这条消息的格式和语义。SOAP 是定义如何从不同环境中的对象调用函数。使用 SOAP 就能够整合不同的操作系统、对象模型和编程语言，使简化整合不同种类的业务处理过程成为可能。HTTP、XML 和 SOAP 可以看做是 Web service 的核心，定义了 Web service 之间交互的方法和途径。这三个协议已经被 W3C 作为标准。WSDL 协议描述如何与一个 Web service 进行通信。在 WSDL 定义中，允许不同类型的通信。它可以用来开发 Web service，同时也可以用来赚钱。为了实现这个目的，我们需要一个 Web 服务门户，我们可以在那里发布我们的 Web service，其他的人也能在那里找到它并使用它。这就需要使用 UDDI。该架构借鉴了面向对象分析与设计的思想及组件化的思想。在 Web service 中，同时具有封装、消息传递、动态绑定、服务描述和查询等基本概念。

二、Web service 的实现框架

Web service 的典型实现框架体系主要由三部分组成：服务提供者（service provider）、服务注册者（service broker）、服务请求者（service requester），如图 5-2 所示。

（1）服务提供者：提供 Web service 的一方。从商务角度讲，服务提供者就是那些提供 Web service 的公司或团体；从技术角度讲，服务提供者就是网络中具体的 Web service 程序。服务提供者主要是定义要提供给他人访问的服务，生成接口文件（WSDL 文件），并把这个服务接口和与自己相关的一些信息（XML 格式）通过 SOAP 注册到 UDDI 上。

如果成功，UDDI 通过 SOAP 返回注册成功的消息。服务提供者只是一个角色，在动态电子商务中，它可以是一个程序，或者是一个可重用的子系统的服务提供接口。企业和个人只用制定服务功能和流程等就可以了。

(2) 服务代理者：服务的资源库。采用典型的服务代理者（或者注册库）——UDDI，它是一套基于 Web 的、分布式的、为 Web service 提供的信息注册中心实现标准规范，同时也包含一组使企业能将自身提供的 Web service 注册以便于其他企业能够发现的访问协议的实现标准，所有对 UDDI 的访问都通过 SOAP 进行。对 UDDI 的操作主要分成两种：查询和发布，主要由服务请求者和服务提供者发出，UDDI 开发工具会针对用户的需要发出 SOAP 请求，UDDI 接受 SOAP 请求并对它进行处理，最后把结果打包成 SOAP 响应消息返回给请求者。

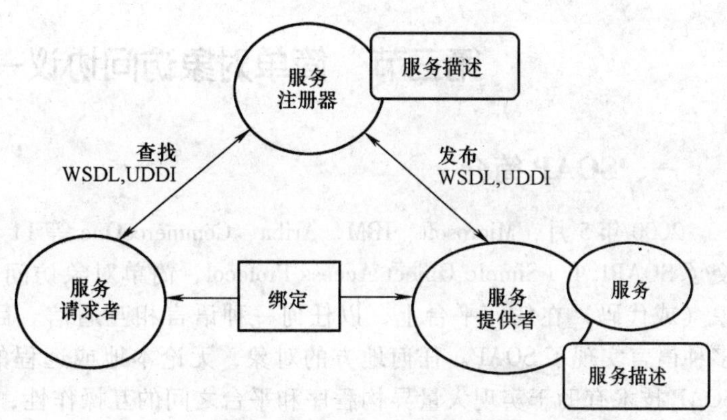

图 5-2 Web service 的实现框架

(3) 服务请求者：请求服务的一方。服务请求者就是通过 UDDI 查询服务地址再调用服务的个体。和服务提供者一样，服务请求者也是一个程序或服务。在没有得到查询结果以前，要调用的 Web service 的精确的接口对于请求者来说是未知的，服务请求者首先要根据需要确定一些查询条件，这个条件可以由请求者自己手工设定，也可以由智能代理（Agengt）根据用户的特点和当前的需要进行设定。然后，把这些查询条件通过 SOAP 开发工具打包成 SOAP 请求消息并发送给 UDDI。这样的服务调用很好地体现了当前电子商务技术开发体系的特性，作为服务请求者的服务或者程序，不需要在编码时就知道服务的接口，而是在运行时通过查询条件得到一个接口文件（WDSL），通过这个文件定义的接口来调用服务。

三、Web service 的三种操作

在 Web service 的体系结构中，包括三个基本操作。

(1) 发布操作（publish)：使用 UDDI 协议，使服务提供者把自己的详细资料和所提供的 Web service 的详细情况发布到中心注册处的注册表中。

(2) 发现操作（find)：服务请求者发现服务的方法是查询服务注册中心定位到满足其标准的服务，查找服务时需要同时使用 UDDI 和 Web service 描述语言（WSDL)。

(3) 绑定操作（bind)：在检索完服务描述后，服务使用者继续根据服务描述中的信息来绑定和调用服务，服务请求者绑定到服务提供者的地址，并执行其请求服务。

总之，在面向 Web service 的体系结构中，使用 WSDL 来描述服务、UDDI 来发布和查找服务，而 SOAP 用来执行服务调用。

第三节 简单对象访问协议——SOAP

一、SOAP 简介

2000 年 5 月，Microsoft、IBM、Ariba、CommerceOne 等 11 家公司向万维网联盟（W3C）提交了 SOAP1.1（Simple Object Access Protocol，简单对象访问协议）。SOAP 允许任何类型的对象（或代码）在任何平台上，以任何一种语言相互通信。目前，已在 20 多个平台上，以 60 多种语言实现了 SOAP。任何地方的对象，无论本地或远程的，无论大或小，都可以互操作。SOAP 技术有助于实现大量异构程序和平台之间的互操作性，从而使存在的应用能够被广泛的用户所访问。SOAP 是把成熟的基于 HTTP 的 Web 技术与 XML 的灵活性和可扩展性组合在了一起。

SOAP 是在分散或分布式的环境中交换信息的简单的协议，是一个基于 XML 的协议。SOAP 为在一个松散的、分布的环境中使用 XML 对等的交换结构化的和类型化的信息提供了一个简单的轻量级机制。SOAP 本身并不定义任何应用语义，如编程模型或特定语义实现，它只是定义了一种简单的机制，通过一个模块化的包装模型和对模块中特定格式编码的数据重编码机制来表示应用语义。SOAP 的这项能力使得它可被很多类型的系统用于从消息系统到 RPC（remote procedure call，远程过程调用）的延伸。

简单地理解，SOAP 就是这样的一个开放协议——SOAP = RPC + HTTP + XML：采用 HTTP 作为底层通信协议；RPC 作为一致性的调用途径；XML 作为数据传送的格式，允许服务提供者和服务客户经过防火墙在 Internet 进行通信交互。RPC 的描述可能不太准确，因为 SOAP 一开始的构思就是要实现平台与环境的无关性和独立性，每一个通过网络的远程调用都可以通过 SOAP 封装起来。

二、SOAP 协议框架

SOAP 是个跨平台的协议，每一个通过网络的远程调用都可以通过 SOAP 封装起来。SOAP 使用 HTTP 传送 XML 消息，尽管 HTTP 不是最有效率的通信协议，而且在传送 XML 消息时还需要额外的文件解析，但是 XML 和 HTTP 都是开放标准规范，HTTP 是一个在 Web 上被最广泛应用又能避免许多关于防火墙问题的传送协议，从而使 SOAP 得到了广泛的接受和应用。

SOAP 规范以 XML 为基础并包含了三个方面的内容：

- SOAP 封装（envelop），封装定义了一个描述消息中的内容是什么、是谁发送的、谁应当接受并处理它以及如何处理它们的框架；
- SOAP 编码规则（encoding rules），用于表示应用程序需要使用的数据类型的实例；
- SOAP RPC 表示（RPC representation），表示远程过程调用和应答的协定；

无论 SOAP 是与哪种协议绑定，它都使用同一种消息的描述框架格式，这种框架格式就是以 SOAP 信封（Envelope）为根元素，内含 SOAP Header 和 SOAP Body 子元素的一个 XML 文档。

SOAP 规范只是定义了消息描述的一个骨架。图 5-3 给出了 SOAP 消息框架。

SOAP 消息中每个元素的定义规则如下：

- 信封（envelope）：信封是表示该消息的 XML 文档的顶级元素，其元素名为 envelope，该元素必须在 SOAP 消息中出现，而且一般是根元素；该元素可以包含命名空间申明和额外的属性。
- 消息头（header）：消息头是为了支持在松散环境下在通信方之间尚未预先达成一致的情况下为 SOAP 消息增加特性的通用机制。SOAP 定义了很少的一些属性来用于指明谁可以处理该特性以及它是可选处理的还是强制处理的。
- 消息体（body）：消息体为该消息的最终接收者所想要得到的那些必须处理的信息提供了一个容器。

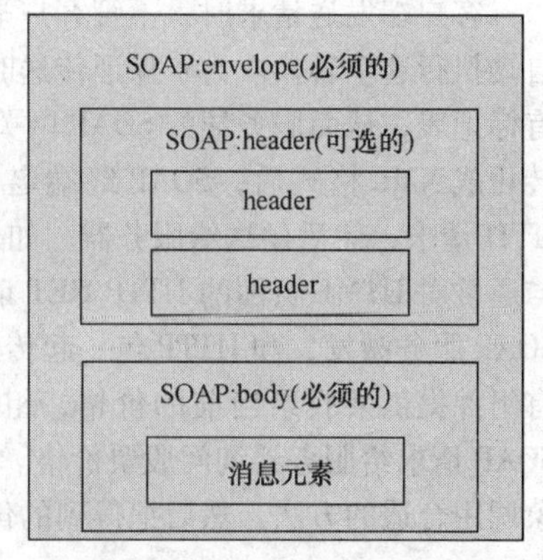

图 5-3　SOAP 消息框架

所有的 SOAP 消息都是使用 XML 格式来编码的。SOAP 应用程序在生成由 SOAP 定义的所有元素和属性的时候，应该包含恰当的 SOAP 的命名空间。SOAP 应用程序必须能处理其收到的消息中的 SOAP 命名空间。它必须丢弃那些包含不正确命名空间的消息，并且可以处理那些不包含 SOAP 命名空间的 SOAP 消息，就好像他们包含了正确的命名空间一样。

三、SOAP 的工作原理

为了更好地理解 SOAP、HTTP、XML 如何工作的，不妨先考虑一下 COM/DCOM 的运行机制。DCOM 处理网络协议的低层次的细节问题，如 PROXY/STUB 间的通信、生命周期的管理、对象的标识。在客户端与服务器端进行交互的时候，DCOM 采用 NDR（network data representation）作为数据表示，它是低层次的与平台无关的数据表现形式。DCOM 是有效的、灵活的、但也是很复杂的。而 SOAP 的一个主要优点就在于它的简单性，SOAP 使用 HTTP 作为网络通信协议，接受和传送数据参数时采用 XML 作为数据格式，从而代替了 DCOM 中的 NDR 格式。SOAP 和 DCOM 执行过程是类似的，但是用 XML 取代 NDR 作为编码表现形式，提供了更高层次上的抽象，与平台和环境无关。

虽然 SOAP 规范中的三个组成部分是作为 SOAP 的不同部分以一个整体来定义的，但它们在功能上是正交的、彼此独立的。特别地，信封和编码规则分别在命名空间中，这样有利于通过模块化获得定义和实现的简洁性。图 5-4 给出了 SOAP、HTTP 和 XML 是如何工作的。

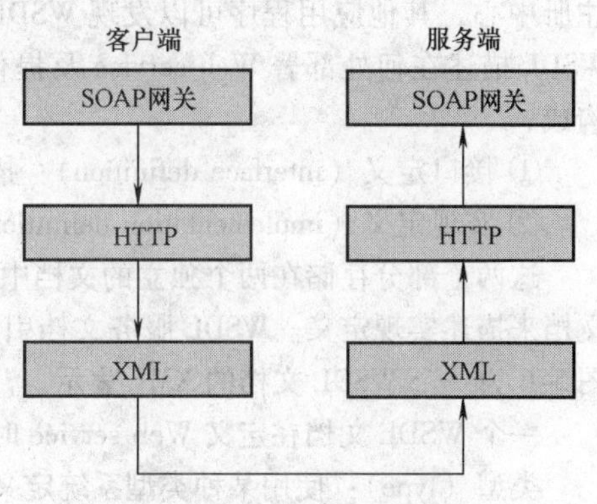

图 5-4　SOAP 的工作原理

客户端发送请求时，不管客户端是什么平台的，首先把请求转换成 XML 格式，SOAP 网关可自动执行这个转换。为了保证传送时参数、方法名、返回值的唯一性，SOAP 协议使用了一个私有标记表，从而服务端的 SOAP 网关可以正确解析，这有点类似于 COM/DCOM 中的桩（STUB）。转化成 XML 格式后，SOAP 终端名（远程调用方法名）及其他的一些协议标识信息被封装成 HTTP请求，然后发送给服务器。如果应用程序要求，服务器返回一个 HTTP 应答信息给客户端。与通常对 HTML 页面的 HTTP GET 请求不同的是，此请求设置了一些 HTTP header，标识着一个 SOAP 服务激发，和 HTTP 包一起传送。例如：对于一个询问股票价格的应用程序，服务器端具有组件提供某股票当前的价格，组件是 COM 或 CORBA 在服务器上建立的。客户端发送一个 SOAP 请求给服务器询问股票价格。服务器依赖于服务器上的 SOAP 网关，使用内嵌的 HTML 对象调用合适的方法，然后把得到的价格通过 SOAP 应答传给客户端。

第四节 Web service 描述语言——WSDL

WSDL（Web service description language）是用来描述 Web service 的一组 XML 语句的集合。它定义了 Web service 的接口和交互规范，描述了每个 Web service 的方法、传递给方法的参数和方法返回值的类型。

一个 WSDL 文档将服务定义为一组网络端点的集合，或者端口的集合。在 WSDL 里，端点及消息的抽象定义与它们具体的网络实现和数据格式绑定是分离的。这样就可以重用这些抽象定义。针对一个特定端口类型的具体协议和数据格式规范构成一个可重用的绑定。一个端口定义成网络地址和可重用的绑定的连接，端口的集合定义为服务。WSDL 描述了 Web service 的三个最基本的属性：

① 服务的用途：服务提供的操作或者方法。

② 访问服务的方法：访问此服务提供的操作的数据格式和协议的详细信息。

③ 服务的位置：协议专用的网络地址信息。

WSDL 允许开发者在 Internet 上将他们的应用程序公开为网络可访问服务。通过 UDDI 商业注册中心，其他应用程序可以发现 WSDL 文档并与它们进行绑定以执行事务或其他商务过程。WSDL 描述在何处部署 Web service 及提供什么样的操作。有效的 WSDL 文档由以下两个部分构成：

① 接口定义（interface definition）：描述抽象类型接口和它的协议绑定。

② 实现定义（implementation definition）：描述服务访问位置信息。

这两个部分存储在两个独立的文档中：使用 WSDL 服务文档描述接口定义，使用 WSDL 绑定文档来描述实现定义。WSDL 服务文档引用 WSDL 绑定文档。图 5-5 所示为 WSDL 的文档结构，图 5-6 为一个 WSDL 文档的 XML 表示。

一个 WSDL 文档在定义 Web service 时使用如下元素：

类型（type）：使用某种类型系统定义数据类型。WSDL 文档通常使用 XSD 类型系统来定义 Web service 信息中的数据类型。type 元素的主要目的是为 WSDL 文档定义在 Message 元素中将使用的 XML 数据类型。每个 WSDL 文档最多可以有一个 type 元素。WSDL 文档中使用的类型系统具有灵活性。虽然 XSD 是主要的使用类型系统，但是 type 元素允许通过其中的 extensibility 元素选择和描述一个完全不同的类型系统，比如 Java 类型系统。但是，一般情况下不应该这样做，因为更换 WSDL 文档中的类型而不使用 XSD 意味着 Web service 可能与其他 Web service 不兼容，导致很多服务请求者不能够调用 Web service。

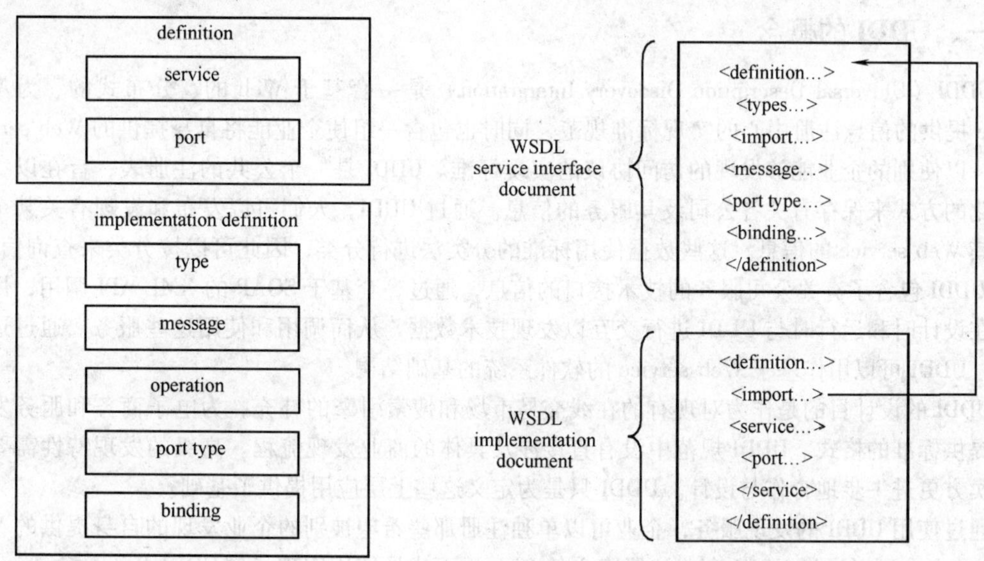

图 5-5　WSDL 的文档结构　　图 5-6　WSDL 文档的 XML 表示

消息（message）：通信消息的数据结构的抽象类型化定义。使用 type 所定义的类型来定义整个消息的数据结构。WSDL 文档中的 message 元素是个简单的概念，是一组 fort 的集合，适合用于 message 操作的输入、输出或者故障信息。

操作（operation）：服务支持的动作的抽象描述。单个 operation 一般描述一个访问入口的请求/响应消息对。

端口类型（port type）：一个操作的抽象集合。它具体定义了一种服务访问入口的类型，即传入/传出消息的格式。一个 port type 可以包含若干个 operation，而一个 operation 则是指访问入口支持的一种类型调用。每个 WSDL 文档一般只包含一个 port type 元素，这样的描述方法方便用户重用服务接口和将来使用 UDDI 商业注册中心发布 Web service。

绑定（binding）：针对一个特定端口类型的具体的协议规范和数据格式规范。binding 结构定义了某个 port type。与某种具体的网络传输协议或消息传输协议相绑定。

端口（port）：描述一个服务访问入口（具有某个 port type 的类型）的细节，包括通过哪个 Web 地址（URL）来访问、应当使用怎样的消息调用模式来访问等。其中，消息调用模式则是使用 binding 结构来表示。

服务（service）：相关的端点的集合。一般情况下，一个 WSDL 文档只有一个服务元素，如果使用多个服务元素，每个服务元素的名称必须是唯一的。

第五节 Web service 的发现和集成（UDDI）

一、UDDI 的概念

UDDI（Universal Description Discovery Intergration）是一套基于 Web 的、分布式的、为 Web service 提供的信息注册中心的实现标准规范，同时也包含一组使企业能将自身提供的 Web service 注册，以使别的企业能够发现的访问协议的实现标准。UDDI 是一个公共的注册表，旨在以一种结构化的方式来保存有关各公司及其服务的信息。通过 UDDI，人们可以发布和发现有关某个公司及其 Web service 的信息。这些数据使用标准的分类法进行分类，因此可以按分类来查询信息。由于 UDDI 包含了有关公司服务的技术接口的信息，通过一套基于 SOAP 的 XML API 调用，用户可以在设计时和运行时与 UDDI 进行交互以发现技术数据，从而调用和使用这些服务。通过这种方法，UDDI 可以用作基于 Web service 的软件系统的基础结构。

UDDI 的设计目的是作为对现有的在线交易市场和搜索引擎的补充，为电子商务和服务发现机制提供标准的格式。UDDI 规范中没有直接涉及具体的商业发现流程。高级的发现特性需要买方和卖方更进一步地合作与设计。UDDI 只是为定义这些上层应用提供了基础。

通过使用 UDDI 的发现服务，企业可以单独注册那些希望被别的企业发现的自身提供的 Web service。企业可以通过 UDDI 商业注册中心的 Web 界面或是使用实现了“UDDI Progr ammer's API 标准”所描述的编程接口的工具，来将信息加入到 UDDI 的商业注册中心。UDDI 商业注册中心在逻辑上是集中的，在物理上是分布式的，由多个根节点组成，相互之间按一定规则进行数据同步。当一个企业在 UDDI 商业注册中心的一个实例中实施注册后，其注册信息会被自动复制到其他 UDDI 根节点，于是就能被任何希望发现这些 Web service 的人所发现。

二、UDDI 的数据组成

UDDI 的核心组件是 UDDI 商业注册，它使用一个 XML 文档来描述企业及其提供的 Web service。从概念上来说，UDDI 商业注册所提供的信息包含三个部分：白页、黄页、绿页。所有的 UDDI 商业注册信息存储在 UDDI 商业注册中心中。

白页表示有关企业的基本信息，如企业名称、经营范围的描述、联系信息等。它还包括该企业任何一种标识符。

黄页信息通过支持使用多种具有分类功能的分类法系统产生的类别划分，能够在更大的范围内查找在注册中心注册的企业或服务。这样的类别划分不仅可以关联企业及其服务，还可以关联 tModel。如果只提供白页和黄页，那么对于通过程序发现和使用服务，注册中心的条目的价值就很有限。

绿页信息则提供了有关怎样、哪里能通过程序的方式调用服务的信息。绿页是指与服务相关联的绑定信息，并提供了指向这些服务所实现的技术规范的引用和指向基于文件的 URL 的不同发现机制的指针。

由于 UDDI 通常被通俗的语言降格为一个电话目录，因此很容易被忽略。事实上，UDDI 注册中心如同 Internet 一样，是为广泛的、分布式的商务媒介环境服务的。UDDI 注册中心由 UDDI 规范的一种或多种实现组成，它们可以互操作以共享注册中心数据。有一种特殊的UDDI 注册中心是由一组对外公开的叫做节点的 UDDI 实现构成。它们互操作以共享注册中心数据，合在一起就形成了 UDDI 业务注册中心。该注册中心免费向大众开放。在所有的运营商站点上都冗余地放着 UDDI 业务注册中心的全部条目，但只有在创建条目的站点才能对条目进行更改。

第六节　Web service 平台及工具

一、Web service 运行平台

目前，Web service 的主要运行平台有 Sun 公司所倡导的 J2EE 平台和微软所倡导的 .net 平台。如今两大平台形成了各自的阵营并形成竞争的态势。由于采用了标准的协议规范，因此两种平台可以实现相互操作，只是有些具体的实现方法存在差异。

1. Sun 公司倡导的 J2EE 平台

J2EE 平台是一种用于提供在服务器端与客户端之间开发 Web service 以及分布式、多层的企业级应用的平台。J2EE 是 Java 2 平台的三种版本之一。它们分别是：适用于小型设备和智能卡的 Java 2 平台 Micro 版（Java 2 Platform Micro Edition，J2ME）、适用于桌面系统的 Java 2 平台标准版（Java 2 Platform Standard Edition，J2SE）、适用于创建服务器应用程序和服务的 Java 2 平台企业版（Java 2 Platform Enterprise Edition，J2EE）。

在 Web Service 领域，Sun 公司积极地和 OASIS 以及 W3C 合作，提交并领导有关的技术标准，同时在 JCP 里制定 Java 语言的规范和 API。Sun 公司积极地参与了制定 Web service 规范的过程，像 XML 和 ebXML。并已经在 Java 中支持 Web service 中最重要的规范，例如 SOAP（JAX-RPC、JAXM、SAAJ、JMS）、WSDL（Java API for WSDL）、UDDI/ebXML（JAXR）、XML（JAXP、JAXB）等。

J2EE 是开发和部署企业级应用的平台，理所当然地成为开发和部署 Web service 的平台。使用 J2EE 开发 Web service 的一个相当重要的原因是，可以重用大量已经开发的 J2EE 部件，而且应用的系统架构可以不用修改。最新的 J2EE 1.4 的设计目标就是 Web service，其中新加入了像 JAX-RPC、SAAJ、JAXR 等 API。另外，EJB 2.1 里也增加了许多针对 Web service 设计的特性。使用 J2EE 开发和部署 Web service，不仅可以利用 J2EE 平台提供的可移植性，扩展性和可靠性，最重要的是有大量的 J2EE 平台提供商，像 Sun、BEA、IBM 等，用户不会被锁定到某个特定的厂商。为了支持 Web service 的互操作性，J2EE 1.4 支持 WS-I 的基本概要（basic profile）。目前，不仅企业级的应用（J2EE）和桌面系统（J2SE）支持 Web service，面向消费类电子设备的低端

应用（J2ME）也将支持 Web service。

为了帮助开发商在现有技术投资和经验的基础上创建新一代集成解决方案，使业务集成很快与 Web service 相融合，以便加速 Web service 的采用，并减少业务集成的成本和复杂性，Sun 公司已向 JCP 提交了 Java 业务集成（JBI）技术规范建议，即作为 Java 平台的一部分，Sun 为业务集成组件建议了一个标准化的集成架构，以此来扩展 Java 开发商创建集成解决方案的途径。该 Java 业务集成架构和 Web service 是松散耦合的关系，它将采用 JMS、JCA 和 J2EE 1.4 Web service API 等现有的 J2EE 集成组件。

2. 微软公司倡导的.NET 平台

微软的.NET 技术是当前另一个主流的 Web service 运行平台。根据微软公司的说法，Microsoft .NET是 Microsoft XML Web service 平台，它允许应用程序通过 Internet 进行通信和共享数据，而不管所采用的是哪种操作系统平台、设备或者是编程语言。

.NET 的核心组件包括：

① 一组用于常见互联网操作系统的构建块，其中包括 Passport .NET（用于用户认证）以及用于文件存储的服务、用户首选项管理、日历管理以及众多的其他任务。

② 构建和管理新一代服务的基本结构和工具，包括 Visual Studio .NET、.NET 企业服务器、.NETFramework 和 Windows.NET。

③ 能够启用新型智能互联网设备的.NET 设备软件。

④ .NET 用户体验。

3. 两种平台的对比

就企业而言，内部众多系统的整合、系统的延展性、安全性是更需要注意的议题，而这些都是 J2EE 的优势，也是微软.NET 的不足处。在效率方面，J2EE 阵营主张通过硬件的效能增加来弥补软件的不足。开放标准、功能强大、易于移植这些都是 J2EE 的卖点。微软确实提供了从桌面的办公软件，开发工具，到后台服务器数据库的全方位的产品，但统一平台的使用者可能要牺牲跨平台的好处，并也有可能由此就被无穷无尽地锁定在微软的许可证汪洋中。更简单、更快捷、更高效是微软的目标，随着时代的发展，我们也许会看到更完美的技术解决方案。

二、Web service 开发工具

1. J2EE 平台下的开发工具

（1）Sun ONE Developer Platform。Sun ONE Web Services Platform Developer Edition 为套装产品，包括集成开发环境（IDE）、门户、网络认证、应用和综合服务器功能等的开发工具和可以直接应用的服务器软件。该平台包含：Sun ONE Application Server 包含了 Java Messaging Server（JMS）/J2EE Connector Architecture，对基于 J2EE 的集成技术提供支持；支持 Java Web Services Developer Pack 中的全部 API（JAXM，JAXP，JAXR，JAX-RPC，SOAP，WSDL，UDDI）；

（2）Java Studio Greator 2。这是 Sun 公司最新发布的商用全功能 Java IDE，支持 Solaris、Linux 和 Windows 平台，适于创建和部署 2 层 Java Web 应用和 n 层 J2EE 应用的企业开发人员

使用。

（3）Java Studio Enterprise 8。这是一个用于 Java Enterprise System 和 Java System 套件的开发平台。其中，Java Enterprise System 和 Java System 套件作为一种基础结构，用来部署 Sun 提供的支持面向服务的体系结构（SOA）的战略性 Web service。Java Studio Enterprise 8 是在 Java Studio Enterprise 7 的基础上改进而来，它非常适于开发、调试、测试、部署和优化门户组件及 Web service。Java Studio Enterprise 8 支持 J2EE1.4，并且集成了最新的 NetBeans 4.1 集成开发环境（IDE）。NetBeans 4.1 提供了一组丰富的功能，可以使用这些功能来创建最新的 Java 应用程序。

（4）WebSphere Studio。WebSphere Studio 是一套新的开发工具，可以满足您开发网络应用、企业级应用和无线设备应用的所有需求。这套工具运行在 WebSphere Studio Workbench 这个开放的可扩展的集成工具平台上的，使用工具生成器可以在开发的生命周期里无缝地集成各种工具与资源。这个开放式平台也是 IBM 下一代应用开发工具的基础。

（5）JBuilder 2006。JBuilder 2006 是一款强大的 Java 企业级开发平台，其集成了几乎所有的 Java 技术，涵盖了软件开发生命周期的各个过程。JBuilder 2006 企业版可以通过可视化设计和快速开发提高 EJB、Web、Web service、XML、移动应用以及数据库应用开发的速度。该版本支持的 J2EE 应用服务器包括：IBM WebSphere BEA WebLogic、Sybase EAServer、JBoss 以及工具集的 Borland Enterprise Server。

（6）Kylix。Kylix 就是 Linux 下的 Delphi 和 C Bulider，包括整个 IDE、辅助工具和已经成功开发过很多应用的 VCL（可视组件库）。

（7）BEA Weblogic Workshop 8.1。BEA WebLogic Workshop 8.1 是一个统一、简化、可扩展的开发环境，使所有开发人员都能在 BEA WebLogic Enterprise Platform 8.1 之上构建基于标准的企业级应用，从而提高开发部门的生产力水平。该产品利用可视化的设计器以及直观的概念，如事件、属性和控件等，实现基于事件的开发，使开发人员远离 J2EE 内在的复杂性，无须操心单调乏味的基础结构代码，集中精力专注于业务逻辑。更重要的是，该产品使所有开发人员，包括 J2EE 专家和具有可视化和过程化语言技能的应用开发人员在内，都可以共同工作在 BEA WebLogic Enterprise Platform 之上。

2. .NET 平台下的开发工具

（1）Visual Studio.NET。Visual Studio.NET 是一套完整的开发工具，用于生成 ASP Web 应用程序、XML Web service、桌面应用程序和移动应用程序。Visual Basic.NET、Visual C++.NET、Visual C#.NET 和 Visual J#.NET 全都使用相同的集成开发环境（IDE），该环境允许它们共享工具并有助于创建混合语言解决方案。另外，这些语言利用了.NET Framework 的功能，此框架提供对简化 ASP Web 应用程序和 XML Web services 开发的关键技术的访问。

（2）Borland Development Studio 2006。美国 Borland 软件公司宣布，推出前代号为“DeXter”的 Borland Delphi 和 Borland C++ Builder 2006 快速应用开发（RAD）环境的新版本。具备强大的生产力的和性能推进功能的 Delphi 2006、C++ Builder 2006 加上新的 C#Builder 2006 为软件开发团队减免了重复冗余的开发工作。

（3）Oracle Development tools for.NET。开发人员可以创建企业范围内跨越不同系统的应用。可以与 Visual Studio.NET 集成的工具包括：Oracle Data Provider for.NET、Oracle Develper Tools for Visual.NET 以及 Oracle Database Extensions for .NET，开发人员可以方便地在异构的环境中快速地开发应用系统。

3. 其他的开发工具

虽然基本的 Web service 协议简化了企业间的通信难度，但随着应用的增多，问题也随之而来，如用户身份的鉴别问题、消息的安全传递问题等。针对发现的问题，从协议到开发工具都在不断的改进。然而由于存在以上两种不同的开发平台，在一些情况下不同平台之间的交换问题还有待改善。因此，SUN 与微软的工程师进行合作以促进两个平台之间的沟通交互。所以，Web service 正不断向“标准、共享”的方向发展。

【本章小结】

Web service 的跨平台性和可互操作性使它成为目前的一个热门研究领域，Web service 有三大基石：UDDI 统一描述，所有 Web service 都通过它来注册、查找、发现，相当于一个网上的电话本；WSDL，对 Web service 提供的服务进行描述，如同一个产品说明书；SOAP 封装格式化协议，是简单对象访问的协议。其工作过程为：客户程序（Web service 用户）可以采用 UDDI 协议发现服务器应用程序（Web service 供应商）发布的 Web service；采用 WSDL 语言确定服务的接口定义；用基于 SOAP 的 XML 文档再通过 HTTP、FTP 和 SMTP 等常用通信方式交换数据。

实践案例　设计 Web service

步骤 1： 建立一个包含 Web service 站点的项目。

利用 VS 2005，建立一个站点，下面项目中添加 Web service。

步骤 2： 使用 .asmx 文件实现简单的 Web service 支持。

（1）创建一个 .asmx 文件。

（2）查看系统自动生成的代码。

（3）必须进行 Web service 声明，才能使这个文件成为一个 Web service。

（4）需要声明 Web service 中的功能模块，也就是类模块。

（5）定义 Web service 的可访问方法。在表示方法的符号前面，要设置好自定义属性［Web Method］，只有具备［Web Method］的类才可以通过 SOAP 被远程访问。

最后，测试生成的 .asmx 文件。当对 Service 的请求发生时，.asmx 文件将自动被 ASP .net 运行环境编译，随后的请求可以由缓冲的预编译类型对象执行。

每个 XML Web service 都需要一个唯一的命名空间，以便客户端应用程序能够将它与 Web 上的其他服务区分开。http://tempuri. org 可用于处于开发阶段的 XML Web service，而已发布的 XML Web service 应使用更为永久的命名空间。

采用通用的 SOAP、HTTP 以及 XML，就可以把原本互不相干的站点服务形成一整套分布的、自动化和智能化的网络应用，大大减轻程序员的开发工作量，充分地利用了已经拥有的网络资源和开发资源。

步骤 3： 测试生成的 Web service，查看运行效果。

步骤 4： 实现创建的 Web service 的引用。

(1) 添加Web引用，通过在弹出的“添加Web引用”对话框中的地址栏中输入Web service的地址，单击回车键（或前往按钮）后，就可以添加引用了。

(2) 添加一个ASP.NET页面，添加一系列控件，通过引用Web service来实现相应的功能。

(3) 测试生成的ASP.NET页面，查看运行效果。

步骤5：使用Web service。

【例子】 下面通过创建一个简单的Web service来说明。

步骤1：新建项目：选择Visual C#，Web，ASP. NET Web应用程序。

名称为NewsWeb，解决方案名称为News，如图5-7所示。

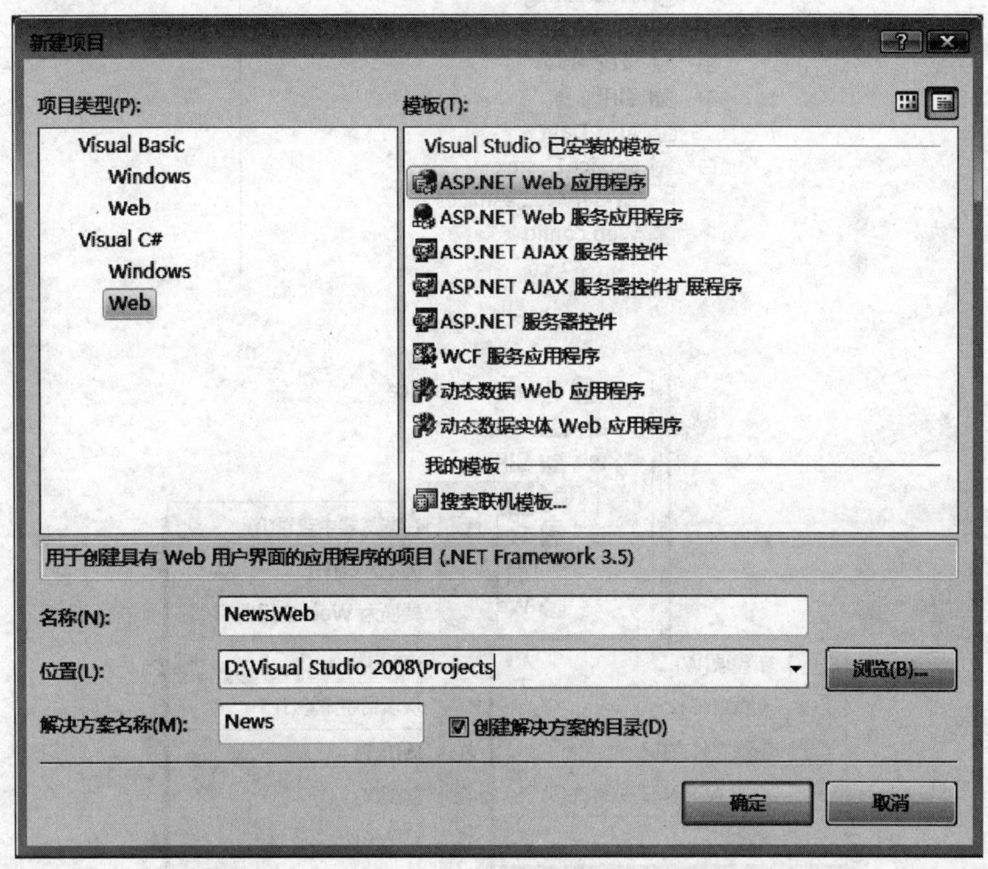

图5-7　步骤1

步骤2：再新建项目，选择ASP. NET Web service应用程序，名称为NewsWeb service，选择添加解决方案，添加完成如图5-8所示。

步骤3：添加数据库文件，如图5-9所示。完成一个名为News的数据库的添加，如图5-10所示。

步骤4：在浏览器中查看Web service（如图5-11所示），查看结果如图5-12所示。

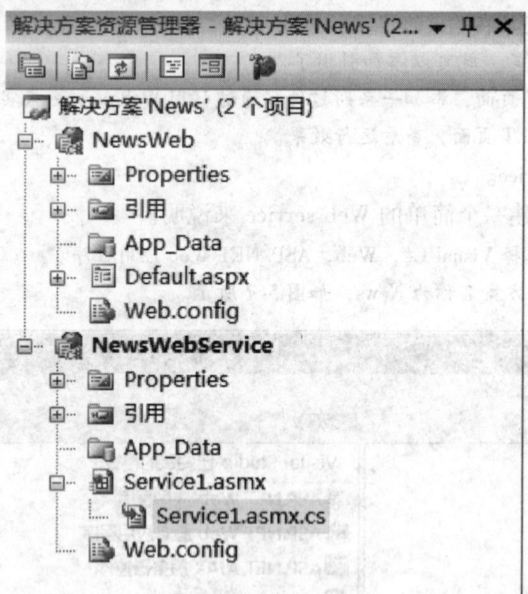

图 5-8 步骤 2

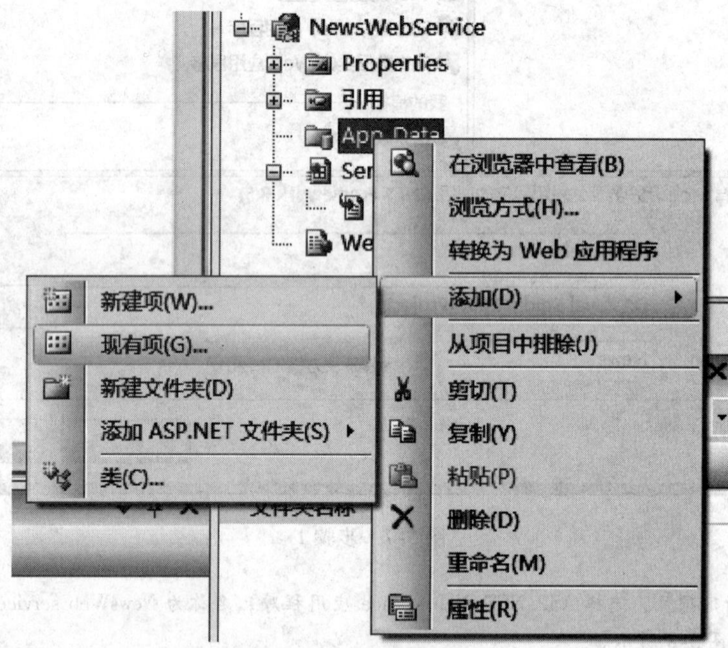

图 5-9 步骤 3：添加数据库

图 5-10　News. mdb 添加成功　　　图 5-11　查看 Web service

图 5-12　查看结果

步骤 5：单击“getDetails”，输入参数值，例如 788，如图 5-13 所示。

单击“调用”可查看结果。

步骤 6：单击“getResult”。输入类别和搜索关键字，例如“1”和“电子商务学院”如图 5-14 所示。

单击“调用”可查看结果。

步骤 7：添加新闻详细页面，如图 5-15 所示。

添加完成后如图 5-16 所示。

步骤 8：添加服务引用，如图 5-17 所示。

找到服务并命名，如图 5-18 所示。

添加完成后如图 5-19 所示。

步骤 9：添加访问 Web service 的类，如图 5-20 所示。添加成功后如图 5-21 所示。

Service1
单击此处，获取完整的操作列表。
getDetails
测试
若要使用 HTTP POST 协议对操作进行测试，请单击“调用”按钮。
参数 值
id: 788
调用

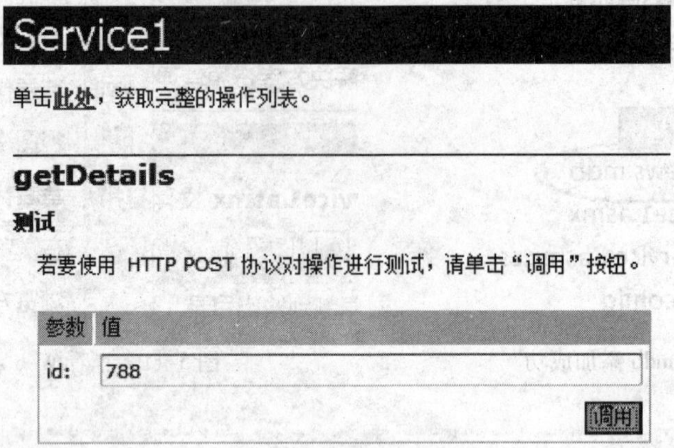

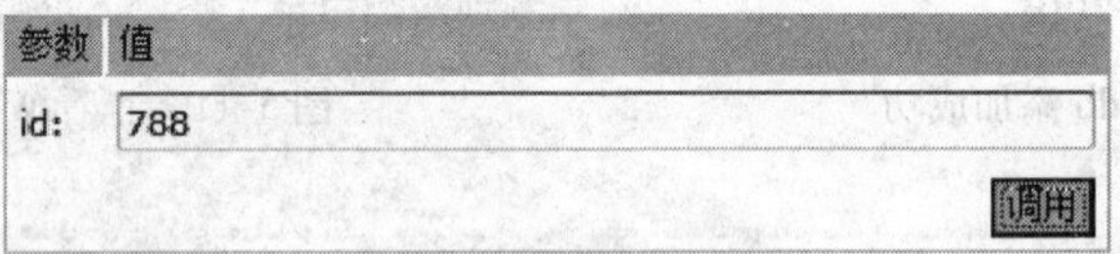

图 5-13　输入参数值

Service1
单击此处，获取完整的操作列表。
getResult
测试
若要使用 HTTP POST 协议对操作进行测试，请单击“调用”按钮。
参数 值
cata: 1
searchString: 电子商务学院
调用

图 5-14　输入类别和搜索关键字

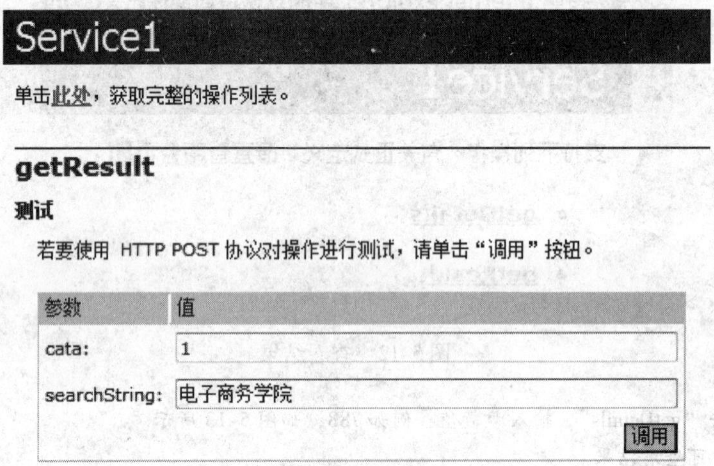

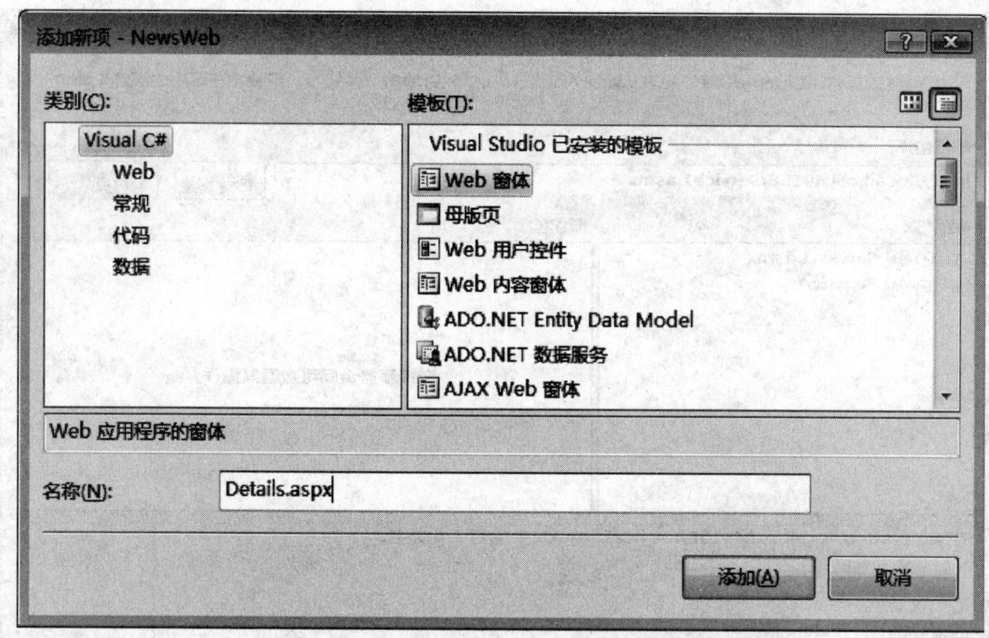

图 5-15 添加新闻详细页面

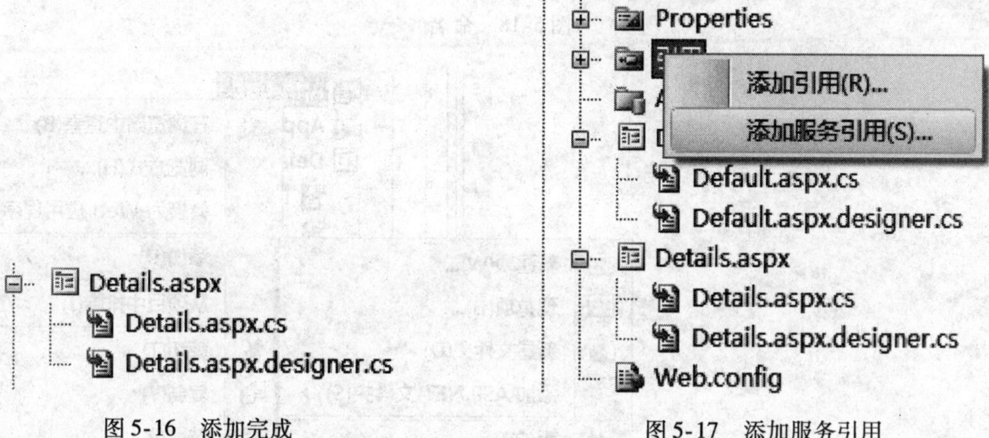

图 5-16 添加完成

图 5-17 添加服务引用

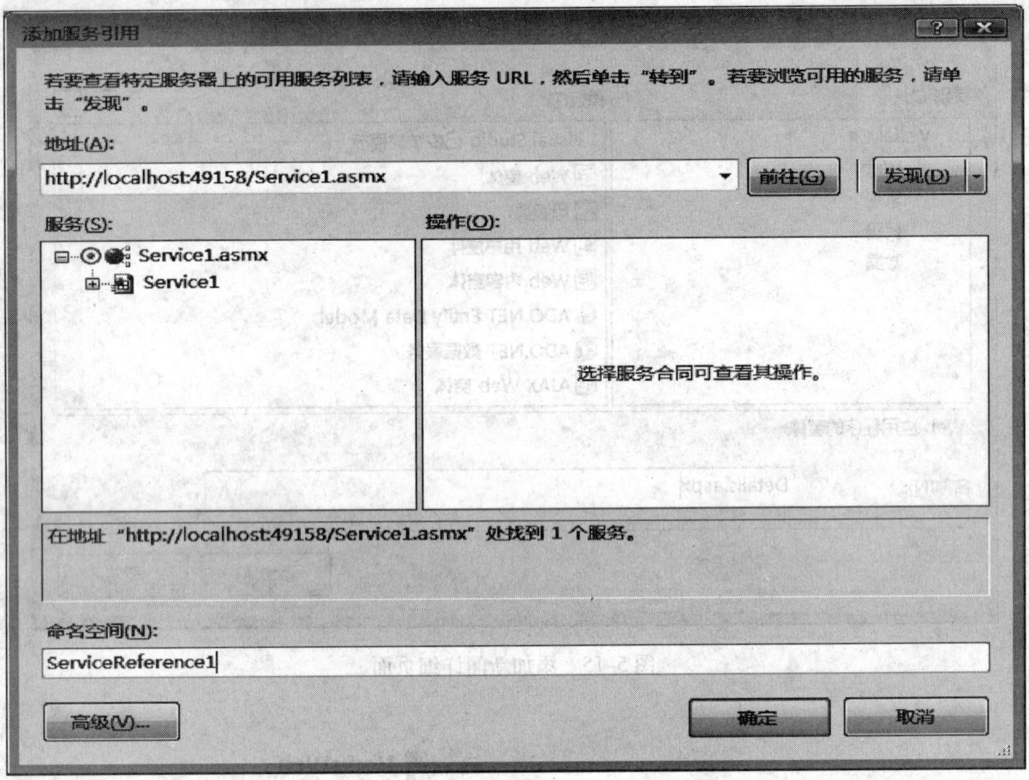

添加服务引用

若要查看特定服务器上的可用服务列表，请输入服务 URL，然后单击“转到”。若要浏览可用的服务，请单击“发现”。

地址(A):

http://localhost:49158/Service1.asmx 前往(G) 发现(D)

服务(S): Service1.asmx Service1

操作(O): 选择服务合同可查看其操作。

在地址“http://localhost:49158/Service1.asmx”处找到 1 个服务。

命名空间(N):

ServiceReference1

高级(V)... 确定 取消

图 5-18 命名

图 5-19 添加服务引用完成

图 5-20 添加类

文件代码略。

图 5-21　添加类成功

步骤 10：Web 项目的首页运行，输入搜索的关键字并且选择搜索类别，点击查询按钮，如图 5-22 所示。

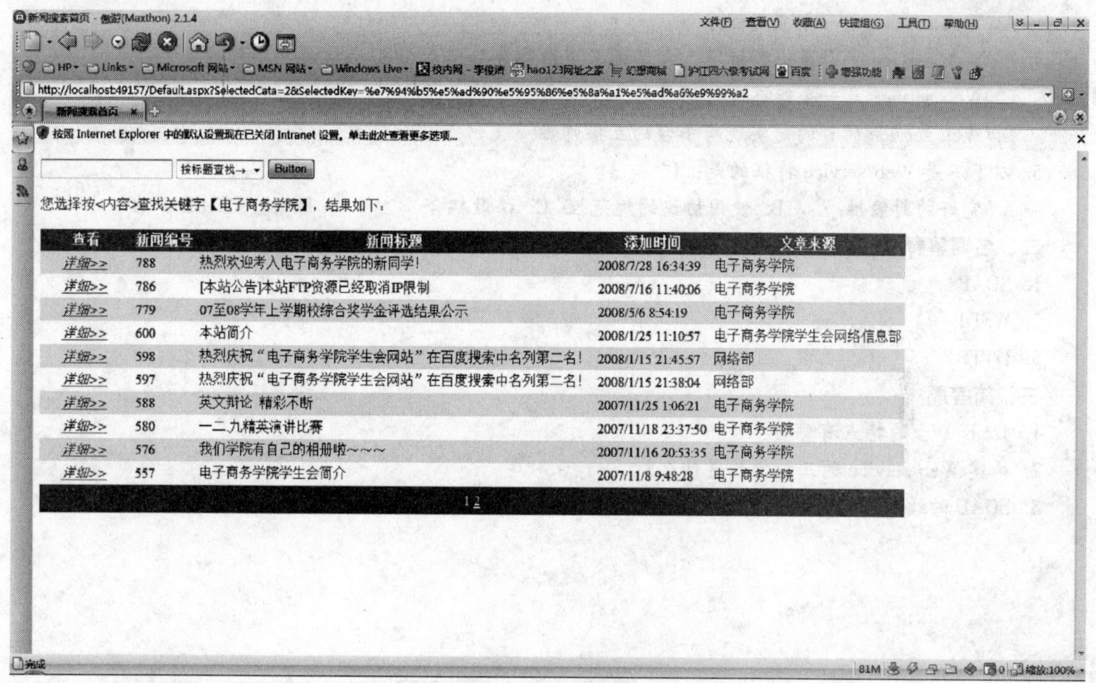

查看	新闻编号	新闻标题	添加时间	文章来源
详细>>	788	热烈欢迎考入电子商务学院的新同学!	2008/7/28 16:34:39	电子商务学院
详细>>	786	[本站公告]本站FTP资源已经取消IP限制	2008/7/16 11:40:06	电子商务学院
详细>>	779	07至08学年上学期校综合奖学金评选结果公示	2008/5/6 8:54:19	电子商务学院
详细>>	600	本站简介	2008/1/25 11:10:57	电子商务学院学生会网络信息部
详细>>	598	热烈庆祝“电子商务学院学生会网站”在百度搜索中名列第二名!	2008/1/15 21:45:57	网络部
详细>>	597	热烈庆祝“电子商务学院学生会网站”在百度搜索中名列第二名!	2008/1/15 21:38:04	网络部
详细>>	588	英文辩论 精彩不断	2007/11/25 1:06:21	电子商务学院
详细>>	580	一二.九精英演讲比赛	2007/11/18 23:37:50	电子商务学院
详细>>	576	我们学院有自己的相册啦~~~	2007/11/16 20:53:35	电子商务学院
详细>>	557	电子商务学院学生会简介	2007/11/8 9:48:28	电子商务学院

图 5-22　Web 项目的运行

【相关链接】

1. SOAP 教程，http://www.w3school.com.cn/soap
2. UDDI，http://baike.baidu.com/view/160665.htm?fr=ala0
3. Web service 到底是什么，http://hi.baidu.com/bailang3106/blog/item/b115c116aa9bfa12962b4359.html.
4. 在什么情况下应该使用 Web service，http://www.51aspx.com/CT/S2C1UB4S2ZQ23

习　　题

一、选择题

1. 以下不属于 Web service 的类型的是：(　　)。

　A. 面向商务的 Web service　　　B. 面向客户的 Web service

　C. 面向系统的 Web service　　　D. 面向服务的 Web service

2. Web service 体系结构中包括三种角色，以下不属于这三种角色的是：(　　)。

A. 服务请求者　　B. 服务调用者　　C. 服务注册器　　D. 服务代理者

3. 以下协议中不属于 Web service 的三大基石的是：（　　）

A. SOAP　　B. UDDI　　C. WSDL　　D. XML

4. 以下关于 Web service 描述不正确的是：（　　）。

A. Web service 是一个应用程序

B. Web service 平台是一套标准，它定义了应用程序如何在 Web 上实现互操作性

C. Web service 是一个能够进行调用的 API

D. Web service 的目的是实现跨平台的互操作性

5. 以下不是 Web service 特征的是：（　　）。

A. 完好的封装性　　B. 使用协议的规范性　C. 松散耦合　　D. 使用 J2EE 平台

二、名词解释

1. SOAP
2. WSDL
3. HTTP

三、简答题

1. J2EE 平台的特点有哪些?
2. 构建 Web service 的三种操作是什么?
3. SOAP 的结构包括哪些?

第六章

快速网络数据传输——P2P 技术

【学习目标】通过认识 P2P 的基本定义，了解 P2P 产生和发展的过程，学习 P2P 网络中的集中式网络、完全分布式结构化网络、完全分布式非结构化网络和异构式网络这四种形式，掌握 P2P 技术的基本原理，分清 P2P 技术与传统数据传输技术之间的区别，认识 P2P 技术的优点与不足；通过对文件共享类、即时通信类、流媒体类 P2P 系统的学习，进一步掌握 P2P 的应用领域以及设计方法。

【关键概念】P2P　文件共享　即时通信　流媒体

第一节　P2P 的基本概念

P2P（peer to peer）即对等计算或对等网络。“peer”在英语里有“地位、能力上的同等者”、“同事”和“伙伴”等意义。这样一来，P2P 也就可以理解为“伙伴对伙伴”的意思，或称为对等联网。P2P 可以简单地定义为：依赖于网络中参与者的计算能力和带宽，由多台客户端计算机通过直接交换来共享计算机资源和服务的计算模式。

传统应用中常见的计算机网络通信模型通常是客户端/服务器方式，如图 6-1 所示。在这种计算模式中，所有的客户端直接与服务器进行数据交换，由服务器集中存储数据并负责大部分的计算。这种计算模式将服务器和客户端的功能相分离，比较易于设计和实现；并且由于数据统一存储在服务器中，不会出现数据的不一致现象。

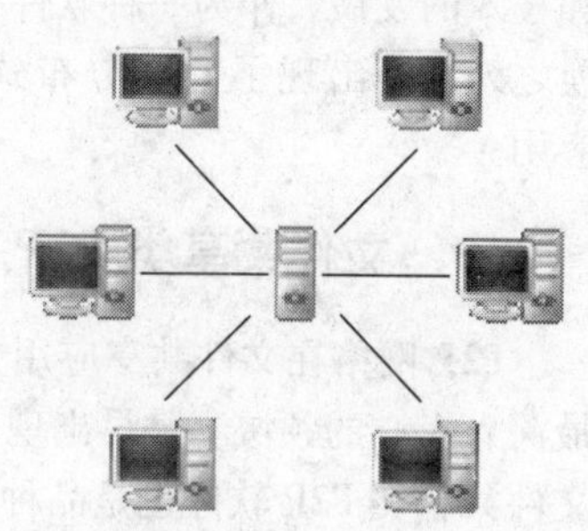

图 6-1　传统的计算机通信模式

但是这种计算模型有一些很严重的缺陷：所有信息传输都要经由服务器，所以服务器的带宽占用很高，可是客户端的带宽却大量闲置，尤其是根本无法利用每个客户端的上行带宽；所有的数据和计算量都集中在服务器，因此服务器的 CPU 计算和存储能力严重不足，却无法有效利用客户端的大量资源。

在 P2P 架构中，千万台彼此连接的计算机都处于对等的地位，如图 6-2 所示，整个网络不依赖于专用的集中服务器。网络中的每一台计算机既能充当网络的请求者，又能对其他计算机的请求作出响应，提供资源与服务。这种计算模式充分利用了每一台计算机的带宽和资源。由于制造多台性能较平均的计算机的成本远低于制造一台高性能计算机的成本，所以这种计算模式比传统的计算模式经济得多。

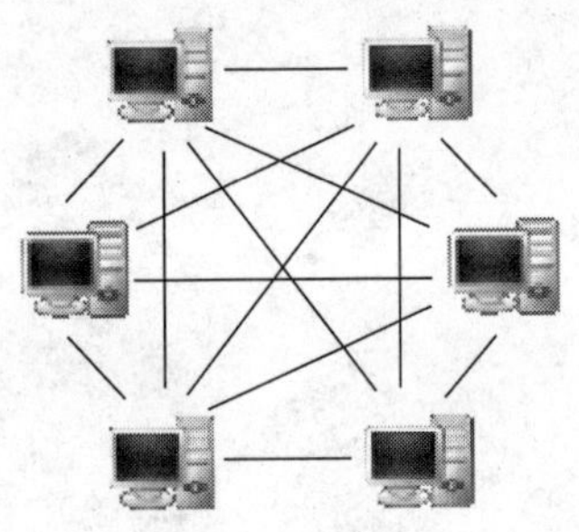

图 6-2 P2P 架构中的计算机通信模式

P2P 几乎是和 Internet 同时诞生的。Internet 最基本的协议 TCP/IP 并没有客户机和服务器的概念，所有的设备都是通信的平等的一端。也就是说，所有的互联网上的系统都同时具有服务器和客户机的功能。但是 TCP/IP 之上的软件几乎都采用了客户机/服务器的结构。即一个节点作为服务器，为所有其他客户机节点服务。这样的应用模式极为常见，如：浏览器和 Web 服务器，邮件客户端和邮件服务器。由于客户机/服务器模式非常直观，通信规则简单，在很长时间以来，这种模式一直是互联网上的主要应用。

1998 年，美国东北波士顿大学的一年级新生——18 岁的肖恩·范宁为了帮助自己的室友在网上找到音乐而编写了一个简单的程序，这个程序能够搜索音乐文件并提供检索，把所有的音乐文件地址存放在一个集中的服务器中，这样使用者就能够方便地过滤上百个地址而找到自己需要的 MP3 文件。这个叫做 Napster 的程序很快被大家所喜爱，最高峰时达到 8000 万注册用户。这引起了人们对 P2P 软件的关注，并带动了一大批 P2P 软件的发展。

第二节 P2P 网络的应用

P2P 网络所特有的非中心化、可扩展性、健壮性、高性能价格比、隐私保护及负载均衡等特点引发了世界上各个研究机构的兴趣，大量的 P2P 应用不断增加。随着人们对 P2P 思想的理解和技术的发展，作为一种软件架构，P2P 还可以开发出种类繁多的应用模式。除了最初的文件交换之外，还出现了一些分布式存储、深度搜索、分布式计算、个人即时通信和协同工作等新应用。

一、文件共享类 P2P 系统

P2P 网络在文件共享应用方面具有非常突出的优势。文件共享类系统可以说是当前 P2P 应用最深入人心的领域。最早出现的 P2P 软件和使用最广泛的 P2P 软件几乎存在于该领域，而目前文件共享类 P2P 软件也是品种和数量最多的 P2P 软件。这类软件的执行方式多种多样，一个重要的特点是集中化的程度。其中，Napster 被认为是最集中的，而 Gnutella 则是一种非常分散的结构。

1. Napster

Napster 是最早出现的 P2P 系统，出现于 1998 年。它是一个专门应用于共享音乐领域的 P2P 文件共享系统。用户在安装这个程序后，可以把自己拥有音乐的相关信息如歌曲名、演唱者、文件地址等信息发送到一个目录服务器上，并由目录服务器维护每首歌及共享着的列表，针对用户的查询返回匹配的用户列表。其他用户则在目录服务器上搜索到自己所寻找的歌曲后，可以根据歌曲所提供的地址信息，到相应用户的计算机上去下载该歌曲。

Napster 在结构上属于中心化拓扑的 P2P 网络，整个系统由目录服务器和各个客户端构成。目录服务器有一个或一组高性能的计算机承担，主要负责所有活动客户端共享资源的管理，并提供资源查询服务。客户端安装在个人电脑上，可以动态地加入和离开网络。

这种方式大大地提高了文件下载的效率。在传统的客户机/服务器下载方式中，用户通常将所有歌曲上传到服务器上，然后再从服务器下载自己所需要的文件。这种方式有很明显的缺点：服务器所能存储的歌曲受到服务器磁盘空间的限制；而服务器的带宽和连接数也有限，无法同时服务大量客户端。而 Napster 的服务器并不需要存储歌曲的内容，只是对所有客户端的内容建立一个索引，歌曲仍然存在于客户机的硬盘上。而由于服务器不负责文件上传和下载的工作，查询结束后就断开连接，因此增加了可连接的客户端数量。

P2P 网络的优点非常明显：整个系统容易部署，客户端容易开发。但是同时也带来了一些缺点：虽然服务器的负载相对于传统模式有所减轻，但是当用户数量迅速增加时，目录服务器仍然难以很快处理用户的查询请求，性能会下降甚至瘫痪。由于目录服务器是整个系统的核心，当目录服务器因为用户增加或者受到攻击而瘫痪时，将导致整个系统的瘫痪。

Napster 并没有机会对存在的问题进行改进。由于 Napster 带来了严重的版权问题，任何用户都可以免费下载拥有版权的音乐文件，Napster 在 1999 年被多家唱片公司告上法庭，后来败诉并于 2002 年破产。但是后来出现了大量 Napster 的模仿者，改进了 Napster 的缺点，使得 P2P 的应用更加广泛。

2. Gnutella

Gnutella 在发布之前曾被认为是一个新的“Napster”，由 NullSoft 公司于 2000 年 3 月 14 日发布，并同样由于版权的原因，在发布后一天内被停止下载。但此时该软件已被下载了几千份，并被各种第三方组织进行复制，开发自己的客户端版本。这些客户端都兼容于 Gnutella 的协议，因此可以与原客户端进行通信。当人们开始运行这些互相兼容的客户端软件时，一个不断增长的 Gnutella 网络便在因特网上形成了。2001 年末，一种 Gnutella 客户端软件 LimeWire 成为免费开源软件。

Gnutella 这个词现在已经被用来表示被不同的客户端软件所共同使用的一种开放软件协议。这是一种能够智能地发现节点、完全分布式的 P2P 通信协议。运行于任何一个基于 Gnutella 协议开发的客户端软件都能加入 Gnutella 网络。Gnutella 的协议分为消息协议和下载协议。消息协议用来在 Gnutella 网络节点之间相互发现和搜索资源，下载协议则用来在两个节点之间传送文件。

3. BitTorrent

BitTorrent（简称 BT）软件系统是由 Bram Cohen 和 BitTorrent 公司于 2002 年开发，基于 BitTorrent 协议进行文件上传和下载的文件共享系统。它最初的版本用 Python 编程语言进行开发，并且是一个免费软件；从版本 6.0 开始，用 C++ 开发并且不再公开源代码。

BitTorrent 协议是一个可以实现多点下载的文件分发协议。它采用高效的软件分发系统和 P2P

技术共享大体积文件，并使每个用户向网络用户提供上传服务。在这个协议中，即使一台低带宽的低性能计算机也可以参与到大量的数据传输过程中。

根据 BitTorrent 协议，如果某个用户想共享他的一个文件，那么他所提供的这个第一个用户文件就被称为一个“种子”，网络上的其他用户，被称为“伙伴”，随即可以下载该文件。当更多的“新伙伴”连接到该计算机并下载同一个文件时，他们将得到这个文件的不同“片段”。一旦多个“伙伴”同时获得该“种子”的不同部分时，BitTorrent 允许他们各自成为自己所拥有这一块“片段”的发布源。而每个用户可以从多个发布源获取自己所尚未获得的“片段”。随着更多的发布源的参与，文件的发布者就从大量的文件下载中解脱出来，从而获得一种“下载用户越多、下载速度越快”的效果。

在用户发布其“种子”的同时，为该文件或目录生成一个被称为 torrent 档案的小文件。这个小文件包含一些元数据，如：被共享的文件信息、跟踪服务器（Tracker）信息、参与传送文件的计算机信息等。文件信息是根据对目标文件的计算结果生成的。计算结果根据 BitTorrent 协议对文件虚拟划分成大小相等的块，并把每个块的索引信息和 Hash 验证码写到 torrent 档案中。而跟踪服务器信息则主要是跟踪服务器的地址和针对跟踪服务器的设置。

所有要下载该文件的计算机必须先下载这个 torrent 档案，然后使用 BitTorrent 客户端软件进行下载。下载时，BitTorrent 客户端首先解析 torrent 档案得到跟踪服务器地址，并且连接特定的跟踪服务器，跟踪服务器回应下载者的请求，提供可以去哪些服务器获取该文件的其他部分的信息。下载者在连接其他部分的提供者（同时也是其他下载者），根据 torrent 文件，两者分别告知对方自己已经拥有的块，然后交换对方没有的数据。在这个过程中不需要其他服务器参与，分散了单个线路上的数据流量和服务器负担。

各个文件之间交换文件时，要把文件分割成固定大小的块来进行。块的大小通常为 2 的整数次方，在 64KB 到 4MB 之间。为了保证最后可以顺利重组，BitTorrent 系统采用了 Hash 的机制，首先用 SHA-1 算法为整个文件生成一个校验值，然后为每个块也生成一个校验值。校验值可以保证文件块的唯一性，也可以作为文件的标识。下载者每得到一个块，需要算出下载块的校验码，并与 torrent 档案中的进行对比，如果相同则说明传输没有出现错误，如果不同则需要重新下载该块。

从结构上看，早期的 BitTorrent 系统也属于中心拓扑的 P2P 系统，因为用户信息的查询和交互需要通过跟踪服务器来进行。最近，随着 DHT 网络技术的出现，一种 DHT 算法即 Kademlia 算法被应用到 BitTorrent 系统中。由于 DHT 算法的路由工作由每一个客户端协同完成，这种技术可以脱离跟踪服务器而直接在用户间建立通信。

4. eMule

eMule 是一个开源的 P2P 文件共享软件，和 BT 非常类似。eMule 采用了和 eDonkey 相同的网络协议，能直接登录 eDonkey 服务器，加入 eD2k 网络。eMule 也提供了 eDonkey 不具有的功能，比如自动搜索网络中的服务器、缓存搜索结果、与其他节点交换服务器地址、首先下载文件头尾供用户预览等。为了保护 eMule 的安全性，eMule 提供了 IP 地址过滤，可以屏蔽恶意 IP。

由于 P2P 文件共享系统依赖于所有用户的分享，eMule 提供了排队机制和上传积分系统，鼓励用户共享和上传给他人资源。但由于 eMule 是开源软件，可以很方便地进行修改，一些被恶意修改过的版本会进行一些违反公平的行为，如上传下载比例过低、伪装、频繁向服务器发送信息等行为。这些行为被认为违背了网络资源共享的道德与精神，损害了 P2P 网络的秩序和其他用户的利益，被称为“吸血”行为。一些同社区加分、同地区加分等行为会造成社区间的不公平，通常也被称为“社区吸血”。由于“吸血”行为的增多，一些 eMule 版本提供了反吸血保护，以维护一个健康有序的 P2P 网络环境。

二、即时通信类 P2P 系统

最早的即时通信系统可以说是从 ICQ 开始的。1996 年成立的 Mirablilis 公司出了第一个即时通信软件——ICQ。从此，即时通信软件在全球流行，应用比较广泛的有 MSN、雅虎通、QQ、AIM 和 Skype 等。

1. QQ

QQ 是深圳腾讯计算机通信公司于 1999 年 2 月 11 日推出的一款免费即时通信软件。QQ 网络结构是一个典型的中心拓扑的 P2P 结构。每个用户运行 QQ 客户端程序后，首先输入自己的 QQ 号码和密码，然后向服务器发送登录消息，通过服务器验证后就可以进入 QQ 网络了。顺利登录后，QQ 回到服务器上下载自己的好友列表和好友在线消息，用户可以直接和在线好友进行点到点通信。

如果用户之间的通信由于网络原因不能及时发送，或用户要对某个离线好友发送消息时，QQ 客户端会把该消息发送到服务器，由服务器中转或在下次好友登录服务器时将该消息发送给好友。

由于 QQ 网络结构属于中心拓扑，服务器对整个网络至关重要。腾讯采用了分布式服务器的方式，在多个地方设置服务器，以降低风险。这种方式虽然不能从根本上消除瘫痪的可能性，但是在商业公司的投入下，可以将故障率降到最低。

早期 QQ 的安全防护做得比较差，用户名和密码都在客户端所在计算机上存储，这导致了大量的 QQ 号码被盗。另外，QQ 聊天消息都是明文发送，所以并不安全。现在的 QQ 使用了一些加密措施，但由于选择的算法抗分析的强度并不高，因此在 QQ 软件上传输保密信息仍然是不合适的。

2. Skype

Skype 是一款由 Niklas 所推出的一款支持语音通信的即时通信软件，于 2005 年被 eBay 公司收购。它采用 P2P 连接技术，以可以进行高清晰语音聊天闻名。当连线双方网络通畅的时候，音质甚至有可能超过普通电话。

在系统的设计上，Skype 借鉴了 KaZaA 的结构，采用了半分布式拓扑，节点之间按照不同的能力分为超级节点和普通节点。超级节点和普通节点之间没有具体的界限，超级节点可以变成普通节点，普通节点也可以变成超级节点。

从结构上看，Skype 采用了混合式的拓扑结构，结合了分布式拓扑结构和中心拓扑的优点，能够适应网络的迅速变化。但由于超级节点在网络中的地位仍然比较重要，因此超级节点的变动也会对网络造成一定的影响。

三、其他类型的 P2P 系统

1. 流媒体系统

随着信息网络技术的发展，流媒体的需求也逐渐增大。传统的流媒体主要是采用客户端/服务器模式，服务器以单播的形式和每个客户建立连接。由于流媒体服务具有高带宽、持续时间长等特点，随着客户数目的快速增加，服务器的资源很快就会被消耗完，成为系统瓶颈。对于这些问题，原有的解决办法主要有过互联网内容发布网络（CDN）和 IP 多播技术等。CDN 技术主要是通过代理服务器的复制，将流媒体数据分散到各地，用户就近访问。但这种方法成本昂贵，并且很难达到内容的时效性。IP 多播技术协议复杂、传播不可靠，因此很难推广。P2P 网络的出现为流媒体系统提供了新的解决方案。在 P2P 中，每个节点既是服务的提供者，又是服务的享用者，将服务器的负载分散到每一个节点中，从而有效地减轻了服务器的负载和网络带宽费用，极大地提高了系统的可用性。

PPLive 是一款非常流行的流媒体软件，是华中科技大学和上海聚力传媒合作推出的。PPLive 的设计采用了混合式架构，继承和结合了传统架构和 P2P 架构的各自优势。位于中心的是视频源和服务器，视频源提供多种视频服务，服务器负责记录当前用户选择的频道。用户收看的节目被分为固定长度的帧，可以从网络中的其他节点处下载，而且每个节点会缓冲一定的时间的视频数据，以提供给下一个用户。这使得 PPLive 具有观看人数越多、播放越流畅的特点。PPLive 选择了 Windows 操作系统自带的播放器，使得软件本身体积很小，可以专注于解码的实现。

2. 搜索引擎

P2P 技术的另一个优势是可以开发出强大的搜索工具。P2P 技术使用户能够深度搜索文档，而且这种搜索无需通过 Web 服务器，也可以不受信息文档格式和宿主设备的限制，可达到传统目录式搜索引擎无可比拟的深度。以 Gnutella 进行的搜索为例：一台 PC 上的 Gnutella 软件可将用户的搜索请求同时发给网络上另外 10 台 PC，如果搜索请求未得到满足，这 10 台 PC 中的每一台都会把该搜索请求转发给另外 10 台 PC，这样，搜索范围将以几何级数增长，几分钟内就可搜遍几百万台 PC 上的信息资源。可以说，P2P 为互联网的信息搜索提供了全新的解决之道。

3. 网格计算

网格计算就是通过互联网来共享强大的计算能力和数据储存能力。采用 P2P 技术的分布式计算，正是把网络中的众多计算机暂时不用的计算能力连接起来，使用积累的能力执行超级计算机的任务。任何需要大量数据处理的行业，如天气预报、动画制作、基因组的研究等，在采用网格计算技术后，就可以取消或降低对超级计算机的依赖。

第三节 P2P 的基本结构

目前，P2P 网络结构有着很多种形式，大致可以分为集中式 P2P 网络、完全分布式非结构化 P2P 网络、完全分布式结构化 P2P 网络、异构式 P2P 网络四种。

一、集中式 P2P 网络

集中式 P2P 网络形式上有一个中心服务器来负责记录共享信息以及回答对这些信息的查询。每一个对等实体对它将要共享的信息以及进行的通信负责，根据需要下载它所需要的其他对等实体上的信息。这种形式具有中心化的特点，但是它不同于传统意义上的 C/S 模式。传统意义上的 C/S 模式采用的是一种垄断的手段，所有资料都存放在服务器上，客户机只能被动地从服务器上读取信息，并且客户机之间不具有交互能力。而集中式 P2P 网络则是所有网上提供的资料部分都分别存放在提供该资料的客户机上，服务器上只保留索引信息，此外服务器与对等实体以及对等实体之间都具有交互能力。

采用集中式 P2P 形式的软件被称为第一代 P2P，其代表性的软件为 Napster。集中式 P2P 网络的服务器必须能够处理大量的用户连接，拥有足够的内存和磁盘空间来维护和搜索文件列表。因此当用户数大量提升的时候，集中式 P2P 网络服务虽然比传统式网络服务性能要好，但仍然存在着一些负载问题。

集中式 P2P 网络形式并没有完全的实现分布式化，因而面临一些负载以及停机问题。为了解决这个问题，诞生了基于分布式的 P2P 形式。

二、完全分布式非结构化 P2P 网络

完全分布式非结构化 P2P 网络是一种纯 P2P 网络。这种网络不需要有中心服务器和中心路由器，其中的每一个 Peer 都作为对等实体，地位是完全平等的。

完全分布式非结构化拓扑的 P2P 网络采用了随机图的组织方式来形成一个松散的网络。每个节点都拥有自己的邻接节点。查询文件时，节点向自己所有的邻居发送查询数据包。每一个收到查询数据包的节点将检查在自己本地存储的文件是否能满足查询要求。每个节点都将查询数据包向自己的邻接节点转发。如果满足的话，该节点发送一个查询响应数据包给查询的发起者，节点间直接交换文件。这种结构对网络的动态变化有较好的容错能力，因此具有较好的可用性。同时，这种结构支持复杂查询，如带有规则表达式的多关键字查询、模糊查询等。完全分布式非结构化拓扑的 P2P 网络的典型代表是 Gnutella。

由于在完全分布式非结构化的 P2P 网络中，每个节点都具有相同的功能，因此其优点就是网络配置简单，不需要服务器的支持，在网络规模较小的时候具有很高的查询效率。但由于这种网络中多采用洪泛方式查询和定位资源，随着联网节点的增加，网络规模不断增大，从而给网络带来了沉重的网络负载。并且由于没有确定的拓扑，这种形式的网络无法保证查找资源的确定性，极可能会漏掉网络中的一些资源。此外，由于采用了生存时间、洪泛、随机漫步等算法，这种拓扑结构的网络直径不可控，可扩展性较差。

三、完全分布式结构化 P2P 网络

由于完全分布式非结构化的网络中随机搜索造成的不可扩展性，人们开始研究如何构造一个高度结构化的系统。完全分布式结构化网络和完全分布式非结构化网络一样，也是一种纯 P2P

网络，只是在网络拓扑结构上有所不同。这类网络中每一个节点被分配一个虚拟地址，同时用一个关键字来表示其可提供的共享内容。网络中各个节点分别存储自己的虚拟地址路由表进行路由。关键字存储在与关键字匹配的虚拟地址上。进行资源定位的时候，可以通过虚拟地址路由表快速查询到存储关键字的节点，从而获得共享内容的存储位置。

目前，研究的重点在于如何有效地确定信息的关键字，其中一种方案就是基于分布式散列表（DHT）的分布式发现和路由算法。这种算法避免了类似 Napster 的中心服务器，也不像 Gnutella 一样基于广播进行查找，而是通过分布式散列函数将输入的关键字唯一地映射到某个节点上，然后通过一些特定路由算法和该节点建立连接。

分布式散列表是由广域范围内的大量节点共同维护的巨大的散列表。散列表被分割成不连续的块，每个节点都被分配一个属于自己的散列块，并维护这个散列块。通过散列函数，节点的 ID 和资源的键值被映射到一个巨大的线性空间里。

在 DHT 技术中，网络节点按照一定的方式分配一个唯一节点标识符，资源对象通过散列运算产生一个唯一的资源标识符，且该资源将存储在节点 ID 与之相等或者相近的节点中。需要查找该资源时，采用同样的方法可定位到存储该资源的节点。

DHT 类结构能够自适应节点的动态加入和退出，有着良好的可扩展性、健壮性、节点 ID 分配的均匀性和自组织能力。由于采用了确定型拓扑结构，只要目的节点存在于网络中，总能被 DHT 发现，资源发现的准确性得到了保证。

DHT 类结构的主要问题是 DHT 的维护机制较为复杂，尤其是节点的频繁加入和退出会造成网路波动，从而大大地增加 DHT 的维护成本。同时，DHT 只支持精确关键词匹配，无法支持内容/语义等复杂查询。这类网络结构还处于研究阶段。

四、异构式 P2P 网络

集中式 P2P 网络有利于网络资源的快速检索，并且只要服务器能力足够强大就可以无限扩展，但是其中心化的模式容易遭到直接的攻击。分布式 P2P 网络解决了抗攻击问题，但是又缺乏快速搜索和可扩展性。异构式 P2P 形式结合了集中式和分布式两种形式的优点，在设计思想和处理能力上都进行了优化。异构式 P2P 网络在分布式网络的基础上，将用户节点按能力进行分类，使某些节点承担特殊的任务，这些节点成为超级节点。超级节点分担了网络中大部分的检索、路由和扩展功能，使普通节点的负载下降。Skype 即时通信软件就是用了异构式 P2P 网络模式。

异构式 P2P 网络又被称为混合式 P2P 网络。常用的异构式 P2P 网络总共包含 3 种节点：用户节点，搜索节点和索引节点。

1. 用户节点

用户节点就是普通的节点。每一个用户对应一个用户节点，共享自己的文件列表，并且从其他节点下载文件。

2. 搜索节点

搜索节点负责处理用户的搜索请求，并从所关联的子节点中搜索文件列表。由于这种节点需要大量的数据传输，最好选用高性能的处理器。

3. 索引节点

索引节点的职责是保存可以利用的搜索节点信息、搜索状态信息以及尽力维护网络的结构。索引节点应该选用连接速度快、内存充足的节点。

在异构式 P2P 网络结构中，用户节点向索引节点发出请求，从索引节点获取搜索节点的信息。之后用户节点与搜索节点相连，每一次查询都通过该搜索节点进行。如果在一个搜索节点中找不到足够的查询结果，则向相邻的搜索节点发出请求，直至所有搜索节点都被搜索到。这种模式可以搜索到网络上所有的节点，而且比较快。

五、P2P 技术的核心——算法

P2P 技术的出现得益于创新的指导思想，而 P2P 技术真正投入使用的技术要点，则在于快速的搜索和路由算法。

传统的搜索技术通常是指搜索引擎技术。搜索引擎以一定的策略在互联网中搜集、发现信息，对信息进行理解、提取、组织和处理，并为用户提供检索服务，从而起到信息导航的作用。

按照信息搜集方法和服务提供方式的不同，搜索引擎系统通常分为目录式搜索引擎系统、机器人搜索引擎系统和元搜索引擎系统三大类（详见本书第 2 章）。

搜索引擎技术作为互联网搜索技术中应用最为广泛、用户数量最多的技术，已经趋于成熟，同时也遇到了一些挑战，主要来自下面几个方面：

（1）用户初始查询请求描述具有不准确性，用户往往难以清楚地表达其信息需求。对于如何根据用户模糊的查询请求，较为准确、全面地理解用户的实际信息需求的研究，将是搜索引擎技术研究的一个重要方面。

（2）挖掘用户的个性化信息，将是一个能产生突破性成果的方法。根据用户的背景信息，如知识水平、专业方向、职业兴趣等个性化搜索结果，将极大地促进用户初始查询理解的准确性和全面性。另外，对用户网络使用的日志分析，也能提供准确的用户网络行为，从而为用户信息需求分析提供重要依据。

（3）查询结果集过于庞大，用户往往不会看位于结果集后部的信息。

传统搜索技术依赖于 Web 服务器，对于上述问题的解决通常能力有限，而 P2P 搜索技术共享所有用户硬盘上的上的文件、目录，搜索无需通过 Web 服务器，也可以不受信息文档格式和宿主设备的限制，达到传统搜索引擎无法达到的效果。

在集中式 P2P 网络、分布式非结构化 P2P 网络、分布式结构化 P2P 网络和异构式 P2P 网络中，集中式 P2P 网络的技术特点相对比较简单，而分布式 P2P 网络由于没有服务器，完全依靠网络中的节点实现路由和网络拓扑，其搜索和路由算法相对比较复杂。因此大多数的研究都集中在分布式结构化 P2P 网络和分布式非结构化 P2P 网络的搜索算法上。

非结构化的 P2P 网络中，节点没有指定的逻辑地址，采用随机方法或者启发策略加入网络，网络拓扑随着节点的变迁和网络通信的进行发生改变。非结构化的 P2P 网络的搜索技术通常分为两类：不利用任何文档分布信息的盲搜索和利用网络中文档分部信息的搜索。在盲搜索中，最早出现的算法是洪泛算法。

洪泛算法的特点是路由时进行全网遍历的盲搜索，网络的拓扑没有固定的结构。在洪泛算法的路由技术中，消息像洪水一样在网络中的各个节点间流动，所以被称为洪泛路由。这个算法实际上是一个广度优先算法（BFS）。

在洪泛算法中，如果节点要查找某一个资源，则首先向它的邻接节点传递查询信息。如果某个邻接节点拥有这个资源，就向查询节点发送一个“查询命中”消息，否则，该节点就把消息再次转发给自己的邻接节点。在整个路由过程中，为了防止消息无终止地在网络中蔓延，给消息设置一个TTL值，节点每一次对消息进行传播时，则将TTL减1，当消息的TTL值减为0时，则不再转发该消息。

洪泛算法比较简单，易于实现，但是每次都进行全网遍历，因而增加了网络负担，而在这个过程中有意义的查询比例较小，搜索效率不高。Modified-BFS算法则是洪泛算法的一种改进算法，在该算法中，节点不再向所有邻接节点发送消息，而是按照一定的概率随机地选择部分节点发送消息。这种算法减少了网络中的信息流量，降低了网络负载，也就增加了有效查询的比例，提高了路由效率。但是这种算法可能要花费更长的时间才能定位到目标节点。

Iterative Deepening算法也是对洪泛算法的一种改进，它主要针对控制节点路由消息的扩散深度。该算法在查询的初始仅仅选用一个较小的TTL值进行查询，当在一定时间内没有查询成功时，再逐步增加TTL值重新查询。该算法表面上增加了查询的次数，造成了一定的重复查询，但是该算法带来的平均网络负载要比洪泛算法小很多。所以采用该算法在不降低查询质量的情况下有效地减轻了网络负载。

Random Walk算法则在路由消息扩散广度和扩散深度同时进行了改进。在该算法中，每个节点每一次转发消息只选取固定个数的新节点进行扩散消息，同时转发消息的节点会有规律地向初始节点进行查询，是否可以放弃转发。这样就不会出现初始节点已搜索到目的资源，但是搜索消息却长时间的在网络中进行扩散的情况。

在结构化的P2P网络中，每个节点都有固定的地址，整个网络具有相对稳定而规则的拓扑结构。依赖拓扑结构，可以给网络的每个节点指定一个逻辑地址，并把地址和节点的位置对应起来。对于给定的某个地址，拓扑结构保证需要通过有限的转发就可以路由到具有相应地址的节点上。在大多数的系统中，P2P网络的逻辑地址通常是由哈希函数得到的。每个节点都将保存一张DHT（distributed hash table）进行路由，所以结构化P2P网络通常也叫做DHT网络。这种算法性能比较好，但是通常存在着节点的逻辑地址与物理地址并不匹配、查询性能不易优化和丢失原有文件系统信息的问题。

【本章小结】

本章介绍了一种互联网中的快速数据传输技术——P2P技术。这是一种依赖于网络中参与者的计算能力和带宽，由多台客户端计算机通过直接交换来共享计算机资源和服务的计算模式。

P2P的网络结构通常分为集中式P2P网络结构、完全分布式非结构化P2P网络结构、完全分布式结构化P2P网络结构，以及异构式P2P网络结构四种形式。集中式的P2P网络结构没有实现完全的分布化，因此面临负载和健壮性问题；完全分布式P2P网络结构则可控性差，维护复杂。因此，异构式P2P网络目前是P2P服务的主流。但是P2P网络形式的选取，还要在具体的应用领域中，根据不同的需求来考虑。

P2P 技术出现得比较晚，但是影响力巨大，在为人类社会作出贡献的同时，也带来一些新的问题，如版权问题、网络负载以及安全问题等。

应用案例　P2P 文件共享技术的负面影响

文件共享技术可以说是当前 P2P 应用最深入人心的领域。最早出现的 P2P 软件和使用最广泛的 P2P 软件几乎都存在于该领域，而目前文件共享类 P2P 软件也是种类最多的 P2P 软件。相应的，引发问题和争议最多的，也是文件共享这一领域。

技术是一柄双刃剑，在造福人类的同时，也可能带来某些传统价值观的解构。正如 MP3 播放器、DeCSS 解码器导致版权讼争，Linux 大行其道引起既得利益者的反击一样，以 BT 为代表的文件共享理念和技术在创造更多网络自由和共享快乐的同时，也引发了诸多负面影响。但是，技术前进的步伐是无法阻挡的，先进技术与社会规则之间的冲突，是值得研究的重大课题。

一、P2P 文件共享技术对著作权保护的影响

随着社会的发展，著作权的数量与类型都在不断增长，我国对于著作权的法律保护也随着著作权法的实施与修改以及刑法对著作权犯罪的规则而达到一个新的高度。但是，著作权侵权行为在现阶段也有较大幅度增长，主要呈现出如下特点：

(1) 侵权主体更加广泛。在前数字时代，以印刷方式为主的复制技术决定了人们获得作品复制品不得不依赖于专业机构。终端用户可能也会复制作品，但这种复制尚不构成对著作权人的严重威胁。他们制作的复制品常常是用于个人使用目的，不会广为传播，一般不会完全取代正版产品，最严重的情形也只是会取代一小部分正版产品。而先进的数字技术和宽带网已经把获取作品变成不需要特殊技术能力的简单操作，任何人都可以在网上用多种方法向他人传送信息，如放在 P2P 网站供人们下载。由于制作和发行复制品的成本大幅度下降，专门的盗版者与最终用户中的复制者的分界线变得模糊。

(2) 侵权行为难以控制。随着网络技术的发展，包括 BT 技术的诞生，著作权遭受到空前的侵犯。数字媒介的出现使人们欣赏和理解作品的方式有了根本性的变化。数字技术和网络的结合促成了作品有形载体无形比。作品的传播方式也随之发生了质的变化，虚拟传播使得侵权行为更加难以控制。

(3) 侵权危害加剧。就复制品来说，利用传统技术所产生的复制品质量不如原件，并且会随着复制次数增多而每况愈下。而现在，只要将作品转换成数字形式就可依赖该数字版本进行后续复制，制作出无限个与原件相同的复制品，精度丝毫不减。数字化技术大大降低了著作权侵害的自然障碍，侵权行为人的目的更易得逞。根据调查，使用 P2P 软件在网上传递的文件电影占 31.9%，MP3 歌曲竟超过 10 亿首。全球唱片销售量连续几年下滑，个中缘由尽管甚为复杂，但可以肯定的是，P2P 软件的兴起是重要原因之一。

二、P2P 文件共享技术对网络负载的影响

德国互联网调研机构 ipoque 称，当今互联网中 50% ~90% 的流量都来自 P2P 程序。Ellacoya Networks 公布的统计数据则显示，北美网络流量中只有 37% 来自 P2P，HTTP 依然高达 46%，而这其中又有 1/3 以上源于 YouTube 等视频分享网站。

虽然统计数字有差异，但 ipoque 和 Ellacoya Networks 都认为视频已经成为当今网民的一大需求，也正是各种各样的分享视频和高清视频占据了大量的网络宽带。

P2P 应用的出现和流行，对运营商提供的传统互联网服务模式产生了不可小觑的冲击。在占用大量网络资源的同时，P2P 却没有给运营商带来任何收益的增加，甚至影响宽带网络正常的运营，影响了宽带运

营商的优质业务。这是一场P2P模式与传统电信服务模式的战争：一个是无限连接、资源共享的完全开放模式；一个是服务可管理、质量优先的电信可控模式。但是，任何业务都不可能在完全无规则的网络上发展，所以制定适当的规范、引导和控制P2P的发展成为现阶段电信运营商的当务之急。P2P对网络宽带的影响主要有以下几个方面。

(1) P2P的传播方式决定了它对宽带的需求是无止境的。许多P2P客户端都采用了多点连接的下载方式，即每位下载者在获取数据的同时，还成为其他下载者的数据来源，这样下载的人数越多，下载的速度越快。当用户需要在网络中下载数据时，会首先向邻接节点发出搜索请求，而邻接节点又会将请求向外迅速扩散。它使得原来运行畅通的网络变得越来越拥塞。

(2) P2P网络的流量极大地改变了传统的网络流量模型，使运营商的投入产出比严重下降。目前，国内的宽带业务计费主要有全包月、半包月和计时等模式。这些模式的设置主要是参照普通因特网业务而设计的。普通因特网业务的宽带占用通常集中在特定的时刻，综合起来，对宽带资源的消耗是比较小的。但P2P的出现使得用户流量大幅度增高，而与此同时运营商获得的收入却没有提高。也就是说，流量比以前大大增加，但由于计费仍然保持原有的模式，使得运营商整体投入产出比大大下降。这也是运营商对P2P网络服务比较排斥的主要因素之一。

(3) 普通互联网服务的质量下降。由于P2P增长带来的宽带需求逐步增大，网络的建设理念已经不适应流量的增长模式。对于数量占绝大多数的普通因特网业务而言，其所占的宽带资源正在被P2P应用挤压，导致因特网服务的质量受到影响，无法保持客户满意度。

目前，运营商在如何控制和治理P2P流量方面已经积累了一定的经验，各种流量控制技术更是层出不穷。但是，不管治理手段如何翻新，"堵"不能成为解决矛盾的最终办法，业内也正在探索一条让P2P畅通无阻的同时，不影响其他业务流量的"疏通"方式。

但是也应该看到，P2P并非只有消极的一面，它也给运营商带来了新的发展机遇。比如P2P流媒体技术、分布存储技术等，都为流量的消费带来了大量的需求。因此，只要进行合理利用，P2P技术将带给互联网一次质的飞跃。

P2P技术出现的比较晚，但是影响力巨大。P2P技术在为人类社会作出贡献的同时，也会为人类社会带来一些新的问题，如版权问题、网络负载以及安全问题等。面对新技术带来的问题，人们不应因噎废食，不能简单粗暴地将问题归结于技术身上，进而排斥、封杀新技术，而应该研究与改进，同时努力寻找问题的真正根源。只有这样，才能让P2P技术为社会作出更大的贡献。

习 题

一、名词解释

1. P2P技术
2. 集中式P2P网络
3. 异构式P2P网络

二、简答题

1. 什么是P2P技术？
2. P2P网络结构通常包括哪几种形式？每一种结构各有哪些优缺点？
3. P2P技术已经应用在哪些领域中？你知道哪些软件或服务应用了P2P技术？你认为还有哪些新领域可以应用P2P技术？

第七章

移动电子商务技术

【学习目标】目前，宽带无线接入技术取得了巨大的发展，未来，以移动办公、移动娱乐和移动电子商务等为主的无线宽带应用业务将成为电信服务业的另一重头戏。本章重点掌握宽带无线接入的热点技术，了解移动电子商务的产生背景和发展现状和趋势；掌握移动电子商务的优势、典型业务应用；了解 IPv6 的结构和特点；了解蓝牙技术出现的背景、主要技术及系统组成；掌握 WiFi 和 WiMAX 的特点，以及两者的区别与联系；掌握 3G 技术的概念，了解 3G 业务的发展趋势。

【关键概念】宽带无线接入　移动电子商务　蓝牙技术　Wi-Fi　WiMAX　3G

第一节　移动电子商务的发展

一、移动电子商务的诞生

随着无线接入技术的快速发展和全球移动设备持有量的不断增长，移动网络的商业价值逐步突显，移动电子商务应运而生。移动电子商务（M-Commerce）是电子商务发展中的第三种形态（电子商务的发展经历了三种形态，即基于 EDI 的电子商务、基于 Internet 的电子商务和基于无线网络的移动电子商务）。所谓移动电子商务，是指利用手机、掌上电脑等移动通信设备终端，通过移动通信的无线网络与因特网有机结合，进行电子商务活动。它是对传统有线电子商务（基于 Internet 的电子商务）的整合与发展，是电子商务发展的最新形态。

有人预言，移动商务将决定 21 世纪新企业的风貌，也将改变生活与旧商业的面貌。因为与传统通过计算机（台式 PC、笔记本电脑）平台开展的电子商务相比，拥有更为广泛的用户基础。根据 CNNIC（中国互联网络信息中心）发布的《第 24 次中国互联网络发展状况统计报告》中的数据显示，截止 2009 年 6 月，使用手机上网的网民达到 1.55 亿人，占网民总数 46%，半年内增长了 32.1%，手机网民规模呈现迅速增长的势头，手机上网成为网络接入的一个重要发展方向。

移动电子商务不仅能提供因特网上的直接购物，还是一种全新的销售与促销渠道。它全面支持移动因特网业务，可实现电信、信息、媒体和娱乐服务的电子支付。移动电子商务不同于目前的销售方式，它能充分满足消费者的个性化需求，设备的选择以及提供服务与信息的方式完全由用户自己控制。因特网与移动通信技术的结合为服务提供商创造了新的机会，使之能够根据客户的位置和个性提供多样、快捷的服务，并能频繁地与客户互通信息，从而加强与客户的联系，并降低服务成本。

通过移动电子商务，用户可随时随地获取所需的服务、应用、信息和娱乐。他们可以在自己方便的时候，使用智能电话或个人数字助理查找、选择及购买商品和服务；采购可以即时完成，商业决策也可实施。服务付费可通过多种方式进行，以满足不同需求：可直接转入银行、用户电话账单或者实时在专用预付账户上借记。通过个人移动设备来进行可靠的电子商务交易的能力被视为移动因特网业务的一个重要方面。

二、国内外移动电子商务发展现状

1. 国外移动电子商务发展现状

（1）美国。在美国市场，移动电子商务的技术和系统应用正以前所未有的、迅猛的速度发展。在未来的五年内，大量的银行卡、消费卡将被新兴的无线手机技术取代，其中包括信用卡、借记卡、商店会员卡、图书馆借书卡和健身房会员卡等。这些卡将被集成储存在手机上并经由手机的近距离通信技术进行数据存取与读取。著名的美国电讯业分析家 David Chamberlain 在关于移动电子商务的分析报告中说：到 2011 年，美国手机用户中使用手机进行移动电子商务活动的用户数将可以到达 2000 万户。

（2）日本。日本的移动电子商务也发展迅速。日本移动电话业巨头 NTTDoCoMo 于 2004 年 7 月上旬开通了使用内置非接触 IC 卡的手机结算及认证服务——“i-modeFeliCa”，随后推出了 4 款支持该服务的手机。利用新款手机和 FeliCa 服务，用户只要将手机对着收款机的电子扫描设备进行扫描，收款机就可以将费用从手机中扣除。使用的过程像是在使用信用卡，而且完全不需要按键操作。这 4 款新手机都有上网功能，用户可通过互联网将信用卡上的钱最快、最方便地充入手机。除了代替钱包，新款手机还可以充当火车票和其他身份证明卡。日本的一些机场已允许乘客利用手机加快安检。日本信用卡公司 JCB 推出了一项服务，允许企业客户使用内置芯片的手机作为办公楼的电子钥匙。

（3）欧洲国家。英国市场调查公司 Juniper Research 曾有一项有关手机订票业务未来发展前景的报告认为，2009 年该服务的市场规模将扩大到 390 亿美元，占年移动商务市场 880 亿美元总体营业额的近半。用户开始对手机订票感兴趣，这一倾向在欧洲和日本尤其明显。手机订票将用于火车或公共汽车票、电影票或戏票，以及汽车泊车票据。移动业务包含了本地预付费、本地签约、SME 及大企业等市场，以及语音、P2P 信息、数据联网、搜索、付费信息、移动商务及视频电话等八大业务类型。

同时，移动电子商务还将应用于一些新的领域，比如移动博彩。移动博彩出现于荷兰、德国、瑞典、英国、奥地利等国。西门子移动业务发展公司与某博彩公司合作开发出赛马博彩专用 UMTS 平台，使用户能通过移动设备来进行赛马博彩下注活动，它做到了数字下注和实时赛场状况和结果传输。这一赛马博彩平台为用户带来全新的互动感受，同时博彩公司和网络运营商也从中受益。据估计，各种业务的收入每年可达 600 万欧元。

2. 我国移动电子商务的发展现状

随着全球化的信息技术革命，移动电话成为我国电信服务中来势最迅猛、发展最活跃的新秀，移动通信能力进一步加强。到目前为止，中国移动电话用户已经超过3亿户，成为世界移动电话第三大国，移动电子商务具有非常大的市场前景。

我国移动互联网发展势头迅猛，移动电子商务已经开始有实际应用。中国移动通信集团公司在北京、天津、广州、杭州、深圳等六大城市同时推出“全球通”WAP商用试验网，WAP手机用户可在这六大城市中使用漫游业务。上海移动通信公司还同步推出了WAP门户站点wap. Sh. chnmobire. net，并成功地为梅林正广和、华印科技等电子商务企业建立了移动电子商务系统。据统计，我国2008年的移动电子商务市场交易规模为2. 1亿元。2009年1月7日3G牌照在我国正式发放，标志着我国正式进军移动电子商务市场，移动电子商务必将迎来更大的发展。

三、移动电子商务与传统电子商务的比较

移动电子商务是移动信息服务和电子商务融合的产物，而与传统电子商务的相比，移动电子商务具有独有的优势：

（1）具有随时随地的特点。与传统的电子商务相比，移动电子商务的最大特点是“随时随地”和“个性化”。传统电子商务已经使人们感受到了网络所带来的便利和乐趣，但它的局限在于台式计算机携带不便，而移动电子商务则可以弥补传统电子商务的这种缺憾，可以让人们通过手机、PDA等随时随地、购物、订票等，感受独特的商务体验。

（2）用户规模大。从计算机和移动电话的普及程度来看，移动电话远远超过了计算机。而从用户群体来看，手机用户中基本包含了消费市场中的中高端用户，尤其是那些不上网或很少上网的中高收入的消费者。由此不难看出，在某种程度上说，以移动电话为载体的移动电子商务不论在用户规模上，还是在用户消费能力上，都优于传统的电子商务。

（3）有较好的身份认证基础。对传统的电子商务而言，用户的消费信用问题是影响其发展的一大“瓶颈”，而移动电子商务在这方面显然拥有一定的优势。这是因为手机号码具有唯一性，手机SIM卡上存储的用户信息可以确定一个用户的身份。对于移动商务而言，这就有了信用认证的基础。此外，与西方国家相比，目前我国银行卡的使用率不高，商业信用体系尚不健全，都给移动电子商务发展提供了机遇。一些专家认为，在我国，以移动终端为载体的移动小额支付，有可能代替信用卡，弥补整个社会消费信用制度的缺位，成为人们较为容易接受的新型电子支付方式。

（4）移动电子商务能够有效规避传统电子商务出现的泡沫。移动运营商不仅拥有庞大的用户群，而且拥有稳定的收费关系及收费渠道。更为重要的是，近几年来，国内移动运营商已经构建起了成熟的移动数据业务发展产业价值链以及与SP进行利润分成的商业运作模式，这为移动电子商务业务的发展创造了良好的条件。此外，在移动电子商务发展之初，将主要面向大众市场，这使得移动商务的发展从一开始就有了现实的支点。因此，在一定意义上说，移动商务可以避免传统电子商务所出现的泡沫和波折。

当然，由于基于固定网的电子商务与移动商务拥有不同的特性，移动电子商务不可能完全替

代传统的电子商务，两者是相互补充、相辅相成的。移动通信所具有的灵活、便捷的特点，决定了移动电子商务应当定位于大众化的个人消费领域，应当提供大众化的商务应用，因此 B2C 可能成为移动电子商务发展的主要模式。

四、移动电子商务的应用

1. 移动电子商务的应用范围

移动电子商务的应用将无处不在，包括移动办公、移动银行、零售行业、无线医疗行业、物流领域、移动娱乐等。移动电子商务不仅提供电子购物环境，还提供一种全新的销售和信息发布渠道。从信息流向的角度来看，移动电子商务提供的业务可分为以下三方面：

①“推（push）”业务：主要用于公共信息发布。应用领域包括时事新闻、天气预报、股票行情、彩票中奖公布、交通路况信息、招聘信息、广告等。

②“拉（pull）”业务：主要用于信息的个人定制接收。应用领域包括服务账单、电话号码、旅游信息、航班信息、列车时刻表、影院节目安排、行业产品信息等。

③“交互式（interactive）”业务：包括电子购物、游戏、博彩、证券交易、在线竞拍等。

2. 移动电子商务的应用实例

（1）手机钱包。作为广东发展银行与中国移动共同推出的一项服务，手机钱包以储蓄卡账户为资金支持、以手机为交易工具，将客户的储蓄卡账户与其手机号码绑定，通过层层加密的技术手段，实现购物消费、代缴费、转账、退货以及账户余额和话费余额查询等功能。

（2）小额支付。这是一种被称为移动小额支付的业务，正在投入应用。移动用户已经可以利用小额支付业务来购买饮料、彩票和保险等，操作非常简单。当用户购买彩票时，系统首先会查询一下剩余话费够不够投注，如果想取消该业务也非常简单，只要发送短消息到投注系统就可以了。

（3）会易通。拿起手机，可以同时给最多 150 个人打电话——这是浙江移动推出的“会易通”业务。开会可以不用会议室，会议召集人只要在电话中输入一个个会议成员的手机号码，就可与多方召开电话会议，也可以群发短信等。非典时期，“会易通”的非接触开会方式得到了浙江很多大企业的认同和欢迎。

（4）随 e 行。用户只需在笔记本电脑或 PDA 中插入 GPRS 网卡和专用的数据 SIM 卡，不依靠任何其他外部设备，就可以实现无线上网。没有线路接来接去的麻烦，“随 e 行”实现了无线上网。平时只要把“随 e 行”的 SIM 卡一直放置在笔记本电脑的 GPRS 网卡中就可以了，不用每次使用前都安装，十分方便。

（5）手机地铁票。广州地铁与广州移动联手推出的“手机地铁票”项目是于 2007 年下半年启动的，它填补了国内 RFID（射频识别，俗称电子标签）技术的空白。手机地铁票业务，是国内首个基于非接触双界面 SIM 技术、可实现空中充值的手机公共交通地铁应用。用户只要将手机在闸机上刷一下，就能轻松进站乘坐地铁，省去了排队买单程票和随身带地铁卡的麻烦。

五、移动电子商务的发展趋势

IDC 的专家对移动电子商务今后发展的前景进行了预测，并总结了 10 个关键的发展趋势。

1. 移动互联网的宣传将达到顶峰

移动运营商和通信设备制造商将围绕着移动互联网进行大力宣传，倾尽全力唤醒用户的使用意识，并使他们接纳这一商务方式，因为它们已经在数据通信设备和运营许可上投入了巨额资金。

2. 企业应用将成为移动电子商务领域的中心和热点

无线客户关系管理（CRM）、销售管理和其他企业应用将使得企业用户不论在收入还是办公效率方面都获益匪浅。因此，移动商务企业应用将成为今后运营商宣传的重头戏，而消费者应用将转入幕后。

3. 消费者使用移动设备主要是获取信息

对消费者来说，他们主要使用手机获取信息如电子邮件、股票行情、天气、旅行路线和航班信息等。尽管这些服务并不代表直接的商业机会，但是在电子商务的引导下，这些业务有助于构建客户关系，并且创造间接商业机会。

4. 移动电话中将集成嵌入式条形码阅读器，这为移动商务带来新鲜的风气

这一新功能将在传统商业和网络商业之间架起桥梁。嵌入条形码阅读器解决了数据输入的问题，而这使移动电子商务迈上了一个新的台阶。IDC 预计该功能对于那些移动商务专业人士特别有用。

5. 智能手持设备的显示屏将有所改善，但是表格输入和原始数据输入依然困难

分辨率较高的显示屏以及条形码阅读功能会使移动设备增加用户的友善性，但显示问题和烦琐的数据收入方法依然是限制移动因特网易用性和功能性的主要障碍。IDC 预测，近期内数据输入方式和屏幕尺寸不可能有较大的改善。

6. 移动安全性将成为一个热点问题

随着人们开始逐渐接受采用移动设备接入互联网，同时也开始日益关注类似于传统互联网安全的安全性问题。当采用移动通信设备进行数据共享以及移动设备功能的不断增加，这种安全性顾虑更加突出。

7. 语音网络导航仍在研究之中

语音看起来是移动通信设备的最自然的接口，不过采用语音方式接入互联网这一研究工作在近期内不会获得突破性进展，更不会出现商用。

8. 移动通信设备将多种功能集于一身，但依然将继续保持多种设备共存的局面

虽然通信设备集成了越来越多的功能，但是不会出现某种设备一统天下的格局。PDA 厂商会将电话功能加入到它们的设备中，使 PDA 越来越像移动电话，而移动电话厂商则努力使得它们的设备更像 PDA。然而这样做不但会增加设备的体积、重量，还会增加设备的成本，大多数人不会接受这种设备。

9. 无线通信设备上的广告将继续增加

无线广告兴起并且成为一种时尚，虽然它不会成为运营商的重要收入来源，但是它为广告客户提供了一个新的宣传媒介。

10. 移动通信运营商必须改变它们的业务销售策略

直到现在，运营商将其业务销售对象定位于消费者，但是这一策略即将发生改变。随着大批商业应用服务投入运营，可以预见，移动通信运营商会将其业务的销售对象从终端消费者转向企业用户，而那些能成功实现这一策略转变的运营商不但可以赢得市场份额而且可以提高其每个用户的收入。

总的来说，移动电子商务的各种发展条件已经成熟或正在成熟，其发展前景将会是十分诱人的，而且具有独特的性质。表面上，技术的进步和安全性问题的解决在促使移动电子商务沿着传统的电子商务一样的方向发展。但实际上两者是有区别的：电子商务发展成电子商业（e-business），而在移动电子商务里面，却可能走另外不同的模式。银行服务、股票交易和各类订票将是驱动这个市场发展的主要因素。移动电子商务已成为不可阻挡的发展趋势，对我国经济将产生更加深远的影响。

第二节 宽带无线接入技术

一、宽带无线接入技术的发展背景

互联网业务的发展推动了市场对宽带网络的需求，宽带用户数量在全球呈现出非常强势的增长。无论是实力雄厚的传统运营商，还是发展迅速的新兴运营商，都希望在数据接入领域占有一席之地。因此，各类运营商对于建设速度快、业务全面、投资效益高的接入技术需求量非常大，这给宽带无线接入技术提供了极好的机会。

无线接入以其连接自由度高、开通部署迅速、地理环境适应性强、运营维护简便和成本费用低廉等有线接入无法替代的优势，日益成为接入市场上的热点技术。

其次，由于电信市场竞争的重心已由长途骨干网转为本地接入网，市场竞争要求宽带接入方式多元化。对于传统的电信运营商来说，要在市场竞争中立于不败之地，就必须发展宽带无线接入，以丰富宽带接入方式，提高网络对语音、数据以及多媒体业务的综合承载接入能力；对于新兴运营商而言，宽带无线接入技术则可缓解由于接入网发展不足而带来的业务瓶颈，迅速启动市场。

另一方面，现有的有线接入系统远远不能满足人们的业务需求。无线接入技术摆脱了电缆和网线的束缚，无论何时、何地，人们都能轻松地接入互联网，满足了用户对在不同移动状态下获取网络信息的强烈需求。

二、宽带无线接入技术

宽带无线接入（broadband wireless access）技术主要是向数据网络提供高速率的无线接入。通过它，运营商可以为用户提供更为灵活的无线接入业务，满足多种宽带需求，并实现语音和数据业务集成。WPAN（wireless personal area network，无线个域网）、WLAN（wireless personal local network，无线局域网）、WMAN（wireless metropolitan area network，无线城域网）和WWAN

(Wireless Wide Area Network，无线广域网) 共同组成了宽带无线接入的网络链架构。其中，IEEE802.15标准制定了WPAN的技术规范，用于解决“最后10m”的接入需求；IEEE802.11标准制定了WLAN的技术规范，用以解决“最后100m”的接入；IEEE802.16标准制定了WMAN的技术规范，主要解决“最后1km”的接入；正在讨论中的IEEE802.20标准、已投入商用的3G技术等，主要解决广域范围的接入问题。

1. 无线个域网接入技术

WPAN是为了实现活动半径小、业务类型丰富、面向特定群体、无线无缝的连接而提出的新兴无线通信网络技术。WPAN能够有效地解决“最后的几米电缆”的问题，进而将无线联网进行到底。在网络构成上，WPAN位于整个网络链的末端，用于实现同一地点终端与终端间的连接，如连接手机和蓝牙耳机等。WPAN的覆盖半径一般在10m以内，必须运行于许可的无线频段中。WPAN设备具有价格便宜、体积小、易操作和功耗低等优点。

目前，IEEE、ITU和HomeRF等组织都致力于WPAN标准的研究，其中IEEE组织对WPAN的规范标准主要集中在802.15系列。802.15.1本质上只是蓝牙底层协议的一个正式标准化版本，大多数标准制定工作仍由蓝牙特别兴趣组（SIG）完成，其成果由IEEE批准，原始的802.15.1标准基于Bluetooth1.1，目前大多数蓝牙器件中采用的都是这一版本。新的版本802.15.1a对应于Bluetooth1.2，它包括某些QoS增强功能，并完全后向兼容。802.15.2负责建模和解决WPAN与WLAN间的共存问题，目前正在标准化。802.15.3也称WiMedia，旨在实现高速率，原始版本规定的速率高达55Mbit/s，使用基于802.11但与之不兼容的物理层。后来多数厂商倾向于使用802.15.3a，它使用超宽带（UWB）的多频段OFDM联盟的物理层，速率高达480Mbit/s。生产802.15.3a产品的厂商还成立了WiMedia联盟，任务是对设备进行测试和贴牌，以保证标准的一致性。802.15.4也称为Zigbee技术，主要任务是制定低功耗、低复杂度、低速率的WPAN标准，该标准定位于低数据传输速率的应用。

2. 无线局域网接入技术

一个WLAN服务区的覆盖半径一般在100m以内，且主要定位于室内应用。WLAN可以提供较低速的接入服务，如用户在步行状态或低速移动状态下仍然可以利用WLAN接入网络，但是WLAN不能应用于高速移动状态。正是因为这种低速移动特性，WLAN被称为“游牧式”无线接入。

WLAN技术近两年发展较为迅速，这是因为IEEE 802.11系列标准解决了空中接口兼容性问题，有力地促进了无线局域网终端和接入点（AP）的互通，从而使设备成本迅速下降。WLAN主要面向个人用户，一般部署在商旅人士经常出入的场所或数据业务需求较大的公共场合，呈“岛形覆盖”或“热点覆盖”，如机场、会议中心、展览馆、宾馆、咖啡屋或大学校园等。WLAN主流的两种标准集中在2.4GHz频段和5GHz频段。2.4GHz频段为ISM频段，有IEEE 802.11b和IEEE 802.11g标准支撑，5GHz频段则有IEEE 802.11a标准支撑。目前国内主流的产品以2.4GHz频段为主，5GHz频段的产品应用较少。

3. 无线城域网接入技术

无线城域网的推出是为了满足日益增长的宽带无线接入需求。符合802.16标准的设备可以在“最后1km”宽带接入领域替代 Cable Modem、DSL 和 T1/E1，也可以为 802.11 热点提供回传。新标准规范了一个支持诸如话音和视像等低时延应用的协议，在用户终端和基站（BTS）之间允许非视距的宽带连接，一个基站可支持数百上千个用户，在可靠性和 QoS 方面提供电信级的性能。

4. 无线广域网接入技术

所谓无线广域接入，是指用户只需要一个账号或身份，可在广域范围内快速移动地接入。典型的无线广域技术几乎都是基于移动通信系统的，如基于 AMPS 的 CDPD 技术，GMS 以及基于 GSM 的 GPRS 技术，CDMA1x 以及 3G 技术等。另外，移动卫星通信技术也属于无线广域技术。

其中，3G 移动通信是一个由地面移动通信系统和卫星移动通信系统组成的，全球覆盖的，综合了语音、数据、图像和多媒体的业务，具有高智能的、有足够容量潜力的、能支持个人化通信的第三代移动通信的系统。3G 可以使全球范围内的任何用户在任何地方、任何时候与任何人进行通信，有资料称 3G 为未来的个人通信系统。3G 能实现全球漫游并能提供具有有线电话的语音质量，支持低速率话音和数据业务以及不对称数据传输。

第三节　新一代网络协议——IPv6

一、IPv6 的概念

随着要求唯一 IP 地址的无线设备的激增，各种业务量的增长，以及由于历史的原因存在的地址分配不公平的问题，使得飞速发展的亚太地区，因得不到足够的地址资源而受到束缚。因特网原有 4.0 版网际协议（IPv4）的地址资源十分贫乏，需要迫切地予以解决。又由于迅速发展的移动通信业务，包括声音、数据、视频等，以及很多新的技术，如 GSM、WAP、GPRS 等，都是基于 IP 的，更需要 IP 协议的提高和发展。正是由于这一系列的原因，新一代 6.0 版的网络协议——IPv6 脱颖而出。

IPv6 是 Internet Protocol Version 6 的缩写，它是 IETF（Internet Engineering Task Force，互联网工程任务组）设计的用于替代现行版本 IP 协议（IPv4）的下一代 IP 协议。IPv6 协议扩展了地址空间，地址长度达到了 128 位；简化了首部格式，对扩展项和选项进行改进；增加了流标识能力字段和对 QoS 的支持，提高了安全能力。这些特点都是 IPv6 在未来的互联网络中发展的优势，满足了未来网络的发展要求。

未来的网络将会向互联网与电信网等各种数字模拟网络相融合的方向发展，通信子网和资源子网的不断融合将是未来网络发展的必然趋势。IPv6 与下一代网络有着密切的关系，必将成为下一代互联网络的发展方向。

二、IPv6 的结构

1. IPv6 数据包结构

IPv6 数据包由一个 IPv6 报头、多个扩展报头和一个上层协议数据单元组成。如图 7-1 所示。

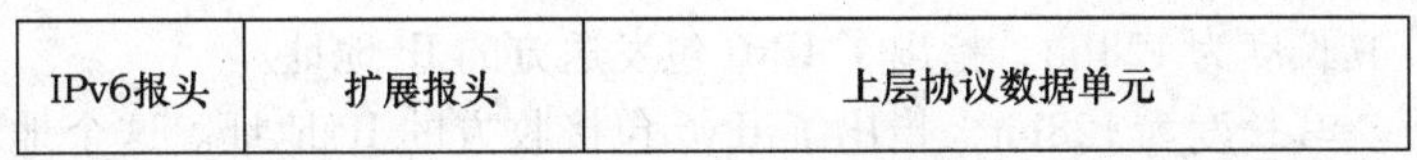

图 7-1 IPv6 数据包结构

IPv6 报头总是存在的，其长度固定为 40B。IPv6 报头可以包含零个或多个扩展报头。这些扩展报头可以具有不同的长度。上层协议数据单元一般由上层协议报头和它的有效载荷（有效载荷可以是一个 ICMPV6 报文、一个 TCP 数据段、或者一个 UDP 报文）。

2. IPv6 的报头结构

新的 IPv6 报头的结构比 IPv4 简单得多。IPv6 报头将 IPv4 报头中许多不常用的域放入了可选项或报头扩展中：IPv6 中的可选项有更严格的定义。IPv4 中有 10 个固定长度的域、2 个地址空间和若干个选项，IPv6 中只有 6 个域和 2 个地址空间，如图 7-2 所示。

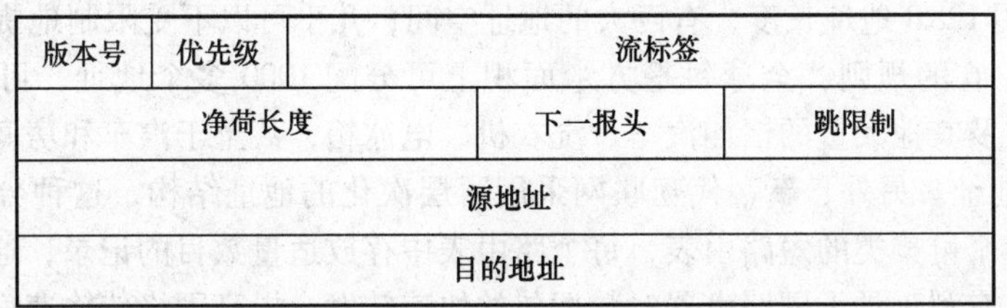

图 7-2 IPv6 报头格式

IPv6 报头中各字段的意义如下：

（1）版本号。其长度为 4bit，对于 IPv6，该字段必须为 6。

（2）优先级。其长度为 8bit，表示 IPv6 数据包的类或优先级，提供的功能类似于 IPv4 的服务类型字段。该字段的默认值是全 0。

（3）流标签。其长度为 20bit，用于标识属于同一业务流的包，它需要由中间 IPv6 路由器进行特殊处理。对于默认的路由器处理，流标签字段的值为 0。一个节点可以同时作为多个业务流的发送源。流标签和源节点地址唯一标识了一个业务流。

（4）净荷长度。其长度为 16bit，表示 IPv6 有效载荷的长度，即 IPv6 头后的包中包含的字节数。这意味着在计算净荷长度时包含了 IPv6 扩展头的长度。如果有效载荷的长度超过了 65535B（1bit 表示的最大长度），则将该字段的值置为 0，而有效载荷的长度用逐跳选项扩展报头中的超大有效载荷选项来表示。

（5）下一报头。其长度为 8bit，指出了 IPv6 报头后所跟的扩展报头的类型或者上层 PDU 的协议。

（6）跳限制。其长度为 8bit。用来表示 IPv6 数据包在被丢弃前可以通过的最大链路数。每当一个节点对包进行一次转发之后，这个字段就会被减 1。如果该字段达到 0，这个包就将被丢弃。在一个路由器中，当跳限制字段的值减为 0 时，路由器向源节点发送 ICMPV6 超时-跳限制超时报文，并丢弃数据包。

（7）源地址。其长度为128bit，指出了IPv6包发送方的IP地址。

（8）目的地址。其长度为128bit，指出了IPv6包接收方的IP地址。这个地址可以是一个单播、组播或任意点播地址。如果使用了选路扩展头（其中定义了一个包必须经过的特殊路由），其目的地址可以是其中某一个中间节点的地址而不必是最终地址。

虽然IPv6报头占40B，是24B IPv4报头的1.6倍，但因其长度固定（IPv4报头是变长的），故不需要消耗过多的内存容量。

三、IPv6的优势

IPv6继承了IPv4的优点，并根据IPv4多年来运行的经验进行了大幅度的修改和功能扩充，比IPv4处理性能更加强大、高效。相对于IPv4，IPv6有如下一些显著的优势：

1. 巨大的地址空间和层次化的地址结构

由于IPv6采用128B地址长度，有巨大的地址空间，几乎可以不受限制地提供地址。按保守方法估算，按照IPv6的规则，全球每平方米面积上可分配1000多个地址，可以达到所有有线网、无线网用户以及其他大量的诸如汽车、洗衣机、电冰箱，甚至于汽车和房间的钥匙设备都能分配一个专用IP地址。另外，新一代互联网采用了层次化的地址结构，这种分层结构地址使得路由表可以使用多个可聚类的短路由表，每个路由表中存放适量数目的记录，通过合适的查找算法减少处理延时，有利于骨干网路由器对数据包的快速转发，提高网络传输速度。

2. 简化的报头和灵活的扩展

为了弥补IPv4长地址占用的带宽，减少处理器开销并节省网络带宽，IPv6对数据报头长度作了简化。IPv6报头所含字段少，而且报头长度固定。IPv6的报头由一个基本报头和多个扩展报头构成，基本报头具有固定的长度（40B），放置所有路由器都需要处理的信息。这种简化使得路由器的硬件实现更加简单，速度更快。IPv6还定义了多种扩展报头，使得IPv6非常灵活，能提供多种应用的强力支持，为以后支持新的应用提供了可能。

3. 地址的自动配置

IPv6支持全状态和无状态两种地址自动配置的方式。全状态地址自动配置保留了IPv4的功能。在IPv4中，动态主机配置协议DHCP实现了主机IP地址及其相关配置的自动设置。一个DHCP服务器租借IP地址并获得有关的配置信息，从而实现自动设置主机IP地址的目的。这种自动配置服务被称为“全状态自动配置”。

在无状态地址自动配置过程中，需要配置地址的节点使用一种“邻居发现”机制获得一个局部连接地址，即通过周围的节点的信息获得局部连接地址。一旦得到这个地址之后，它使用另一种“即插即用”机制，即在无需用户干预的情况下，设备可获得一个全球唯一的路由地址。

4. 内置的安全特性

互联网最初设计是为了军事和科研用途，并不对外开放，因而在网络安全问题上缺乏周全的考虑，从而导致了早期互联网上时常发生网络遭到攻击、机密数据被盗等事故。为了加强安全性，IPv6协议中内置了一套用于保护IP通信的安全协议（IPsec），用于在网络层对数据分组提供认证和加密服务。

IPv6 规范规定了“认证头标”(authentication header, AH) 和“封装安全净荷”(encapsulation security payload, ESP),认证使通信的数据接受方确认发送方的真实身份以及数据在传输过程中是否被改动;封装安全净荷,即加密通过对数据进行编码来保证数据的机密性,防止数据在传输过程中被他人截获而泄密。

5. 支持组播方式

组播是利用了 IP 网络的组播能力,允许路由器一次将数据包复制给多个数据通道。无论有多少个目标地址,在整个网络的任何一条链路上只传送单一的数据包。这减少了网络的负载,从而极大地提高了网络的传输速度和数据传输能力。

6. 服务质量的保证

IPv4 只有一种简单的服务质量,即采用“尽最大努力”(best effort) 传输。从原理上看,文本传输、静态图像等传输对 QoS (服务质量) 并无要求,因此 QoS 是无保证的。但是像 IP 电话、视频点播、电视会议等点对点的实时业务,对传输延时和延时抖动均有严格的要求。IPv6 报头中包含一个“业务流类别”,可以实现对关键用户和应用的优先服务。IPv6 报头中新增加了 20 位的“流标签”,它可以使各节点在数据传输过程中就可以识别和分开处理任何 IP 地址流,极大改善了服务质量。另外,IPv6 也有助于改进服务质量。另外,IPv6 支持“总是在线”连接,防止服务中断并提高网络性能。

7. 支持真正的移动性

第三代移动通信技术 3G 与互联网的融合将是今后网络发展的趋势之一。要实现随时随地上网,必须为每一个移动终端配置一个全球 IP 地址,而 IPv4 无法满足这样的要求。IPv6 定义了在 IP 层实现的移动支持协议,即移动 IPv6。它不仅继承了移动 IPv4 的优点,而且具有比移动 IPv4 更高的路由效率,能通过简单的扩展满足大规模移动用户的需求,从而在全球范围内解决网络和访问技术之间的移动性问题。

四、IPv6 在中国

我国以 IPv6 为基础的下一代互联网也正进入关键时期。2004 年 11 月,中国电信第二张互联网骨干网 CN2 项目启动。2004 年 12 月 26 日,国家发改委、教育部等 8 部委联合宣布,中国下一代互联网示范工程 CNGI 核心网正式开通,由此在中国掀起了下一代互联网热潮。紧接着,我国首个 IPv6 专业委员会在北京成立,我国互联网关键技术新一代核心路由器研制成功,下一代互联网应用与服务全球测试平台在我国启动,下一代互联网 CN 域名开通,并且其域名系统成功接入 IPv6。不难看出,运营商的下一代网络正逐渐浮出水面,IPv6 应用的研发与示范推广将成为下一阶段的重点。

无论是在我国还是在全世界范围内,下一代互联网络的发展都要以 IPv4 协议平稳向 IPv6 协议的过渡为重点。未来的互联网络将是一个端到端的实时通信、全球范围的移动互联和超高速的宽带网络。

第四节 蓝牙技术

蓝牙作为一个全球开放性无线应用标准，通过把网络中的数据和语音设备用无线链路连接起来，使人们能够随时随地实现个人区域内语音和数据信息的交换与传输，从而实现快速灵活的通信。

一、蓝牙出现的背景

早在1994年，瑞典的爱立信公司便已经着手蓝牙技术的研究开发工作，意在通过一种短程无线链路，实现无线电话用PC、耳机及台式设备等之间的互联。1998年2月，爱立信、诺基亚、Intel、东芝和IBM共同组建特别兴趣小组，Intel负责半导体芯片和传输软件的开发，爱立信和诺基亚负责无线射频和移动电话软件的开发，IBM和东芝负责笔记本电脑接口规格的开发。1999年下半年，微软、摩托罗拉、3COM、朗讯与蓝牙特别小组的5家公司共同发起成立了蓝牙技术推广组织，从而在全球范围内掀起了一股“蓝牙”热潮。

“蓝牙”技术的目的是使特定的移动电话、便携式电脑以及各种便携式通信设备的主机之间在近距离内实现无缝的资源共享。蓝牙是一个开放性的无线通信标准，它将取代目前多种电缆连接方案，通过统一的短程无线链路，实现方便快捷、灵活安全、低成本小功耗的话音和数据通信。

二、蓝牙中的主要技术

蓝牙技术是一种无线数据与语音通信的开放性全球规范，它以低成本的近距离无线连接为基础，为固定与移动设备通信环境建立一个特别连接的短程无线电技术。其实质内容是要建立通用的无线电空中接口（radio air interface）及其控制软件的公开标准，使通信和计算机进一步结合，使不同厂家生产的便携式设备在没有电线或电缆相互连接的情况下，能在近距离范围内具有互用、互操作的性能（iteroperability）。

“蓝牙”技术的作用是简化小型网络设备（如移动PC、掌上电脑、手机）之间以及这些设备与Internet之间的通信，免除在无绳电话或移动电话、调制解调器、头套式送/受话器、PDA、计算机、打印机、幻灯机、局域网等之间加装电线、电缆和连接器。此外，蓝牙无线技术还为已存在的数字网络和外部设备提供通用接口以组建一个远离固定网络的个人特别连接设备群。

蓝牙的载频选用在全球都可用的2.45GHz工科医学（ISM）频带，其收发信机采用跳频扩谱（frequency hopping spread spectrum）技术，在2.45GHz ISM频带上以1600跳/s的速率进行跳频。依据各国的具体情况，以2.45GHz为中心频率，最多可以得到79个1MHz带宽的信道。在发射带宽为1MHz时，其有效数据速率为721kbit/s，并采用低功率时分复用方式发射，适合10m范围内的通信。数据包在某个载频上的某个时隙内传递，不同类型的数据（包括链路管理和控制消息）占用不同信道，并通过查询（inquiry）和寻呼（paging）过程来同步跳频频率和不同蓝牙设备的时钟。除采用跳频扩谱的低功率传输外，蓝牙还采用鉴权和加密等措施来提高通信的安全性。

蓝牙支持点到点和点到多点的连接，可采用无线方式将若干蓝牙设备连成一个微微网（piconet），多个微微网又可互连成特殊分散网，形成灵活的多重微微网的拓扑结构，从而实现各类设备之间的快速通信。它能在一个微微网内寻址 8 个设备（实际上互联的设备数量是没有限制的，只不过在同一时刻只能激活 8 个，其中 1 个为主 7 个为从）。

蓝牙技术涉及一系列软硬件技术、方法和理论，包括无线通信与网络技术，软件工程、软件可靠性理论，协议的正确性验证、形式化描述和一致性与互联测试技术，嵌入式实时操作系统（embedded RTOS），跨平台开发和用户界面图形化技术，软硬件接口技术（如 RS232，UART，USB 等），高集成、低功耗芯片技术。

三、蓝牙系统的组成

蓝牙系统一般由无线单元、链路控制（固件）单元、链路管理（软件）器和蓝牙软件（协议栈）单元 4 个功能单元组成。

1. 无线单元

蓝牙是以无线 LAN 的 IEEE802. 11 标准技术为基础的，使用 2. 45GHz ISM 全球通自由波段。蓝牙天线属于微带天线，空中接口是建立在天线电平为 0dBm 基础上的，遵从 FCC（美国联邦通信委员会）有关 0dBm 电平的 ISM 频段的标准。当采用扩频技术时，其发射功率可增加到 100MW。频谱扩展功能是通过起始频率为 2. 402GHz、终止频率为 2. 480GHz、间隔为 1MHz 的 79 个跳频频点来实现的。其最大的跳频速率为 1660 跳/s。系统设计通信距离为 10cm ~ 10m，如增大发射功率，其距离可长达 100m。

2. 链路控制单元

链路控制单元（即基带）描述了硬件——基带链路控制器的数字信号处理规范。基带链路控制器负责处理基带协议和其他一些低层常规协议。

3. 链路管理器

链路管理器（LM）软件模块设计了链路的数据设置、鉴权、链路硬件配置和其他一些协议。链路管理器能够发现其他蓝牙设备的链路管理器，并通过链路管理协议（LMP）建立通信联系。链路管理器提供的服务项目包括：发送和接收数据、设备号请求（LM 能够有效地查询和报告名称或者长度最大可达 16 位的设备 ID）、链路地址查询、建立连接、验证、协商并建立连接方式、确定分组类型、设置保持方式及休眠方式。

4. 蓝牙软件

（1）软件结构。蓝牙设备应具有互操作性，即任何蓝牙设备之间都应能够实现互通互连，这包括硬件和软件。对于某些设备，从无线电兼容模块和空中接口，直到应用层协议和对象交换格式，都要实现互操作性；而另外一些简单的设备（如耳机）的要求则宽松得多。蓝牙技术的目标就是要确保任何带有蓝牙标记的设备都能进行互换性操作。软件的互操作性始于链路级协议的多路传输、设备和服务的发现，以及分组的分段和重组。蓝牙设备必须能够彼此识别，并通过安装合适的软件识别出彼此支持的高层功能。互操作性要求采用相同的应用层协议栈。不同类型的蓝牙设备对兼容性有不同的要求（如用户不能奢望头戴式设备内含有地址簿）。蓝牙的兼容性是指它具有无线电兼容性，有语音收发能力及发现其他蓝牙设备的能力，更多的功能则要由手机、手持设备及笔记本电脑来完成。为实现这些功能，蓝牙软件构架必须利用现有的规范，而不是再去开发新的规范。设备的兼容性要求能够适应蓝牙规范和现有的协议。

软件结构的功能有：配置及故障诊断工具、自动识别其他蓝牙设备、电缆仿真、与外网设备的通信、音频通信与呼叫控制和商用卡的交易与号簿网络协议。

蓝牙的软件体系是一个独立的操作系统，不与任何操作系统捆绑。适用于几种不同商用操作系统的蓝牙规范正在完善中。蓝牙规范接口可以直接集成到蜂窝电话、笔记本电脑等设备中，也可以通过 PC 卡或 USB 接口附加设备连接。

（2）协议体系。设计协议和协议栈的主要原则是尽可能地利用现有各种高层协议，保证现有协议与蓝牙技术的融合以及各种应用之间的互通性；充分利用兼容蓝牙技术规范的软硬件系统和蓝牙技术规范的开放性，便于开发新的应用。蓝牙标准包括 Core 和 Profiles 两大部分。Core 是蓝牙的核心，主要定义蓝牙的技术细节；Profiles 部分定义了在蓝牙的各种应用中的协议栈组成，并定义了相应的实现协议栈。这样就为全球兼容性打下了基础。

蓝牙标准主要定义的是底层协议，也定义了一些高层协议和相关接口。具体的协议按 SIG 的需要分为 4 层：

1）核心协议。它是蓝牙协议的关键部分，包括基带部分协议和其他低层链路功能的基带/链路控制期协议；用于链路的建立、安全和控制的链路管理器协议（LMP）；描述主机控制器接口的 HCI 协议；支持高层协议复用、帧的组装和拆分的逻辑链路控制和分配协议（L2CAP）；发现蓝牙设备提供服务的 SDP 协议等。

2）RFCOMM 电缆替代协议。它是一种仿真协议，在蓝牙基带协议上仿真 RS-232 控制和数据信号，为上层协议提供服务。

3）TCS 电话控制协议。它是面向比特的协议，定义蓝牙设备间建立数据和话音呼叫的控制信令和处理蓝牙 TCS 设备群的移动管理进程；AT-Command 控制命令集是定义在多用户模式下控制移动电话、调制解调器和用于仿真的命令集。

4）与 Internet 相关的高层协议。它定义了与 Internet 相关的 PPP、UDP、TCP/IP 协议及无线应用协议 WAP。两个蓝牙设备必须具有相同的协议组成才能进行相互的通信。

蓝牙技术在电信业、计算机业、家电业有着极其广阔和诱人的应用前景，它也将对未来的无线移动数据通信业务产生巨大的推动作用。但是，它仍然有大量的应用技术细节问题需要解决，仍然是一项发展中的技术。例如，为了防止语音和数据信息误传或被截收，用户必须事先为自己应用的各种设备设定某个共同的频率，即不同的用户有不同的频率，这样才能保证无线连接时不发生误传或被滥用。蓝牙标准还无法解决硬件兼容性，从而扩展到运行在蓝牙技术之上的软件。另外，蓝牙标准本身能否解决好安全问题，也是蓝牙能否获得成功的关键因素。

第五节　Wi-Fi 和 WiMAX 技术

一、Wi-Fi 技术概述

所谓 Wi-Fi，其实就是 IEEE 802.11b 的别称，是由一个名为“无线以太网相容联盟”（Wireless Ethernet Compatibility Alliance，WECA）的组织所发布的业界术语，中文译为“无线相容认证”。它是一种短程无线传输技术，能够在百米左右范围内支持互联网接入的无线电信号。随着技术的发展，以及 IEEE 802.11a 及 IEEE 802.11g 等标准的出现，现在 IEEE 802.11 这个标准已被统称作 Wi-Fi。

在 Wi-Fi 联盟的推动下，芯片制造商、ISP 服务商和设备制造商共同努力，使得近年来 Wi-Fi 技术的应用环境发生了很大变化。英特尔公司的迅驰芯片作为基本配置，被大量笔记本采用；同时由于 W i-Fi 技术使用的无线频率是非管制频率，可以相对自由地被采用；此外，支持 Wi-Fi 接入技术的基站、天线也被生产出来，安置在机场、咖啡屋、酒吧和其他人员大量流动的场所，由 ISP 进行管理，为笔记本、P D A 等移动用户提供热点接入服务。人们可以在热点区域的百米范围内，通过 Wi-Fi 技术，用 11～54Mbit/s 的传输速率无线移动接入互联网，进行高速网上冲浪。

Wi-Fi 技术突出的优势在于：

① 无线电波的覆盖范围广。Wi-Fi 的半径可达 300ft 约合 100m 左右，即便在整栋大楼中也可使用。由 Vivato 公司推出的一款新型交换机，该款产品能够把目前 Wi-Fi 无线网络的通信距离扩大到约 6.5km。

② 虽然由 Wi-Fi 技术传输的无线通信质量不是很好，数据安全性能比蓝牙差一些，传输质量也有待改进，但传输速度非常快，可以达到 54Mbit/s，符合个人和社会信息化的需求。

③ 厂商进入该领域的门槛比较低。厂商只要在机场、车站、咖啡店、图书馆等人员较密集的地方设置“热点”，并通过高速线路将因特网接入上述场所。这样，由于“热点”所发射出的电波可以达到距接入点半径数十米至上百米的地方，用户只要将支持无线 LAN 的笔记本电脑或 PDA 拿到该区域内，即可高速接入因特网。也就是说，厂商不用耗费资金来进行网络布线接入，从而节省了大量的成本。

二、WiMAX 技术概述

WiMAX 是以 IEEE 802.16 系列宽频无线标准为基础的宽带无线接入技术，主要用在城市型局域网路，由 WiMAX 论坛提出并于 2001 年 6 月成形。WiMAX 能提供面向互联网的高速连接，数据传输距离最远可达 50km。

WiMAX 之所以能备受业界关注，显然是有自身的许多优势。而各厂商也正是看到了 WiMAX 的优势所可能引发的强大市场需求才对其抱有浓厚的兴趣。具体来说，WiMAX 技术的优势体现在如下 4 个方面：

1）实现更远的传输距离。WiMAX 能实现 50km 的无线信号传输距离，网络覆盖面积是 3G 发射塔的 10 倍，只要少数基站建设就能实现全城覆盖，这样就使得无线网络应用的范围大大扩展。

2）提供更高速的宽带接入。WiMAX 所能提供的最高接入速度是 70Mbit/s，这个速度是 3G 所能提供的宽带速度的 30 倍。对无线网络来说，这的确是一个惊人的进步。

3）有效的服务质量控制。WiMAX 中动态 TDMA 多址方式及（Grant/Request）MAC 支持数据、话音（VoIP）以及视频等对时延敏感的业务。根据业务的分级不同，带宽可按需分配。

4）提供多媒体通信服务。由于 WiMAX 较 Wi-Fi 具有更好的可扩展性和安全性，从而能够实现电信级的多媒体通信服务。

三、WiMAX 与 Wi-Fi 的对比

1. WiMAX 和 Wi-Fi 的技术特点

在物理层、调制技术、MAC 层技术方面，Wi-Fi 采用了与 WiMax 不同的技术。在 Wi-Fi 标准系列中，802.11b 的物理层采用 BPSK 或 CCK（补码键控）+QPSK 调制方式，码速率为 11MHz；802.11a 采用 OFDM（正交频分复用）调制方式，码速率达到 54MHz；802.11g 则兼容两种标准，采用了两种调制技术；Wi-Fi 占用 20 MHz 或 22MHz 的固定的信道带宽。Wi-Fi 技术的 MAC 层协议采用的是 CSMA/CA（载波监听多路访问/冲突避免）协议。采用这种 MAC 协议比较适合突发性较大的业务种类，如数据业务，可以提供较短的响应时间，较高的传输带宽，但也使得 Wi-Fi 不能像 WiMax 那样具备带宽动态分配的能力、提供业务的 QoS 性能，如时延要求等。

2. WiMAX 和 Wi-Fi 的应用定位

WiMAX 主要作为一种城域网接入手段，采用了多种技术来应对建筑物阻挡情况下的非视距（NLOS）和阻挡视距（OLOS）的传播条件，因此其可以实现非视距传输（这种情形下的传输距离会有所缩短）。WiMAX 系统可以作为企业 T1 或家庭 xDSL 和 Cabel Modem 的无线扩充技术，或者取代有线宽带接入的市场。特别是对于很多发展中国家或偏远地区，因为有线基础设施费用较高，通过 WiMAX 的布建将有助于打开此市场，也就是最后一公里的无线宽带布建。

从系统容量上看，WiMAX 也有显著的优势。WiMAX 基站的一个扇区可同时支持 60 多个采用 E1/T1 的企业用户和数百个采用 xDSL 的家庭用户。因此，WiMAX 的一个基站可以同时接入数百个远端用户站。同时，WiMAX 可为同一用户站提供多个业务流的传输能力。可以更大程度地提升实际接入用户数。WiMAX 的数据传输速率达到了 70Mbit/s，高于无线局域网 54Mbit/s 的数据传输速率。

Wi-Fi 技术属于 WLAN 的范畴，即是一种无线局域网的标准。Wi-Fi 有着“无线版本以太网”的美称。由于目前的以太网标准（IEEE 802.3 标准）几乎已经成为局域网的代名词，世界上至少有 80% 以上的局域网采用以太网技术。而 WLAN 同样为 IEEE 制定的标准，所以几乎可以视为以太网标准在无线领域的延伸。这使 WLAN 在应用上具备无痕过度和顺利安装的特点。

3. WiMAX 和 Wi-Fi 的应用成本

尽管 WiMAX 有巨大优势，但要说服运营商采用它，还需要克服大量障碍。成本是一个大障碍。广域网有两个组成部分，一个部分安装在运营商处，另一部分则安装在客户处，前者的价格可能高达数千至上万美元，用户终端设备的价格则在 100～250 美元之间。

而且，由于 WiMAX 是一种新技术，零售商和用户还没有完全掌握它的部署和管理，设备厂商也还需要开发新的管理技术，解决 WiMAX 设备遇到的新问题。

相比之下，Wi-Fi 无线局域网运营商处设备的价格只有数百元，用户终端设备则被嵌入到笔记本电脑、手持机等便携式设备中。WLAN 的综合成本非常低。通过实施无线局域网解决方案，用户规模平均在 400 个的企业可以节省下来的连网成本达 490 万美元，由于接入方便、成本低廉且无须申请牌照，使 WLAN 在公共接入服务领域成为瞩目的明星。WLAN 的安装及设置相当简单，当需要在某个区域建立网络连接时，只需要在一定范围内设立相应的接入点就可以了，规划、布线、测试等传统工序可以被忽略。而且当用户需要增加、拆卸和迁移时的操作也非常简单。如果布置一个网吧局域网，在 Hub、线缆的布置等方面会花费一定的时间，而在家里引入 Wi-Fi，整个接入工序不到 10min。

4. Wi-Fi 的成功商用和 WiMAX 面临的问题

比较 WiMAX 与 Wi-Fi 技术，Wi-Fi 由于推出时间早以及建网成本相对低廉，Wi-Fi 得到了成功的商用。Wi-Fi 已经成为消费电子行业的一个重要驱动因素。许多高校、政府组织及企业办公场所等新建网络设施都安装了 Wi-Fi/802.11 无线网络接口。

尽管 WiMAX 的推出并不是与 Wi-Fi 竞争，而是 Wi-Fi 的补充。但是 WiMAX 的商用仍然面临诸多问题。首先是 Wi-Fi 已有成熟的产品推向市场；其次 WiMAX 的传播距离较远，应用环境复杂，导致其技术复杂，这使得其成本相对来说比 Wi-Fi 高。据 Intel 和 Alvarion 的市场部门测算，结合英特尔的 802.16a 芯片和 Alvarion 的下一代宽带无线接入系统 WiMAX 的基站台费用约是 2 万美元。而据 IEEE 估计，只有当每单位用户数所负担的平均成本下降至 300 美元以下，且基站台降至 1 万美元以下，则宽带无线才将有可能成为企业与一般家庭的选择。因此，WiMAX 面临必须降低成本的选择。再次，WiMAX 可以作为 802.11x 无线热点连接到网络的延伸架构，或作为 Cable 和 DSL 的无线扩展技术，所以 WiMAX 不是取代 802.11x，而是与 802.11x 整合。另外，WiMAX 不是正在开发中的唯一无线宽带标准，除 IEEE 之外其他组织也正在开发宽带无线标准。例如 ETSI（欧洲通信标准协会）已经引进了 BRAN（宽带无线访问网络）项目，这一网络已经形成了两个类似于 IEEE 802.16 和 802.16e 的标准。其中，Hiperaccess 覆盖 11GHz 以上的频率，HiperMAN 则主要针对 11GHz 以下的频率。同时，一个新的 IEEE 工作组正在开发另一个标准 IEEE 802.20。该标准是移动宽带无线接入系统（Mobile Broadband Wireless Access，MBWA），其目标趋近于蜂窝移动通信系统 4G 的设想。移动性是 802.20 的突出性能，802.20 的技术目标包括“优化基于 IP 的数据传输，针对每个用户数据速度峰值超过 1Mbit/s，并支持 250km/h 的车速下的通信，其标准小区半径为 1km”。这些性能是 WiMAX 所无法比拟的。这对刚刚切入到市场的 WiMAX 来说无疑是一个严峻的考验。

第六节 3G 技 术

一、3G 技术简介

1. 3G 的定义

3G 是英文 3rd Generation 的缩写，指第三代移动通信技术。相对第一代模拟制式手机（1G）和第二代 GSM、TDMA 等数字手机（2G），一般地讲，第三代手机是指将无线通信与互联网等多媒体通信结合的新一代移动通信系统。它能够处理图像、音乐、视频流等多种媒体形式，提供包括网页浏览、电话会议、电子商务等多种信息服务。

2. 3G 的技术标准

国际电信联盟（ITU）在 2000 年 5 月确定的 3G 标准主要有 WCDMA、CDMA2000 与 TD-SCDMA三种，它们都属于宽带 CDMA 技术。CDMA（code division multiple access，码分多址）是第三代移动通信系统的技术基础，宽带 CDMA 在 CDMA 基础上进一步扩展，具有更大的容量、更大的带宽、更强的抗干扰能力。

（1）WCDMA。WCDMA（Wideband CDMA，多频率 CDMA）是欧洲提出来的，是基于 GSM 技术的 3G 技术标准。该标准提出了从 GSM（2G）到 GPRS，再到 EDGE，最后到 WCDMA（3G）的演进策略。WCDMA 有多个版本，目前已广泛应用的 R99 版本的最高下行速率可以达到 384Kbit/s，制定于 2002 年的 R5 版本则提出了高速下行分组接入（HSDPA）的方案，使最高下行速率提高到 14.4Mbit/s。

（2）CDMA2000。CDMA2000 是由窄带 CDMA（CDMAIS95）技术发展而来的宽带 CDMA 技术，该标准提出了 CDMA IS95 到 CDMA20001X，再到 CDMA2000 3X 的发展方略。其中CDMA2000 3X 应用了多路载波技术，通过采用三载波来提高带宽。

CDMA2000 标准包括 Release0、ReleaseA、EV-DO 和 EV-DO B、EV-DV（已停止发展）等版本，Release0 单载波最高上下行速率中可以达到 153.6Kbit/s（属 2.5G）。ReleaseA 则可以达到 307.2Kbit/s，并且支持话音业务和分组业务的并发。EV-DO 采用单独的载波支持数据业务，支持平均速率为 600Kbit/s 的高速数据业务，而最新的 EVDO B 标准下行速度可达 73.5Mbit/s。

（3）TD-SCDMA。全称为 Time Division-Synchronous CDMA（时分同步 CDMA），是由我国大唐电信公司提出的 3G 标准。该标准无须经过 2.5G 的中间环节，直接向 3G 过渡。其核心思想就是在现在的 GSM 的核心网上使用 TD-SCDMA 的基站设备，一方面利用 3G 的频谱来解决 GSM 系统在高密度用户区容量不足的问题，另一方面可以为用户提供初期最高达 384Kbit/s 的数据传输速率。而 TD-SCDMA R5 版本中则增加了 HSDPA 功能，下行链路单载波支持数据传输速率达到 2.8Mbit/s，其 R6 版本则增加了 HSUPA 功能，理论上可为用户提供 5.8Mbit/s 的数据接入服务。最终，TD-SCDMA 将与 WCDMA 融合。

二、3G在中国电信业的进展

2008年4月1日，中国移动同时在北京、上海、天津、沈阳、广州、深圳、厦门和秦皇岛8个城市放号，号段为157，正式启动TD-SCDMA社会化业务测试和试商用。中国的3G时代由TD-SCDMA这个经历了长达十年技术成熟过程的国产3G标准正式拉开了帷幕。中国的2008年，除了因奥运而举世瞩目，还将以“3G元年”之名被载入史册。

2008年5月24日，工业和信息化部、国家发展和改革委员会、财政部联合发布《关于深化电信体制改革的通告》，确定了电信业“五并三”重组方案。即中国移动+铁通=中国移动，中国电信+中国联通的CDMA网+中国卫通的基础电信=中国电信，中国联通的GSM网+中国网通=中国联通，从此中国电信运营商形成了三足鼎立之势，并为迎接3张3G牌照作准备。

2009年1月7日，工业和信息化部为中国移动、中国电信和中国联通发放3张3G通信牌照，此举标志着我国正式进入3G时代。其中，批准中国移动增加基于TD-SCDMA技术制式的3G牌照，中国电信增加基于CDMA2000技术制式的3G牌照，中国联通增加基于WCDMA技术制式的3G牌照。

中国移动的一期TD-SCDMA网络正在10个城市测试，预期TD-SCDMA二期建网完成后，北京、上海、深圳等38个城市之间将可互通可视电话。中国电信推出了新品牌天翼，使用189号段，并投入巨资进行市场推广互联网手机。中国电信表示，中国电信拿到3G牌照以后，大约要用3个月左右的时间进行网络建设和业务准备，陆续在100个城市推出3G通信服务。相对低调的中国联通拥有WCDMA这张最成熟的3G牌照，并在七个城市进行WCDMA试验，首批WCDMA试验网络也正在加紧内部测试中。

三、3G业务的发展趋势

全球的3G业务将向三方面发展：多媒体化，即在任何地点、任何时间都能够连接多媒体的服务；生活化，随时可满足人们对信息、娱乐的需求；地区特色化，不同的国家、民族对3G业务的发展呈现不同的地域性，如亚太地区用户喜欢接受天气、新闻、交通状况的服务等，而欧洲用户更喜欢体育、个人信息管理工具的服务，如足球比赛、股票交易、拍卖等业务。具体来说，目前3G的商用业务主要包括以下几个方面：

1. 基于智能卡的应用工具箱的业务

基于智能卡（注：这里将GSM使用的SIM卡和CDMA使用的UIM卡统称为智能卡）的应用工具箱技术（STK/UTK），是一种通过短消息方式传输的增值业务平台，主要由移动终端和智能卡来实现。

应用工具箱技术，由于其实现相对简单，提供的业务比较实用，因此目前的应用非常普及。像信息订阅、移动QQ、移动终端银行、移动终端股票买卖等都是非常典型的应用。中国移动公司的“移动梦网”以及中国联通公司的“联通在线”，都是基于智能卡应用工具箱技术实现的移动增值业务。

2. 基于多媒体消息（MMS）的业务

随着文本短消息的商业运营模式在全球取得巨大成功，多媒体消息（MMS）业务应运而生。MMS 业务能够提供点到点、点到应用、应用到点的内容更加丰富的多媒体消息存储和转发服务。消息可以是纯文本、图片、视频、音频及其他媒体格式组成的非实时内容。

3. 基于 IMAP4 的多媒体邮件业务

多媒体邮件业务是将互联网上最为常用的电子邮件业务引入移动通信领域。与互联网上的电子邮件不同的是：在互联网上使用最为普及的邮件接收协议是 POP3 协议，而在移动邮件业务中使用经过优化的 IMAP4（IETF：RFC2060）作为邮件接收协议。

用户可以将各种格式的文本信息、图片、音频、视频文件作为附件进行接收和发送。附件的大小可以根据网络的数据承载能力和移动终端的处理能力，从几十 kbit 到几百 kbit。

4. 基于 WAP 的浏览业务

WAP 协议是 WAP 论坛专门为无线环境制定的一套协议。WAP 协议基本上可以分为 WAP1. x 和 WAP2. 0 两类，用户通过手机访问 WAP 网站上的各种信息。

5. 基于 GPS 的定位业务

该业务根据定位精度可以分为三类：基于 CELLID 的定位方式；基于 AFLT（高级前向链路三边测量）的定位方式；基于 GPS 卫星的定位方式。不同精度定位技术的使用可以提供车辆跟踪、定位等满足各种要求的位置服务业务需求。

6. 基于 Java/BREW 的业务

J2ME（Java 2 micro edition）是 Java 2 标准中专门针对小型移动设备的版本。BREW（the binary runtime environment for wireless，无线二进制运行环境）是介于底层芯片操作系统和应用之间的一个软件平台，为上层应用提供对底层设备的调用和管理。BREW 的优势在于可以高效地利用闪存和随机存取存储器，运行速度比较快。

Java 和 BREW 均提供可以将下载的应用在不同厂家设备上运行的应用环境。

除此之外，流媒体、可视电话、基于移动网络技术的无线对讲（PoC）等业务也在逐渐步入商用化的轨道。

3G 时代的到来，使运营商、设备制造商以及内容提供商都迎来了谋求新一轮发展的重要机遇。3G 带来的不仅仅是技术的演进和业务应用的丰富，更重要的是移动通信产业价值链的重新整合与完善。移动、电信运营商责无旁贷地要担负起构建紧密的产业价值链，并策动产业价值链各环节之间的有效互动与竞争的责任。3G 商用网络在全球的规模部署、3G 用户数的规模增加以及业务应用的不断丰富，使我们看到了一个日渐明朗的 3G 未来，3G 正在我们的期待中渐行渐近。

【本章小结】

本章从宽带无线接入技术的发展背景入手，介绍了宽带无线接入技术的网络架构、移动电子商务的产生背景、发展现状和趋势，最后对蓝牙技术、WiFi 和 WiMAX 技术、3G 技术这些具有代表性的宽带无线接入技术进行了介绍。

本章的重点是对宽带无线接入技术、移动电子商务、蓝牙技术等相关概念的掌握。

本章的难点在于理解和把握各种宽带无线接入技术的特点、优势及各种技术的应用领域。

应用案例 金融行业移动商务应用成功案例[㊀]

一、案例背景

目前，保险公司的客户服务方式主要通过直邮、呼叫中心等方式来进行。由于行业的特性，保险公司是被动地为客户提供如保单信息、险种介绍、保险合同变更等信息服务，很难提供主动、便捷、迅速、高效的服务。直邮和呼叫中心高昂的成本费用在一定程度上也限制了保险公司的主动客户服务。

这些服务方式都存在着有待改进的必要，并且保险行业在客户服务满意度方面尚需更多的努力。如何以最小的成本来完成保险公司与客户的服务沟通，如何提升客户服务质量等问题已成为保险公司无法回避的现实。

二、案例内容

为了给客户提供高质量服务，降低保险客户的流失率，赢得更多的客户和提高客户的忠诚度，2003 年初，中国人寿与知名的金融行业移动商务应用提供商——北京东方般若科技发展有限公司（简称东方般若）达成战略合作，建立覆盖全国的“移动 95519”短信客服系统，以短消息作为主要客服手段，为全国数量庞大的保险客户提供各种保险服务。短消息沟通克服了传统客户服务方式运作过程中存在的一些弊端，作为原有客户服务方式的有力补充，能够为客户提供快速、准确、个性化的服务。

“移动 95519”短信客服系统采用先进的软件体系结构设计，可高效地同中国人寿业务系统进行集成，将移动通信技术、网络技术和组件技术有效地结合在一起，构成功能全面、服务模式灵活的无线数据短信息综合客户服务系统。短信客服系统遵循组件化的设计思想，整个系统的框架先进、灵活、稳定，提供服务管理、短信收发、应用服务、系统管理等多方面的丰富功能，为中国人寿的短信客服系统提供了一个高效的运营支撑平台。

三、实施效果分析

“移动 95519”短信客服系统不仅保证了业务和管理消息的及时、快速和主动传输，缩短了信息的流通时间，在丰富中国人寿服务手段的同时也在很大程度上降低了服务成本，提高了服务效率和客户的满意度。

另外，“移动 95519”短信客服系统为中国人寿提供了一个创新的服务渠道和市场拓展渠道——短信营销。

通过“移动 95519”短信客服系统，中国人寿的保险客户可享受到中国人寿提供的个性化、多样化的服务，提升了中国人寿的知名度和美誉度，从而使客户将逐渐依赖并留恋于持续的优质服务，成为中国人寿的忠实客户，而忠诚的客户群体是中国人寿持续发展的有力保障。

四、案例分析

该案例基于市场分析了解到保险公司在客户满意度，客户维系及客户忠诚度等方面高成本，低成效的弊端，基于这样的情况，中国人寿利用短信这一工具实现了低成本，快速，及时的客户服务，同时，基于客户的数据分析，更是提供了准确，个性化的服务。基于 AMT 理论来看该案例，中国人寿基于分析来了解到目前公司需要改善的方面，也了解到不同客户的不同需求，通过利用工具来实现了客户关系管理，提高了客户的忠诚度和满意度。

㊀ 资料来源：http://www.1to1.com.cn/Article/content.asp? id=2265 有删改。

【相关链接】

1. 宽带无线接入领域的新兴技术，http://www.enet.com.cn/article/2007/0328/A20070328511104.shtml
2. 从商务活动的演进看移动电子商务的价值链构成，http://www.soft6.com/tech/7/71571.html
3. 论移动电子商务应用模式与营销创新，http://www.chinaacc.com/new/287_294_/2009_5_5_wa607129263115590022291.shtml
4. 蓝牙应用：原来就在身边，http://media.ccidnet.com/media/ciw/1256/a2001.htm
5. 无线网知识：Wi-Fi、WiMAX、WBMA 与 3G 的比较，http://tech.ccidnet.com/art/1084/20080326/1401713_1.html
6. 多种 3G 技术最终将走向统一，http://finance.qq.com/a/20090723/000604.htm

习 题

一、选择题

1. (　　) 主要面向个人用户，一般部署在商旅人士经常出入的场所或数据业务需求较大的公共场合，呈“岛形覆盖”或“热点覆盖”，如机场、会议中心、展览馆、宾馆、咖啡屋或大学校园等。
   A. WPAN　　B. WLAN　　C. WMAN　　D. WWAN
2. 随着科学的发展，推动移动电子商务发展的技术不断涌现。以下不属于这一类技术的是 (　　)。
   A. 无线应用协议 (WAP)　　B. 移动 IP
   C. “蓝牙” (Bluetooth) 技术　　D. Web 2.0
3. 以下不是移动电子商务的特点的是：(　　)。
   A. 安全性　　B. 服务个性化　　C. 及时性　　D. 用户规模小
4. 以下对移动电子商务的发展前景预期较恰当的是：(　　)。
   A. 消费者使用移动设备主要是进行事务处理和交易而不是获取信息
   B. 企业应用将成为移动电子商务领域的中心和热点
   C. 移动通信设备将多种功能集于一身，最终同化为某一种多功能设备
   D. 移动通信运营商将继续它们的业务销售策略
5. 从信息流向的角度来看，移动电子商务提供的业务可分为“推 (push)”业务、“拉 (pull)”业务和“交互式 (interactive)”业务，以下应用中属于“推 (push)”业务的是 (　　)。
   A. 在线竞拍　　B. 服务账单　　C. 天气预报　　D. 电子购物
6. 蓝牙是一种传输范围约为 (　　) 左右的短距离无线通信标准，用于在移动设备之间建立起一种小型、经济、短距离的无线链路。
   A. 10m　　B. 15m　　C. 20m　　D. 25m

二、名词解释

1. 宽带无线接入技术
2. 移动电子商务
3. 蓝牙技术

4. Wi-Fi 技术
5. WiMAX 技术
6. 3G

三、简答题

1. 简述 Wi-Fi 技术的优点。
2. 简述 WiMax 技术的优势。

下　篇

应 用 篇

第八章

Web2.0 理论

【学习目标】Web 2.0 是由专业人员织网到所有用户参与织网的蜕变过程，它对目前互联网许多方面产生了深远的影响。本章重点把握 Web2.0 的总体概念与内在含义，它与 Web1.0 对比与区别；了解 Web2.0 的理论基础、长尾理论和六度空间理论；Web2.0 的一些主要表现形式；最后，通过对豆瓣网的分析来进一步了解 Web2.0 的典型运作模式。

【关键概念】Web2.0　开放参与　长尾理论　六度空间

第一节　Web2.0 概述

一、Web2.0 的发展背景

在传统的电子商务模式中，信息是商务的中心，所有的活动都围绕信息来展开，而用户是隐藏在商品之后的。2005 年，随着 Web2.0 时代的到来，人们的工作方式和生活方式都发生着变化。以博客、SNS 为代表的 Web2.0 技术推动了电子商务的发展，第二代电子商务模式弥补了传统电子商务模式的不足，它使企业从原来围绕大型商务网络平台开展活动的形式，转变为以用户自身为主体的网络商务活动。在 Web2.0 环境下的新型电子商务模式中，用户成为商务的中心，所有的活动都围绕用户来组织数据。用户不再是作为被动的客体而是一种主体参与到了互联网中，用户除了作为使用者之外，同时成为主动的生产者、传播者和作者。这也引发了人们对电子商务的重新思考和认识。需要思考互联网特性的变化和新技术的出现对企业价值创造、获利方式的影响。

Web2.0 的概念开始于 2004 年，至今，Web 2.0 一词已经深入人心；2009 年 6 月 10 日，全球语言监测机构（Global Language Monitor，GLM）将 Web 2.0 作为第 100 万个英语词汇。

近年来，Web2.0 的发展非常迅速，博客、视频分享、网络社区等服务已经成为我国网民上网的主要应用。人们通过网络已经可以完成比以前更多的工作，得到更丰富、更精确、更迅捷的反馈，以及更加美妙的体验。Web2.0 的进一步成熟不仅表现在网民应用上，还体现在越来越多的企业或个人开始将 Web2.0 作为一种网络营销的新工具，一些营销案例已经成为经典。

现在，人们通过互联网已经可以完成比之前多得多的工作，得到更丰富、更精确、更迅捷的反馈，以及更加美妙的体验。突出了用户的作用，才是Web2.0最神奇的突破，它由以往的全民上网变成了现在的全民织网，Web2.0的出现是一次从核心到内容的重大变革，较强的参与性、更丰富的内容，使Web2.0模式的发展前景一片光明。

二、Web 2.0的定义

目前，Web 2.0并没有一个严格的定义。一般来说Web 2.0（也有人称之为互联网2.0）是相对Web1.0的新的一类互联网应用的统称。其实，从Web1.0到Web2.0并没有一个明显的分解，而只是不断的进化而已。Web1.0的主要特点在于用户通过浏览器获取信息，Web 2.0则更注重用户的交互作用，用户既是网站内容的消费者（浏览者），也是网站内容的制造者。Web2.0应用的最生动的例子之一就是：它们削弱了传统机构的权威力量，代之以大众的智慧。

下面列举国内外对Web2.0的部分观点。

1. 国外的定义

Web2.0概念的共同提出者蒂姆·欧雷利认为，Web2.0的经验是有效利用消费者的自助服务和算法上的数据管理，以便能够将触角延伸至整个互联网，延伸至各个边缘而不仅仅是中心，延伸至长尾而不仅仅是头部。上述观点着重强调了Web2.0的核心理念和原则。

2. 国内的定义

中国互联网协会认为，Web2.0是互联网的一次理念和思想体系的升级换代，由原来自上而下的由少数主体控制着大部分资源的体系转变为自下而上的由广大用户主导的体系。其内在的动力来源是将互联网的主导权交还个人从而充分发掘了个人的积极性参与到体系中来，广大普通网民所贡献的影响和智慧和网民间的联系形成的社群影响替代了原来少数人所控制和制造的影响，从而极大地解放了个人的创作和贡献的潜能，使得互联网的创造力上升到了新的量级。它实践着网络社会化和个性化的理想，使个人成为真正意义的主体，实现了互联网生产方式的变革。

具体地说，Web2.0是一个可读写的互联网。写的人活跃在各种各样的“节点”上，使用各种工具向互联网上传递着数字化的内容，这些内容被保存在数据库、文件系统，甚至是行动中的手机、PAD中；读的人活跃在各种各样的“主页”上，这里的“主页”已经不能简单地称为某个网站的主页，而是互联网上多个活动的节点的主页，一个“主页”上的内容，可能来自几十个节点，“主页”的编写者同节点的所有者一样，也在使用各种各样的工具，从节点读取内容，“主页”的编写者的主要工作已经从创造内容变成了收集和整理内容。数据不再和页面和网站混粘在一起，它独立了，它跟着用户走。这是Web2.0的一个重要特征。

总体上看，Web2.0是许多方面齐头并进又紧密相关的一个新的发展阶段。它不是一个具体的事物，而是一个阶段，是促成这个阶段的各种技术和相关的产品服务的总称。因此，不同的人必然会对Web2.0有不同的看法。就Web2.0的具体理念而言，Web2.0是在Web 1.0的服务基础上，将互联网用户从信息接受者转变成信息制造者和传播者，从受众转变成主体，从单个个体转向社群的新型互联网服务模式。在这种情况下，为用户提供优秀的发布平台、便捷的沟通和展示平台、顺畅的进入和退出机制、高效的信息整合机制变得与提供高质量信息一样重要，甚至更加重要。Web2. 0 时代的竞争，将不仅仅是内容的竞争，更是综合服务的竞争。

三、Web2. 0 的主要表现形式

Web2. 0 不单单是指一项技术，而是很多技术的集合。Web2. 0 不是一个在分离出来的架构上运行的新的、改进了的互联网络。而是基于原有的基础设施，添加交互功能。Web2. 0 不单纯是技术或解决方案，它更是一套可执行的理念体系，实践着网络社会化和个性化的理想，使个人成为真正意义的主体，实现互联网生产方式的变革从而解放生产力。下面列举出一些当前主要的 Web2. 0 表现形式。

1. blog（博客）

blog 是个人或群体按照时间顺序所作的一种不断更新的记录。blog 之间的交流主要使用回溯引用和回响、留言、评论等方式。blog 的操作管理用语借鉴了大量档案管理用语，因此，一个 bolg 也可以被看做一个档案或卷宗。但是，与传统意义上的档案不同的是，blog 的写作者既是档案的创作人，也是档案的管理人。blog 大量采用了本书即将介绍的 RSS（简易信息聚合）技术，所有的 RSS 文件都必须符合由 W3C 发布的 XML1. 0 规范。读者可以通过 RSS 订阅一个 blog，获知 blog 作者的最近更新。而 blog 的作者则通过 RSS 使自己发布的文章易于被计算机程序理解并摘要。因此，blog 为知识管理和创造提供了新的形态和途径。从交往形态上看，blog 设定了读者、作者和编者之间的积极的互动转换关系。

2. Podcast（播客）

除了文字博客外，还有一种新的可以发布声音和图像的"博客"，在 Web2. 0 中它被称为播客（Podcast）。它是收音机、iPod、博客和宽带互联网的集体产物。形象地说，播客就是用嘴"写"、用耳朵"看"的博客。在美国，2005 年播客的人数达到 450 万，而 2010 年这个数字预计将达到 5680 万。在国内，2005 年上半年已经有几家播客网站。播客与早期互联网中的网络电台的最大区别是它采用 RSS2. 0 可订阅模式，任何个人都可以制作节目发布广播，任何拥有 mp3、智能手机的人都可以自由收听播客节目。与传统的广播或电视相比，播客不需要频道资源和大量的设备，数码摄像机、录音软件、麦克风等目前家庭常用设备就可以帮助人们成为一名播音员或节目主持人。因此，与传统的广播方式相比，播客的内容制作和收听方式极具个性化，充分体现出 Web2. 0 的核心价值和理念。

3. RSS（简易信息聚合）

RSS 是站点用来和其他站点之间共享内容的一种简易方式（也叫聚合内容），通常被用于新闻和其他按顺序排列的网站，例如 blog。网络用户可以在客户端借助于支持 RSS 的新闻聚合工具软件，在不打开网站内容页面的情况下阅读支持 RSS 输出的网站内容。说得更加简单一点，RSS 就是一种用来分发和汇集网页内容的 XML 格式。RSS 是其实并不重要，重要的是 RSS 可以做什么。例如，它可以用来订阅 bolg，在 blog 上，用户可以订阅你工作中所需的技术文章，也可以订阅与你有共同爱好的作者的日志；它还可以订阅新闻，用户再也不用一个网站一个网站去逛了。只要将需要的内容订阅在一个 RSS 阅读器中，这些内容就会自动出现阅读器里。现在，RSS 与搜

索引擎逐渐形成双峰对峙的局面，一个包送，一个自取，构成了极具价值的网络应用。微软公司已经把 RSS 功能整合进 IE7.0。

4. Wiki

Wiki 是指一种超文本系统，它支持面向社群的协作式写作，同时也包括一组支持这种写作的辅助工具。Wiki 是集中网民的集体智慧来建构网络公共知识库的应用，可以帮助用户在一个社群内共享某个领域的知识，用户可以浏览、创建和修改 Wiki 文本。与其他超文本系统相比，Wiki 和 blog 都降低了超文本写作和发布的难度，具有使用简便并且开放的优点。与 blog 不同，Wiki 是一个动态的个人或群体协作的协作工具，需要达成群体的共识。而 blog 是个人知识积累平台，突出个性，别人不可以对其进行修改。因此，Wiki 技术要比 blog 更加的互动，更能体现出 Web2.0 时代的网络共享性，也更像是一个群体的网络精神家园。目前，Wiki 主要用于构建网络百科全书。Wiki 将来可以推广到更广阔的领域，完成更加多样化的任务，从菜谱的讨论、剧本的创作、芯片的设计到飞机的制造等。

5. SNS（社会性网络软件或社交网络服务）

SNS 是 social networking service 的缩写，它是 Web2.0 体系下的一个技术应用架构。建立 SNS 网站的依据是“六度分隔”（six degrees of esparation）理论。“六度分隔”理论揭示了人际关系世界中无可否认而又令人震惊的特征。在 Web2.0 时代，每个用户都拥有自己的 blog、自己维护的 Wiki，通过 tag、RSS 或 MI（即时通信）、邮件等方式连接到一起，根据“六度分隔”理论，每个个体的社交圈都不断放大，最后成为一个大型网络，这就是社会化网络服务。

第二节 互联网特性在 Web2.0 下的发展变化

一、互联网的经济特性

1. 网络外部性

网络效应来自于网络的外部性（network externality），也就是一件产品对个别使用者的价值取决于总使用人数。网络的价值随着成员数量的增加而呈等比级数的增加，提升后的价值又会吸引更多成员加入，反复循环，形成大者更大、弱者愈弱的情况。

2. 报酬递增

报酬递增是社会信息产品生产过程中的现象。现代经济理论将知识看做一种新的投入要素（或者体现为一种专门的技术，或者体现为与人力资本的结合）。由于知识的溢出效应，使得投资的社会报酬率高于私人报酬率。正是知识要素的报酬递增抵消了其他物质要素的报酬递减，才使整个要素投入产生报酬递增。

网络经济遵循报酬递增规律，产品或服务的使用单位越多，每一单位的价值就越高。报酬递增可以产生累积和强化的效应，这个模式初期的收入增长相当缓慢，但经过一段时间之后，收入会突然剧增，同时单位成本也会稳定下降。

3. 需求面的规模经济

需求面规模经济是信息市场的常态。当需求面经济启动时，会产生消费者预期心理，如果消费者预期产品会成功，就会形成一窝蜂使用的情况，造成更多人使用该产品。反之，如果消费者预期产品不会被广泛使用，则会出现恶性循环的情况。因此，在消费者预期心理的作用下，会造成受欢迎的产品越来越受欢迎，被摈弃的产品会加速被淘汰。

4. 动态交易

随着网络的成熟，消费者市场将更具有流动性，对供需变化的反映也会更加敏锐和更加动态。动态交易对消费性产业带来的变化程度并不容易掌握。然而，如果传统企业不能掌握动态交易的性质并调整自己去适应这种新环境，在越来越多的消费者上网购物之后，它将会失去对价格、收益以及利润的控制。

5. 套牢原理

所谓套牢原理，是指信息产品具有强烈的系统化特性，如果市场没有统一的标准，那么消费者要转换单一的产品的话，就需要付出极大的成本。除非新产品所带来的好处远远超过了原先的产品，否则消费者是不会转向新产品的。例如已经掌握微软 Windows 操作系统的用户是不会轻易转而使用 Linux 的。因此，如果市场上有一个统一的标准就可以有效地减轻套牢现象。而为了使竞争态势成为“统一标准”，必须扩张市场占有率。在统一的标准下，消费者可以避免被套牢。但是，如果市场只由一个单一供应商建立统一标准，提供产品，也往往会造成市场的垄断。

二、Web2.0 的环境下的互联网核心理念

从 Web1.0 向 Web2.0 的转变，具体地说，从模式上是单纯的“读”向“写”、“共同建设”发展；从基本构成单元上，是由“网页”向“发表/记录的信息”发展；从工具上，是由互联网浏览器向各类浏览器、RSS 阅读器等内容发展；运行机制上，由“Client Server”向“Web Services”转变；作者由程序员等专业人士向全部普通用户发展；应用上由初级应用向全面大量应用发展。

1. 以用户为中心来组织数据

对于 Web1.0 的典型产品/服务来说，用户没有具体的面貌、个性，它只是一个模糊的群体的代名词而已。但是对于 Web2.0 的产品和服务来说，用户是个实实在在的人。Web 2.0 所服务的是具体的人，而不是一个如同幽灵般的概念。并且，这个人的具体性，会因为服务本身而不断地充实起来。换句话说，在 Web1.0 中，网站关心的焦点是物，而 Web2.0 中是以用户为中心来组织数据。以两个书籍销售为主的网站为例：美国的亚马逊（Amazon.com）和中国的豆瓣网（Douban.com）。Amazon 对数据的处理是按照“买这本书的人还买了哪些书”，以商品为中心来组织数据，人是隐藏在背后的，没有得到呈现的。但豆瓣网会记录用户阅读了哪些书，哪些人和用户阅读同一本书，虽然用户依然是通过书这个载体而连接在一起，但是用户已经成为关心的焦点与组织的中心。又比如：个人网站常常注重内容的表现形式，很多个人网站总是追求技术的先进性和表现的艺术性，往往忽略了内容本身；而博客更注重知识的积累、共享和交流，关注内容本身，是个性化的个人知识管理系统。

Web2.0 发挥的是个人力量，是张扬个性的时代，个人深度参与到互联网中，而不是作为被动的个体。一般的网站是分频道、分栏目，但是，在博客里，每个人可以组织自己的内容，一个人就成为一个站了，门户对消息的控制将被削弱，消息传播的渠道因而发生改变。当然，上述的个人不是孤立的个人，而是彼此相连的。这就引出了下一个理念。

2. 读写并存的表达方式（可读可写互联网）

在 Web1.0 里，互联网是“阅读式互联网”，只有专门从事那个行业的人，才能把信息发布在网上，用户只能通过浏览器浏览网页，不能不对其上做任何改变。而 Web2.0 是“可写可读互联网”，用户的信息反馈可随时进行，信息源同时也可以随时更新信息。所有人都能够做到以前只有计算机程序员才能做到的事，所有人都能够创建自己的网站，自由生产并发布各种内容，比如文本信息、语音记录、视频录制等。在社会转型期的人们个性张扬，有全新的价值观和行为取向。他们喜欢追求与众不同，追求时尚化和个性化，而 Web2.0 技术正好迎合了这种需求。例如在 blog 上，网民积极参与网络建设，通过不同页面、内容、声音来展示自己。blog 是网民展示自己个性的平台，而传统门户网站是主流意识形态引导舆论的场所。

3. 简单易用的技术支持

Web2.0 之所以能够吸引到数以百万乃至千万的用户，易用性的大大提高也是其中一个重要原因。易用性的实现可以说是 Web 技术的发展所带来的明显变化之一。在 Web1.0 时代，制作一个网站需要专业的计算机技术，也需要大量的服务器成本。而 Web2.0 则不然，只需掌握计算机基本的操作技能就能体验。传统个人网站更接近于一种正式的刊物，它需要专业人员设计、维护和更新，其内容也比较考究，所以技术和成本就要求较高。个人网站制作的时间周期长，从技术的掌握到网页的设计和发布都需要很长的时间；相比之下，在博客上发布信息减少了技术上的难度，只需要在几分钟之内填写个表单提交就可以了。其内容可以是新闻，也可以是日记、照片、诗歌、视频、音乐或故事。

4. 鼓励用户交流

Web1.0 里，互联网内容是由少数编辑人员（或站长）定制的；而在 Web2.0 里，每个人都是内容的供稿者。Web2.0 的内容更多元化：标签 tag、多媒体、在线协作等。在网站内容层面上，人们可以自由生产并发布各种内容。改变了以往那种“只读”的属性，将网站变成“可读写”的，通过鼓励用户的参与构建正向的网络效应，使网站的服务更具吸引力。

Web2.0 应用的基本特征就是参与、互动和分享。参与是指网站的内容由大家提供，但大家愿意提供内容的基础是大家有收藏这些内容的需要。互动是指网站会员之间的互动、会员与公众的互动，其基本形态是朋友圈、文章评注等。互联网最初也有互动性，如 BBS 上的交流，但是由于技术限制，这种互动性不够强。现在，人们通过 Web2.0 技术做自己的博客，阅读自己想读的内容。分享是指大家收藏的内容进行各种形式的输出、交换，使内容的价值最大化。

在这个新阶段，信息的生产和传播不再仅仅是商业资本或者技术精英的特权，原来在商业、技术与大众之间的信息生产和传播的落差被缩小，消除信息垄断成为可能。

Web2.0 是以人为核心的网络模式，是一个更方便地提供用户“织网”的工具。根据用户在互联网上留下的痕迹，组织浏览的线索，提供相关的服务，给整个互联网产生新的价值，由分散的个性化带动思维的聚合，由聚合去促进分散，使互联网的状态变得越来越丰富和密集。它将Web1.0的硕大节点即门户网站不断消解，去努力创造一个更加和谐的自然网络图谱。Web2.0通过社会网络软件（如博客、维客等）将分散的、独立的开发者形成大汇集，用户之间可以建立更加互信和紧密的社会关联。

5. 以自组织为中心

Web2.0发挥的是自组织的力量。个人与个人之间、个人创造的内容与内容之间，以及个人汇聚的群体与群体之间，都是以不同的自组织方式架构起来的。以自组织的方式让人、内容和应用等充分“活动”起来，力量才能最大限度地发挥。要达到自组织的目的，就必须有参与、互动和分享。

6. “草根”性与真实化

“草根”性就是从精英到草根，精英草根化或草根精英化。以前记者要有相关知识背景才能写文章，现在普通大众都可以写文章介绍自己的经验和技术。草根也可以成为精英的一部分。

在Web1.0时期，网络上都是虚拟个体，但Web2.0的基本原则是真实，其社区将推广实名制，即使每个人的名字不算真实，但个人资料起码是可信的，这在SNS（社会网络软件）中体现得更加明显。Amazno公司的前首席科学顾问维根（Weigend）认为，“随着Web2.0应用范围的扩大，它的内容的真实性和引导性会表现出来。当用户长时间地使用社会性软件进行聊天或发表内容时，他通常只用一个固定网名，其实已经在为自己的网上身份建立声誉。在以往的网络时代，只有发文者才有声誉，但现在所有的互联网用户都可以参与进来，并建立信誉。我们可以设想将来网络评价这种社会性的诚信方式，可能会成为比阿里巴巴这种集中性的诚信方式更为重要的信誉诚信，从而影响到商业上的一些变革。”

Web2.0的核心理念也可以归结为它所包含的三大文化，即自由、开放和共享。自由是个性化的前提，开放是自组织的基础，共享是全息化的核心。就Web2.0的核心文化而言，在自由、开放和共享的文化培育下，逐渐形成一种自由、和谐和宽松的文化气氛，不断产生出所特有的智慧和幽默。

三、Web2.0对互联网产生的影响

1. 可重用微内容大量出现

微内容（micro contents）指的是用户产生的各种数据，如网志、评论、图片、收藏的书签、喜好的音乐列表、想要做的事情、想要去的地方、新的朋友等。Web2.0强调用户参与的特性引起微内容的大量出现。虽然传统互联网模式也产生微内容，比如论坛的发言和回复等，但这些内容相对于外界是封闭的，重新组织和利用无从谈起，微内容的重用性是指可以通过一定的标准（如XML）来结构化这些微内容，并通过开放的接口（如开放的API）来提供工具无关性的调用。微内容的普及会带来网络内容的去中心化，而同时，网络上的内容变成一个整体，一个生态系统，不是仅仅一个个的孤岛。

2. 加速互联网新一代网络服务和应用的发展

通过采用各种Web2.0相关的新技术，互联网可以聚合、管理、分享、迁移微内容，并可以

进一步组合（remix and mashup）成各种个性化的丰富应用。借助于大量微内容的网络存储，更多的网络服务方式将会被开发出来。新一代互联网将促使传统桌面软件的开发和使用发生变革，软件本身已经不是核心，重要的是存在于网络上的内容和基于此所提供的服务。

3. 互联网具有更强的社会性并更趋于开放

Web2.0 强调用户参与，并且以人为中心，由于人的社会性，使网络也越来越具有社会性特征。在其影响下，互联网将更多地融入社会性的元素。社会性为网站带来更多的用户互动并产生丰富内容，使网络服务的使用价值与吸引力都大为增加。Web2.0 将把人们更多地吸引到网络上来，人们会花更多的时间加入到网络社会中去，进行模拟性更强的网络生活。另一方面，互联网更加开放，通过"互通"，相关的服务和内容将不再有界限。

4. 全新的信息获取方式

在 Web2.0 模式下，想要获取信息的用户不再像传统模式那样到一些权威的网站上察看是否更新，或者进行所谓的"冲浪"，取而代之的是以推送（Push）方式给用户提供信息将占重要的比重。网络上存在有现成的分类信息来源（RSS，Atom 等格式来组织）供用户选择订阅，或者通过其他的新的网络服务来聚合这些信息。Web2.0 将重新打造网络媒体，人们会更少地直接获取主流媒体的信息，而间接地获取最新的信息资源，从而产生了所谓的"长尾（Long Tail）效应"。

5. 网络信任模式的改变

相对于门户模式的标题罗列、信息堆积相比，Web2.0 的信息源最重要的特点在于它不只是信息，还是与信息相关联的一个个具体的人。例如 blog，它可以让用户在一个时间段内，对一个人进行全面的观察和了解，其结果是信任模式改变了。

6. 用户隐私受到前所未有的威胁

当互联网变得有更多人来参与，尤其是 Web2.0 模式下社会性元素加重，用户将会更多地将个人信息放到网络上，大量的关于个人隐私、对事物的看法、生活习惯等的个人信息会被记录和追踪，这些信息最终将可以在网络上反映出来一个人的"影像"。Web2.0 模式下的互联网将带来前所未有的隐私问题，人们在网络上的活动都会在不知不觉中被 Web 这个庞大的记忆池永久地记下来，而当人类社会的很多活动都要通过网络来完成的时候，互联网将成为人类活动历史的记录器。

第三节 长尾理论与六度空间理论

一、长尾理论

长尾理论（the LongTail）是从统计学中一个形状类似"恐龙长尾"的分布特征的曲线的口语化表述演化而来的。它认为，只要存储和流通的渠道足够大，需求不旺或销量不佳的产品共同占据的市场份额就可以和那些数量不多的热卖品所占据的市场份额相匹敌，甚至更大。例如，在亚马逊网上书店成千上万的商品书中，一小部分畅销书占据总销量的一半，而另外绝大部分的图书虽说个别销量小，但凭借其种类的繁多，占据了总销量的另一半。长尾理论向传统营销学中的二八定律发出挑战。二八定律认为，20%的消费者购买80%的某一类商品，而80%的消费者只购买另外20%的商品。厂商把20%的消费者称为“品牌忠诚者”。传统营销手段受制于薄弱的技术和高昂的成本，使得企业只能更多地关注这20%的消费者，即使像NIKE推出个性化定制运动鞋的服务，也是基于大规模生产的基础和高出一般水平的价格。而互联网技术的不断发展和Web2.0的应用，使得传统的二八定律可能失效。例如，如果将国内的主流门户网站看成网络新闻信息的主要供应商，那么，成千上万的博客们是不是就是那条长长的信息尾巴呢？主流网络媒体毕竟规模有限，而博客们的队伍则继续壮大，两者不同的地方只在于访问率而已。这里的访问率可以类比于电子商务中的市场销量。即使非常偏门和边缘的信息也有需要，即使非常个性化的特色商品也拥有它自己的小小的用户群。因此，在长长的尾巴里隐藏着主体区域所不能满足的市场需求的东西。换句话说，随着相关网络技术的成熟和Web2.0的应用，长尾理论必然将越来越多地替代二八定律。

二、六度空间理论

六度空间理论也叫六度分隔理论或者小世界理论，它来源于一个名为Six Degrees of Separation的数学领域的猜想。1967年，哈佛大学的社会心理学家米尔格兰姆（Stanley Milgram）就设计了一个连锁信件实验。他将一套连锁信件随机发送给居住在内布拉斯加州奥马哈的160个人，信中放了一个波士顿股票经纪人的名字，信中要求每个收信人将这套信寄给自己认为是比较接近那个股票经纪人的朋友。朋友收信后照此办理。最终，大部分信在经过五六个步骤后都抵达了该股票经纪人。六度空间的概念由此而来。这个连锁实验，体现了一个似乎很普遍的客观规律：社会化的现代人类社会成员之间，都可能通过“六度空间”而联系起来，绝对没有联系的A与B是不存在的。六度分隔的现象，并不是说任何人与人之间的联系都必须要通过六个层次才会产生联系，而是表达了这样一个重要的概念：任何两位素不相识的人之间，通过一定的联系方式，总能够产生必然联系或关系。显然，随着联系方式和联系能力的不同，实现个人期望的机遇将产生明显的差别。

“六度分隔”和互联网的亲密结合，已经开始显露出商业价值。人们在近几年越来越关注社会网络的研究，很多网络软件也开始支持人们建立更加互信和紧密的社会关联，这些软件被统称为“社会性软件”（social software）。blog就是一种社会性软件。因为blog写作所需要的个性和延续性，已使blogger圈这种典型的物以类聚的生态形式，越来越像真实生活中的人际圈。据致力于研究社会软件的毛向辉介绍，国外现在更流行的是一种快速交友，或者商业联系的工具，例如LinkedIN。人们可以更容易在全球找到和自己有共同志趣的人、更容易发现商业机会、更容易达到不同族群之间的理解和交流，等等。

【本章小结】

Web2.0从本质上来讲并不是一个具体的事物，而是互联网发展的一个新阶段，是促成这个阶段的各种技术和相关的产品服务的一个称呼。它的互动性和用户主动性等革命性的传播理念，在过去几年间受到了极大的关注，对新一代互联网产生了巨大的影响。目前，Web2.0已经成为一个广泛应用的词汇。本章分析了Web2.0产生的土壤、具备的特点以及现状，并通过案例分析现有已取得成功的Web2.0网站的运作模式，说明了它代表了媒体发展趋势的巨大优势潜力和未来趋势，以用户为中心的理念将占据互联网的主导地位。

应用案例 豆瓣网——Web2.0网站商业模式分析

根据国内互联网大环境和Web2.0的价值核心，下面以豆瓣网为例来分析Web2.0网站的服务模式。

1. 豆瓣网的历史

2004年10月，杨勃（阿北）从美国归来创业，准备以网站作为创业起点。他最初想做一个名为驴宗的旅游网站，后改为图书相关的网站。他曾在北京豆瓣胡同的咖啡馆写着网站的源代码，“豆瓣”之名也由此而来。网站以图书音像评论比较为主，通过网友写的评论吸引顾客点击，由此所获得的用户偏好数据可以用于帮助企业宣传改善的业务。

2005年3月，豆瓣网公开注册。随后，豆瓣网blog开通；条目论坛开放；开放小组收藏功能；豆瓣网搜索以PeopleRank排序显示；开放RSS功能；陆续增加了电影、音乐加入付费下载点播链接；豆瓣网电影、音乐开始与九州梦网合作，提供内容付费下载等内容。

2. 豆瓣网的特色

豆瓣网表面上看是一个评论（书评、影评、乐评）网站，但实际上它却提供了书目推荐和以共同兴趣交友等多种服务功能，更像一个集博客、交友、小组、收藏于一体的新型社区网络。

豆瓣网发现，对多数人的决策最有效的帮助其实来自亲友和同事。随意的一两句推荐，不但传递了他们自己真实的感受，也包含了对你口味的判断和随后的筛选。但现实世界中一个人所有的亲友加起来，听过、看过的仍然有限，而且，口味最类似的人却往往是陌路。所以，豆瓣网决定把口味相同的人联系在一起。

豆瓣网主要通过用户点击及购买电子商务网站的相关产品来获得收入。豆瓣网的盈利模式有点像“返利网”，不同的是，“返利网”把利润与会员分成，但是豆瓣网把利润自己留下了。在豆瓣网上，你可以发表有关书籍、电影、音乐的评论，可以搜索别人的推荐，所有的内容、分类、筛选、排序都由用户产生和决定，甚至在豆瓣网主页出现的内容上也取决于用户。

豆瓣网糅合了三类主要元素：一是简约素雅的界面风格和分享的概念；二是电子商务方面的用户评论和推荐；三是SNS，用相同兴趣作为媒介来交友，建立以书等具体物体为媒介的主题社区。豆瓣网正成为一个越来越完整的文化产品资料库，用户在完善这个资料库的同时，它也把最符合网友爱好的产品推荐到用户面前。由于这种“推荐”是建立在对用户的收藏和评价的分析基础上的，同时还起到了书友会目录的功能，而且比以畅销为主要标准的书友会推荐更有针对性、更个性化，因此准确率非常高，成为豆瓣网吸引用户和电子商务商家的核心因素。

该模式的绝妙之处在于由用户群体自己创造价值，用户blog生成内容和评论（进而影响排序，类似投票规则）、Tag进行分类、SNS加强沟通、bookmark暴露爱好。在内容聚合（且自动分类排序）、形成社区、掌握爱好后，豆瓣网就轻松地拥有了颇具价值的“人”和“物”的信息，综合电子商务站点和社会网络站点的特色，创新了电子商务模式，而这一切都源于用户的“投入”。当然，用户也从中获得了兴趣、交流等需求满足。这种网站与用户的利益捆绑在一起的方式正是Web2.0应用的最佳方式。

3. 豆瓣网的市场推广手法及品牌现状

豆瓣网最重要的收入来源是和购物网站的合作。豆瓣网能够向客户提供书评和书价的比较。在这里，豆瓣网扮演着中介的角色，它向光临网站的顾客提供价值，当用户选中自己感兴趣的书时，可以参考其他用户对该书的评论；在随后出现的书价比较的页面上，所有在线书店的链接地址都含有加入这些购书网联盟的代码，如果用户通过点击这个链接成功实现对某书的购买，豆瓣网就可以与购书的网站实现销售利润的分成，从而带来收入。豆瓣网的价值结构也属于价值网。

与传统门户网站依靠大规模、高成本的市场营销推广自己的手法不同，“豆瓣”的知名度基本上是通过最原始的人际传播方式实现的，也就是依赖于“一传十、十传百”的口碑传播。要让用户数量指数级上升，不光要东西好，还要有两种人：一种是识货的人，他们扮演着意见领袖的角色，周围的人对他们高度信任；还有一种是天生的传播者，他们虽然可能只略知一二，却玩命地对跟人谈论新鲜事物，成为人际网络的枢纽。在豆瓣网的用户群里，两种人都不缺。豆瓣网的成长历程中有三个关键的时间点：

①网友 topku 在自己的 blog 上提到了豆瓣网，代表着口碑传播开始自发进行；②IT 评论人洪波在 blog 上提到了豆瓣网，从那以后，豆瓣网开始成为网上的主流话题之一；③普通网民在日常谈话里提到了“豆瓣”，口碑传播终于蔓延到线下。

而事实上，虽然豆瓣网以其产品的吸引力确实引来 IT 界的广泛关注和用户群的自发传播，但在其运营上还是有市场促进动作的：

首先，网站建站伊始就在《读书》和《万象》这两本国内相对高端的读书类杂志投放过广告，此后也保持着一定的投放频率，这是在目标用户群明确基础上的针对性市场导入行为。

其次，网站在功能设置上很注意与用户个人站外 blog 的关联导引，鼓励并教导用户把豆瓣的图文通过 URL 的形式作为个性内容补充到个人的站外 blog 中。这是一种与市场领先产品主动结合的开放性市场推广思维。

最后，豆瓣网在运营中注意掌握类别用户。如在《查令十字街 84 号》在国内上市前后，该书的中文版译者在豆瓣网上和读者们频繁互动，还把自己其他译作的读后感拿出来和网友们分享。而在此之后，有很多中文译者慕名加入了豆瓣网的用户群，由此而来是更广范围的用户辐射作用。而在我国香港用户表现活跃之际，豆瓣网就顺势推出了针对我国港台地区用户的系列个性化服务，令该地区用户此后增长明显。

现在，豆瓣网被视为中国 Web2.0 应用的示范网站，在多个行业评选和第三方排名中皆处于前列。除了每月增长的用户数量，能证明其成功和品牌效应的莫过于遍地开发的仿“豆瓣”网站，就连成名已久的大众点评网，其最新上线的 3.0 版本，从产品、架构到引导文字都有些许“豆瓣”痕迹。当然，豆瓣网能够在比较短的时间内达到现在的市场规模，在业内引起这么广泛的回响和研究热潮，收获那么多的用户口碑，归根到底还是在于它能抓准用户定位，把握到用户核心需求，并能提供到相关服务这一关键市场点上。

【相关链接】

1. Web2.0 百度百科，http://baike.baidu.com/view/733.htm
2. 豆瓣网，http://www.douban.com
3. 2008 最值得关注的 15 个中国 Web2.0 网站，http://www.showeb20.com/?p=1198
4. 艾瑞网，http://web2.iresearch.cn
5. Web2.0 时代悄然而至，http://it.sohu.com/s2005/web2info.shtml

习　题

一、选择题

1. 下列 Web2.0 的叙述中哪一个是错误的？(　　)

A. Web2.0 里，只需掌握计算机基本的操作技能就能体验

B. Web2.0 是“可写可读互联网”

C. Web2.0 里，每个人都是内容的供稿者，使网站的服务更具吸引力

D. Web2.0 里，用户通过浏览器获取信息，用户之间的交流很少

2. 下列对于 Web2.0 的特征的叙述中哪一个是错误的？（　　）

A. 简单易用的技术支持　　B. 加强用户间交流

C. 以数据为中心来组织数据　　D. 鼓励用户参与

3. 下面的叙述中哪一个是正确的？（　　）

A. Web2.0 的产品和服务，用户没有具体的面貌、个性，它只是一个模糊的群体代名词而已；Web1.0 中，用户是一个实实在在的人，具体的人

B. Web2.0 里，用户只能通过浏览器浏览网页，不能不对其作任何改变；Web1.0 里，用户的信息反馈可随时进行，信息源同时也可以随时更新信息

C. Web1.0 里，用户之间交流很少；Web2.0 里，用户之间可以建立更加互信和紧密的社会关联

D. Web2.0 里，互联网内容是由少数编辑人员定制的；Web1.0 里，每个人都是内容的提供者，使网站的服务更具吸引力

4. Web2.0 的最大特点是（　　）。

A. 交互　　B. 共享　　C. 是一些技术的集合　　D. 速度快

5. 下面哪个不是 Web2.0 的主要表现形式？（　　）

A. 博客　　B. 网摘　　C. SNS　　D. WORD

二、名词解释

1. 读写式互联网
2. Web2.0
3. 微内容的重用性

三、简答题

1. 简述 Web1.0 与 Web2.0 的区别。
2. 问 Web2.0 对互联网会产生哪些影响？

第九章

RSS——内容聚合

【学习目标】RSS是一种崭新的信息获取方式，对互联网内容的浏览方式产生了巨大的影响。本章学习重点是要掌握RSS技术的内涵和用途，深刻领悟RSS的“推”技术的本质以及RSS2.0和1.0的技术规范，了解RSS技术的发展历史与技术规范的划分，熟练运用RSS的各种应用手段和途径。

【关键概念】RSS “推”技术 RSS技术规范 RSS阅读器

在门户网站大行其道、人们已经习惯通过搜索引擎来获取信息的今天，一种全新的信息传播方式已经悄悄地来到我们身边。浏览网页的人可以发现很多网页上有一些标记为“XML”或“RSS”的图标（如 http://rss. people. com. cn）。这些是什么标记呢？答案就是内容聚合的标记。RSS是当前热门的互联网词汇之一，不过，相对于博客来说，RSS的知名度相应要低很多，而且至今还没有一个非常贴切的中文词汇，但是，RSS正在对互联网内容的浏览方式产生着巨大影响。

第一节 内容聚合的概念

内容聚合表面上主要是指用户按照自己的兴趣，在提供内容聚合服务的网站定制特定主题信息，从而使网站将符合该主题的信息主动推送到用户的计算机上。这样，用户在自己的内容聚合浏览器中就可以跟踪浏览定制主题相关的最新内容。

RSS是一个缩写的英文术语，被认为有几个不同的源头，并被不同的技术团体作过不同的解释。一种是网景公司提出的 Rich Site Summary（丰富站点摘要），一种是由 RSS-DEV 工作组提出的 RDF Site Summary（RDF 站点摘要），一种是戴夫·温纳的 Userland 公司所提出的 Really Simple Syndication（真正简单的聚合）。虽然关于RSS的争论一直存在，但本质上三种解释都是指整合技术，而且在目前的RSS技术实现过程中，戴夫·温纳的定义现在已被广泛认可并应用于实践当中，因为它更容易实现和操作。现在已有了RSS的多种版本，不过几乎所有能支持RSS的程序都可以浏览不同版本的RSS。具体来讲，它是一种描述和同步网站内容的格式，是目前使用最广泛的XML应用。它搭建了信息迅速传播的一个技术平台，使得每个人都成为潜在的信息提供者。发布一个RSS文件后，其中包含的信息就能直接被其他站点调用，而且由于这些数据都是标准的 XML 格式，所以也能在其他终端和服务中使用。

如果从 RSS 阅读者的角度来看，完全不必考虑它到底是什么意思，只要简单地理解为网络用户可以在客户端借助于一种方便的信息获取工具（也就是支持 RSS 的新闻聚合工具软件，例如 NewzCrawler、FeedDemon），在不打开源网页的情况下阅读支持 RSS 输出的网站内容。这有利于让用户发现网站内容的更新。RSS 获取信息的模式与加入邮件列表（如电子杂志和新闻邮件）获取信息有一定的相似之处，用户不必登录各个提供信息的网站而通过客户端浏览方式（称为"RSS 阅读器"）或者在线 RSS 阅读方式阅读这些内容。例如，通过 RSS 阅读器，可以同时浏览新浪新闻，也可以浏览搜狐或者百度的新闻（如果你采用了 RSS 订阅的话）。

因此，当人们面对扑面而来的新闻时，不用再花费大量的时间冲浪和从网站下载内容，只要通过 RSS 阅读器，RSS 就会收集和组织定制的信息，按照你希望的格式、地点、时间和方式，直接传送到你的计算机上。在绝大多数新闻信息服务类网站，RSS 和 XML 是典型的提供 RSS 订阅的标志，有的网站使用一个图标，有的同时使用两个，图标一般链接到订阅 RSS 信息源的 URL。当然，即使不用这样的图标也是可以的，只要提供订阅 RSS 信息源的 URL 即可。RSS 方式与原有的 Web 浏览器获取信息的方式对比如图 9-1 所示。

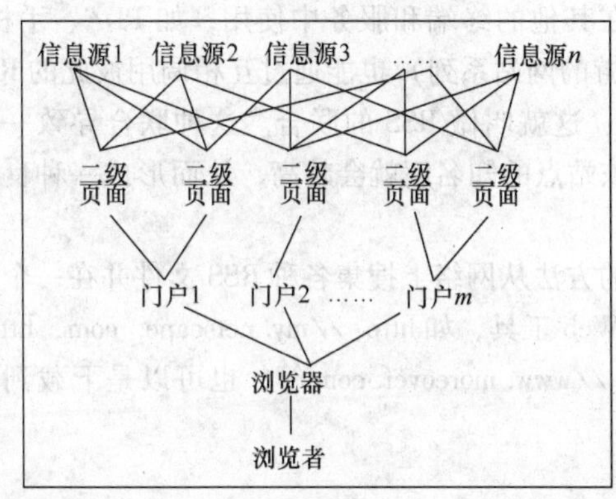

a) 传统Web浏览方式

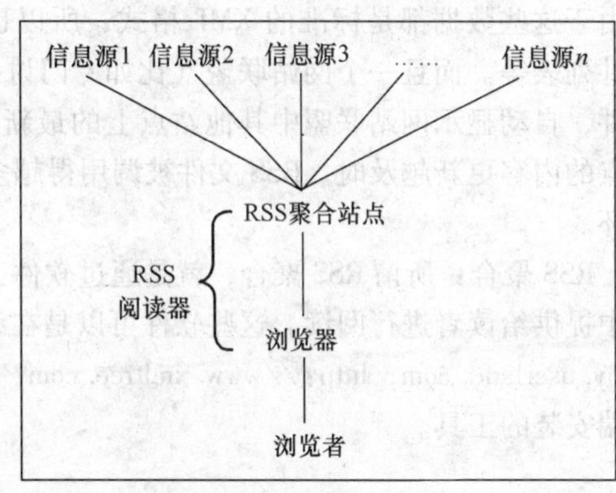

b) RSS订阅Web信息

图 9-1 RSS 与传统 Web 浏览模式比较[⊖]

从图 9-1 中可以看到，在传统的 Web 浏览方式下，浏览者需要打开多个浏览器窗口，进入不同的门户网站或导航站，再次这些站点寻找感兴趣的标题，点击相应的链接后才能看到目标信息。在一些大的门户网站，用户往往需要三次甚至更多的点击才能看到最终的内容页面，并且这些内容不一定是最新的。而在 RSS 方式下，用户可以在 RSS 聚合站点或 RSS 阅读器中有针对性地订阅自己感兴趣的信息源。利用 RSS 技术，目标信息源将内容提要（也就是 Feeds）即时传送到聚合站点或 RSS 阅读器中。用户只要访问一个自己定制的聚合站点或只需打开 RSS 阅读器，就可以获取所有感兴趣的信息，而且这些信息是即时的。

⊖ 图片来自 http://dev.csdn.net。

从本质上讲，RSS 是基于文本的格式。它是 XML（可扩展标识语言）的一种形式。RSS 文件（通常也被称为 RSS feed 或者 channels）通常只包含简单的项目列表。一般而言，每一个项目都含有一个标题，一段简单的介绍，还有一个 URL 链接（比如是一个网页的地址）。其他信息，例如日期、创建者的名字等，都是可以选择的。

从本质上讲，RSS 是基于文本的格式。RSS 文件通常都是 XML 的一种形式，RSS 文件（通常也被称为 RSS feed 或者 channels）通常只包含简单的项目列表。所有的 RSS 文件必须符合 W3C 站点上发布的 XML 规范（相关 RSS 的 XML 的相关设计规范将在第 5 节讲述）。当一个网站要发布内容时，比如新闻，它将以 RSS 文档的格式创建一个内容的描述，特别是这个内容在此网站的什么位置。新闻仅是能用 RSS feed 来发布的内容的一种形式。其他可能的形式还包括论坛摘录、软件宣告，以及用 URL 能得到的任何形式的内容。一般而言，每一个项目都含有一个标题，一段简单的介绍，还有一个 URL 链接（比如是一个网页的地址）。其他的信息，例如日期、创建者的名字等，都是可以选择的。

除此之外，我们有必要了解两个概念——RSS 的联合（syndication）和聚合（aggregation）。

RSS 联合：发布一个 RSS 文件后，这个 RSS 文件中包含的信息就能直接被其他站点调用，而且由于这些数据都是标准的 XML 格式，所以也能在其他的终端和服务中使用，如 PDA、手机、邮件列表等。而且一个网站联盟（比如专门讨论旅游的网站系列）也能通过互相调用彼此的 RSS 文件，自动显示网站联盟中其他站点上的最新信息，这就叫做 RSS 的联合。这种联合导致一个站点的内容更新越及时、RSS 文件被调用得越多，该站点的知名度就会越高，从而形成一种良性循环。

RSS 聚合：所谓 RSS 聚合，就是通过软件工具的方法从网络上搜集各种 RSS 文件并在一个界面中提供给读者进行阅读。这些软件可以是在线的 Web 工具，如 http://my. netscape. com，http://my. userland. com，http://www. xmltree. com，http://www. moreover. com 等，也可以是下载到客户端安装的工具。

第二节　内容聚合的特点

就目前而言，虽然 RSS 已经分化为 RSS 0. 9x/2. 0 和 RSS 1. 0 两个标准，由于分歧的存在和 RSS 0. 9x/2. 0 的广泛应用，RSS 1. 0 还没有成为标准化组织的真正标准。但因为 RSS 0. 9x/2. 0 的广泛应用，RSS 已经逐渐成为包括 RSS、RDF、Atom 等一类标准的代名词，现在广泛用 RSS 代表内容聚合。目前已经有成千上万的站点在使用 RSS 的标准来提供内容整合功能，因此，RSS 已经成为 XML 最成功的应用之一。RSS 使得每个人都有可能成为新闻的提供者，从而使用户可以方便地在自己的计算机上显示有价值信息。由此，还产生了 RSS 门户网站（如后面提到的看天下网站），而且拥有与用户相关的频道。概括地讲，RSS 具有以下特点：

（1）RSS 形成了实时 Web。RSS 不仅允许人们链接到一个 Web 网页，而且还可以使用户通过订阅的方式在每次页面更新时获得更新。因此，Web 就呈现出了实时性的特点。实时 Web 不同于“动态网站”，“动态网站”是动态生成 Web 网页，而实时 Web 的内容不仅包含 Web 网页，而且还包括链接。

（2）RSS 具有商业属性。RSS 通过提供网络信息搜索服务并进行整合，很容易形成相当规模的用户群。存在这样一个的用户群，也就存在潜在需求，用户群越大，潜在客户数量就越多，盈利的机会也就越多。

（3）RSS 形成了一种信息发布的方式。RSS 可以重新定义信息共享的方法，中心站点可以将自己的信息主动推送到用户端的计算机上。正因为如此，许多传统媒体甚至企业也希望借助这种技术把自己的内容推送到用户端，扩大在互联网中的受众群体，提高自身媒体在互联网上的影响力。它将开启新的网络营销浪潮。

（4）RSS 是社会性的。用户在订阅信息时，一方面根据自己的兴趣爱好订阅，另一方面则根据是否是热门内容来订阅。因此，订阅数越多的 RSS 就会被越多的人订阅。由此，在 RSS 订阅中就呈现出了现实社会中的关注热点，也体现了 RSS 的社会性。

（5）RSS 适用于内容追踪。由 RSS 的功能可以看出，RSS 适用于对某个特定内容的追踪关注。

第三节 RSS 的核心思想——“推”技术

要正确系统的理解 RSS 的设计思想，首先必须理解今天互联网新的发展趋势。只有了解当今互联网用户的需求，才能明确 RSS 出现的必要性和合理性。互联网的大多数用户常遇到两大问题：第一是如何在浩如烟海的网上世界中找到自己需要的内容；第二是如何能跟上瞬息万变、永不停息的知识和内容的更新。搜索引擎服务商已经在某种程度上解决了第一个问题，因而成为当前互联网工具的代表。而第二个问题的解决方法目前正悄然出现，这就是基于 RSS 和 Atom 技术的网络内容“推”技术，它们是网民更高效、便捷地跟踪网络世界信息变化的互联网工具。

一、“推”技术的定义

何谓网络内容“推”技术？简而言之，就是网络内容提供者（如门户网站、商务网站、情报中心、博客、网上社区等）向用户不断实时地“推送”最新的信息。用户只要在本地订阅所要的内容和来源，更新的内容就不断地被实时“推”到他面前，而无须在多个网站间“冲浪”，造成无谓的时间精力的浪费。这种网络内容“推”技术的革命意义远不止局限于用户端信息的“实时更新”，其更大的意义表现在两个方面：

（1）这个技术支撑起了互联网上崭新的“信息发布平台”。网上信息发布不再被少数门户网站垄断，每个内容提供者，无论企业还是个人，都可以利用这个平台向所有用户“推”他们的内容，而不再受“中间商”的过滤和延迟。

（2）这个技术提供给每个信息接收者（无论最终个人用户还是内容转载者）一个简易的“聚合工具”，第一次使用户对互联网上的内容有了集中的管理工具。

因此，网络内容“推”技术是互联网新形势下发展的必然趋势。它为信息发布者和接收者提供了很多方便，大大降低了信息流通的成本和搜索成本。

二、RSS“推”技术的实现形式

“推”技术有很多种具体的格式，但总体来说RSS采用的是相当于“新闻概要”的形式。具体而言，就是由于“推”过来的信息一般不只一条，所以首先是个列表，而列表中的每一条信息一般都包括一个题目和一个概述（可以是文字、多媒体文件等任何格式）。另外，在每一条信息的背后是一个指向原始信息源的链接。如果用户要查看该信息的详细内容，点击链接后会自动登录到原始信息源中去。对于短小的内容，发布者也可以将全文“推”出而不采用“概述”的形式。

三、RSS“推”技术的优势

(1) 信息获取的高效率。RSS的“推”技术使用户可以看到没有广告和图片的标题或文章的概要阅读，用户不必阅读全文即可知文章的意思，节约了时间。

由于RSS的“推”的内容一般仅为题目和概述，这种方式比传统的网页下载要快得多，为用户节省了大量时间。不仅如此，由于RSS聚合了大量不同来源的与用户感兴趣的题目相匹配的信息，用户可以在一个界面上浏览到所有关心的内容，而无需在多个网站间“冲浪”。更重要的是，有很多内容源如果没有RSS的聚合，用户将永远无从知道。因此，在用户时间越来越宝贵的今天，基于RSS的聚合和更新，以及其“概要”的形式，使用户将更多的时间和精力投入到分析对其有价值的信息上，大大减少了信息获得过程中的无谓浪费。另外，RSS聚合和更新的内容、频率、内容源、关键字等是完全由用户在本地主动设置的，因此任何“噪声”、“垃圾”等信息的干扰都被自动地排斥在外，给网民一份“纯净”的互联网体验。

(2) 及时性。RSS阅读器会自动更新用户定制的网站内容，保持新闻的及时性。例如，要订阅新闻，可以直接点击博客上的XML图标，或到专栏作者点击订阅文章，即完成订阅，以后每天就可以打开RSS阅读最新文章，而不必打开网页了。

(3) 信息来源广。使用RSS可以根据用户自己的喜好定制多个RSS提要，这样做的好处是从多个新闻来源搜集，然后整合到单个数据流当中。

(4) 有利于网站推广。RSS提交给RSS网站后，不但容易带来网站流量，而且能加快搜索引擎收录与信息的推广。

将RSS与电子邮件比较，可以更清晰地看出前者的优越性：

①利用RSS阅读器接收“推”来的新信息不仅消除了“垃圾邮件”充斥邮箱的烦恼，而且使内容接收者更方便地阅读和管理信息。尽管利用电子邮件的推广方式（类似于病毒式营销方法）还将在很长时间内存在，但用户将越来越偏好使用RSS“推”技术的内容提供商。②RSS优于电子邮件还体现在网络安全上。由于没有“垃圾邮件”，也没有邮件提供商的“强力过滤”（由于很多邮件提供商的强力过滤，很多合法的邮件被当做垃圾过滤掉而未到达用户），用户看到的就是他们订阅的，不多也不少。合法推广信息即使到达用户信箱，也还有一大部分由于与少

数“漏网”的垃圾邮件和众多其他邮件的混合而被用户忽视甚至直接删除。更不用说当用户因为信箱装满了垃圾而转用新地址时，绝大多数情况下是想不起来在所有内容提供者那里更新地址的，提供信息的网站从而失去了与用户的联系。这些对内容提供者来说无疑都是巨大的浪费。RSS“推”技术来与用户建立持久稳定的关系，这在长期来讲是绝对有利的。③RSS优于电子邮件之处还在于目前的一些RSS内容聚合商（如看天下、周博通等）帮助支持RSS“推”技术的内容提供者向用户作宣传。看天下的RSS内容源索引就是一个使用户发现并接受新内容源的增值平台，这与搜索引擎把内容聚合起来向用户作推广是一个概念。

第四节 RSS的盈利模式

微软公司的IE4.0刚刚推出时，有一个新闻频道的功能。这个功能与Netscape推出的新闻频道很相似。在当时，Netscape还是市场上领先的浏览器，它定义了一套描述新闻频道的语言，这就是RSS。而微软也在当时推出了支持自己IE的CDF（Channel Definition Format）数据规格，与RSS非常接近。微软试图用新闻频道的功能把“推”（Push）技术变成一个与Netscape抗衡的主流应用，出乎预料的是，这种技术在当时的环境下始终没有找到合适的商业模型，而且伴随着其他各类网络特性的出现，也无法显现自身的优势。新闻频道在浏览器中的地位最终消沉，最后在IE的后续版本中淡出了历史舞台。新闻频道进入了低谷，而RSS并没有被业界人士所抛弃，是因为RSS在现实应用中存在着巨大的盈利模式，可以归结为以下三点：

（1）投递信息产生广告收入。比如一个用户用RSS订阅了高尔夫的内容，那么每条信息下面都会精准地出现一条高尔夫相关产品的广告，从高尔夫球杆到会员卡都有可能。

（2）做个人门户。让所有的博客都变成这个门户的记者和编辑，利用流量收取广告费。再强调一点，人们不是单纯做RSS工具本身，因为工具只是初级阶段，是卖不了多少钱的，关键是要通过工具聚拢人气，做成个人门户。这正是当下电子商务应用的一个部分。

（3）跨平台的信息聚合。将RSS用于多渠道、多设备的整合信息服务平台，可以为用户提供随时随地、任意设备、个性化的信息服务。用户可以借助PC、手机、PDA、数字电视等多种终端，通过中心网站（如看天下网站）的服务，实现个性化定制，从而获取并管理互联网上的最新信息。

第五节 RSS的设计规范

一、RSS 2.0规范解释

Userland公司先后推出RSS 0.92和RSS 2.0两种规范。RSS 0.91是几种可用版本中最常用的一种，由于RSS 2.0是在RSS 0.92基础上衍生而来的，对于新的RSS提要，更好的办法是使用2.0版。因为这是现行的规范，而且如前所述，它对0.91向后兼容，因此下面主要介绍RSS 2.0规范。

(一) RSS 2.0 文件格式

RSS 2.0 是目前正在广泛使用的一个版本，现在许多 RSS 开发与服务商都是基于 RSS 2.0 规范标准进行应用的。RSS 2.0 的文件格式就是开发过程中的代码格式。戴夫·温纳在编写时意识到规范的修改可能变得难以使用，或者损害已有的应用程序，所以有意地避免了这种情况。他对 RSS 的定义也体现了其内涵——Really Simple Syndication（真正简单的聚合），也就是保持简单是 RSS 的价值所在。所以，其实际操作中的规范相当简便，只要了解基本的 HTML 和 XML 语言格式就可以轻松看懂 RSS 2.0 文件格式的代码。

1. RSS 2.0 标签功能的解释

下面通过介绍每一个标签功能来了解 RSS 2.0 的结构和主要元素。

（1）RSS 文件属于 XML 文件内在属性的定义。<?xml?>定义 XML 文件，并包含两个属性——表示其版本的 version 属性和表示其语言的 encoding 属性。

（2）RSS 文件根元素设置。<rss>为 rss 文件根元素，同时包含一个表示其版本的 version 属性，如：<rss version = "2.0">。

（3）RSS 文件根元素下的频道建立。整个 RSS 文件由包含在<rss>中的一个<channel>元素及其子元素组成。除了频道内容本身之外，<channel>还包含表示对频道本身的描述，比如<title>、<link>和<description>。

（4）频道建立。使用元素<channel>和</channel>建立 RSS 文件的频道。

1）频道本身描述。它一般有三个必须元素，提供关于频道本身的信息：

<title>：频道或提要的名称。通过频道名称，用户就可以了解该频道所提供的内容。

<link>：指明该频道关联站点的 URL 地址。

<description>：简要描述频道的内容，也就是该频道是做什么的。

下面的描述频道本身的子元素都是可选的，是对频道内容的高级定义：

<language>：频道内容所使用的语言（如：<language>en-us</language>表示设为英语，也可设为汉语，用 cn 替代 en-us）。

<copyright>：频道内容的版权信息。

<managingEditor>：指明负责编辑内容的人的电子邮件地址。

<webMaster>：指明负责有关频道技术发布的站点管理员的电子邮件地址。

<pubDate>：频道内容的发布日期，并遵循 RFC 822 所定义的时间格式（如：Mon，24 Aug 2009 10：11：38 EDT）。

<lastBuildDate>：频道内容最后修改日期，同样也遵循上述时间格式。

<category>：指示频道内容所属的一个或更多的分类，在<item>子元素的 category 也遵循该规则（如：ebusiness）。

<generator>：指示生成该频道内容所使用的软件名称。

<docs>：指明 RSS 文件所使用的文档格式，是该格式的 URL 地址。

<cloud>：允许处理程序注册一个被称为 cloud 的 Web 服务来提供频道更新提示，即 Web 服务 cloud 的接口。频道更新时通知它，为 RSS 提要实现了一种轻量级的发布/订阅协议。

<ttl>：是以分钟为单位的生存时间（time to live）值，用于表明频道内容被缓冲的时间（如：<ttl>10</ttl>就是设为10分钟的缓冲时间）。

<rating>：定义该频道的PICS（因特网内容选择平台）等级。

<textInput>：定义可与频道一起显示的文本输入框。

<skipHours>：提示聚合程序忽略的时间点，即哪些小时的更新可以忽略。

<skipDays>：提示聚合程序忽略的时间天，即哪一天的更新可以忽略。

2）频道图片元素<image>的描述。<image>是<channel>元素的可选子元素，常用的<image>元素包含三个必需的子元素：

<url>：表示该频道的GIF、JPEG或PNG图像的URL。

<title>：图像的描述。当频道以HTML呈现时，用作HTML<image>标签的ALT属性。

<link>：站点的URL。如果频道以HTML呈现，该图像作为到这个站点的链接。

通常情况下，title元素、link元素的值与channel的同名子元素取值相同。同时，<image>元素还有三个可选的子元素：

<width>：以像素为单位，用数字表示图像的宽度。其最大值是188，默认值为88。

<height>：以像素为单位，用数字表示图像的高度。其最大值是400，默认值为31。

<description>：描述文本，在呈现时作为围绕着该图像形成的链接元素的title属性。

3）频道项元素<item>的描述。项是RSS文件中最重要的部分。每个项都是关于用户所关心内容的记录。频道中的项经常发生变化，来不断更新内容。一个RSS文件可以有任意多个项，但以前的规范限值为15个项，如果要保持向后相容，这仍然是一个很好的上限。每个项通常包含三个必选元素：

<title>：项的名称，该内容打开时被转换成HTML中的标题。

<link>：该项的URL。打开内容详细阅读时，title通常作为一个链接，指向包含在<link>元素中的URL。

<description>：该项的摘要，是对title进行的简要描述，方便用户了解信息的大致内容。

该项还有其他一些可选的元素：

<author>：作者的电子邮箱地址。

<category>：将记录有组织地进行分类。

<comments>：关于项的注释页的URL。

<enclosure>：支援和该项有关的媒体物件。

<guid>：唯一与该项联系在一起的永久性链接。

<pubDate>：该项的发布时间。

<source>：该项的RSS频道归属，用于把项聚合到一起。

2. 经典的RSS 2.0代码示例

下面通过实际的文件例子来进一步说明RSS 2.0文件的结构和意义。这是一段摘自CNN网站的RSS 2.0的实际文件，很经典，许多RSS教材中都曾引用，其代码及解释如下：

```
<? xml version = "1.0"encoding = "ISO-8859-1"?>
```

（前面已经提到过 RSS 文件也是一种 XML 文件，必须符合 W3C 站点上发布的 XML 1.0 规范，这里是对 XML 文件的版本声明，并且对语言设置为标准的西欧语言，防止乱码。）

<rss version="2.0">

（RSS 文件头，它确定 RSS 文件范围，其属性是声明 RSS 的版本信息，即现在的 RSS 版本是 RSS 2.0）

<channel>

这是 RSS 文件必须有的子元素。它定义了频道的主体框架，并通过频道子元素的其他功能，不断丰富和扩充频道内容。

<title>CNN.com-Technology</title>

定义频道或提要的名称，用于说明 RSS 的服务内容。

<link>http://www.cnn.com/rssclick/TECH/?section=cnn_tech</link>

频道或提要的名称所说明的站点的 URL 的地址。

<description>CNN.com delivers up-to-the-minute news and information on the latest top stories,weather,entertainment,politics and more.</description>

该元素所定义的内容是描述频道或提要名称的具体内容，是对名称的解释，方便用户理解频道要表述的意思。

<language>en-us</language>

设置频道的语言，在此处是设为英语。

<copyright>(c)2006 Cable News Network LP,LLLP.</copyright>

定义频道的版权信息，维护企业的合法利益。

<pubDate>Mon,24 Aug 2009 10:11:38 EDT</pubDate>

这里是指明频道的内容发布时间。

<ttl>10</ttl>

频道的内容加载到用户端上时的需要时间，超过一定的时间就会将其放弃，这就是数据加载的生存时间——time to live，本元素是以分钟为单位设置频道内容被缓冲的时间。

说明：上述这部分代码是对频道的主题内容进行声明，是在<channel>元素下，利用其子元素功能对频道本身进行名称<title>、URL 地址<link>、语言<language>、版权<copyright>、发布时间<pubDate>和缓冲时间<ttl>等信息的描述。

<image>

频道元素可选的图片子元素，是定义当频道在 HTML 文件显示时图片的各种属性

<title>CNN.com-Technology</title>

对图像名称的定义，当频道内容在 HTML 文件中显示出来，用作<HTML 标签的 ALT 属性>。

<link>http://www.cnn.com/rssclick/TECH/?section=cnn-tech</link>

定义图像所链接的网站地址，当频道以 HTML 形式出现，该图片就作为到一个站点的链接。

<url>http://i.cnn.net/cnn/.element/img/1.0/logo/cnn.logo.rss.gif</url>

设置图像的 URL 地址，指明图片的来源。

<width>144</width>
定义图片的宽度，这里是以像素为单位进行设置的。
<height>33</height>
定义图片的高度，同样也是以像素为单位进行设置的。
<description>CNN.com delivers up-to-the-minute news and information on the latest top stories,weather,entertainment,politics and more.</description>
用文本语言，作为频道在 HTML 呈现时围绕该图像形成的链接元素的 title 属性。
</image>
图片元素的结尾符，图片的起始和结束符划定了一个图片设定属性的代码范围。

说明： 这部分是对频道中图片内容从 RSS 阅读器客户端跳跃到浏览器时，各种连接的属性配置，方便用户从客户端进入站点访问。一个阅读器的客户端应当有声有色，完全由文字组成的文章块并不能满足用户的需求，因此应当在频道设计中加入图片，这样不仅可以丰富频道内容，而且也简化了一些文字的描述。

<item>
频道元素必选的项子元素，通过一个个的项将频道所包含的内容简化为类似于“报道”的信息块，频道元素可以包含多个项。
<title>World Cup blogs a gooooaaaaal with fans</title>
定义项的名称，向客户端传送最新信息的提要，也是对应所链接网页文章的名称。一个 RSS 文件格式内含有多个项。
<link>http://www.cnn.com/rssclick/2006/TECH/internet/06/30/world.cup.blogs.ap/index.html?section=cnn-tech</link>
这里是指明频道提供的项的原网页链接地址。用户点击链接时，就会连到原始网页，并在 RSS 阅读器客户端或浏览器中显示出来。
<description>Read full story for latest details.</description>
该处是描述项的内容，即文章内容的摘要。由于项名称只是内容的标题，为了让用户便于了解主要内容，必须对其进行摘要描述。
<pubDate>Fri,30 Jun 2006 11:20:31 EDT</pubDate>
定义项的发布时间。
</item>
项元素的结束符，项的起始和结束符划定了一个项的代码范围，这样就用一个模块描述了一个项的内容和属性。

说明： 这部分是通过项元素子元素的属性设置，将频道所链接的内容进行概括和整理，以一个项返回给用户的客户端。这正是 RSS 的优势所在，即并不是像搜索引擎那样简单地将搜索到的标题结果显示给用户，而是将搜索到的信息以标题和摘要的形式传递到客户端。项元素的使用不仅提高了信息的传输速度，而且更方便用户进行信息选择。（后面部分均是频道内各个项的设置，这里就不再赘述了。）

```
<item>
    <title>Making MySpace safe for kids</title>
    <link>http://www.cnn.com/rssclick/money/magazines/fortune/fortune-archive/2006/07/01/8380854/index.html?section=cnn-tech</link>
    <description>Perhaps MySpace-the social-networking site that is home to more than 80 million users-has always been a lawsuit waiting to happen.But when a 14-year-old Texas girl and her mother filed a $30 million suit against the site and its owner,News Corp.,on June 19 for failing to protect the site's youngest users,the risks of MySpace's open-access policies became apparent.The girl says that a 19-year-old posing on the site as a high school football player lured her in May to an apartment-complex parking lot ,where he sexually assaulted her.</description>
    <pubDate>Mon,10 Jul 2006 00:01:00 EDT</pubDate>
</item>
<item>
    <title>Flashpacking clicks with great outdoors</title>
    <link>http://www.cnn.com/rssclick/2006/TRAVEL06/30/trv.us.flashpacking.ap/index.html?section=cnn-tech</link>
    <description>Read full story for latest details.</description>
    <pubDate>Fri,30 Jun 2006 10:20:29 EDT</pubDate>
</item>
<item>
    <title>Microsoft's Office 2007 hits snag</title>
    <link>http://www.cnn.com/rssclick/2006/TECH/ptech/06/29/Microsoft.office.ap/index.html?section=cnn-tech</link>
    <description>Read full story for latest details.</description>
    <pubDate>Fri,30 Jun 2006 04:09:51 EDT</pubDate>
</item>
<item>
    <title>Stolen VA laptop recovered</title>
    <link>http://www.cnn.com/rssclick/2006/US/06/29/vets.security.ap/index.html?section=cnn-tech</link>
    <description>Read full story for latest details.</description>
    <pubDate>Thu,29 Jun 2006 13:11:39 EDT</pubDate>
</item>
<item>
```

```
        <title>offer 'easy' payment service</title>
        <link>http://www.cnn.com/rssclick/2006/TECH/internet/06/29/checkout.reut/index.html?section=cnn-tech</link>
        <description>Read full story for latest details.</description>
        <pubDate>Thu,29 Jun 2006 10:11:38 EDT</pubDate>
    </item>
    <item>
        <title>Nebraska's child-support computer system hacked</title>
        <link>http://www.cnn.com/rssclick/2006/TECH/06/29/treasurer.hacker.ap/index.html?section=cnn-tech</link>
        <description>Read full story for latest details.</description>
        <pubDate>Thu,29 Jun 2006 16:00:48 EDT</pubDate>
    </item>
    <item>
        <title>New crop of iPods could be delayed</title>
        <link>http://www.cnn.com/rssclick/money/2006/06/28/technology/apple/index.html?section=cnn-tech</link>
        <description>The next generation of iPods,which investors are eagerly awaiting to boost Apple's sales,could face major delays,according to an analyst who follows the company.</description>
    <pubDate>Wed,28 Jun 2006 12:58:09 EDT</pubDate>
    </item>
    <item>
        <title>Internet providers to combat child porn</title>
        <link>http://www.cnn.com/rssclick/2006/TECH/internet/06/28/fighting.child.porn.ap/index.html?section=cnn-tech</link>
        <description>Read full story for latest details.</description>
        <pubDate>Wed,28 Jun 2006 11:47:56 EDT</pubDate>
    </item>
  </channel>
</rss>
```

（二）RSS 2.0 的扩展

RSS 2.0 含有许多元素用于频道的建立。为了不断丰富频道内容和形式，它还有可扩展性，因此可以使用规范中没有的元素。但是当初为了简化规范，并没有花费多少时间和精力定义如何实现扩展，而是直接使用了由 W3C 定义的命名空间技术，将 RSS 规范中没有的元素定义在一个命名空间里。它把 RSS 规范的完善问题交由开发商来解决，通过命名空间进行模块化设计，形成不同的聚合格式并使用新的格式名字。

那么什么是命名空间技术？命名空间技术的产生是由于XML允许用户自定义标记，因此就有可能产生不同的人定义的标记相同但含义却不相同的情况，容易在交互时产生错误。为避免这种错误，XML采用命名空间来声明标记的具体含义是什么。在XML文件中写入一个网址来作为标记，相当于用网址在命名空间上签名。可以看出，命名空间技术的基本的思想就是增加标签，并与名称空间一起使用。来看一个例子：假如创建一组关于电子商务的元素，并让<analog>作为一个“ebusiness”元素。首先，增加一个如下的名称空间：

xmlns：ebusiness = http：// www. lewingroup. com/ ebusinessChannel

这就创建了一个名为“ebusiness”的名称空间，并表明这个名称空间的文档所在的位置。其次，在使用<analog>元素时，使用这种格式：<ebusiness：analog>，即可在RSS文件中加入新的元素，而且与其他类似的含义也能区分开来，比如<sciencefiction：analog>或<synthesizers：analog>。

下面是一个更实际的例子，一个RSS 2.0规范的示例文件：

```
<?xml version="1.0"?>
<rss version="2.0"
xmlns:blogChannel="http://backend.userland.com/blogChannelModule">
    <channel>
        <title>Scripting News</title>
        <link>http://www.scripting.com/</link>
        <description>A weblog about scripting and stuff like that.</de-
        scription>
        <language>en-us</language>
        <blogChannel:blogRoll>
http://radio.weblogs.com/0001015/userland/scriptingNewsLeftLinks.opml
        </blogChannel:blogRoll>
        <item>
            <description>Joshua Allen:
<a href="http://www.netcrucible.com/blog/2002/09/29.html#a243">
Who loves namespaces? </a></description>
            <pubDate>Sun,29 Sep 2002 19:59:01 GMT</pubDate>
            <guid>
http://scriptingnews.userland.com/backissues/2002/09/29#When:12:59:01PM
            </guid>
        </item>
    </channel>
</rss>
```

说明：在这个例子中，首先定义了一个称为 blogChannel 的名称空间。它指向一个文档，该文档解释了 weblog 的一个新元素，即<blogroll>元素的用法。文档说明，blogroll 是 weblog 中的一个链接集合，指向与您的 weblog 内容相关的站点。

<blogChannel：blogRoll>元素提供了用户或软件所需要的信息，使用户知道 blogRoll 是一个定义在 blogChannel 名称空间中的元素，而且可以找到这个文档的位置。这样通过命名空间技术就可以扩充元素，丰富频道。

二、RSS 1.0 规范解释

RSS 1.0 是由 RSS-REV 工作组开发设计的被称为 RDF 站点摘要（RDF Site Summary）的标准。该标准是一个轻量级的多用途的可扩展的元数据描述的聚合格式。它也是 XML 的一个应用，遵循 W3C 的 RDF 规范，并且可以通过 XML 命名空间或者基于模块的 RDF 进行扩展。

RDF 允许描述丰富的元数据关系。元数据就是提供关于信息资源或数据的一种结构化的数据，是对信息资源的结构化的描述。RSS 1.0 具有描述信息资源或数据本身的特征和属性，具有定位、发现、证明、评估、选择等功能，将数据规范化传播。

（一）RSS 1.0 标签功能

RSS 1.0 代码规范的最大特点就是模块化设计，通过将一个<rdf：RDF>元素构建的文档分为频道模块、图像模块、项模块和文本输入模块，然后分别进行描述和定义，并通过 URL 地址进行通信。这不仅使整个文档结构变得简单，而且还提高了模块的可移植性，进而提高工作效率。可以根据模块结构重新整理 RSS 1.0 的核心语法：

首先，是对 XML 文件的版本信息的声明。虽然现在的 RSS 1.0 规范可以不需要这个声明，但是 RSS 文件是一种 XML 文件，理应遵循 XML 规范，这是一个好习惯，便于我们更好地理解一种规范语言。

其次，使用<rdf：RDF>元素定义 RSS 文件代码的框架。整个 RSS 文件都是通过其中代码的编写而不断扩充和丰富的。这是 RSS 代码执行的标记，标记内的代码才能被执行。它的语法是使用“一个开放的 RDF 标记 rdf：RDF 语法样式为前缀的命名空间”的形式定义 RSS 1.0 的样式作为 RSS 1.0 文档默认命名空间。

最后就是模块化设计。RSS 分为不同模块，主体模块是频道模块，其他模块都是在主题模块基础上建立起来的，并且它们之间是通过相应的 URL 地址进行通信。URL 的唯一性和标准性是这种模块化设计成为可能的关键。

1. 频道模块设计

<channel>元素首先定义一个频道模块，是一个 RSS 文档必选的元素，其中的 rdf：about 属性是定义唯一的一个并且用来鉴别频道的 URL 地址。一般来说，它不是被描述的主页的 URL 地址就是该 RSS 文件所在位置的 URL 地址。这个属性是必须包括的，因为它确定一个频道的唯一性。<channel>元素包括一些必选子元素，它们定义频道的标题、简要内容和链接等信息，如：

<title>：用于定义频道的描述性标题，如果频道以 HTML 语言在浏览器打开时就显示为

title标题。

<link>：指明该频道所链接的URL地址，也是链接到频道的HTML表现后的页面的URL，通常为主页或新闻站点的URL地址。

<description>：描述频道基本的信息，简要说明频道所具有的功能、内容和来源等。

<items>：用于建立一个RDF的内容表，将文档条目（item）和特定RSS频道（channel）联系起来。每个item元素rdf：resource的URL必须和相关联的item模块的rdf：about的URL一致。并且通过使用RDF序列（sequence）来包含所有文档条目。但是要注意，如果文档中出现了非channel的文档条目序列，解析时就可能会被RDF解析器丢弃。

下面是<channel>元素具有的一些可选元素，当这些可选元素对应的其他模块在使用时，就变为必选元素。

<textinput>：建立一个可选的textinput模块和该特殊的RSS频道之间的RDF联系。rdf：resource的URL必须和textinput元素的rdf：about的URL一致。

<image>：建立一个可选的image模块和该特殊的RSS频道之间的RDF联系。rdf：resource的URL必须和image元素的rdf：about的URL一致。

2. 图像模块设计

<image>：RSS文档的可选元素，是定义与频道的HTML页面相关的图像关联。图像格式须是多数网络浏览器所支持的格式中的一种。它丰富了网站的样式。如果使用这个元素，那么在频道模块中也必须同时存在相对应的元素，而且其属性rdf：about也必须包括的，这是与频道模块通信唯一标识符。<image>元素包括下列子元素：

<title>：定义图像的名称。在频道以HTML表示后，所定义的名称就是与频道（channel）的image标签相关联的替代文本（即ALT属性）。

<url>：指明图像来源的URL地址。也是在频道以HTML表示后，所指明的URL就是与频道（channel）的image标签相关联的src属性的图像存储地址。

<link>：指明图像所对应的链接。是在频道以HTML表示后，图像所链接到频道的URL地址，这里通常与频道模块中定义的链接地址相同。

3. 项模块设计

<item>：RSS文档的必选元素，一般用于描述新闻标题。其属性rdf：zbout也必须设置，并且与频道RDF列表中的URL地址相同。一个RSS文档中可以含有多个项模块，但至少含有一个项模块。RSS 1.0并没有模块数量上限限制，不过之前的RSS 0.91限制上限为15个，为了保持向后规范的兼容性，建议应当使用这个上限。项模块主要含有三个子元素：

<title>：定义项的名称，即新闻标题，也是向用户端返回的聚合结果。

<link>：指明标题所对应的链接，用户点击后可以链接到网页原始地址并且在RSS的浏览器中显示出来。

<description>：对标题进行简要描述，向用户提供该标题的摘要。

4. 文本输入模块设计

<textinput>元素同样是RSS文档的可选元素，提供一种用于提交表单数据到指定URL地址

进行处理的功能。指定的 URL 地址通常位于父站点内，接收端在表单处理程序使用面向技术仅处理 HTTP GET 方法，而且其属性 rdf：about 也必须包括的，并和频道模块中定义的 textinput 的 URL 地址相同。该模块有下列的子元素：

<title>：定义 textinput 的标题，使用户一眼就明白文本输入的作用。

<description>：对 textinput 的用途和功能进行简要描述。

<name>：定义 textinput 对象的名称，由于表单处理程序使用面向技术，因此这个对象名称就是程序使用的变量。

<link>：将 textinput 所取得的信息提交到指定的 URL 地址。

（二）RSS 1.0 经典示例文件及解释

下面通过对一个 RSS 1.0 示例文件的解释，逐步介绍其语法规范。代码示例如下：

```
<? xml version = "1.0"? >
```

这是对 XML 文件的版本声明。

```
<rdf:RDF
xmlns:rdf = http://www.w3.org/1999/02/22-rdf-syntax-ns#
xmlns = http://purl.org/rss/1.0/ >
```

这是 RSS 1.0 文件最顶层的元素，用于定义 RSS 1.0 文档的标记，相当于 RSS 2.0 的<rss>根元素。这里使用 xmlns：rdf = http：// www. w3. org/1999/ 02/ 22-rdf-syntax-ns#语句来定义 RSS 1.0 的样式作为其默认的命名空间，并且表明文档所在的地址。

```
<channel rdf:about = "http://www.xml.com/xml/news.rss">
```

这里在<rdf：RDF>元素内使用频道元素构建频道框架，这并不同于 RSS2.0 将所有的项建立在频道内。RSS 1.0 先是通过建立一个标准的频道框架，然后再其外部建立项，这样前面已建立的频道模块就可以具有可移植性。文档中的 rdf：about 属性是唯一的并且用来鉴别频道的 URL。

```
<title>XML.com</title>
```

定义频道的名称，是频道以 HTML 语言在浏览器打开时的 title 标题。

```
<link>http://xml.com/pub</link>
```

指明该频道所链接的 URL 地址，常为站点的所在 URL 地址。

```
<description>
XML.com features a rich mix of information and services for the XML community.
</description>
```

描述频道的信息，简要说明频道的内容、来源和功能。

```
<image rdf:resource = "http://xml.com/universal/images/xml_tiny.gif"/>
```

仅在下述的图像元素存在时必选，将图像元素与这个特定 RSS 频道之间建立 RDF 关联。这里的 rdf：resource 属性是与 RSS 进行 RDF 关联的图片的 URL 地址。

```
<items>
```

使用频道元素下的项子元素建立一个内容的 RDF 表，主要关联文档的 items 与 RSS 内容项的 URL

地址，这样频道模块就和向模块建立起映像，可以进行通信。

<rdf:Seq>

具体的 RDF 列表元素，用于将项模块的 URL 映像建立在 RSS 频道中。

<rdf:li resource="http://xml.com/pub/2000/08/09/xslt/xslt.html"/>

将一个项模块中信息的链接建立在频道内。

<rdf:li resource="http://xml.com/pub/2000/08/09/rdfdb/index.html"/>

将另一个项也建立映像。

</rdf:Seq>

</items>

<textinput rdf:resource="http://search.xml.com"/>

仅在下述的 textinput 元素存在时必选，将这个元素与这个特定 RSS 频道之间建立 RDF 关联。这里的属性就是 textinput 元素所指向的链接地址。

</channel>

频道定义的结束符。

<image rdf:about="http://xml.com/universal/images/xml_tiny.gif">

在图像模块中定义与频道的 HTML 页面相关的图像关联。其属性值作为映射频道模块内的 URL 地址。

<title>XML.com</title>

定义图像的名称，在频道的 HTML 页面中，image 标签作为 ALT 属性值。

<link>http://www.xml.com</link>

指明频道的 HTML 页面中图像所链接到 URL 地址。

<url>http://xml.com/universal/images/xml_tiny.gif</url>

指明图像来源的 URL 地址，作为频道的 HTML 页面中 image 标签的 src 属性值。

</image>

图像元素的结束符。

<item rdf:about="http://xml.com/pub/2000/08/09/xslt/xslt.html">

在项模块中定义要在 RSS 频道的发布信息项，用属性值作为映射频道模块内的 URL 地址，两个模块就可以进行通信。

<title>Processing Inclusions with XSLT</title>

定义信息的标题，向客户端传送最新信息的提要，也是对应所链接网页文章的名称。一个 RSS 文档内含有多个项。

<link> http://xml.com/pub/2000/08/09/xslt/xslt.html</link>

指明标题所链接到原始网页的 URL 地址。用户点击链接时就会连到原始网页，并在 RSS 阅读器客户端或浏览器中显示出来。

<description>

Processing document inclusions with general XML tools can be problemat-

```
ic.This article proposes a way of preserving inclusion information through SAX-based processing.
  </description>
```

该处是对标题进行简要的描述，方便用户理解信息的主要含义。

```
 </item>
```

(下述项模块也是根据上述子元素建立的,不必赘述。)

```
  <item rdf:about="http://xml.com/pub/2000/08/09/rdfdb/index.html">
     <title>Putting RDF to Work</title>
     <link>http://xml.com/pub/2000/08/09/rdfdb/index.html</link>
     <description>
Tool and API support for Resource Description Framework is slowly coming of age.Edd Dumbill takes a look at RDFDB,one of the most exciting new RDF toolkits.
    </description>
  </item>
  <textinput rdf:about="http://search.xml.com">
```

这里是文本输入模块，可提交表单数据到任意 URL 地址，常位于父站点。在接收端的表单处理程序仅处理 HTTP GET 方法。其属性值也是映射到频道的 URL 地址。

```
<title>Search XML.com</title>
```

定义文本输入的标题。

```
<description>Search XML.com's XML collection</description>
```

对文本输入用途的简要描述。

```
<name>s</name>
```

定义 textinput 对象的名称，是在表单处理程序中使用的变量。

```
<link>http://search.xml.com</link>
```

由文本输入的内容所提交到的 URL 地址。

```
</textinput>
</rdf:RDF>
```

根据 RSS 1.0 核心语法我们可以编写 RSS 文档，而且命名空间技术使 RSS 1.0 具有了可扩展性，这给我们留下了很大的想象空间。不过，在实际应用过程中，用命名空间技术进行扩展是继承了 RSS 1.0 规范的模块化设计思想。常用的可扩展模块主要有以下几个：Dublin Core 模块，该模块的 Dublin Core 元数据元素集提供标准的元数据元素；Syndication 模块，该模块提供聚合程序和其他读取 RSS 1.0 文件的程序关于 RSS 1.0 文档的更新频率。使用这些可扩展模块可实现对 RSS 文件的扩充。

第六节　RSS 的订阅与发布

了解了 RSS 的主要内容和原理后，我们可以用 RSS 来订阅 blog、文章、新闻。

一、RSS 阅读器

使用 RSS 必须有 RSS 阅读器，一个 RSS 阅读器在桌面上显示为 RSS 浏览器，后台将处理用户关注的信息点，将多个相关的信息来源整合在一起作为结果返回到用户的 RSS 浏览器中。根据后台的运行位置不同，目前的 RSS 阅读器基本可以分为 4 类：

（1）桌面阅读器。这是应用最多的阅读器。它是运行在计算机桌面上的应用程序，通过所订阅网站的新闻供应，可自动、定时地更新新闻标题。在该类阅读器中，有 Awasu、FeedDemon 和 RSSReader 等流行的阅读器，都提供免费试用版和付费高级版。国内也推出了几款 RSS 阅读器：周博通、看天下、博阅。另外，开源社区也推出了很多优秀的阅读器，如 RSSOWl（完全 java开发）不仅是完全支持中文界面，而且还是完全的免费软件。

（2）新闻阅读器。它通常内嵌于已在计算机中运行的其他应用程序中。例如，NewsGator 内嵌在微软的 Outlook 中，所订阅的新闻标题位于 Outlook 的收件箱文件夹中。另外，Pluck 内嵌在 Internet Explorer 浏览器中。

（3）在线阅读器。其优势在于不需要安装任何软件就可以获得 RSS 阅读的便利，并且可以保存阅读状态，推荐和收藏自己感兴趣的文章。在线阅读器一般需要用户注册账户才可以使用。提供此服务的有两类网站，一种是专门提供 RSS 阅读器的网站，例如国内的鲜果、抓虾；另一种是提供个性化首页的网站，如国外的 netvibes、pageflakes，国内的雅蛙、阔地。

（4）手机阅读器。订阅感兴趣的 RSS 频道，同样可以在手机上阅读。目前比较好的 RSS 手机阅读器有 MiHome 维信等。

二、订阅

RSS 订阅的方式很简单，远比订阅邮件列表省事，不需要网站的确认，只要将提供 RSS 新闻订阅网站的 RSS 订阅地址（XML 文件），根据 RSS 阅读器添加频道的操作方式添加进来就可以。当然，前提是要先安装一个 RSS 阅读器。

安装 RSS 阅读器之后，将提供 RSS 服务的网站加入到 RSS 阅读器的频道即可。大部分 RSS 阅读器本身也预设了部分 RSS 频道，如新浪新闻、百度新闻等。

至于订阅 RSS 新闻的方式，最简单的就是将 RSS 新闻的 URL 复制下来，运行 RSS 新闻阅读器，根据使用说明添加一个频道就可以。以看天下网络资讯浏览器为例，点击左上方第一个按钮“新建频道”，下一步是“从一个制定的频道 URL 中获取频道源”，然后，输入复制的 URL 并且设置一个频道名称就可以了。

一些内容丰富的网站，通常提供多个频道/栏目的 RSS 订阅服务，每个频道/栏目均有一个独立的 XML 文件，用户可根据自己的需要选择订阅。

三、RSS 常用订阅代码

目前主流博客系统都有 RSS 文件格式，方便添加收藏与信息传播推广。网站加上 RSS 格式，不但方便用户订阅喜欢的博客的最新内容，还能起到宣传网站、增加流量、提高搜索引擎蜘蛛的抓取速度等作用。

例如，抓虾订阅的代码如下：

```
<A href="http://www.zhuaxia.com/add_channel.php? url=您博客的 RSS 地址"
target=_blank><IMG style="MARGIN-BOTTOM:3px"alt=抓虾
src="rssdy/zhuaxia.gif"vspace=2 border=0></A>
```

四、Web 站点内容提供者如何发布 RSS 内容

RSS 是包含你要发布的信息（标题、简介、内容等信息）的标准的 XML 文件。它遵循所谓的 RSS 技术规范定义的格式。RSS 文件本身定义的是内容，并没有定义内容的显示方式。通常要通过 RSS 阅读器来解析内容，并显示出来。针对不同情况，有三种办法用来生成 RSS 文件。

（1）根据 RSS 规范用文本编辑器或 XML 编辑器甚至 FrontPage 网页编辑器来写 RSS 的 XML 文件。这种方法效率低，只适合个人用户的少量信息发布。

（2）对于普通用户，网上也有很多服务商提供了专业的 RSSFeed 的生成工具。如：RssPublisher（www. rsspublisher. com）、Feed for All（www. feedforall. com）、FeedSpring（www. usablelabs. com/pruductFeedSpring. html）等工具，然后利用 feedvalidator（www. feedvalidator. org）等工具进行验证。这些工具大大提高了效率，但对于大型网站仍然不够。

（3）对于大规模的高频率的信息发布，由于 RSSFeed 创建工作的规律性很强，因此，可以自己开发一段程序来自动运行，让它自动定时生成 RSSFeed 文件。

RSS 是一个适合发布所有内容的“新媒体”。到目前为止，绝大多数内容提供者用 RSS 来发布他们更新内容的“提要”，因此常见的 RSS 内容大多是一个标题、一个摘要、一个链接等。事实上，RSS 是一个全能的新的信息传播渠道，它可以传递任何形式的内容，包括文字、多媒体、甚至软件下载等。而且，在很多企业里，RSS 已经成为一个新的内部知识管理、内容管理、项目协作的有力工具。他们利用 RSS 方便的发布和聚合功能，使企业内员工很轻松地进行多对多的交流，跟踪彼此进度，共享新资源。

【本章小结】

本章首先介绍了 RSS 技术的内涵和用途，使读者对于内容聚合的概念有了初步的认识；然后对 RSS 技术的发展历史作了梳理，逐渐使读者明白虽然这个定义目前并没有得到统一，但是可以根据实际实践过程中对 RSS 的理解来描述它；之后总结了 RSS 的特点和 RSS 的核心思想——“推”的技术以及它的初步的盈利模式；接下来主要介绍 Userlander 公司的 RSS 2.0 和由 RSS-REV 工作组开发设计的 RSS 1.0 两种规范（这两种规范各有各自的优点——RSS 2.0 代码结构和设计语言简单；RSS 1.0 采用模块化设计，使其具有很好的可扩展性和移植性）；后面还介绍了 RSS 阅读器以及 RSS 订阅和发布的方法。

初次了解内容聚合，容易使人陷入技术标准之争。当我们深入了解RSS技术后，会发现RSS不仅仅是一个技术或标准的名称，而更是新时代“传媒”的概念。由于其具有更好的时效性、个性化、可操作性和互动性，是给传统的平面和互联网媒体带来的巨大契机。作为用户、内容提供商和RSS服务提供商，RSS具体是以什么技术实现的并不重要，最重要的是实现这个新时代“传媒”的全部潜能，为信息的透明化、效益的最大化提供了条件，为最终用户提供最大的价值。这正是RSS所具有的商业价值。

实践案例　看天下网站

看天下网站是中国较大的RSS开发与服务商和提供内容聚合的网络平台。网站首页（http://www.kantianxia.com）提供“PC版阅读器”、“网络版阅读器”、“RSS地址目录”、“RSS搜索引擎”、“RSS知识库”等系列服务。

一、PC版阅读器——看天下网络资讯浏览器

看天下网络资讯浏览器是国内使用比较普遍的一款RSS阅读器。下面主要讲解如何使用这个阅读器。

【操作步骤】

第一步：登录看天下网站下载并安装看天下网络资讯浏览器客户端软件。只需简单地点击“下一步”，即可完成安装过程。

第二步：利用资讯浏览器搜索内容。看天下浏览器内置了搜索功能，方便用户搜索。在浏览器的搜索栏中输入想知道的内容，比如输入“珠海航展”，搜索结果中就会列出有关珠海航展的标题。单击任何一个标题，在下方的浏览器中就会显示该标题的摘要。如果想详细阅读文章内容，点击“我要立即阅读详细内容”，阅读器就会将该文章的原始网页在浏览器中显示出来，并且可以改变浏览器的大小。

第三步：频道添加。看天下网络资讯阅读器提供了两种基本的频道添加方式：一是通过RSS Feed添加；二是通过OPML添加。下面先介绍这两个概念。

前面讲过，RSS Feed是指RSS的定义文件，可以把它理解为一个网络新闻链接，通过这个链接，RSS阅读器能够从中定期下载其包含的内容并显示给用户。看天下的浏览器对各版本的RSS Feed都能提供良好的支持。

OPML即Outline Processor Markup Language（大纲处理标记语言），与RSS2.0和1.0规范一样，也是一种XML规范的文件格式。如果遵循OPML格式处理输入输出的资料信息，那么，这些信息就可以在不同系统、不同软件之间相互传递，实现数据在异构环境中的交换。在RSS中，它的主要用途是用来交换RSS Feed。一个OPML文件中可以包含多个RSS Feed信息，这样如果一个RSS阅读器支持OPML文件的话，导入RSS Feed就不再是一件费时费力的事情。看天下网络资讯阅读器支持OPML的阅读器。用户可以在获得OPML文件后一次性将其导入到阅读器中来。如读者想详细了解OPML规范，可登录http://www.opml.org查看。

采用第一种办法时，先通过RSS Feed来添加在频道树下的任意一个频道。单击鼠标右键选择“添加频道”会弹出添加频道向导对话框，首先是选择频道源模式，通常选择默认模式，然后单击“下一步”，如图9-2所示。

在输入频道源URL对话框中输入有效的频道源URL地址，通常是以“.xml”格式结尾的地址。本例中选择的是人民网经济新闻的频道源，并单击下一步，如图9-3所示。最后输入频道的标题并且选择归属的频道组。这样就完成了对RSS Feed的订阅，在浏览器左边频道树下就会显示所添加的RSS Feed，如图9-4所示。

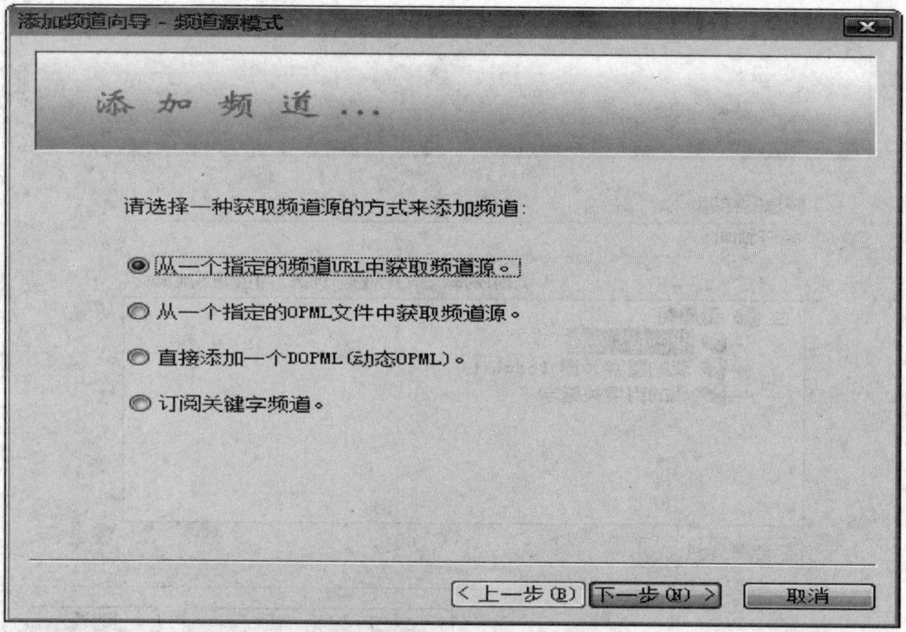

添加频道向导 - 频道源模式

添 加 频 道 ...

请选择一种获取频道源的方式来添加频道:

◉ 从一个指定的频道URL中获取频道源。

◎ 从一个指定的OPML文件中获取频道源。

◎ 直接添加一个DOPML(动态OPML)。

◎ 订阅关键字频道。

<上一步(B) 下一步(N)> 取消

图 9-2 添加频道

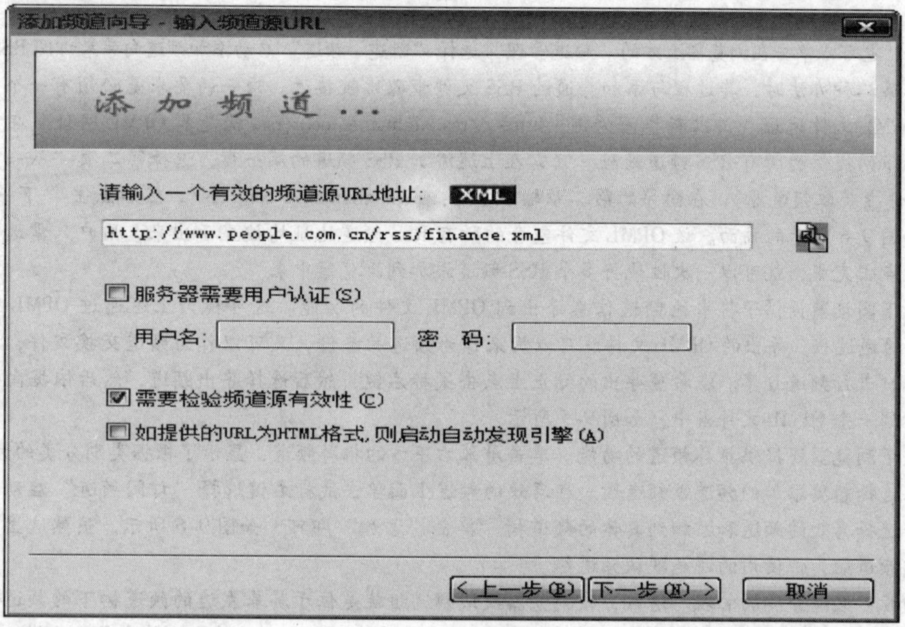

添加频道向导 - 输入频道源URL

添 加 频 道 ...

请输入一个有效的频道源URL地址: XML

http://www.people.com.cn/rss/finance.xml

☐ 服务器需要用户认证(S)

用户名: 密 码:

☑ 需要检验频道源有效性(C)

☐ 如提供的URL为HTML格式,则启动自动发现引擎(A)

<上一步(B) 下一步(N)> 取消

图 9-3 输入频道源

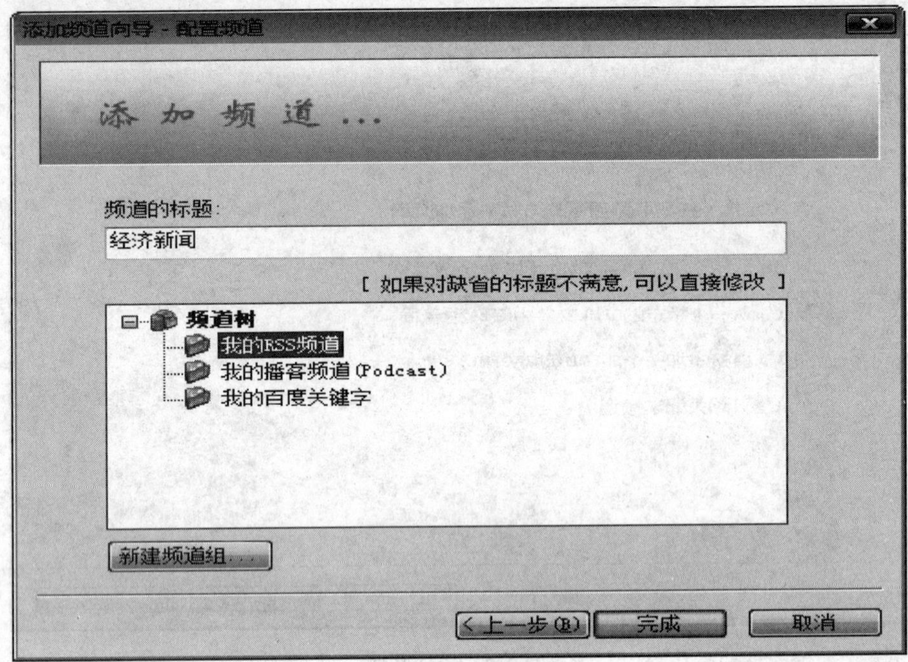

图9-4　选择频道组

此外，也可以单击在浏览器上方的“频道管理”选择“新建→频道”启动添加频道向导来订阅RSS Feed。

采用第二种办法时，其过程与添加普通的RSS文件步骤比较接近。唯一的要求是必须有一个网络或者本地的OPML文件地址。仍以新华网为例，http://rss.xinhuanet.com/rss/就是其OPML网址。在该文档中包含了新华网提供的所有RSS频道地址。只需在上述添加RSS频道的第一步，选择第二项“从一个指定的OPML文件中获取频道源”，在向导的第二步输入http://rss.xinhuanet.com/rss/，然后点击“下一步”，就会出现如图9-6所示的画面。该OPML文件包含的所有RSS频道地址均被显示出来，用户只需选择感兴趣的频道，点击完成，就可以一次性地将多个RSS频道添加到浏览器中来。

看天下阅读器提供了将本地频道信息导出到OPML文件的功能。这可视为上述通过OPML文件添加RSS站点的逆过程。导出的OPML文件既可以用来作为频道的备份，又可以作为频道交换文件，与其他阅读器或用户进行频道分享。在希望导出的站点上点击鼠标右键，然后选择导出频道，然后依据向导就能将站点导出到一个OPML文件当中，如图9-5所示。

看天下浏览器还提供推荐频道的功能。单击屏幕右下方的推荐频道，显示了根据类别分类的频道目录，用户可以选择想要添加的频道或频道组。在喜欢的频道上面单击鼠标右键选择“订阅频道”启动订阅频道对话框。选择喜欢的频道和添加到具体的频道树，单击“添加”即可，如图9-6所示。虽然这里可在频道树中创建频道组，但使用的还是默认频道组。

第四步：频道分类的管理。通常，该浏览器默认频道组就是位于屏幕左边的频道树下的频道组。为了方便管理订阅的频道，也可以创建自定义频道组。只要选中要建立新分类的节点，单击鼠标右键，在弹出的菜单选择“添加频道组”启动添加频道组对话框，输入新频道组的名称，单击“添加”即可，如图9-7所示。

如果点击该对话框左下角的“扩展”按钮，可选择新闻频道组的位置。如果要删除某个频道或频道

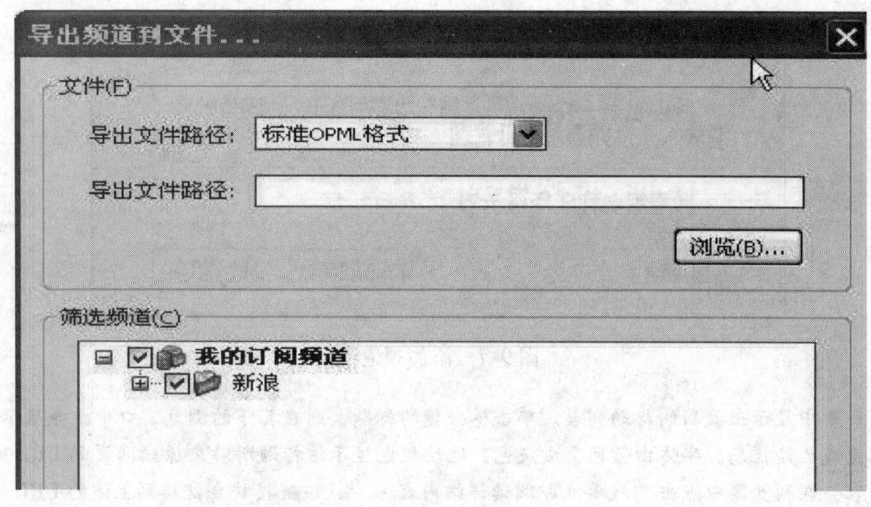

图 9-5 导出频道

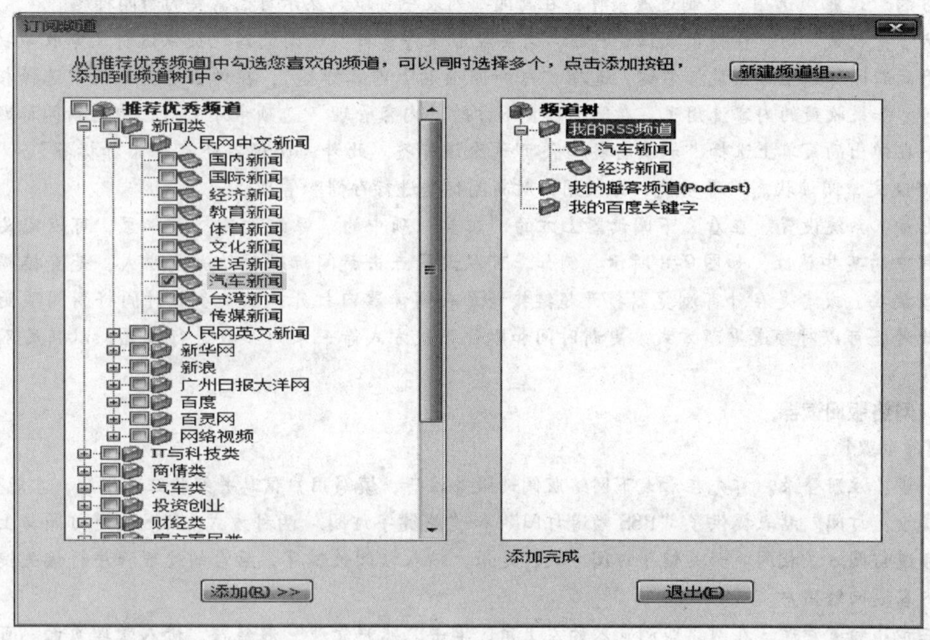

图 9-6 订阅频道

组，只要选中它并单击鼠标右键，在弹出的菜单中选择“删除频道”或“删除频道组”即可。另外，对于频道位置的移动，只要按住鼠标左键拖动至想要放置的地方就可以。这样做的目的主要是对 RSS 站点的分组进行修改和优化。

第五步：浏览频道内容。单击选中位于浏览器左侧的“我的 RSS 频道”下的新闻频道名称，就能在右

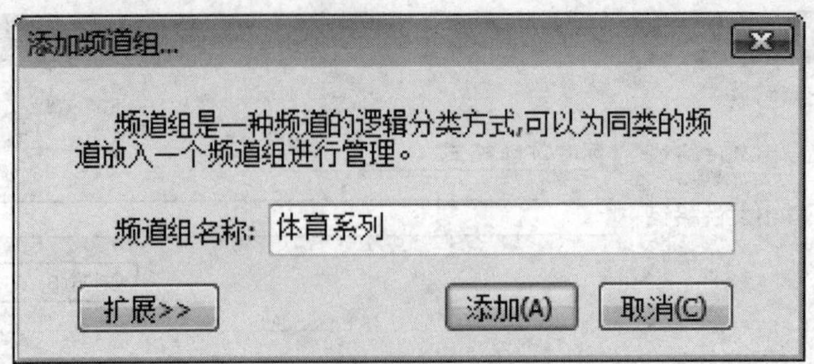

图9-7　添加频道组

侧的新闻项列表中显示出最新的标题列表。单击感兴趣的标题，则在其下的浏览窗口中就会显示摘要内容，并且该新闻变成已读状态，字体由蓝色变成灰色，地址栏也显示该标题所对应原始网页的URL地址。想要阅读详细内容，在浏览器中点击“我要立即阅读详细内容….”，该链接就会链接到上述的URL地址，并将页面结果显示在阅读器中。在浏览器上的标题单击鼠标右键，还可以选择“全屏显示窗口”。如果使用阅读器上方的“过滤”选项，定制过滤条件，在新闻项列表中可以只显示自己需要的新闻标题。

第六步：收藏。用户在搜集数据资料时，需要经常保存资料。该阅读器就提供这种文章收藏功能。在需要保存的新闻标题上单击鼠标右键，选择“给新闻项贴上内容标签”，在弹出的对话框中选择相应的频道组即可。如果收藏的内容没用了，在阅读器左下方的“内容管理”选项卡中，对选中的新闻标题单击鼠标右键，在弹出的菜单上选择“移去标签”便可删除该标签。此外，阅读器还有“添加标签”、“移除文章”、“修改文章阅读状态”等功能，方便用户对新闻标题进行存储和管理。

第七步：系统设置。在看天下阅读器上方的“工具”项中的“系统设置”菜单里，可以定义阅读器使用过程中的某些属性，如图9-8所示。例如，可以设置点击新闻标题时的浏览方式，是直接阅读全文还是阅读摘要，或者是在外部浏览器打开超链接还是在阅读器内打开，以及多长时间将新闻项变为已读项等。此外还可以对频道更新方式、更新时间和附件下载方式等一系列参数进行设置，以满足不同用户的要求。

二、网络版阅读器

【操作步骤】

第一步：注册登录。首先在看天下网络版阅读服务注册，填写用户信息并经验证可用后，才能登录。

第二步：订阅。站点提供了“RSS频道订阅”和“关键字订阅”两种方式。RSS频道订阅与上面介绍的那些频道订阅方式相同。而关键字订阅方式，是用户输入订阅关键字，后台的处理程序将该关键字相关的新闻内容返回给用户。

第三步：频道管理。在网络版浏览器的左上角，单击“账户管理”超链接，进入管理页面。可以管理订阅的RSS频道和跟踪关键字，以及一些系统属性值的设定。

三、RSS地址目录服务

看天下网站提供在线RSS地址目录。它根据用途分为几个类别，用户可以在根据兴趣所属的类别，选择具体目录。假如我们比较关心最近的财经新闻，那么点击财经新闻这个超链接，就能显示财经相关站点列表，页面内将各个提供RSS Feed文件的网站地址、RSS的URL地址和语言种类整理到一起。只要把喜欢的RSS URL地址加入到频道内就可以使用了。

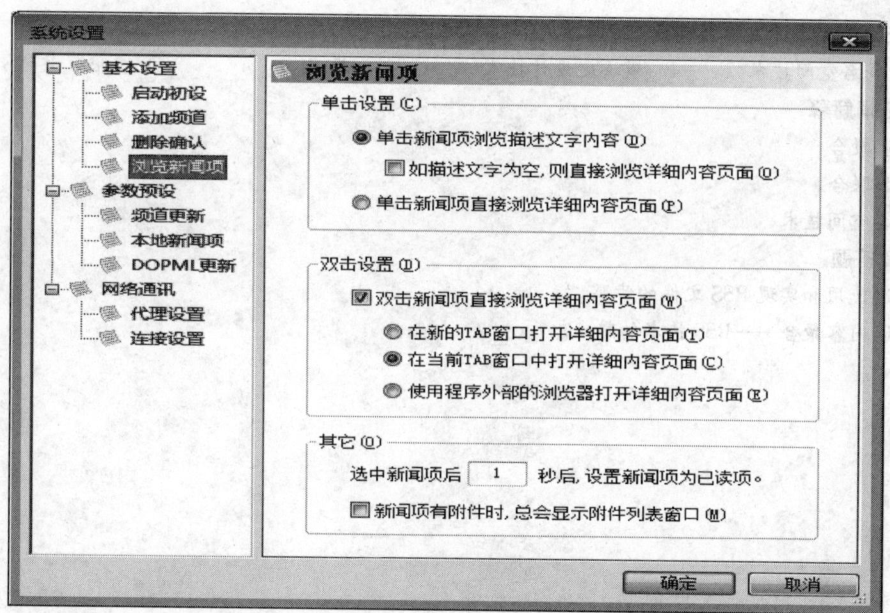

图 9-8　系统设置

【相关链接】

1. 看天下网站，http://www.kantianxia.com.
2. 周博通阅读器，珀兔网，http://www.potu.com.
3. rssreader，http://www.rssreader.com
4. RSS 入门及订阅指南，http://www.awflasher.com/blog/rsshelp
5. RDF Site Summary（RSS）1.0，http://web.resource.org/rss/1.0/spec

习　题

一、选择题

1. Userland 公司通过创作共用许可发布了 RSS 2.0 规范，并将 RSS 定义为（　　）。
   A. 丰富站点摘要　　B. RDF 站点摘要　　C. 真正简单的聚合　　D. 以上都不是
2. 下列哪一项不属于 RSS 的盈利模式？（　　）
   A. 投递信息产生广告收入　　B. 单纯做 RSS 工具
   C. 做个人门户　　D. 多平台统一
3. 下列哪一项是 RSS 2.0 规范中的必须元素？（　　）
   A. 频道图片元素 <image>　　B. 频道图片元素 <image> 的子元素 <description>
   C. 频道项元素 <item>　　D. 频道项元素 <item> 的子元素 <author>
4. 下列标记中哪一个是 RSS 2.0 的根元素？（　　）
   A. <rss>　　B. <channel>　　C. <image>　　D. <item>

5. RSS 2.0 的技术核心思想是（　　）。

A. 命名空间技术　　B. 模块化设计技术　　C. 联合技术　　D. “推”技术

二、名词解释

1. 内容聚合
2. RSS 联合
3. 命名空间技术

三、简答题

1. 简述使用和实现 RSS 文件的步骤。
2. 简述内容聚合——RSS 技术的特点。

第十章

SNS——社会网络服务

【学习目标】SNS 是社会网络服务。网络社会化就是网络真正形成一个社会，而不仅仅是一种新媒体、新商务和新的交流方式，它对目前人们的网络生活的许多方面产生了深远的影响。本章的学习重点是把握 SNS 的总体概念、内在含义及分类，理解 SNS 的营销难点，掌握 SNS 网站的设计策略及技术方案。

【关键概念】SNS　150 法则

第一节　SNS 概述

一、SNS 的定义

SNS 即 social networking service（社会化网络/社交网络服务），是 Web 2.0 体系下的一个技术应用。狭义上的 SNS 是指在六度关系理论思想的基础上创建的对网络用户提供彼此交流的站点，帮助网络用户结识朋友的朋友，建立起自己的关系圈；广义上主要包括网络游戏、博客、维基、即时通信以及其他拥有多对多特点的社群系统，还包括在线共同体、计算机协同工作平台以及新出现的一类软件。SNS 通过互联网将人际关系网的资源尽可能地挖掘出来。在 SNS 的帮助下，可以轻松地通过认识的人找到需要的人，扩展自己的人脉，还可以更科学地管理人际网络资源。在互联网中，PC、智能手机都没有强大的计算能力及带宽资源，它们依赖网站服务器，才能浏览发布信息。如果将每个设备的计算及带宽资源进行重新分配与共享，这些设备就有可能具备比那些服务器更为强大的能力。这就是分布计算理论诞生的根源，也是 SNS 技术诞生的理论基础。

SNS 还通过 Web2.0 的功能（如 blog、点评、群组等）来为网络的用户进行“画像”，当这种“画像”越贴近真实的人，网络的社会化程度就越高。

二、SNS 的内涵

SNS 的内涵主要包括三点：①SNS 首先是个人软件，是个人网络化的工具。②SNS 构建的是社会网络。③SNS 是个人性和社会性的统一，互联网的应用模式开始从传统的人机对话逐渐转变为网络中的人与人之间的对话。

网络社会化就是网络真正形成一个社会，而不仅仅是一种新媒体、新商务和新的交流方式。未来每一个人，除了在现实生活中的自己外，在网络上也有一个自己的代表，在网络上能够体现你的个性、思想。

今后，上网越多的个人社会交往越多，个人所积累的社会资本越多，而不上网的人反而会"越孤僻隔绝"。生活在网络，工作在网络，人人都是"网络公民"。

SNS 的社会属性主要体现为虚拟的网络活动和现实的社会活动的融合。虚拟的网络活动以现实的社会活动为基础，反应网络用户在现实社会中的意识形态；而现实的社会活动又部分地转移到虚拟的网络活动当中。

三、SNS 的特征

人们在使用其他软件时会感到是一种工具，但是，在使用 SNS 的过程中，人们感觉到或关注更多的是社会关系。因此，这类软件呈现出与一般软件不同的特征，包括：①社会网络服务在使用过程中可折射出社会网络，无论是强链接（strong links）还是弱链接（weak links）（包括亲友、兴趣和地理），折射出的都是信任；②是一种自动组织群体的软件；③以自我为中心，轻量级，松散耦合，Web 连接；④实现 Many2Many（多人对多人的软件）；⑤使用者的身份和信任在软件中体现；⑥软件本身不断更新和自我发展；⑦使使用者主动参与到群体中去。

SNS 平台大都具有人脉关系创建、维护、查询等功能，但其利用人脉发展商务服务的模式是多样的，对其商业应用特征进行归纳分析，大致包括以下三个方面：

1. 把 SNS 作为企业社会资本管理工具

社会资本是个人、企业获得商机的重要工具。社会资本战略近年来已经成为企业竞争战略的重点。"社会嵌入"性理论充分说明企业在资源获取、市场进入、生产运营各环节均离不开社会关系因素。在具有相似的竞争优势基础时，社会资本往往可以成为成功的催化剂。企业要想获得持续竞争能力，必须发展、维护好自己的社会关系。这也是 SNS 平台深受企业关注的重要原因之一。SNS 平台最重要的功能是提供给用户管理其社会关系的功能。它能帮助用户把自己的朋友、商业合作伙伴、同学等进行分类存储，并进行有效的沟通，从而逐渐扩展社会关系，在需要得到帮助的时候获得更多人的帮助；并且通过用户积极地参与社会活动，最终以各种途径来实现商业价值。从目前发展趋势看，SNS 平台正在成为个人、企业的重要的客户关系管理（CRM）工具，如在九帮网上，每人每天只花 5 角钱，可任意搜客户、搜关系，共享企业同事关系网。你要找的人即使没有到九帮网注册，只要他和九帮网的一个注册用户有联系，只要他被九帮网数据库采集到，就能搜索到他。

2. 把 SNS 作为市场细分的工具

市场细分是精确商务传播的基础。当市场进入买方市场时，消费者个性化需求越来越多，如何准确把握消费者的定制要求是当前营销工作的重中之重。在传统的网络营销中，商家往往是根据主观经验或者数据挖掘方法对潜在的消费者进行分类。但要注意，只有消费者对自己的需求才是最清楚的，数据挖掘方法最多只能做到概率上的分类，离真正的细分还有很大的距离。SNS 是用户的人际关系的集成。用户自主依据各自的兴趣、爱好等情感需求或者交友、商业、工作等工具型需求对自己的关系进行分类，并在共同需求上自洽形成关系圈、博客圈等。同时，这类系统往往能提供关系的查找和匹配，这样商务信息就可以有的放矢地对目标受众圈进行传播。如天际网利用 SNS 的关系细分功能提供人才招聘的商务服务。用户可以比以往更加高效、便捷地招聘员工或找到工作。现实生活中，一般人在工作中遇到难题时，可能很自然地想到请朋友帮忙，但这种方式效率并不高。当用户在网上搭建了一个真实丰富的人际网络时，完全可以主动地按照用户的需求进行搜索，再通过朋友的介绍迅速与之建立联系，若对方对其相关的工作背景感兴趣，就可以进一步通过网下进行了解。这种过程完全符合东方文化的特点，就是利用熟人圈获取商机，用熟人的信用来确保交易成功。

3. 基于 SNS 的电子商务应用

从电子商务角度看，SNS 将成为 C2C、B2B 交易的拓展平台。基于 SNS 的精准传播要比传统的 E-mail、BBS 更有效。比如百姓网（原名客齐集）依托 SNS 平台提供 C2C 服务。它强调“网络、同城、生活”，提供了一个简单、易于使用的、方便的平台，来满足本地社区个人用户的各种需求，来为同城的人们提供一种方便且有趣的沟通途径，让同城的人们可以在网上相聚、娱乐和分享各种生活信息。它在交易、房介、职介及其他个人业务等领域为用户提供服务。同时，个体在共同需要下，可以组成网络中的社区圈子——旅游会、业主会、球友会、同城会等。企业自然可以根据产品需求特征在各社区圈子进行有针对性的营销活动。

四、SNS 的理论基石与传播模式

1. SNS 的理论基石

SNS 的理论基石包括六度分隔理论和 150 法则。六度分隔理论在本书前面章节已有介绍，因此这里只简要介绍 150 法则。

从欧洲发源的“赫特兄弟会”是一个自给自足的农民自发组织，这种组织在维持民风上发挥了重要作用。有趣的是，他们有一个不成文的严格规定：每当聚居人数超过 150 人，他们就把它变成两个，再各自发展。“把人群控制在 150 人以下似乎是管理人群的一个最佳和最有效的方式。”

150 法则在现实生活中的应用很广泛。比如中国移动的“动感地带” sim 卡只能保存 150 个手机号，微软推出的聊天工具“MSN”（也是一种 SNS）只能是一个 MSN 对应 150 个联系人。150 成为我们普遍公认的“我们可以与之保持社交关系的人数的最大值。”无论你曾经认识多少人，或者通过一种社会性网络服务与多少人建立了弱链接，那些强链接仍然在此次此刻符合 150 法则。这也符合“二八”法则，即 80% 的社会活动可能被 150 个强链接所占有。

只要稍微计算一下就可知，如果每个人的日常密切联系的人际网络是 150 人左右的话，通过 6 个人的人际关系网络可达人数便是：$150^6 = 150 \times 150 \times 150 \times 150 \times 150 \times 150 = 11\ 390\ 625\ 000\ 000$。这个数字远超过人类历史上所有各代的人数之和，通过 6 个人可以与世界上任一个人建立联系也就不难理解。

2. SNS 的传播模式

SNS 网络传播平台本质上是大众传播在互联网络中的真实再现，传播过程应遵循一般的网络传播基本模式，但其传播者/受众、传播内容、传播媒体、传播环境有自身的特殊性。

(1) 传播者/受众。SNS 使人们能在互联网上实现“通过信赖的人找到需要的人”。比如要在天涯网上注册一个账号，那么要用一个属于自己的邮箱用户名在天涯网上进行注册，然后可以通过点击“邀请好友”来建立自己的人际网络，并可以根据自己的需要将好友加为一度或二度，通过一度朋友与朋友的朋友，甚至朋友的朋友的朋友建立起二度或者三度关系，以此类推。由此可见，SNS 中的传播者和受众有很大的选择性，信息接受者往往是与传播者具有相似兴趣爱好的、熟悉特定对象的关系圈，这和一般的大众传播是不同的。同时，SNS 传播者和受众具有很好的互动性，他们往往既是信息的传播者又是信息的接受者，在 SNS 中没有纯粹的信息发布者和接受者。

(2) 传播内容。传播的内容以微内容为主，传播内容往往不是鸿篇大论，而是传播者的一个简单的链接、网志、图片、音频、视频、某个主题、RSS 的内容列表等，充分体现了共享、聚集的特征。SNS 平台没有集中服务器，个体可以完全控制自己产生的微内容，一般不会有在集中式网络媒体（大的门户网站）遇到的议程设置的问题。另一方面，由于 SNS 平台建立在真实的社会关系上，从而使得传播的内容真实性比较高。如在 liring. com 中加入朋友，要求知道对方的用户名及邮箱，也就是说在关系建立之前，双方必须联系过。把真实的人际关系转移在网络平台上，就可以确认信息的正确性，也就能约束信息传播过程中的噪声问题。

(3) 传播媒体。技术上，SNS 是一个 P2P 网络互操作系统平台。通过 P2P 技术，SNS 平台可以共享利用个人用户及部分企业用户的闲置带宽，为那些正需要高带宽的应用提供一个软件解决方式，而不是依赖于物理提升的解决方式。运用 P2P 技术在 SNS 上添加各种媒体非常容易，如博客、播客等，使其成为集文字、图片、音频、视频为一体的综合性媒体。个体可以根据需要灵活地应用各类媒体，使其真正地实现对传播渠道的控制。

(4) 传播环境。加入 SNS 网站往往需要提供真实的注册，强调真实是 SNS 媒体平台诞生的主要原因。众所周知，BBS 论坛中的信息真伪难辨，主要原因是参与的主体往往是匿名的，信息接受者不能确认其在网络中的行为，致使虚假信息泛滥，商务环境恶劣，不适宜开展电子商服务。反观在 SNS 中，个体信息传播往往比较谨慎，一方面是担心受众通过“六度”关系来查证信息源；另一方面，SNS 中的传播圈子比较小，群体规范执行甚至比真实社区还要严格。如果个体发布的虚假信息一旦被证实，个体就会被群体规范惩罚，会被他的关系圈抛弃。群体之间还能通过口碑传播，让个体的不良记录家喻户晓，个体也就失去下一次再传播虚假信息的机会。

五、社会网络服务的发展现状

过去围绕互联网普及的很大的争论就是互联网究竟会不会对人类带来极大的消极后果。这些研究和争论主宰了 20 世纪 90 年代有关互联网社会向度的辩论：互联网究竟会促进新兴社群、虚拟社群的发展，还是会导致个人孤立，使得个人与社会分离，并且最终与他们的“现实”世界分开？像马克斯卢卡（Mark Slouka）这样的社会批评家，严厉指控电脑带来了社会关系的非人性化，因为线上的人生似乎是逃离现实生活的捷径。很多严谨的学术研究也指出在某些状况下，互联网的使用者加剧了孤独、疏离感，甚至是沮丧的感觉。

当然，也有很多研究的结论与之相反，如互联网社会学最杰出的经验研究者巴里·威尔曼（Barry Wellman）和他的同事在1996—1999年的一系列论文里，根据相当广泛的资料来源分析了有关互联网上虚拟社群出现的主要发现。威尔曼的主要论点提醒我们，“虚拟社群”不见得一定会和“实质社群”相对立，两者乃是社群的不同形式，虚拟社群具有特殊的法则和动态，他与其他形式的社群互动。

这些研究之所以产生混乱，很大程度是因为没有用发展的眼光看待互联网本身的不断演变，以及互联网用户群体构成和特性的不断变化。过去这些研究成果主要是静态地以当时的网民群体来判断互联网的影响。实际上，现在与当时的网民主体已经发生极大的变化。

当前，互联网正在不可逆转的从封闭转向开放和共享，从最早的数据开放，逐渐发展成为平台级别的开放。其中的代表包括Facebook的开放社区平台与Amazon的云计算平台。Facebook通过开放其f8平台的战略，构筑了一个基于开放平台的网络生态圈，自身服务得到了极大的丰富，进入了一个新的发展阶段，也大幅度缩小了在美国和Myspace之间的差距。

在中国，SNS领域的竞争同样激烈，国外开放平台的成功以及来自竞争对手的压力，迫使各社区网站开始考虑利用第三方开发者的能量来强化自身的竞争实力。靠自身的力量研发应用，固然可以保证应用的质量和稳定性，但用户需求呈现多元化的趋势，仅靠自己有限的开发团队，很难确保足够的服务更新频率。从这个角度来看，平台服务商推动开放平台战略，构筑基于开放平台的生态圈，无论从内因和外因上来看都是必然的趋势。2008年堪称中国互联网界的开放元年。这一年中，校内、51、聚友、康盛创想、中国雅虎等，都跟随facebook的脚步，各自推出独立的开放平台体系，国内也出现了一大批应用开发者和专业的应用开发公司。

第二节 SNS网站的模式与分类

一、SNS网站的模式

真正的SNS仅仅是拓展交际圈，缺乏明确的利益目的，没有什么非常有效的办法能吸引用户留在网站上。因此纯SNS在国内处于很尴尬的地位，而具有足够用户粘性的SNS网站模式为网络交友与网络游戏。

仅以网络交友为例，中国网民网络交友的逻辑是游戏性大于真实性，而缺乏“游戏性”的六度减低了游戏趣味性，而且人们并不都愿意将自己的朋友与其他人共享。

SNS是一个理想状态下的假设，现实中很容易断链。二度关系要转换成为一度关系，其中间人必须是严谨的一度关系，否则很难负起间接责任来。SNS在我国的网络环境下缺乏这个严谨的一度关系，故需将SNS、交友需要与地面活动有效地结合起来。

仅靠虚拟的陌生人交流，粘性远远比不上通过现实关系而形成的坚固的关系。所以交友网站必须要和地面活动配合。什么情况下用户可以在完全留在网上充分互动呢？那就是像赛我网、QQ 一样可以购买虚拟服装、虚拟的家。说到底，就是在网站上最大化地模拟现实社会。

二、SNS 网站的分类

根据 SNS 的特征，SNS 网站可分为四类：

第一类：显示社会网络的软件，如 Friendster，就是简单的建立社会关联，尤其是强弱链接；

第二类：协作和通信工具，包括各种支持 CoP，如 Groove 和 InstantMessage；

第三类：个人出版和聚合，如 blog 和 Wiki；

第四类：智能软件，计算机协同工作。

中国的社交网站从初期的单纯模仿、定位相似而进入到服务细分，开始出现针对特定人群的 SNS 网络。目前，国内主要的 SNS 站点有如表 10-1 所示的几大类型。

表 10-1 国内主要 SNS 站点汇总

网站类型	网站名称	网站特色
校园生活型 以校园生活人群为核心，已经出现巨头化趋势	校内网 www.xiaonei.com（已改为 www.renren.com）	面向全国学生群体
	占座 www.zhanzuo.com	面向全国学生群体
	同学 www.tongxue.com	面向全国学生群体
	大学生 www.daxuesheng.com	面向以西安地区为主的学生群体
休闲娱乐型 以休闲娱乐人群为核心，目前仍处在上升发展阶段，为突破赢利瓶颈有将重心向游戏转型的趋势	51 www.51.com	个人空间服务比较有特色
	海内 www.hainei.com	面向白领服务，目前活跃人群以 IT 人士为主
	开心网 www.kaixin001.com	面向在职人士的娱乐化的社交游戏
	社交游戏 www.shejiao.com	社交游戏推广平台，依托 Manyou 开放平台推出，定位准确，发展迅猛
	一起网 www.yiqi.com	休闲城市社区，以海量商业搜索为基础，信息量较大
	蚂蚁网 www.mayi.com	交友，变动一直比较大
	千橡互动开心网 www.kaixin.com	为应对 kaixin001.com 推出的与校内网互补性的产品
职业商务型 以职业商务交流人群为核心，目前部分站点发展态势已经放缓，部分站点有向休闲娱乐化转型的趋势	若邻网 www.wealink.com	以商务活动为核心
	天际 www.tianji.com	以商务活动为核心，专门为职业人士服务
	联络家 www.linkist.com	以商务活动为核心
	5G www.5gme.com	以招聘为核心，重点面向 IT 专业人士
	精锐城市 www.zhicity.com	为专业广告人提供团队合作服务

（续）

网站类型	网站名称	网站特色
垂直细分型 以特定人群为核心。SNS 以人为核心，地缘特征并没有论坛/BBS 明显，所以把地方 SNS 站点并入垂直细分型 SNS	落伍者站长俱乐部 www. im286. net	面向站长人群提供的
	汇 SNS www. huisns. com SNS	研究社区，面向 SNS 研究及关注人士
	生日网 www. shengri. com	以生日为主题的社区交友网络，提供实用的生日提醒，祝福定制服务
	王家人 www. wangjiaren. com	以同姓氏寻根交友为主题的社区 SNS 网站
	蜂巢网 www. artcomb. com	为华人视觉艺术家服务的 SNS 网站
	友宝网 www. fozhihui. com	目前网络最新的 SNS 应用群体，主张网友共同协助、共同学习
	互联家 www. hulianjia. com	面向新进入互联网的用户、创意设计爱好者
	西屯儿网 www. xitown. com	西安地区的一家专为西安人提供同城交友的 SNS 网站
	有快乐 www. youkuaile. com	有你就有快乐，家庭社交网络，是一家专为家庭服务的 SNS 网站，可以联系好友和家人
	宅内 www. zhainei. com	原 Zhai. La，面向时下最流行的宅人族的 SNS 交流平台
	驴友录 www. 8264. com	面向驴友、自助游爱好者的 SNS 社区，目前已有 3 万余名驴友入住，并以日增 300 用户的速度高速发展，采用 UCenter Home 程序
交友婚恋型 以交友婚恋为目的人群为核心	爱情公寓 www. ipart. cn	交友
	天丰网 www. skyfa. com	交友
	世纪佳缘 www. jiaoyuan. com	婚恋
	天生一对 www. perpair. com	恋人空间和情感
服务扩展型 针对原有用户的服务扩展，在原有网站基础之上引入更多 SNS 的元素，或考虑建设独立 SNS 网站，主要为解决用户流失的问题	腾讯 www. qq. com	以即时通信为基础的 SNS 扩展
	百度 www. baidu. com	以搜索为基础的 SNS 扩展
	阿里巴巴 www. alibaba. com	以电子商务社区为基础的 SNS 扩展
	中国移动 139 社区 www. 139. com	以电信服务为基础的 SNS 扩展
	中国联通“新势力”网站 www. u-powerbook. com	以电信服务为基础的 SNS 扩展
	新浪 www. sina. com. cn	以门户网站服务为基础的 SNS

第三节 SNS网站的设计与搭建

一、SNS的结构

1. SNS个人空间的主要内容

一套房子要包括卧室、客厅、餐厅、阳台等，一个社区里的每一个用户的个人空间也应该包含这些，就像是一个博客一样，都会包括日志、相册、好友等。一个优秀的SNS个人空间应该至少包含以下内容：①个人区域：个人介绍、相册、日志等；②交际区域：好友、团体等；③服务区域：音乐、视频、搜索、新闻等。

这里面的交际区域应该是最核心的内容，因为SNS一个重要的意义就在于联系。交际区域要通过各种功能把人联系起来，例如好友列表、留言板等；还要通过各种主题把人联系起来，比如校友、同事、FANS群、爱好者、活动等，这是扩大影响力和提高网站粘性的重点。

2. SNS服务网站要向用户提供的服务

SNS要向用户提供的基础服务有两点：①稳定高速的网络空间；②最吸引人的社区活动，让社区充满活力。

高级服务则有更多，例如新闻、音乐、视频、搜索、下载等。但是作为一个基础服务商，SNS服务网站只是提供接入或是入口，那些高级服务应该采取的是合作的形式，由专业的新闻网站、音乐网站、搜索网站提供服务，这样既可以降低成本、又可以让服务更专业。所以，SNS服务网站的结构应该是以用户为核心，周围包含着各种服务商，如图10-1所示，而SNS服务网站只提供最基础的服务。

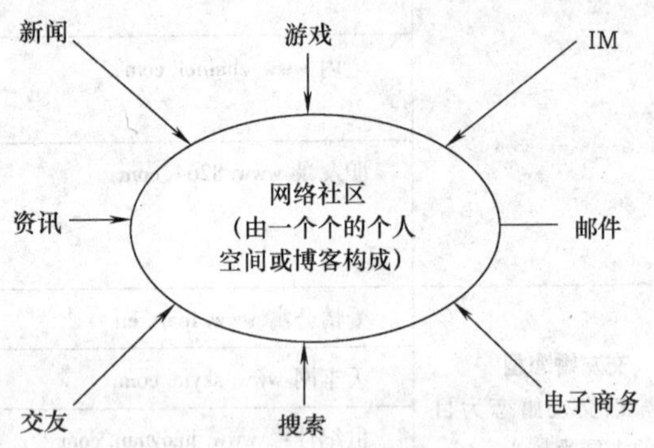

图10-1㊀ SNS提供的服务

二、SNS网站的设计要点

1. 基本要点

（1）先机。SNS的市场前景很广阔，很多网站能成功的重要原因是先机，但是对于后来者，已经失去了先机，必须认真思考靠什么取胜。

（2）战略。一个网站能否发展起来，很重要的一个原因是战略和定位。例如校内之所以能成功，是因为它定位于中国高校，因为高校集中，大学生数量大，同时大学生课余时间多，上网条件和时间充足，而且大学生对交友积极性高。对于那些后来者，更需要独特的战略眼光，比如定位于商务交友的有“忙否”，定位于家庭生活交友的有“我家我秀”，定位于专业人士的有

㊀ 图片来自http://www.chinaz.com。

"海内"，定位于年轻人士的有"51"等。同时也有不少网站陷入迷茫或盲目跟风，没有明确定位，或者说定位太广泛了。

（3）创新。许多 SNS 网站在同质化的激烈竞争中，越来越注意到创新的重要性。目前的 SNS 网站中，能够大胆创新的不多，比较有特色的是开心网，先后推出了许多趣味性的功能，比如好友买卖、姓名缘分等；又比如我家我秀（www.5j5x.com），推出家族树功能，把传统的家谱搬到了网上。

（4）技术和功能。技术在 SNS 网站几乎不分春秋，但由于经验等原因，在功能和易用性等方面，差别还是很大的。

（5）团队和经验。做 SNS 的人才本来就不多，至于经验，目前也只有校内和海内网起步稍早，而其他的团队都是边学边做。

（6）资金。目前做 SNS 的公司里，有几个资金势力很强，但资金强大并不代表能够成功，只是具有成功的潜力而已。

（7）市场推广。好的市场推广可以给网站带来巨大的流量，但是光有流量也不见得就可以留住会员。

（8）内容。最重要的是要把网站的内容做好，只有苦练内功，才能长久。

2. 关于数字音乐个性化推荐系统的设计

以下以数字音乐个性化推荐系统为例来说明 SNS 网站的设计要点。基于用户音乐口味的个性化音乐内容推荐是当前最热门的应用方法，音乐作为与朋友交流关于个性、历史、文化等的重要媒介，很多音乐服务中往往会融入 SNS 的应用。

（1）用户特征描述。音乐内容本身有一定的文字信息（专辑的简介、音乐人的生平等），但这些信息很难直接与音乐文件相关联。一般的音乐社区会要求用户建立自己的 Profile 作为分析用户音乐口味的最基本要素，这也更利于 SNS 的融合。音乐推荐系统的目标是基于用户的音乐口味向终端用户推送喜欢和可能喜欢但不了解的音乐。而音乐口味和音乐的参数设定受用户群特征和用户个性特征等不确定因素影响。例如年龄、性别、职业、音乐受教育程度等的分析都能帮助提升音乐推荐的准确度。部分因素可以通过使用类似 FOAF 的方法获得。但要使这个描述对推荐系统有最大的价值，设计描述的字段也是有一定难度的。同时，驱动用户更主动地去填写尽可能多的信息对互联网运营商来说也是一个挑战。

（2）音乐信息的呈现。音乐推荐系统的一个重要特征是使用户具有动态获得新音乐和相关信息的能力，也就是说用户能在使用的过程中不断发掘新的音乐。部分非点播类音乐网站采用 RSS 的方法去推送，将这些新音乐信息推送给用户。RSS 的内容聚合功能还能将音乐新闻、音乐事件（如演唱会活动）、新专辑信息、专辑简介等音乐相关信息聚合。如 iTunes 音乐商店就提供了每周更新一次的 RSS Feed，向用户推荐新发布的专辑。这种结合 RSS 的方法能有效地挖掘用户对音乐的深层次需求，以提高网站服务的粘性。用户在音乐方面的需求并非只是欣赏，音乐学习、音乐交流、参与音乐会等都会是相关的需求。

（3）音乐个性化推荐系统。常规的音乐个性化推荐系统常用的实现方法有两种，分别是协作过滤与内容过滤。

1）协作过滤方法是通过用户的回馈分析实现音乐推荐系统的不断优化。这些回馈又可分为显性和隐性两类。显性的数据如用户对音乐的评分、评论、收藏等，而隐性的则是用户的音乐行为习惯的收集。协作过滤的问题是需要面对海量数据处理、无效数据过滤（包括 Spam 的剔除）等。还有一个缺陷是很难实现一种创造性音乐类型的推荐，也就是说如果有一个新音乐与其他音乐有极低的相似性或者没什么相似性，那么系统就很难把这个新音乐向用户推送出去。

这种方法的优势是比较直观，专业门槛低。作为网站来说，应该具有深刻理解内容的团队，但毕竟音乐是门综合的艺术，要组建一支熟悉各种音乐类型、音乐文化背景和历史的团队也绝非易事。它常用的具体手段是：通过播放器（iTunes、Winamp、Foobar 等）插件跟踪和记录用户收听的音乐；搜索与用户音乐喜好近似的其他用户；推荐这些近似爱好的其他用户收听的音乐。亚马逊的音乐推荐、Last. fm 的 Audioscrabble、MusicMobs 等都是采用此类方法，有兴趣的读者可以去研究一下开源的 irate 音乐推荐系统。

2）内容过滤方法是通过提取音乐内容本身的信息和结合音乐元数据的分析，然后根据与用户音乐口味的差值的比较去呈现最接近的音乐。音乐元数据分析也就是给每首歌曲添加标签，这些标签可能包括音乐的调性、速度、节奏等。

这种方法的弊端是需要大量专业的人工完成，分析的结果在一定程度上受这些专业人员的主观因素影响。它最大的好处就是解决了协作过滤中新音乐推荐的问题。潘多拉音乐服务是最典型的内容过滤，据称采用了 200 多种音乐元数据。

3）一定的内容过滤结合协作过滤被认为是既能避免以上两种方法的弊端，又能发挥它们的优势的办法。

4）隐私保护。个性化信息获得的同时也触及了用户的个人隐私，那么如何保护用户的个人隐私也是系统需要解决的关键问题。

5）Mashup 应用。调用其他相关类网站的 API 以丰富内容。例如国外很多网站采用 Mashup 去调用 Upcoming. org 的演唱会信息。

个性化音乐推荐系统是音乐网站最常用的工具，也是实现音乐长尾模式的方法。对于数字音乐服务来说，无论是音乐下载服务，还是互联网音乐电台服务，都需要有优秀的内容推荐系统去辅助。整个系统的大致流程是：从用户的个人描述推测用户的音乐兴趣→收集用户的音乐收听习惯（内容的分析）→数据比较分析（相似乐队和相似用户的计算）→推送近似用户兴趣的乐队和歌手的音乐及相关信息。

三、SNS 网站的搭建

SNS 采用的是分布式技术，通俗地说就是采用 P2P 技术构建的下一代基于个人的网络基础软件，所以它也具有 P2P 的特征。鉴于 SNS 建站成本投入较大，垂直细分型、中小型 SNS 站点大多数采用通用 SNS 软件搭建。目前，国内主流的社交网络建站产品发展较快，详细如下。

Ucenter Home：康盛创想推出的 PHP 版本免费开源的 SNS 软件，同时提供基于 SNS 的开放平台。典型用户有 shejiao. com、5gme. com、tongshilu. com、daxuesheng. com、kongjie. com 等。UCenter Home 是一套采用 PHP + MySQL 构建的 SNS。UCenter Home 强调“家”的理念，充分认可每一个站点用户的个人隐私重要性，提供强大丰富的隐私设置功能。每一个人都有权限设置自己的个人主页、资料、日志、相册等是否公开、或只好友可看、或指定特别好友可看、或仅自己可看、或者需要输入密码才可看，并可完全控制将自己的哪些动作可以产生动态推送到好友面前。UCenter Home 强调只提供用户愿意关注的信息，在信息噪声方面有着多级筛选控制。每一个人都可以将自己的好友进行分组，并选择屏蔽哪些用户组的动态；同时，可针对特定的好友、特定的动态进行单独屏蔽。UCenter Home 以 UCenter 为多应用交换中心，既可以独立运作，又可以实现与多个应用挂接，包括 Discuz！论坛、SupeV 视频、ECShop 商店等。用户在这些各类产品中的动作，都可以以动态的方式发送到 UCenter Home，让关注的好友们及时了解到自己的行为；同时，自己也可以在 UCenter Home 轻松理解好友在站内各种系统中更新的信息。

NetSNS（www. aspxcms. com）：古羌科技基于 Asp. Net 开发的免费 SNS 软件，提供商业开源版本服务，官方插件功能较多。其典型用户有 fengla. com、qukanshu. com 等。

UCS（www. usite. com. cn）：优势社区软件 PHP 版本，快速构建 Web2. 0 社区和社会化网络平台。其典型用户有 chinaucs. com 等。

Thinksns（www. thinksns. com）：ThinkSNS 基于开源软件开发的 PHP 版本软件，提供全方位的社交网络解决方案，典型用户有 bangongquan. com 等。

OpenPNE 中文（www. opnepne. org. cn）：PHP 版本开源 SNS 软件，在 PC 和手机上都可以免费使用。

CHSNS（www. eice. com. cn）：曾经名为成幻 SNS、成幻校友录，是国内为数不多的 Asp. Net 开源 SNS 产品之一。

除此之外，国外的开源 SNS 建站平台有：

spree：一个专业的搜索引擎，由用户提出问题，然后为用户找出能够解决这个问题的专家。

iSocial：是一个免费的社交网络 CMS 软件，它可以让用户创建自己的朋友关系网，收藏、约会、创建群组等功能都可以一键完成。

Yogurt：xoops 的一个社会化功能模块。在这个插件的身上能看到 Facebook，Orkut、Myspace 等的影子。

VMukti：一个统一的社会协作会议引擎，允许通过个性化的网络界面来访问网站。其核心特点有：视频会议、音频会议、IP 电话、桌面共享、聊天演示等。

The PeopleAggregator：一个下一代的社会网络系统，尝试使用开放式标准，具有网络间的连通性和极大的灵活性。

Mugshot Project：网站可以让你追踪朋友正在做什么，横跨各种流行的网站、音乐、照片、博客帖子等。

GetBoo：Web 2. 0 的书签系统，支持从 Firefox、IE、Mozilla、Netscape 导入和导出书签，后台管理包括类别、翻译、团体、bookmarklets、Firefox 扩展、RSS feeds 功能等。

Akarru：一个社会书签引擎，是用来建立社会化的书签网站，类似 www.blogmemes.com。其特点包括用户文章的联系和促进的链接，以及头版使用的投票制度。

SemanticScuttle：一个社会书签工具（基于 Scuttle）的新功能，支持分级标签、协作描述或 openid 认证。

AROUNDMe：创建社会化协作的网站，类似 Ning、Myspace、Yahoo，每个小组可以建立多个网页，有用户留言、博客、论坛和 Wiki，完全支持使用 XHTML、CSS、JavaScript 和 PHP 自定义。

BeWelcome Rox：目的是使把人们的社交网络带到现实生活中，比如组织旅行、会议等。

Memephage：一个自动更新的网络日志（博客）程序。它能够从各种不同的渠道自动收集和发表文章，比如社会化网络、电子邮件、网页浏览器等。

InteractOLE：一个提供和支持网上学习的平台。它不同于其他许多网络学习平台，其目标集中于社会/互动方面的教学和学习，而非传送内容或知识给学生。

OpenPNE：一款用 PHP 编写的社会网络服务引擎，有许多功能（好友管理、好友邀请、日记、博客供稿、消息框等）。

第四节　SNS 的营销策略与盈利模式

大多数的 SNS 网站 CEO 都认为开放平台是非常重要的战略趋势，这种开放可以吸引更多的外部力量为 SNS 服务，但并不是所有的 SNS 都认为开放平台是理所当然的事情，开放并非对每个具体的网站都那么适合。

SNS 提供商针对不同的群众，有着不同的定位。比如最初的社交网站是用于交友，例如美国的 Friendster、Linkedin，也有网站专门为商务人士交友提供服务，比如中国的天极网。有些为商务人士提供社交的网站同时也兼具求职招聘的功能，如 LinkedIn、聚贤堂（chinaworks.cn）和 myDanwei。不过盈利前景最大的网站还是婚恋交友网站。LinkedIn 和 Xing 都已经拥有上百万用户，盈利可观。面向年轻人及大学生的 SNS 网站也比较受欢迎，如美国的 Myspace 被默多克的新闻集团高价收购。针对美国大学生的社交网站 Facebook 在美国大学生中非常流行，如今的用户早已超出美国范围。

一、SNS 战略联盟的选择

SNS 面向个人消费者是免费的，只面对战略结盟者收取少量软件准入许可费。

（1）与电信运营商结盟，许可它们在 SNS 广泛地开展电信传统业务。QQ 短信，免费许可移动运营商使用，不收取运营商的分成费，但 SNS 要收取按用户数许可的人头费。

（2）与银行结盟，使在 SNS 上进行交易的人们可以方便地进行交易活动。SNS 许可支付运营商直接在 SNS 上从事这项业务，而且免费。但 SNS 要收取支付运营商面向交易者收取的手续费中的一部分，而且作为代理方式获得。

（3）与有形产品供货商、交易安全保险商结盟。例如图书、软件等的供货商都可免费从

SNS这里获得相关应用程序，并获得SNS的商品登录目录服务。其中有需要交易安全保险服务者，可以购买与SNS合作的保险公司的服务业务，但SNS针对保险服务商要收取一部分代理费。

(4) 与个人信息创造者结盟。那些乐于创造信息的个人，他们需要的应用程序可以委托SNS开发，也可以由第三方厂家开发，都是免费的。

(5) 与SNS应用程序及服务商结盟。向第三方开发者开放SNS开发库，他们所开发的应用程序及服务所获得收益由他们自行处理。但SNS要他们在推广市场时和SNS网站一起促销。结盟的中心只有一个：将SNS发展为一个事实上的标准平台。

二、SNS的促销

SNS不上门向用户推销，SNS软件服务的模式是免费的，但这不等同于SNS不进行促销活动。促销活动是由合作伙伴来完成的，他们推销自己的业务时SNS被捆绑在其中。有一大批的网站需要SNS，因为SNS可以节省他们的花费，提高他们的服务质量，帮助他们获得收入。这些网站就是拥有大量内容的内容供应商，例如：

BBS社区站长：全国有上百万个社区论坛，这些论坛都拥有大量的独特的信息文件，例如歌曲、电影、考试资料、电子书等，很多是市面上见不到的。而且他们拥有自己固定的用户群，忠诚度比门户网站用户高且集中。

内容下载网站：这些网站往往提供电影电视音乐文件，他们现在大部分都是收费的，而且有自己的收入和固定的客户群。但随着用户的发展，带宽和服务器成本也越来越高，而且服务器人工管理成本也会成倍增长。

网络电视试水者：这类网站拥有大量投资，但在技术上很难解决规模用户发展起来之后，是否能靠免费策略支持撑下来的问题。

三、盈利模式

(1) 代理银行支付系统运营商的支付业务。这一运营商在SNS上支持的商户，每产生一笔交易，SNS的将获得交易额的1%～2%的费用。但SNS自己并不做支付业务运营商，目的是发挥支付运营商的积极性，扩大交易市场的总份额。

(2) 开发各类交易系统，引入交易安全保险商业务。SNS从中代理其交易安全保险业务，从中获得1%～5%的代理费用。这一交易安全保险业务商就是中国银联这样的金融组织。如阿里巴巴是自己做这种金融业务，但SNS自己不做，而是代理金融公司的业务，以体现SNS的中立策略。

(3) OEM许可证交易。有些大型企业需要SNS的特殊技术许可，并委托SNS为其定制解决方案。这将成为SNS的直接技术交易收入来源。

(4) 战略合作交易费。某些特殊应用将有某些行业垄断公司需要使用，这包括网络电视运营商。他们如果需要特殊的应用，就必须获得SNS的技术授权。

(5) 开发并经营SNS上垄断性的业务。这是商业全球化的趋势所决定的，因为物质已经极大丰富，关键在于如何交易和分配。SNS上基于个人及中小公司的拍卖交易业务，将累积大量的用户互动行为，并为个人及公司致富提供崭新的渠道。

四、SNS的产业困境

目前SNS网站运营成本相对较低，进入门槛也不高，服务内容同质化现象比较严重，因此没有用户粘性，商业模式大同小异。虽然有些网站有一些特色，但都没有很清晰的商业模式，没有差异化的服务，完整的产业链还没有形成，整个行业许多的应用还需要进一步探索。我国SNS产业目前面临以下困境：

（1）受限的资本。风险投资者对于中国互联网市场仍然存有疑虑。相形之下，Facebook到目前为止已经获得了2.5亿美元的投资。

（2）较弱的网络广告市场。中国互联网公司大量依赖虚拟商品或小型交易，而这两种模式均不符合国内SNS内站的大部分应用。

（3）软件盗版。软件盗版导致相关的工作机会减少，影响开发者为互联网平台开发第三方软件的积极性。

（4）语言的障碍。大部分开源语言和文档均是英文版的，这对我国优秀的软件开发者形成了障碍。

第五节 用UCenter平台构建SNS网站

目前，国内SNS领域使用较多的是Ucenter Home平台，本节介绍其初级用法和安装过程。UCenter home、Discuz!、SupeSite、X-Space、SupeV、ECShop等应用的安装在安装完UCenter后可以直接到UCenter后台进行安装。对于网站的后期建设，本书不作过多描述。

UCenter提供两种挂接方式：MySQL和fopen，支持同一台服务器和不同服务器之间的应用挂接。已经安装了上面各种应用的也可以直接在UCenter后台进行整合。

一、运行环境的构建

（1）确认计算机环境中有IIS组件。

（2）安装.NET的构架。在微软的网站上即可下载.NET Framework 2.0和相应版本的SDK工具包。

（3）操作系统要求。UCenter具备跨平台特性，可以运行于UNIX/Linux/FreeBSD及微软Windows 2000/2003等各种操作系统环境下。我们已在软件中针对上述操作系统作了大量的测试和实地检验，保证UCenter可以在上述系统中安全稳定的运行，但仍然需要做好服务器操作系统级的安全防备措施，例如Windows用户需更改MySQL for Windows的初始root密码，避免跨目录的文件读写；类UNIX用户需避免使用过于简单的密码，避免跨用户目录的文件读写，做好服务器上其他相关软件（如Sendmail、ftpd、httpd）等的安全防范工作，使用较新的软件版本等。

推荐使用UNIX/Linux/FreeBSD操作系统，不仅完全免费，而且可以获得更好的稳定性和负载能力。如果使用Windows系统，请将PHP以ISAPI（非CGI）方式安装。

（4）语言及数据库支撑环境要求。这包括：可用的httpd服务器（如Apache、Zeus、IIS等）、php 4.3.0及以上、MySQL 4.0及以上。以上软件除了httpd软件有可能需要购买以外，其余均为跨平台的免费软件，推荐使用以上软件的最新稳定版本，不仅拥有更多的功能，而且通常已修复了已知老版本的安全漏洞。另外推荐环境软件版本，即：PHP 5.0.0及以上、MySQL 5.0及以上。

二、Windows环境搭建

（一）系统约定

环境软件下载后存放位置为：X：\ Server_ Tools（X为任意硬盘位置，下同。）

环境软件安装位置：X：\ Server_ Core

PHP安装位置：X：\ Server_ Core \ PHP

MySQL安装位置：X：\ Server_ Core \ MySQL

Zend Optimizer安装位置：X：\ Server_ Core \ Zend

IIS网站站点根目录：X：\ wwwroot

MySQL数据库位置：X：\ Database

Php. ini存放位置：X：\ Windows \ php. ini

My. ini存放位置：X：\ Server_ Core \ MySQL \ my. ini

（二）系统环境检查以及准备所需软件

1. 检查系统是否已安装IIS

单击：“开始”→“管理工具”，检查是否存在“Internet信息服务（IIS）管理器”。

2. 查看磁盘分区容量并确定使用策略

打开“我的电脑”，查看除C区外各个磁盘分区的可用空间容量，使用容量较大的磁盘分区作为Web根目录，且MySQL数据库存储目录（Database）尽量不要与Web根目录同在一个磁盘分区内。较小的磁盘分区可以作为服务环境软件的安装目录分区。

3. 下载环境软件

将所有软件均下载存放于Server_ Tools文件夹中：

MySQL-essential-5.0.45-win32.msi

php-5.2.4-Win32.zip

ZendOptimizer-3.3.0-Windows-i386.exe

（三）环境部署

1. 安装MySQL

（1）安装软件。具体步骤为：

① 进入X：\ Server_ Tools文件夹，双击“MySQL-essential-5.0.45-win32.msi”；

② 选择Custom自定义安装；

③ 点击“Change”更改 MySQL 安装目录；

④ 待文件复制安装完毕后，进行 MySQL 设置界面，单击“Finish”；

⑤ 选择 Detailed Configuration 进行详细配置；

⑥ 选择 MySQL 运行模式：Server Machine；

⑦ 选择 MySQL 数据库默认存储方式：Non-Trans Only（MYISAM）；

⑧ 设定 MySQL 最大连接数：一般设置为 128～512 之间的整数；

⑨ 设定 MySQL 网络参数，注意不要启用 Strict Mode；

⑩ 设定 MySQL 默认字符集：以用户站点语言为准；

⑪ Windows 环境设定：修改设定 root 用户密码，注意不要启动远程连接模式；

⑫ 完成 MySQL 的安装，并启动 MySQL 服务。

（2）测试 MySQL 工作是否正常。具体步骤为：

① 打开 cmd 命令提示符窗口，输入命令：MySQL-u root-p；

② 输入密码后，如果能够正常进入 MySQL 控制台则说明 MySQL 安装正常。

（3）更改 MySQL 数据库目录。具体步骤为：

① 打开 cmd 命令提示符窗口，输入命令：net stop MySQL，停止 MySQL 服务运行；

② 打开 X:\ Server_ Core \ MySQL \ my. ini，找到 Datadir = “X:\ Server_ Core \ MySQL \ data”；将其修改为：Datadir = “X:\ Database”；

③ 将 X:\ Server_ Core \ MySQL \ data 文件夹复制到 X:\，并重命名为 X:\ Database；

④ 打开 cmd 命令提示符窗口，输入命令：net start MySQL，启动 MySQL 服务；

⑤ 重新测试 MySQL 是否工作正常。

（4）准备 LibMySQL 动态链接库。将 X:\ Server_ Core \ MySQL \ bin \ libMySQL. dll 文件复制到 C:\ Windows \ System32。

2. 安装 PHP

① 解压缩下载的 php-5. 2. 4-Win32. zip 文件，并将其复制到：X:\ Server_ Core \ PHP；

② 进入 X:\ Server_ Core \ PHP 文件夹，将 php. ini-dist 重命名为 php. ini；

③ 打开 php. ini 文件，找到：extension_ dir = “./”，将其改为 extension_ dir = “X:\ Server_ Core \ PHP \ ext”；

④ 找到 Windows Extensions，在 Windows Extensions 下方的动态模块配置中，需要打开以下模块支持（去掉模块配置每行前面的“;”号即可）：

extension = php_ mbstring. dll

extension = php_ gd2. dll

extension = php_ MySQL. dll

⑤ 找到“disable_ functions =”，将其改为：

disable_ functions

phpinfo，passthru，exec，system，chroot，scandir，chgrp，chown，shell_ exec，proc_ open，proc_ get_ status，ini_ alter，ini_ alter，ini_ restore，dl，pfsockopen，openlog，syslog，readlink，symlink， popepassthru，stream_ socket_ server

⑥ 保存 php. ini 文件，并将其复制到 C:\ Windows\。

3. IIS 与 PHP 的整合配置——新建一个网站

① 启动 IIS 管理器，并新建一个网站（虚拟主机）；

② 输入网站名称，改名称仅为 IIS 中的标识，可任意输入；

③ 网站 IP 地址不用填写，端口如没有特殊要求则保持 80 即可，最后正确输入网站域名；

④ 在网站分区中建立 wwwroot 以及下级站点文件夹 bbs；

⑤ 对于 PHP 应用，需要给予该站点“读取”和“运行脚本”的权限；

⑥ 至此，已经成功的新建了一个站点。

4. IIS 与 PHP 的整合配置——使站点支持 PHP

① 打开刚刚建立的网站属性，在站点属性窗口中，单击“主目录”页签，单击“配置”按钮，在新弹出的“应用程序配置”对话框中，单击“添加”按钮，加入 PHP 的 ISAPI 支持，选择可执行文件：X:\ Server_ Core\ PHP\ php5isapi. dll、扩展名为 . php、限制动作为：GET，POST；

② 单击“确定”添加，并在“应用程序配置”窗口中查看 . php 扩展是否加载成功；

③ 若成功，则单击“确定”关闭配置窗口，回到站点属性主窗口。

④ 单击“文档”页签，在默认内容文档中添加 index. htm、index. html、index. php 三个文件，并将所有默认文档排序；

⑤ 完成后，单击“确定”，关闭站点属性配置窗口，回到 IIS 管理器主界面；

⑥ 右键单击“Web 服务扩展”，添加 PHP 扩展支持；

⑦ 在“新建 Web 服务扩展”对话框中，“扩展名”填写“PHP”，“文件”选择 X:\ Server_ Core\ PHP\ php5isapi. dll，并设置该 PHP 扩展默认为允许；

⑧ 重启 IIS 服务。

5. 测试 PHP 支持是否正常

IIS 与 PHP 的整合已经完毕，下面需要测试 PHP 支持是否正常。

① 进入 X:\ wwwroot\ bbs\ 目录，新建一个 phpinfo. php 文件，内容为：

```
<? php
phpinfo ();
? >
```

② 打开 IE 浏览器，输入：http://www. domain. com/phpinfo. php；

③ 如果能够正常显示 PHP 支持信息，则表明配置整合是成功的。

6. 安装 Zend Optimizer

进入 X:\ Server_ Tools 文件夹，双击下载的 ZendOptimizer-3. 2. 6-Windows-i386. exe 文件，安装过程非常友好，也比较简单。但需注意以下几点：①Zend Optimzer 的安装目录要指定为 X:\ Server_ Core\ Zend；②在安装过程中提示 php. ini 的位置时，注意观察是否为 C:\ Windows，如果不是，必须手动指定为 C:\ Windows；③安装过程中提示 IIS 网站根目录的位置，指定为：X:\ wwwroot。

Zend Optimizer 安装完成后会自动重启 IIS 服务，重启完成后需要再次打开 IE 浏览器窗口，查看 phpinfo. php 支持信息，观察是否包含了 Zend Optimizer 支持信息，如果没有，则说明 Zend Optimizer 没有安装成功。

最后，修改 php. ini 文件，将 phpinfo 函数加入到 disable_ functions 中。

（四）安装可能用到的工具软件

UCenter 开发组尽量使得安装步骤简单方便，但仍可能用一些常用的工具软件。如果希望通过网络将 UCenter 软件上传到服务器上，则需要一个 FTP 客户端软件，通过服务器 FTP 账号，使用该 FTP 客户端软件将相关文件上传到服务器上；同时，还需要一个简单的文本文件编辑软件，用以对配置文件进行参数修改。一般操作系统自带的软件，如 Windows 的“记事本”或，第三方软件如 UltraEdit 等，都能胜任。

三、UCenter1. 0. 0 安装详细步骤

第一步：下载适合自己的版本。下面的演示以 GBK 版本为例。

第二步：解压并上传论坛程序到服务器上并且修改相应目录权限。

其中，upload 里的文件是要使用的，也就是需要上传到服务器上的文件；doc 目录里存放的是关于 UCenter 的一些使用说明文档；readme. txt 是关于 UCenter 简单的安装说明。将其中 upload 目录下的所有文件使用 FTP 软件上传到空间，如图 10-2 所示。

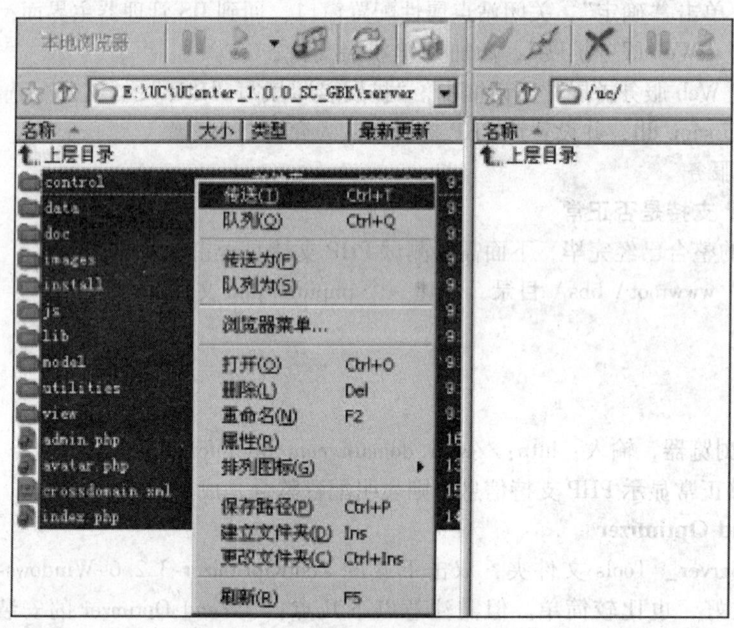

图 10-2 上传文件

关于安装目录，以虚拟主机为例，可以在根目录下新建名为“ucenter”或者“uc”的目录用来安装 UCenter；在根目录下新建名为“bbs”的目录用来安装 Discuz！6.1.0；在根目录下新建名为“ecshop”的目录用来安装 ECShop；安装其他应用类似也这样在根目录新建个目录安装即可。注意：不要把 UCenter 和 Discuz！或者其他应用安装在同一个目录下。

设置相关的目录属性，以便数据文件可以被程序正确读写。

使用 FTP 软件登录服务器，将服务器上以下目录以及该目录下面的所有文件的属性设置为 777，Win 主机设置 internet 来宾账户可读写属性。

./data

./data/avatar

./data/backup

./data/cache

./data/logs

./data/tmp

./data/view

关于目录权限修改可以参考：http://www.discuz.net/viewthread.php?tid=487165

第三步：安装过程。上传完毕后，在浏览器中运行安装程序（http://yourwebsite/install）进入准备安装页面，阅读授权协议后点击“我已仔细阅读，并同意上述条款中的所有内容”就进入环境检查和文件权限目录检查页面。

检查配置过关后点击“下一步”进入数据库信息配置页面，如图 10-3 所示。

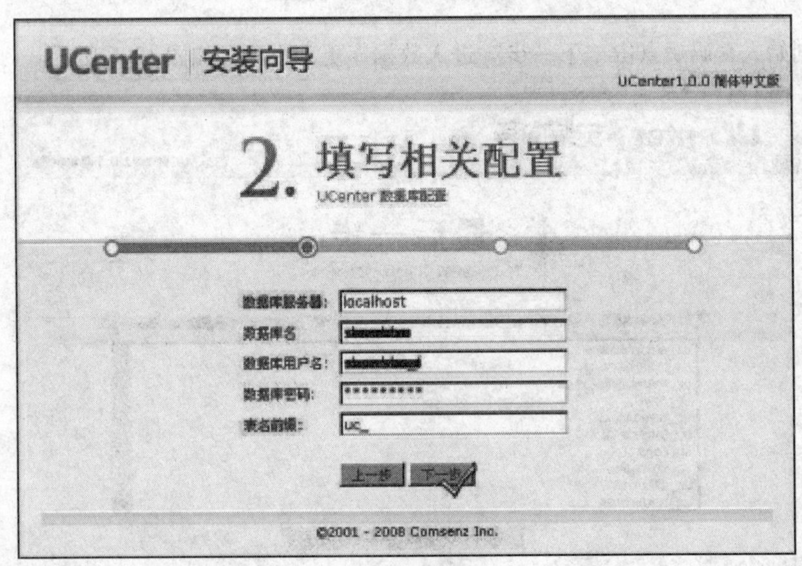

图 10-3　数据库配置

注：如果是虚拟主机用户，数据库用户名和密码一般由虚拟主机空间商提供；如果是独立主机，数据库用户名和密码就是你安装 MySQL 时填写的用户名（一般为 root）和密码（建议新建一个数据库用户安装，使用 root 会有安全问题）。填写好数据库信息后点击“下一步”进入如图 10-4 所示的页面，填写创始人密码。

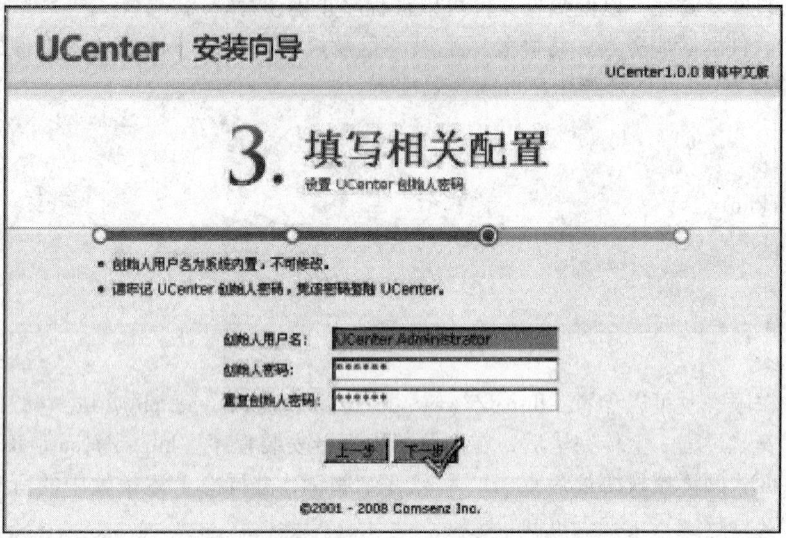

图 10-4　创始人密码配置

填写好创始人密码后点击“下一步”进入数据库更新页面，如图 10-5 所示。

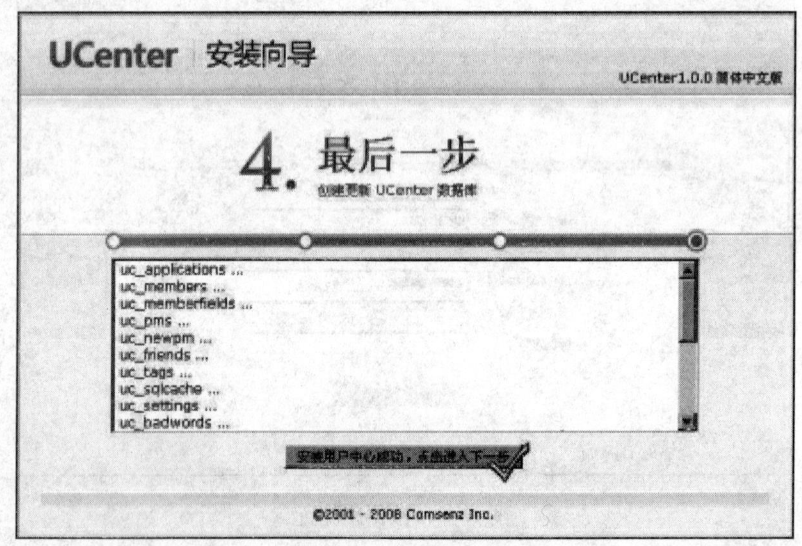

图 10-5　数据库更新

数据库安装完毕点击“安装用户中心成功，点击进入下一步”，则 UCenter1.0.0 安装完毕，进入 UCenter1.0.0 后台登录界面，如图 10-6 所示。

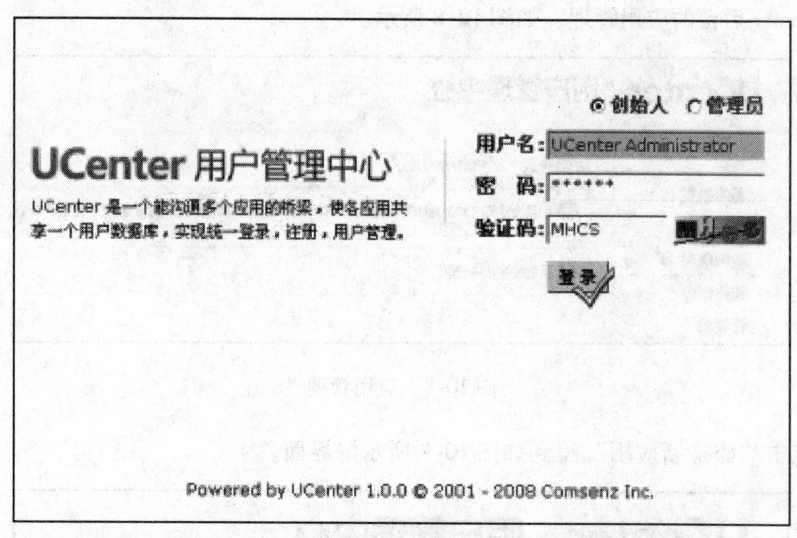

图 10-6 后台登录

输入密码后点击“登录”进入 UCenter1.0.0 的后台，如图 10-7 所示。

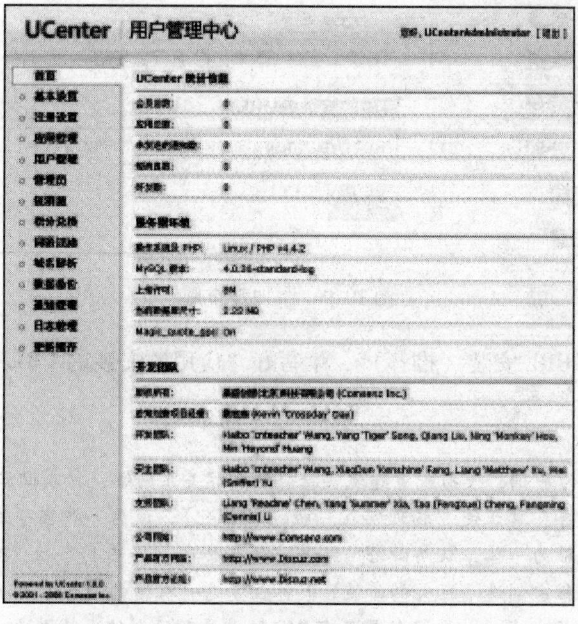

图 10-7 后台界面

安装完 UCenter1.0.0 后就可以开始安装 UCenter home、Discuz!、SupeSite、X-Space、SupeV、ECShop 等应用了。

打开 UCenter 后台的应用管理，如图 10-8 所示。

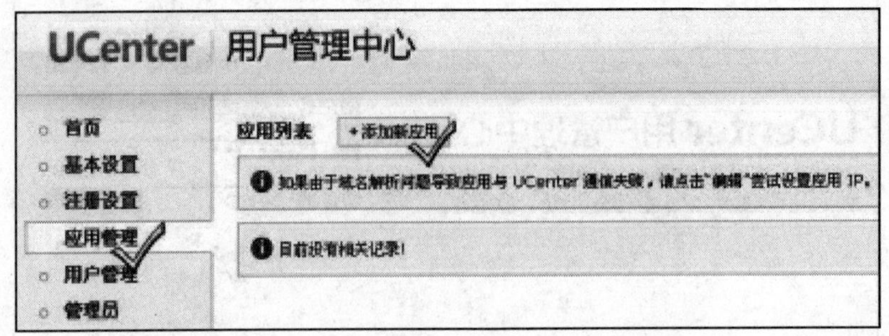

图 10-8　应用管理

上图中点击“添加新应用”得到如图 10-9 所示的界面。

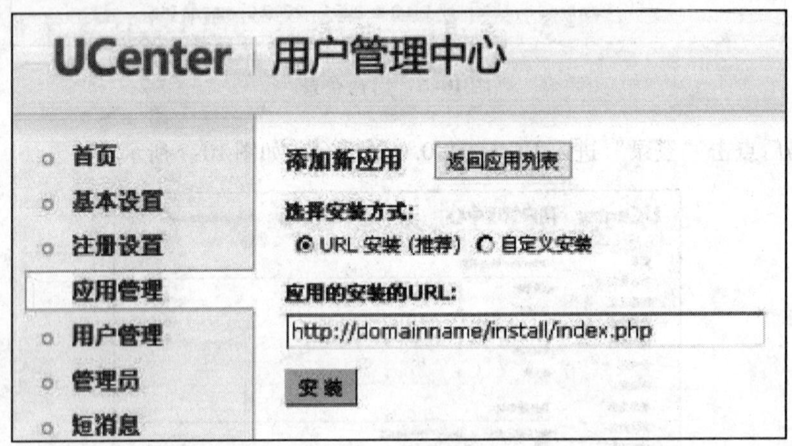

图 10-9　添加新应用

上图界面中选择“URL 安装（推荐）”，填写好“应用的安装的 URL”就可以开始安装各个应用了。

【本章小结】

SNS 以现实社会关系为基础，模拟或重建现实社会的人际关系网络，力求回归现实中的人际传播。SNS 提供了真实的网络社交服务，真正使“物理实在”被“虚拟化”，成为一种当下社会本身的“虚拟实在”。网络生活和现实生活渐趋融为一体，从而带给网络用户的新体验，并更具个性，更能展现用户的爱好、品味和个人魅力。在这个过程中创造了巨大的价值，而抓住了这一机遇的以人人网（原校内网）为代表的一类 SNS 社区网站也获得了巨大成功，并且仍然具有美好的前景和巨大的发展潜力。

应用案例　人人网（原名校内网）

校内网成立于2005年12月，是中国最早的校园SNS社区。2006年10月，千橡公司收购校内网，同年底，完成了千橡公司5Q校园网与校内网的合并，并正式命名为校内网，域名为：www.xiaonei.com。至此，校内网成为中国大学生市场具有垄断地位的校园网站。2009年8月4日，千橡集团正式将校内网更名为人人网。

一、人人网用户——最精准的目标市场

人人网建立伊始，最重要的特点是限制具有特定大学IP地址或者大学电子邮箱的用户注册，这样就保证了注册用户绝大多数都是在校大学生。而这一策略正是人人网成为一个真实的SNS社区的基础。作为六度分隔理论的一个最好案例，人人网用户以病毒繁殖似的速度迅速增长，而随着功能与应用的不断完善，人人网逐渐确立了国内校园SNS市场的霸主地位。在拥有稳定校园用户群体之后，人人网开始将目标市场向上下游拓展——进军高中和白领市场。目前，人人网已经将白领市场拓展到拥有2000所大学、1800所高中及7000家公司客户群体的真实网络。

二、人人网服务——全面维持用户粘度

人人网整合了一系列Web2.0时代的网络服务，如博客、论坛、休闲娱乐、游戏以及独特的SNS互动来维持用户粘度。人人网现在拥有超过2000万的注册用户，日均访问量2.9亿，日登录人次1130万，荣膺2007年度最佳Web 2.0学生社区类网站。

1. 博客

人人网为每个用户提供了一个个人主页，实际上是为每个用户开辟的私人博客空间。作为Web2.0理念和技术的最重要的组成部分，人人网给予了它充分的拓展，除了传统博客拥有的日志、相册、资料等功能模块以外，人人网的个人主页还全方位地为SNS理念服务，成为全方位展示自己的平台。

2. 互动

通过人人网这个真实的SNS社区，人们已经认识了很多朋友，但是仅仅认识是完全不够的。在SNS真实模式下，网络化社区形成了一个真正的社会群体，工作、感情和现实的生活都紧密相连，相互之间传达的信息是真实而可靠的，并付诸真实的思维和行动，从而成为真实生活中的一部分。可以说，整个“物理实在”已经或正在被“虚拟化”，这种“虚拟实在”正成为当下社会的本身，网络生活和现实生活渐趋融为一体。

了解好友动态：用户登录人人网首页，会发现“好友新鲜事”实时记录了好友们在人人网的一举一动：他们什么时间发表了新的日志，上传了新的照片，书写了新的心情和状态，收到或者送出了什么礼物，分享了哪些书籍、音乐、电影、网络视频，等等。更多的，用户还可以知道好友间的互动。

加入群组：群组是人人网这个大圈子里面的小圈子，这些小圈子里的用户更具共性，比如七星诗社就可能是一群喜欢读诗、写诗的校内网友组成的一个圈子。在群组里可以遇到和你具有共同兴趣爱好的人，可以更好地展现自己，了解他人，获得更多更丰富的体验。

加入班级：班级是人人网设计的类似校友录的功能模块。在这里可以组织班级活动，可以上传一些集体照片、视频等宝贵的记忆，还可以留下自己的联系方式。

3. 休闲娱乐

作为Web 2.0的重要组成部分，Web service承担了维持SNS网站用户粘度的重要使命。人人网提供以下休闲板块：

休闲娱乐：人人网提供了600多种Flash休闲小游戏，供用户消磨时光，放松心情。

测评：人人网提供30多种心理和各种娱乐性质的测试，比如职业性格测评、人品测试等。

多媒体：人人网提供30多种多媒体服务，如广播、电影、电视剧、赛事直播等。

交友：人人网提供一种更加细分的交友方式，在这里可以找到爱人、球友、驴友、拼客等特别的朋友。

实用工具：人人网提供一个贴身小秘书，可以预报天气、播报星座运势、按照备忘录提醒日程安排，甚至帮你记账，测算三围指数供你判断是否要减肥了等等。

资讯：人人网帮你更方便地了解实时资讯，如IT新闻、Wiki百科、时尚信息等。

教育：人人网提供很多帮助学习的小软件，如英语通、每日日语等。

理财：人人网提供理财小帮手，包含实时股票、基金等投资理财信息。

手机：人人网提供多种手机功能，如移动英语、手机归属地查询、手机炫图等。

4. 游戏

网页游戏是Web2.0理念渗透到网络游戏领域的标志，网页游戏脱离了客户端，简单、快捷、不需要夸张的登录界面，从而更适合白领在工作间隙进行休闲娱乐。人人网提供了一系列网页游戏，包括战争策略、模拟经营、社区养成、角色扮演、休闲竞技等诸多类别，而且与一些大型网页游戏运营商的合作使人人网用户可以通过人人网平台成为这些当红网页游戏的玩家，这也大大提升了用户在人人网停留的时间，进而提升了用户粘性。

三、目前的盈利方式

1. 广告

人人网有着庞大的潜在高端用户群，因为其注册用户基本上都是大学生，他们是社会的中坚力量。该群体是很多公司的潜在客户群，所以人人网自然受到了很多企业的青睐。而且，人人网提供的分享可以把单个客户的产品满意度以最可靠和最快速的方式传播给他的朋友们，成为口碑营销的最大化手段，让人人网这种能够直接影响购买人群的平台更具有营销价值。

作为这些隐性广告的载体和广告主，人人网每个月都会推出一个趣味性高、互动性强、用户体验好的产品，这些“赞助商礼品”已经成为企业开展线上CRM、传递企业理念、推广产品的营销利器。

2. 互联网增值服务

紫豆会员是校内网推出的一项增值服务，其会员拥有专属身份标识、专属主页助手，享受校内尊贵服务，还包含了千种以上的小游戏和各种娱乐应用，给校内的用户提供了更好的上网选择，大大增加了用户粘性。在游戏中在添加相应的增值服务，这些游戏中的虚拟物品使消费玩家获得比普通玩家更多、更精彩的游戏体验。当然，这是在复制网络游戏的盈利模式，但也不失为校内网的一个的盈利之源。

3. 虚拟礼物赠送

这种盈利方式有些类似腾讯，但是，由于校内网上的用户资料基本上都是真实的，校内网的每个用户都有真实的档案和好友关系，作为一个真实的好友之间表达情意的方法，礼品受到了很多用户的欢迎。

四、总结和分析

校内网虽然在推广方面取得了巨大的成功，目前已经占据国内SNS网站75%以上的市场份额。但是从校内网的盈利模式不难看出，目前的校内网实现盈利还是有一定难度的。但是，校内网还有巨大的可挖掘的潜力。

C2C：校内网现有的跳蚤市场是明显的C2C模式，但目前还停留在基于固定人群的二手市场阶段。作为SNS网站的最大优势，校内网拥有相对淘宝网更加细分的目标市场人群，经过更深入的市场调查和开发，复制或者发展淘宝网的成功模式不是没有可能。

视频分享网站：校内网提供的视频分享服务可以更加准确地直达目标市场，可以成功复制甚至超越优酷网、土豆网的模式。

招聘：校内网拥有最广大的高校毕业生信息资源，可以开发企业招聘市场，为高校毕业生和企业之间搭起一座桥梁，实现三方共赢。

线下盈利：开发线下产品和服务，将成为SNS网站一种全新的盈利模式。比如说，校内网可以利用网站内班级信息的资源，给班级定做个性毕业纪念册，可以线上设计，线下制作、交付；还可以帮助用户把校内网上自己发表的日记制作成精美的实体日记，这也不失是一种很好的盈利方式；另外可以提供代理机票、酒店订购等增值服务从而实现线下盈利。

总之，由于校内网已经拥有的庞大的现实人际关系网络，而这种人际关系网络又可以细分为稳固的目标客户市场，通过Web2.0思想理念的不断深入，Web服务的不断开发完善，校内网将不断发展壮大，逐渐成为SNS的领头羊，甚至有超过国内主流门户网站的趋势。

【阅读材料】

1. SNS网站盈利：十八般武艺闯江湖，http://www.ccw.com.cn/fortune/news/online_media/htm2009/20090525_630722_2.shtml
2. 给SNS社交网站的几个小建议，http://www.discuz.net/thread-897814-1-1.html
3. Web2.0与SNS，http://www.kuqin.com/shuoit/sns
4. 百度知道SNS，http://baike.baidu.com/view/8258.htm?fr=ala0
5. 从开心网广告看SNS网站盈利模式，http://www.williamlong.info/archives/1813.html
6. SNS网站的两种趋势，http://blog.tianya.cn/blogger/post_show.asp?blogID=2194108&PostID=18205648

习　题

一、选择题

1. 以下哪个网站属于SNS网站？(　　)
   A. 搜狐　B. 淘宝　C. Facebook　D. 金融界
2. Myspace属于SNS的哪种应用方式？(　　)
   A. 面对面会议活动　B. 网络交友类　C. 家庭理财类　D. 商务活动类
3. 校内网现在是属于哪个公司的？(　　)
   A. 阿里巴巴　B. 千橡公司　C. 搜狐　D. 百度
4. 六度分隔理论的提出者是（　　）。
   A. 罗纳尔多　B. 米尔格兰　C. 贵尔　D. 拉里·埃里森
5. 以下哪个是国内主流的社交网络建站产品？(　　)
   A. Ucenter Home　B. Adverse　C. NNTP　D. FTP

二、名词解释

1. SNS的模式
2. 150法则

三、简答题

1. 请简述SNS网站的三级结构。
2. 请简述社会网络服务的内涵。

第十一章

Wiki

【学习目标】Wiki 是 Web2.0 的一种典型应用，它是指一种超文本系统。这种超文本系统支持面向社群的协作式写作，同时也包括一组支持这种写作的辅助工具。它是知识社会条件下创新的一种典型形式。本章的学习目标主要是掌握 Wiki 如何调动广大的网民的群体智慧参与网络创造和互动，理解 Wiki 的信息组织模式，了解 Wiki 的发展起源，并通过实践仔细研究 Wiki 的三个典型网站——维基百科、百度百科和互动百科。

【关键概念】Wiki　协作式写作　维基百科　百度百科　互动百科

第一节　Wiki 概述

一、Wiki 的定义

Wiki 的英文全称 WikiWiki 一词来源于夏威夷语的“weekeeweekee”，原本是“快点快点”的意思，中文译为为维基。实际上，Wiki 也真的是既简单又快速。

简单地说，Wiki 是一种多人协作的写作工具。Wiki 站点可以由多人维护，甚至任何访问者都可以参与维护，每个人都可以发表自己的意见，或者对共同的主题进行扩展或者探讨。Wiki 是一种提供共同创作环境的网站，也就是说，每个人都可以任意修改网站上的页面资料。为防止网民的恶意乱改，所有的 Wiki 都有版本控制的概念，用户随时都可以找回之前的正确版本。

具体讲，Wiki 是指一种超文本系统。这种超文本系统支持面向社群的协作式写作，同时也包括一组支持这种写作的辅助工具。我们可以在 Web 的基础上对 Wiki 文本进行浏览、创建、更改，而且创建、更改、发布的代价远比 HTML 文本为小；同时，Wiki 系统还支持面向社群的协作式写作，为协作式写作提供必要帮助；Wiki 的作者自然构成了一个社群，Wiki 系统为该社群提供简单的交流工具。与其他超文本系统相比，Wiki 有使用方便及开放的特点，所以 Wiki 系统可以帮助我们在一个社群内共享某领域的知识。

到 2009 年 9 月，维基百科全书中用英语编写的文章条目超过三百万个，规模远远大于《2005 年大不列颠百科全书》的 6.5 万个条目。Wiki 百科没有最终的正确条目，永远都处于不断丰富和完善中，每个读者既是其中的创作者也是信息的共享者。没有功利目的的网民合作使得Wiki 百科内容日臻完善。Wiki 把“人人参与”的宗旨发挥得淋漓尽致。每个人都能修改页面，参与网站的建设，集合大家的力量，让网站内容从无到有、从粗略到完善、从孤立到互为参考不断发展下去，最终成为高质量的知识体系。Wiki 网站多采用公有版权，打破了私有版权下知识传播的限制性，并以公益性获得大众的认可和支持。参与公益 Wiki 建设成了一种可以随时随地参加的公益活动，为爱好者们提供了共享知识经验、帮助他人的良好体验。

二、Wiki 的特点

Wiki 具有明显的草根性。众所周知，正式出版的百科全书，需要由各个领域的权威人士耗费大量时间完成，其推崇的是一种封闭式的精英写作文化。而 Wiki 作为一种多人协作的写作工具，Wiki 百科全书的源代码完全公开，通过其站点可以实现多人甚至任何访问者维护。与其他超文本系统相比，Wiki 具有以下技术特点：

(1) 维护快捷。可快速创建、存取、更改超文本页面。

(2) 格式简单。用简单的格式标记来取代 HTML 的复杂格式标记。

(3) 链接方便。通过简单标记，直接以关键字名来建立链接（页面、外部连接、图像等）。

(4) 命名平易。关键字名就是页面名称，并且被置于一个单层、平直的名空间中。

(5) 可延展性。页面的链接目标可以不存在，通过点击链接，可以创建这些页面，从而使系统得到增长。

(6) 修订历史。记录页面的修订历史，页面的各个版本都可以被获取。

(7) 开放性。社群的成员可以任意创建、修改、删除网站上的页面资料。

(8) 可观察。系统内页面的变动可以被访问者观察到。

正因为 Wiki 的以上特点，打破了网络信息技术人员对信息管理的垄断，使得基于 W iki 创作的社群更容易形成和发展。

三、Wiki 的类型

坎宁安（cunning ham）和洛夫（O・Leuf）根据获取读写许可情况，将维基分为 6 种类型。

(1) 完全开放型：任何人都可以完全获得维基的使用。

(2) 加密型：对某些网页或全部网页进行有限制的编辑。

(3) 门户型：一些公共网页对外开放（或许要密码），但其他网页需要用户登录才能进入。

(4) 仅供会员使用型：进入该网页的必须是注册成员。

(5) 防火墙型：获取准入的成员只限制在是有特殊身份的，有指定 IP 地址的人。

(6) 个人用户型：获准入的人只限制在某个专门计算机或个人网站的人。

四、Wiki 的功能与应用

Wiki 为互联网应用的拓展提供了新的可能。和博客的核心价值在于调动每个网民积极性类似，Wiki 有着同样的号召力，并从另一个侧面佐证在 Web2.0 时代，技术从冰冷的机器语言进一步还原为人性化和个性化的应用。

显然，Wiki 的意义不仅仅局限于百科全书的写作上。互联网的“去中心化”趋势愈加清晰，相关的垂直应用比如博客逐渐强势，给传统的新闻传播带来了巨大冲击，Wiki 有着同样的存在意义。美国学者马克·波斯特提出的“二媒时代”认为，第一媒介时代是由文化精英、知识分子主导的自上而下的文化传播和发布；而第二媒介时代则是消灭了中心的散点的、可逆的交流。以信息共享、互动编辑的方式出现的 Wiki，恰恰拥有第二媒介时代的特征，知识是互动、协商的结果。其广泛的协同创作也将产生更强大的传播力。

但是，Wiki 的平民定位，以及信息的充分开放性，也使其受到了不少质疑。正是由于 Wiki 的内容发布和编辑主要依靠的是自律和自治，难免会出现信息质量的良莠不齐，还可能存在一些恶意的破坏和捣乱者乃至信息失控。这时候 Wiki 的群体社区将发挥作用，管理员和每个人都可以行使自己的权利。比如将删除帖子甚至封闭其 IP 的提议放到公告栏上，让大家投票，一周后决定其去留。此外，为了防止重要信息被修改或删除，系统管理员可以对某些特定的页面进行“保护”，使其不可修改。事实上，即使一个重要的页面已被删除或修改也不用担心，因为 Wiki 是一个网上信息数据库，每次对其进行的修改都会被记录下来，并且是可恢复的。

Wiki 可以是一种建站工具，它可以让更多人参与建设网站，语法比较容易，简单易懂。Wiki 最适合做的就是百科全书、知识库、整理某个领域的知识等知识型站点。其具体应用主要表现在以下几个方面：①主题知识拓展创作与共享，常见的就是在线百科全书的形式，如维基百科、中国大百科、百度百科、中文 Weblog 百科全书；②共建资源的目录索引；③学术研究；④软件使用手册/FAQ 类的在线编写；⑤旅游指南，如 WikiTrave；⑥书签收集，如：Reic'Wiki；⑦多人团队的协同管理，如研发管理、专案管理、文件管理、知识管理。⑧Wiki 还比较多地被用在编写个人简历、产品的 FAQ 文档等方面。

其典型应用领域如下：

1. Wiki 在学术研究中的应用

上海中医药大学针灸推拿学院徐平教授的针灸研究和教学是我国率先利用 Wiki 的实例，师生一起进行国家课题的研究和内容共创。中国科学院国家科学数字图书馆也利用 Wiki 作为课题研究共创分享信息的一个平台，见 http://159.226.100.132/pmWiki/pmWiki.php。

2. Wiki 的教学功能

Wiki 自由开放，共建共享的特点，应用于教学中，能够拓展学生视野、培养学生的创新思维。维客上涂涂改改的便捷，没有传统的管制，更适合学生的平等交流。High School Online Collaborative Writing（http://schools.Wikicities.com/）是一个支持高中学生的在线协作创作的一个 Wiki 平台。这个项目开展得非常成功，包括的主题非常广泛，里面的文章也各具特色，精彩不断。Wikiville（http://www.Wikiville.org.uk）项目是由英国的 John Bidder 建立，目的是让孩子们从自己的角度和用自己的语言描述自己的家乡。这是一个非常精彩的项目，2007 年 2 月 13 日上线，它鼓励世界各地的学生和教师参与进去，学生正在用他们家乡的生活构造一个全球化的故事。

3. 企业管理工具

从服务企业的角度看，基于 Wiki 的协作平台可建立起企业经营管理方面的许多应用，它将逐渐成为企业信息化进程中的主要角色。诺基亚公司（Nokia）使用 Socialtext 公司的 Wiki 软件来推进洞察力和远见团队（Insight & Foresight）内部的信息交流。雅虎公司（Yahoo）使用 Wiki 软件帮助开发团队克服因在不同地点工作造成的各种问题。米其林中国公司（Michelin China）也使用 Wiki 作为知识库管理工具。此外，迪斯尼公司（Disney）、柯达公司（Kodak）、摩托罗拉公司（Motorola）等也都使用了 Wiki。

五、Wiki 的盈利前景

从维基的特点来讲，它是公开的，彻底免费的。其可能存在的盈利方式有：

（1）网络广告。Wiki 上面所有的内容都是用户产生的，这种内容是用户都认可的，具有非常高的公信力，这种情况下，对广告的影响是不可忽略的。同时，基于 Wiki 的口碑营销有可能成为 Wiki 的突破方向，再有就是企业的植入式营销，和很多社区与企业合作，建立品牌。

（2）和搜索引擎的合作。虽然在 Wiki 上对所有的信息进行了分类，但是它的信息还是海量的。Wiki 百科词条已经超过了数百万条，在这种情况下对信息的分类也必须借助于搜索引擎。还有一个是企业信息知识的构建。企业经过多年的数据和知识的积累也需要管理，同时，各个部门之间的信息沟通也是急需理顺的。Wiki 可以提供一个平台，为企业提供信息库就成为了一种比较好的选择。

Wiki 的发展也有更多的途径可以去尝试，比如面对教育市场、家庭市场、Wiki 社区等等。Wiki 服务是提供给用户一张白纸和笔，多少个用户来使用这样白纸，在白纸上写什么，都是由用户自己决定。Wiki 服务还可以是一个房间，这个房间是用来讨论还是用来展示，是对外开放，还是完全私有，也都由用户自己决定。在很多情况下，商业模式与商业价值间并不能画等号，无论是 Myspace 还是 Facebook 都尚未显示出明确的商业模式，但其商业价值已经毋庸置疑，同样可以归入此类的也有 Wiki。

第二节 Wiki 的发展历史

Wiki 的历史并不长，无论是 Wiki 概念自身，还是相关软件系统的特性，都还在讨论中，所以，对于怎样的一个站点才能称得上是一个 Wiki 系统还没有统一的意见。本书认为，Wiki 是基于 Web2.0 思想，网民共同参与创建、编辑网站内容，使网站内容真实、准确的网络文化。Wiki 在我国虽然时间也不长，但就其发展速度而言，令人惊叹，我们作为使用者，应该对其历史有所了解。

一、Wiki 的起源

Wiki 概念的创始人是沃德·坎宁安 Ward Cunningham。他为了方便社区群落方式的内部交流开发了一套名为波特兰模式知识库（Portland PatternRepository）的工具，在建立这个系统的过程中，沃德·坎宁安创造了Wiki概念和名称。从1996年至2000年间，波特兰模式知识库围绕着面向社群的协作式写作，不断发展出一些支持这种写作的辅助工具，从而使Wiki的概念得到丰富和传播。不过，这些较早出现的网站基本都限于IT、工程开发等小范围内的应用。Wiki的真正繁荣要得益于Wikipedia（维基百科全书，http://www.Wikipedia.org）的成功。

2001年1月，由吉米·威尔士（Jimmy Wales）和拉里·桑格（Larry Sanger）创建的Wikipedia（维基百科，目前世界上最大的Wiki网站之一）英文版开始运行。同年12月，已经有19个非英语Wikipedia版本先后加入其中。2002年8月30日，Wikipedia英文版已经拥有4万个条目，发展呈平稳增长态势。其后的两年时间里，Wikipedia平均日增2500个条目，平均日更新则达到了2.5万条。同时，大量的Wiki软件和网站开始在世界范围内相继出现。除在线百科全书类之外，用Wiki建立的网站和主题社区的内容还涉及商业、旅游、法律、翻译、计算机、美食、健康养生、体育运动、新闻娱乐等，已经走入了人们工作、学习和生活中的诸多角落。

二、中文Wiki的发展历程

由于Wikipedia在国外取得了巨大的成功，受其影响，国内一些技术爱好者率先开始了Wiki的尝试。

2002年10月24日，中文维基百科正式成立。

2003年8月，网络天书（www.cnic.org）的前身开始运行。

2004至2005年，Wiki技术得到技术爱好者的广泛关注，国内开始出现为数众多的Wiki站点，各种Wiki试验站点达到数千个。

2005年3月12日，天下维客（www.allwiki.com）建立，它在中文Wiki社区的技术资料积累方面作出了一定的贡献。

2006年初，新浪、搜狐、网易等门户网站相继推出一系列Wiki专题和人物访谈，由此掀起国内有关Wiki讨论的新热潮。

2006年4月20日，百度百科测试版上线。

2006年12月04日互动维客荣获2006中国互联网最具潜力项目奖。

2007年11月22日首届中国维客建站创业大赛颁奖典礼。

2008年04月，百度百科正式版上线，首页改版。

2008年05月，互动在线入选“金牛榜——2008中国最具上市潜力企业50强”；8月，互动在线入选2008中国最具投资价值企业30强。

2009年07月30日，计算机世界网发布消息：互动百科发布最新版百科建站程序——HDwiki建站系统最新版本。

截至2010年8月，中文维基百科已有三十多万篇中文条目。

三、国内成功的Wiki网站案例

在Wiki时代，记录历史的不再是意见领袖，而是每一位互联网用户。和海外的快速发展相比，Wiki 在我国起步较晚，在维基百科的影响下，诞生了众多活跃的 Wiki 平台，如百度百科和互动百科等，特别是百度百科，近两年来发展迅速。

2006 年 4 月，百度推出了基于 Wiki 技术的百度百科。百度百科是一部内容开放、自由的网络百科全书，旨在创造一个涵盖所有领域知识、服务所有互联网用户的中文知识性百科全书。每个人都可以自由访问并参与撰写和编辑，分享及奉献自己的知识，并使其不断更新完善。

用户使用百度百科，可以进行自主学习增长见识，也可以参与编写分享智慧，将头脑中的隐性知识重新组织，不断累积成全人类共同的开放知识库；百度百科与百度贴吧、百度知道三位一体的服务，共同构筑了一个完整的知识搜索体系，成为网页搜索的有益补充，可以更好地提升用户的搜索体验。

互动百科于 2005 年由 CEO 潘海东博士回国创立。经历几年的积累和发展，互动百科已经拥有 70 多万贡献用户，总计创建了 270 多万条词条，涵盖自然、文化、人物、科学、社会、历史等各个领域，编撰文字达 26.4 亿字之多，是全球最大的中文百科社区之一。在过去的 2008 奥运期间，互动百科给人们带来了一个惊喜——互动百科全球 2856 名网友共同协作了首部 Wiki 奥运百科全书《奥运宝典》。虽然我们无法断定这种模式的发展前景能不能出现井喷，但可以看到的是互联网的协作精神正在进一步发扬。

为更好地推动 Wiki 行业普及，互动百科从 2006 年年底推出 HDWiki 开源系统，力争为国内外 Wiki 爱好者提供一个免费、易用、功能强大的建站系统，目前已经有 3000 家网站使用该系统。

第三节 Wiki 的信息组织模式

维基百科的信息组织模式与印刷文本信息和其他网络信息组织方式有很大的不同。它按照自组织的模式运作，通过网络用户的协同最终形成超大规模的网络百科全书，这种信息自组织模式十分有效，在各方面表现出全新的特性，开辟了网络信息组织的新途径、新境界。

一、包容与中立的定位

Wiki 具有开放中立的特点。以维基百科为例，它由一个非营利组织——维基百科基金公司负责运作和管理。该公司只有三名拿薪水的全职雇员，两名助手和一名软件工程师，维基百科的运营和维护主要由热心的网络用户志愿完成。同时为避免广告损害维基百科中立的形象，维护维基百科的品牌信誉，迄今为止，维基百科仍拒绝接受广告。

开放多元的中立定位保证了维基百科的词条质量。尽管维基百科首页的免责声明是“不保证其提供内容的真实性”，维基百科也不保证其发布信息的正确性和有效性，但据 BBC 报道，通过测验证实维基百科在科技方面与《大英百科全书》一样准确。

与传统百科全书相比，Wiki 独具特色。Wiki 将自己定位为包含人类所有知识领域的百科全书，而不仅仅是一本词典、在线论坛或其他形式。这种包容性是维基百科定位发展的基石。为了实现维基百科的包容性，维基百科采取开放多元的中立观点。由于维基百科的参与者拥有不同的意识形态与背景，来自于世界不同的角落，维基百科坚持中立态度不但可包容更多、更全面的观点，而且可使维基百科的文章尽量客观、公正。维基百科的编辑方针也采用中性观点 NPOV (Neutral Point Of View)，以免维基百科像 BBS 一样处于不断的争论之中。维基百科的词条撰写由集体来完成，争论难以避免。遇到这种情况，维基百科尽量去“叙述”而不是去采取某一特定的立场。维基百科把不同的观点和事实以及它们的变化都记录下来，而不判断正确和错误，或根据这种判断隐藏错误的观点和事实。

维基百科有管理员，但管理员主要干预人们讨论的态度和行为方式，并注意向读者展现相关问题的讨论，而不作为最终的裁定者出现。维基百科开放多元的定位为其实现自组织管理和自组织发展演进奠定了基础。

二、内容与用户的开放与协作共享

作为一个网络百科全书，维基百科具有无与伦比的开放性。维基百科允许网络用户广泛参与，其各项内容材料实行完全开放，每一位注册用户都有机会直接参与充实和编辑网站的内容，可以不受限制地复制、修改及再发布材料的任何部分或全部。这样，同一个词条往往经过上百人的修改，如同“一块任何人都可以上去涂抹的黑板”。这改变了传统百科全书的内容只能由受聘的专职人员或少数智库专家来编写的传统方式。

HTML 的复杂格式标记，类似所见即所得的风格。维基百科的维护并不复杂，用户可以快速创建、存取、更改超文本页面，而且链接方便，通过简单标记可直接以关键字名来建立各种链接（页面、外部连接、图像等）。

维基百科的信息是有组织的。与传统模式下通过他组织实现信息有序化不同，维基百科是通过用户的协作共享，以自组织方式实现信息有序化的。因此，维基百科的有组织状态是一种动态平衡状态，它虽然在不断演化，但是是在向着有序化程度更高的水平和层级演化。不但维基百科页面的内容不断改进，水平不断提高，整个超文本的组织结构也是可以修改、演化的。同时，其内容也会逐渐形成会聚，系统内多个内容重复的页面可以被汇聚于其中的某个页面，相应的链接结构也随之改变。

Wiki 的思想是自由、开放、合作、平等、共享，最重要的协作基础是信任。维基百科的目的在于和所有人分享知识，贡献自己的所知所学。维基百科中的内容均为众人思想的混合物，是许多人积极参与的结果。同时，任何一个人在任何地方只要能使用互联网就可以无条件获取其中的知识。维基百科采取了一种开放式的协作模式，使个人通过奉献自己的知识，而获得全体的智能。这种信息的共享协作是维基百科能够不断演进的动力。

事实证明，维基百科的自组织运行机制运转比较完善。据美国麻省理工学院的一项统计，一条随便加入维基百科的不良信息会在平均 1.7 分钟内被删除，而据 IBM 的一个研究小组最近发现，维基百科遭遇的多数破坏 5 分钟内就能修复。

三、信息条目的增长

Wiki 是多人协作的产物，是不断发展、不断增长的有机体，用户通过点击链接，可以不断创建新的页面，从而使 Wiki 系统得到增长。同时由于系统已记录页面的修订历史，用户可以随时获取页面的各个版本，这也使 Wiki 的信息内容呈现持续的增长性。不但信息量不断增加，内容越来越丰富，涵盖范围也越来越广泛。在维基百科平台上，通过用户的相互协作，正在生长出越来越多的新的信息资源平台。如维基词典（Wikitionary），作为一部涉及面很广的多语词典，目前在许多志愿编辑者的协同合作下逐渐成形。而喜欢格言警句的用户则在尝试编写“维基引语”（Wikiquote），已逐渐发展为收录 30 多种语言的引语库。同时，维基百科还开设了维基书库（Wikibooks）项目，在此项目中用户可以利用自己的专业所长帮助编写非常专业化的知识的学校教科书。维基百科也开设了维基新闻（Wikinews），这是一个自由的新闻链接，把各种不同新闻组织的报道合成在一起，全面展示世界报道。维基百科的这种增长性非常类似于生物体的生长，它不但是信息范围和数量的扩展，还是信息内容质量的提高，使维基百科平台的影响力越来越大，这是维基百科自组织特性的具体体现。维基百科通过集合全体用户的智慧，形成了超强的信息集合，这种信息集合不是死的、静止的信息堆积，而是动态发展演化的活的有机体。在广大用户的积极参与和协同下，维基百科呈现出了整体的智能。而且与传统经典百科全书相比，这种智能表现并不逊色。

四、自组织规范

Wiki 的自我维护的方式并不代表无组织，自组织系统也需要规范。与他组织系统不同的是，自组织系统规范的形成也是一个自组织的过程。Wiki 的运行规范是通过用户互动不断修改形成的，具有因时应变的特色。这使得 Wiki 不但在信息内容质量和数量方面不断演进，也能有效抗击来自系统内外的恶意攻击或非恶意的操作失误。基于对用户开放共享理念的认同，维基百科允许任何注册用户编辑、修改和删除其网页。这样维基百科通过用户的合作共享实现了快速的信息整合。但是用户无意的误操作以及恶意的篡改、删除还是无法完全避免的。通过用户的自律及互动，维基百科已形成了相对稳固有效的运行机制，并最大可能防范可能发生的不测。维基百科形成了成熟的自组织技术和规范：

（1）保留网页每一次更动的版本。即使参与者将整个页面删掉，管理者也会很方便地从记录中恢复最正确的页面版本。

（2）页面锁定。极端情况下，一些页面可以用锁定技术将内容锁定，其他用户无法再编辑。这主要是为了防止维基网站中的主要信息被修改或恶意人员删除。但是如果真的被删除了也不用担心，每次读者对网站进行的修改都是被记录的，并且是可以还原的。（虽然 Wiki 都有这个功能，但一般情况下使用甚少。）

（3）版本对比。每个页面都有更新记录，Wiki 会自动在任意两个版本之间进行对比，找出它们的差别。这是出于鼓励融合、减少信息的目的。

（4）更新描述。在更新一个页面的时候可以在描述栏中写上几句话，如更新内容的依据或是跟管理员的对话等。这样，管理员就知道更新页面的情况。

（5）IP 禁止。维基有记录和封存 IP 的功能，它将破坏者的 IP 记录下来，这样他就不能再胡作非为了。这样更加保障了 Wiki 网站的正常运行，保护了大多数参与者的利益。

(6) Sand Box（沙箱）测试。一般的 Wiki 都建有一个 Sand Box 的页面，初次参与的用户可先使用 Sand Box 页面做测试。Sand Box 与普通页面一致，在这里用户可以任意涂鸦、随意测试，而且怎么样修改都不会影响到实际网站的正常内容。

(7) 编辑规则的制约。通过用户的互动，维基百科形成了相对稳定的编辑规则，这些规则一旦形成就对使用者具有约束力。维基百科也通过用户的互动，逐渐形成了自己的版权约定。尽管注册用户人人都可以编写维基百科词条，但并不意味着编写维基百科词条是件轻松的事情，因为维基百科的版权要求非常严格——维基百科要求每一个条目都来自于书写者的原创：不但词条内容不能抄袭，未经授权也不能使用相关的图像。除非得到作者的授权许可，否则不能转贴别人的文章。在维基百科条目自身版权问题上，维基百科的版权约定则宽松得多。维基百科遵守 GNU 自由文档许可证（GFDL）的有关规定。这是一个反版权的内容开放协议，允许第三方在不受约束的情况下自由修改和发布修改版本的作品，同时用户必须保证允许公众对自己的作品拥有同样的自由。用户可以自由获得、自由复制、甚至自由销售维基百科，不能独占所有的权利。这样，维基百科作为自由的百科全书以其自组织的运作模式不断发展壮大，成为网络世界越来越重要的信息资源。

第四节 维基百科与百度百科

Wiki 应用中最有名也是最成功的 Wiki 平台就是在线百科全书——维基百科系统。经过长时间的发展，维基百科已经建立了一套完善的分类、定义、标准化和技术体系，拥有上百个语种的数千万条目。维基百科中文版在比较困难的情况下，仍然发展出了 27 万个词条（截止 2009 年 9 月），数百个特色条目和优良条目。百度百科是中国最大的网络内容供应商之一——百度公司建立的百科全书，采用与维基百科类似的标准和编辑方法。百度百科作为目前中国大部分网民都能直接访问的中文百科，具备一定的实用价值。Web2. 0 思想下的信息有序化主要是由信息自组织实现的，维基百科无疑是自组织的杰出代表，而百度百科则更像是自组织与他组织的结合体。维基百科与百度百科都基于 Wiki 平台，虽然不同 Wiki 平台的界面各具特色，但设计目标都是要实现方便地协作编辑内容。它们至少都具有以下功能：免费申请账号，即时内容编辑，历史版本保存，伴有讨论或评论页面等。在线百科全书尤其适合于使用 Wiki 平台，其动态更新的优点能够及时反映迅速增长的知识，而这也依赖于 Wiki 平台众多用户的参与。尽管二者有以上相同特点，但在对 Wiki 平台的具体使用和操作上，维基百科与百度百科还是存在很多不同之处。对经常需要查词条的人来说，维基百科是一个词条质量优秀的百科，许多词条都是经过广大网民精心修改而成的，而百度百科则依托百度搜索引擎的力量，收录的词条比较多，但词条相对比较混乱，没有经过仔细的整理，修改方式和修改效率都有待改进。下面比较两者的不同之处。

一、发展历史与运营方式

维基百科从 2001 年 1 月 15 日开始运行，它具有多种语言、完全公开、共同协作编写的百科全书，也是目前世界上最大的 Wiki 系统。依照 GFDL（GNU Free Documentation License，GNU 自由文档协议）许可证授权分发。中文维基百科（http://zh.wikipedia.org）是维基百科协作计划的中文版本，自2002年10月24日正式创建。百度百科是2006年4月20日由百度公司发布的开放编辑的在线百科全书，2008年4月21日推出其正式版。内容上，百度百科的定位和维基百科一样，是一部开放的、人人可编撰的百科全书，知识共享人人参与，让免费的知识服务每一个人。由于维基百科的定位是建立一个全人类知识的总和，它具有多语言入口页，有255种语言的版本，所有语种词条总数突破1000万。百度百科则是作为百度这一中文搜索引擎的附属产品，只支持中文版本。

维基百科目前以非营利组织形式运营，其资金来源于维基媒体基金会的大力支持。根据文献的数据，维基媒体基金会历年约有80%的收入来源于捐赠。而随着维基媒体负责的各个子项目的影响越来越大，基金会收到的捐赠及参与的志愿者们越来越多。对于维基百科而言，Wiki的理念和模式体现着整个社区的价值观，旨在为社区创造更多的价值。而对于百度百科而言，Wiki的理念和模式服务于百度公司的搜索引擎发展战略。百度创始人李彦宏曾说，互联网的第四代必定是搜索社区化时代。相应地，百度已形成由百度知道、贴吧、百科三位一体的“知识互动社区三驾马车”的初步框架，相互结合以补充百度搜索引擎。

二、管理与组织方式

1. 管理方式

作为同在Web 2.0环境下的典型应用，维基百科和百度百科都有许多外部参与者，二者都包括注册用户和匿名用户，目前都只有注册用户可以编辑。但二者的管理方式存在显著差异。维基百科完全采用志愿者管理的方式，而百度百科管理者中既包括志愿者，也包括内部员工，从这方面而言，维基百科完全是自组织的，而百度百科则更像是自组织与他组织的结合体。管理方式的不同，导致维基百科和百度百科的组织结构的差异。在维基百科中，管理员是拥有系统操作员权限的维基人，拥有各种具体的管理用户及其编辑内容的权限。行政员可以将一名用户变为管理员或行政员（但不能移除此权限），也可以变更其他用户的用户名。仲裁委员会是一些语言版本的维基百科中存在的机构，目的是针对最为严重的争执及破坏规则的案例作出强制的解决。维基百科所有的管理员、行政员和仲裁委员会成员都是志愿者，并且都是通过社区民意调查之后才获得相应权限的。而在百度百科的管理层中，于2007年4月2日百度推出了“百度百科蝌蚪团”计划，其成员是志愿者。蝌蚪团成员被称为蝌蚪。旨在招募少数愿意参与百度百科日常维护和知识丰富的用户来共同管理百度百科。该计划由百科用户提议发起，“蝌蚪”一词亦由用户所取。成为“蝌蚪”需要经管理员批准，“蝌蚪”有自己独立的操作页面，并有以下权力：提交同义词：有权利提交同义词给上层管理员审核通过；推选精彩词条：可以在所有词条中选择认为不错的词条提交给上层管理员；发布任务：有权提交每周的百度任务。其义务为每周至少完成以下工作中的一项：提交一对正确的同义词；推荐一个符合标准的精彩词条；发起一个合格的任务；管理自己发起的任务；每个月至少编辑10个优质词条。随着蝌蚪团成员的增多，百度百科管理层可能会开放更多的权利，但是他们不会拥有审核权。而目前所有的管理员和内容审核员都由百度公司内部员工担任。

2. 用户自组织管理规则

维基百科与百度百科的管理方式存在显著差异，因而它们的规则也存在显著差异。因为维基百科完全是自组织形式，所以需要更多明确的、公开的用户自我管理的规则。维基百科当中规则相关的文章增长迅速，说明活跃的维基用户不再仅仅关注于局部焦点——编辑单篇文章，而且关注到更高的层次——内容的质量和整个社区的健康发展。在百度百科中，因为管理员都是内部员工，所以公司的内部规章制度变成了百度百科的管理规则，但是内部规则往往不为人所知。另一方面，这种自我管理规则的差异也与维基百科与百度百科所处不同发展阶段有关。规则与有序性的关系非常紧密，系统规则保证了系统的持久和健康发展，也是系统有序的重要特征。

3. 激励机制

维基百科是非营利性的，词条贡献者也没有显性利益可得。但是参与公共事务、分享知识却极大地激励了奉献者去写作和编辑。从这个角度说，维基百科是纯公益组织在互联网环境下成功的一个典范。根据对维基百科用户进行相关调查表明，将他们的所受激励按强弱次序排列后，乐趣、理解、行善和保护性这四者作为前四名，与用户的贡献度呈现高相关性。作为一个商业站点，百度百科采取精神激励与物质激励相结合的方式。用户编辑、新建词条均可获得相应积分并进行荣誉升级，还有获得百度公司礼品、奖品的机会。这种积分制方式虽然致使部分用户依靠复制现有内容或无意义编辑来赚取积分，但其对我国国情的适应度反而成就了百度百科词条数量的爆炸式增长。

三、词条的管理方式

1. 词条增长比较

维基百科词条增长的模型是更多的内容带来更多的流量，从而带来更多的编辑。所以，平均增长率应该是维基百科文章数量的一个比例，即增长曲线呈指数型。但是对于百度百科而言，运行伊始词条数量就迅速增长，其平均增长率明显快于维基百科初创时期。这可以用产品生命周期理论进行解释。维基百科的初创时期属于 Wiki 产品的导入期，产品不定型，所以增长速度较慢。而百度搜索引擎已经有庞大用户数量，使得百度百科可以跳过导入期，直接进入高速成长期。

2. 词条编辑功能

因为维基百科与百度百科使用的软件不同，它们在编辑功能的支持上也各具特征，维基百科与互动百科编辑功能较为强大，两者都支持插入表格、插入公式和使用模板等功能。百度百科则认可“以简单取胜”原则，试图创建一个简便、易操作、宽松的用户环境。然而，这个简便性原则在某些方面却影响了百度百科的专业性和准确性，用户使用时无法输入数学公式和绘制表格。但值得期待的是，百度百科已经采取相应方案完善类似于维基百科的更加全面的编辑功能，如规范模板，在词条中插入多图等。

3. 词条的审核

维基百科的审核更侧重版权保护与原创性，而百度百科的审核更侧重政治敏感性。维基百科在创始之初采取无审核机制，后来为了提高准确度和有序化程度，系统增加了管理员规则以及事实校验和实时同级评审规则。它仅依赖于管理员对用户编辑内容进行事后审核，删除侵犯版权的内容，将表述不够中立或来源不明的词条进行明确标记。敏感的议题由仲裁委员会把关。在百度百科，所有提交的编辑内容都需经过百度公司内部员工进行人工审核。

4. 词条质量维护

在维基百科和百度百科发展初期，其词条的质量都受到了广泛的质疑。为了应对这些批评并持续改善词条质量，二者都开展了一系列质量提升计划。例如，百度百科为了提高词条内容质量，创办了百科任务这一长期栏目。而在中文维基百科中，也存在条目质量提升计划，即用特定网页收集所有用户提议的条目并选出签名最多的条目，作为下一个时段中要被加工的条目。另外，维基百科中还有一系列关于质量保障的规则，例如三大内容政策：非原创研究、中立的观点和可供查证。研究者还发现，讨论页面在维基百科的质量提升计划中发挥着重要作用，经常被编辑的文章相应的讨论页面也经常被编辑。英文维基百科里，94%的编辑次数在100以上的页面有对应的讨论页面。而在百度百科中，虽然每个词条都可以添加评论，但是鲜有用户在其中讨论如何提升词条质量。

四、版权的问题

百度百科（BaiduPedia）使用Copyright，对转载及引用等作了一系列限制和规定。而维基是“版权没有”CopyLeft)，任何人若要使用维基内容，只需跟随“版权没有”的步伐，在文章结尾标注GFDL条款即可。

维基百科是一个非营利性组织，其一切内容都基于“GNU自由文档许可证”，维基百科本身及其编辑、作者，都放弃了对自己编辑的条目的版权，允许其他网站、个人或出版商使用维基百科的创作成果；但是附带了一个重要条件——其他任何机构或个人，在使用维基百科的创作成果的时候，不得声称自己对这些成果拥有版权，必须附上这些创作成果的原产地（例如“摘自中文维基百科”）和最近5个编辑者的名字；如果其他机构和个人在维基百科内容的基础上进行了自己的修改，加入了自己的意见，所产生的混合成果也必须放弃版权，进入自由文档的范畴。

第五节 用WAMP平台搭建Wiki网站

搭建的Wiki网站主要采用的软件有mysql-essential-5.0.45-win32，php&Zend，iss7.0，HDWiki。这个平台下的网站更适合自己试验用，在网上发布的话需要的技术很高，必须修改代码已完成网站的安全、更新等设置。对于商业建站，更多的是采用WAMP平台，WAMP是多词缩写，是Windows系统下的Apache+Mysql+Perl/PHP/Python，一组常用来搭建动态网站或者服务器的开源软件。它们本身都是各自独立的程序，但是因为常被放在一起使用，拥有了越来越高的兼容度，共同组成了一个强大的Web应用程序平台。

一、安装WAMP

WAMP的整个安装过程很简单，具体如下：

(1) 下载最新的安装包。当前版本 WampServer 2. 0a，集成了 apache2. 2. 6、php5. 2. 5 + PECL、SQLitemanager、MySQL 5. 0. 45、Phpmyadmin，运行安装包。

(2) 弹出安装向导。点击“next”进行下一步即可，安装协议，选择“I accept the agreement”，继续点击“next”进行下一步。

(3) 选择安装目录。默认是 c：\ wamp，也可以根据自己需要设置在其他目录下，询问是否在快速启动栏和桌面创建快捷方式。选好之后继续点击“next”进行下一步，确认设置是否正确，点击“Install”开始安装。安装过程中，有要选择网站所在的目录，默认情况下，指定的是 www 目录，不需要修改的话点击“确定”即可。

(4) 弹出对话框，是否安装新的“WampServer 2 主页”，选择同意之后会覆盖 wamp 安装目录下 www 文件夹中的 index. php 文件（例如 c：\ wamp \ www \ index. php）。确认选“是”。

(5) 安装完毕，询问是否启动 WampServer 2。点击“Finish”完成安装，安装完毕之后，右下角的任务栏会多出一个 WAMP 的小图标。若安装的 WAMP 版本为 wamp5 1. 7. 4，成功启动后鼠标右键点击系统右下角的扇形小图标，依次选择“Language”→“chinese”，即可更换为中文操作界面。

(6) 在浏览器里输入“http：//localhost”，回车进行测试是否安装成功。

(7) 修改 apache 端口。apache 默认使用 80 端口，这个端口通常会被占用，这就需要修改 apache的端口。

打开 apache 目录的 conf 文件夹，用记事本打开 httpd. conf 文件，找到 listen 行，把后面的 80 改为 8080（其他也可），然后找到 ServerName 行，把后面的 localhost：80 改为 localhost：8080。保存退出后，启动 WAMP 服务。如图 11-1 所示，最左边的图标即是 WAMP 的程序。

图 11-1 WAMP 程序图标

二、安装 HDWiki

WAMP5 已经整合了 PHP、apache、MySQL、Phpadmin、安装完成启动就可以对网站进行配置。安装完 WAMP5 后，开始安装 HDWiki 软件。

HDWiki 是互动在线北京科技有限公司开发的开源 Wiki 软件，填补了中文 Wiki 建站系统的空白。它相对于 mediawiki 来说扩展性更强，插件的安装很方便，不同于 mediawiki 需要修改很多代码，细微的地方改错就不会实现扩展。而且 HDWiki 支持 IIS 和 apache 平台下的安装，给用户多了一种选择。

(1) 下载 HDWiki 安装包。HDWiki 提供两种数据库模式的安装包——utf-8 和 GBK，用户可以自己选择。打开 phpadmin，建立一个 utf-8 模式下的数据库，名为 wiki，如图 11-2 所示。

(2) 安装 HDWiki。首先解压，把 HDWiki 目录移到 www（即网站目录）下，浏览网站首页，

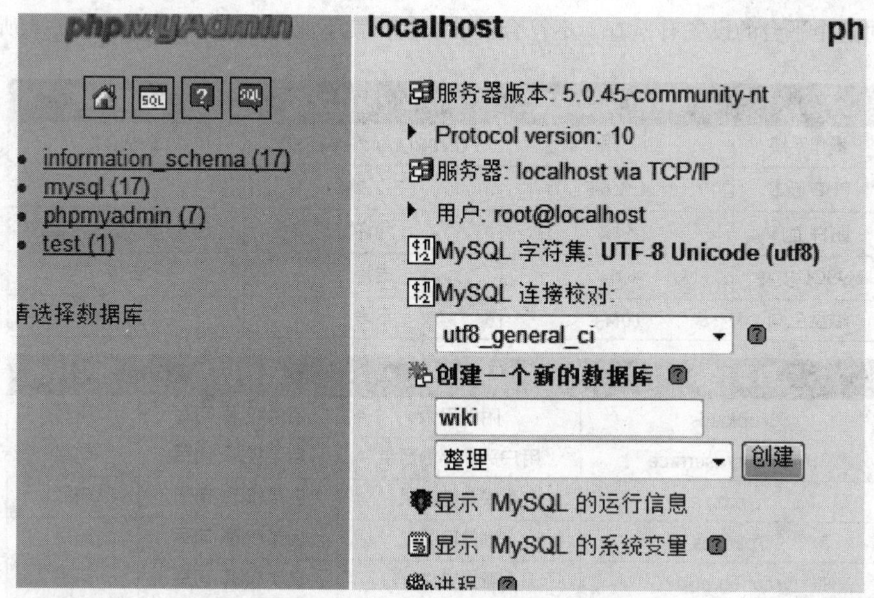

图 11-2　创建名为“Wiki”的数据库

your projects 栏目下就出现了“hdwiki”，点击进入安装，如图 11-3 所示。（注：php. ini 中的 short _ open_ tag 设置 On，否则程序无法正常运行。这个在 WAMP5 的 config files 选项中选择 php. ini 修改，完后重启服务即可。）

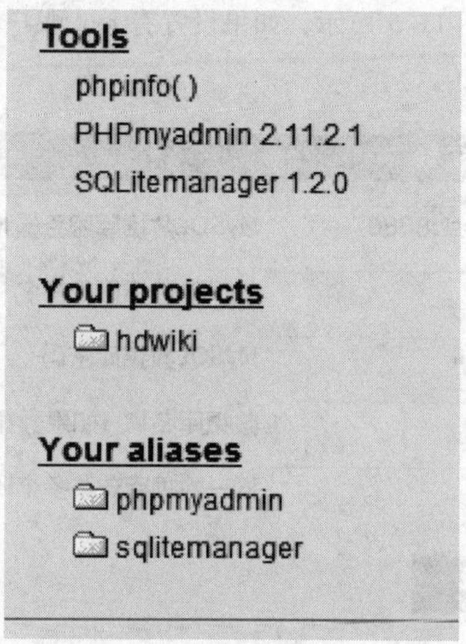

图 11-3　安装界面

软件对这个平台的设置有检查，不符合要求的话，就不能点击下一步，如图 11-4 所示。

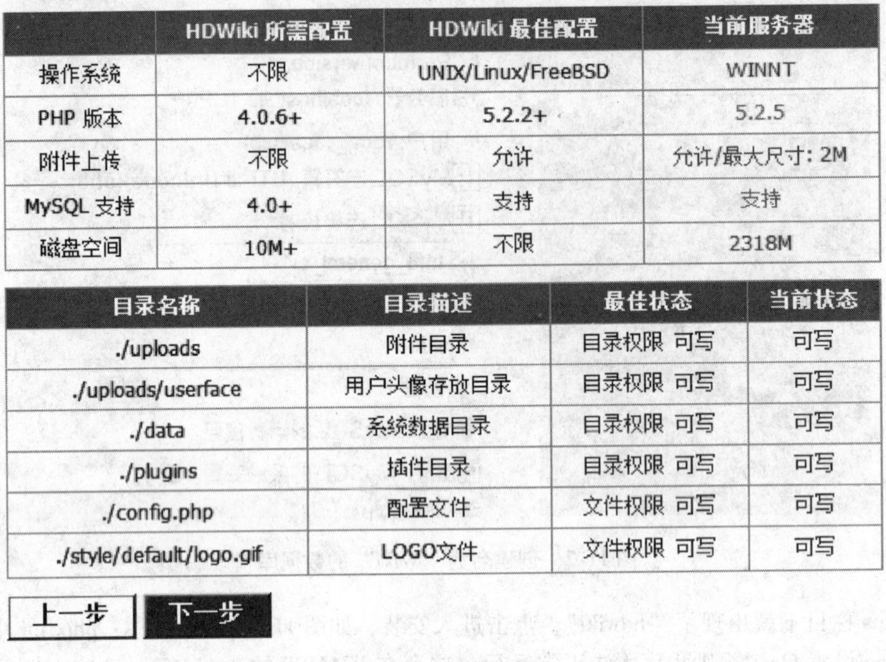

	HDWiki 所需配置	HDWiki 最佳配置	当前服务器
操作系统	不限	UNIX/Linux/FreeBSD	WINNT
PHP 版本	4.0.6+	5.2.2+	5.2.5
附件上传	不限	允许	允许/最大尺寸: 2M
MySQL 支持	4.0+	支持	支持
磁盘空间	10M+	不限	2318M

目录名称	目录描述	最佳状态	当前状态
./uploads	附件目录	目录权限 可写	可写
./uploads/userface	用户头像存放目录	目录权限 可写	可写
./data	系统数据目录	目录权限 可写	可写
./plugins	插件目录	目录权限 可写	可写
./config.php	配置文件	文件权限 可写	可写
./style/default/logo.gif	LOGO文件	文件权限 可写	可写

上一步 下一步

图 11-4 安装要求

（3）输入数据库信息。如图 11-5 所示，如果设置有 root 账户的话，输入 root 账户以及密码；没有的话，按需要输入即可。

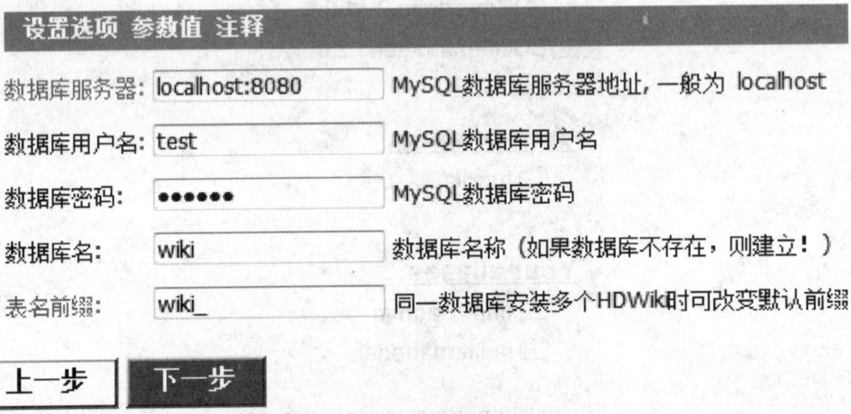

设置选项	参数值	注释
数据库服务器:	localhost:8080	MySQL数据库服务器地址，一般为 localhost
数据库用户名:	test	MySQL数据库用户名
数据库密码:	••••••	MySQL数据库密码
数据库名:	wiki	数据库名称（如果数据库不存在，则建立！）
表名前缀:	wiki_	同一数据库安装多个HDWiki时可改变默认前缀

上一步 下一步

图 11-5 输入数据库信息

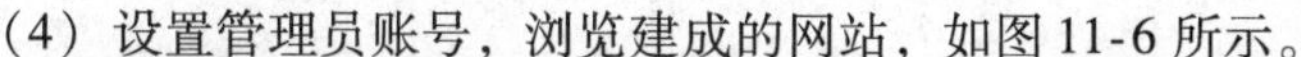

（4）设置管理员账号，浏览建成的网站，如图 11-6 所示。

图 11-6 浏览网站

【本章小结】

Wiki 正在修正我们对互联网的认知。Wiki 作为一种任何人都可以参与其中的超文本系统，正在成为网络生活的一种时尚。Wiki 百科全书开辟的是一种全民参与的信息创作和智慧分享模式，是对互联网草根精神和自由理念的进一步放大。Wiki 正在背离其词源本意“快”的初衷，正在引发知识建设体系的转变。知识记录、系统整理与高效传播是人类历史上最复杂的工作之一，以往都是专业人士从事这些工作。现在，Wiki 可以聚集民间力量，共同完成这项工作，并已经给我们提供了很多优秀的知识资源。

实践案例　百度百科编辑词条

一、登录百度百科

进入 http://baike.baidu.com/，要在百度百科上进行词条的创建、修改等操作，必须先登录到百度百科，并注册一个账户。

二、尝试编辑试验

“尝试编辑试验”页面是百度百科专门为初用者提供测试练习的。在这里，练习者可以任意修改页面、掌握编辑 wiki 页面技术。而修改的内容不会反映在百度百科的正常页面中，因此不会影响网站原有的内容。

三、浏览、修改和创建词条

1. 浏览词条

百度百科的每个页面的顶端都可以看到百度搜索框，在搜索框中输入要查看的词条名称（注：输入的词条必须是不带修饰词的陈述性词语）。点击“进入词条”，出现词条页面。如图 11-7 是词条“电子商务”的页面。点击“搜索词条”出现与该词条相关的词条列表。

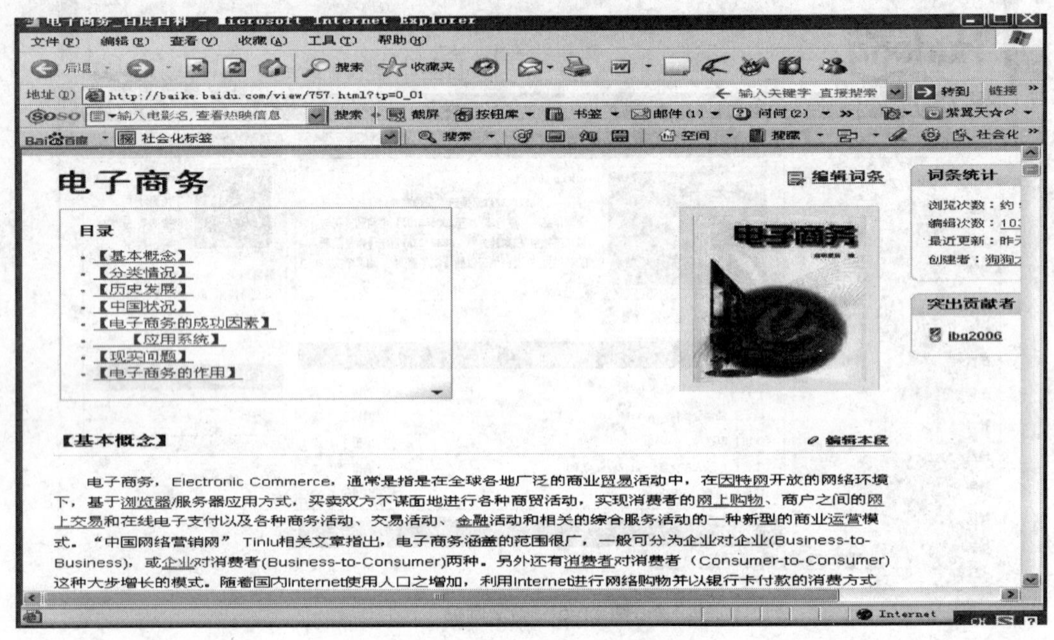

图 11-7 “电子商务”词条页面

词条的页面由几个模块组成。大框架分左右两栏，右侧是词条内容信息，占页面的大部分空间；左侧是词条的创建信息，包括该词条的浏览次数、编辑次数、最近更新时间、创建者等。右侧框架可分成上下两部分，上面部分是词条的名称（很多时候还包括目录）和该词条所涉及的内容。下面部分是相关信息，包括参考资料、相关词条、开放分类、合作编辑者等。

除了在搜索框中搜索词条外，点击任何带有链接的词语，都能进入该词条的浏览页面。

2. 修改词条内容

（1）进入某个词条页面后，便可对其进行修改。点击词条右侧的“编辑词条”对整篇文章进行编辑；也可以点击每段标题右侧的“编辑本段”对该段落进行编辑。

（2）进入编辑页面后会出现一个编辑框。在该编辑框可以对原有内容进行适当修改，在编辑框上方有一行功能键，可以对词条正文进行加粗、斜体、设为链接或段落标题，以及插入特殊符号等操作，还能上传相关的图片，使词条图文并茂，整体更直观、更具可读性。

- 设置段落标题和目录。选中段落标题文字，点击编辑框上方的“段落标题”按钮，即可在当前位置添加标题；如果一个词条已经被设置了 4 个或 4 个以上的段落标题，则会在预览和浏览该词条时自动展现目录，用于索引该词条的全部段落标题；若词条内容里的段落标题数量在 3 个或 3 个以下，则不会出现目录，并且在段落标题的右侧会出现“编辑段落”的链接，对进行段落编辑。

- 设置词条链接。使用编辑框上方的“词条链接”按钮来增加该词条与其他词条的联系。例如，如果词条“电子商务”中出现了“贸易”、“因特网”等词语，就可以将它们分别设为链接。等词条内容审核通过之后，网友浏览到的“电子商务”词条中的“贸易”、“因特网”等词语就是可以点击的，点击后会链接到相应的词条页面。（如果这些词条尚未存在，等到由其他网友创建之后，百度百科将自动识别这些词条）。

（3）编辑完成后，在编辑框的下方有开放分类、参考资料、修改原因等栏目。

- 开放分类栏目。用户可以为词条创建或补充合理的开放分类，例如，为“电子商务”词条设置“网上购物”、“网络营销”等分类，或对原有错误的开放分类进行删除或修改，审核通过后可以在词条浏览页面点击其中某个开放分类，就会出现包含该开放分类的所有词条列表，方便词条被更多网友浏览。
- 参考资料栏目。如果用户编辑的词条内容中参考了书籍、网页或他人文章等，务必在参考资料栏目中标明所引用内容的出处。
- 修改原因栏目。对修改该词条的原因进行准确、全面的概括说明，一方面可以帮助管理员加快审核；另一方面也可以方便词条的创建者、其他编辑者通过历史版本进行对比浏览，以使词条更完善。

（4）页面的最后一行是“提交”按钮和“预览词条”链接。完成上述内容修改后想查看显示效果，可单击“预览词条”，最后点击“提交”按钮就完成了整个修改过程，等待审核结果。

3. 创建新词条

创建新词条有多种方法，这里介绍其中的两种。第一种是直接点击百度百科主页的“开始创建词条”这一链接，就会进入到一个词条创建页面，如图 11-8 所示，输入您感兴趣的词条，然后点击“创建词条”按钮，您会看到类似于修改词条的页面，不同之处就是该页面的编辑框是清空的，编辑框下方没有修改原因这一栏目。其他操作与修改词条是的操作一样，这里就不再重复。

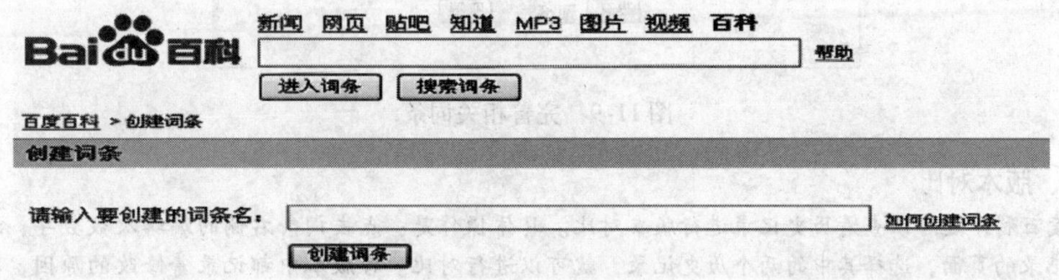

图 11-8 创建词条

四、完善相关词条

前面在介绍词条页面布局时已经提到过相关词条，现在详细介绍相关词条以及相关词条的设置和完善。

1. 相关词条的定义和作用

相关词条是在词条浏览页面右下方显示的，与当前词条具有较为紧密的横向关联的词条。点击浏览页面的某个相关词条，就会链接到该相关词条的浏览页面，使浏览者的阅读更具连续性，扩展知识广度或深度。

2. 完善相关词条

点击词条浏览页面下方相关词条右侧的“完善相关词条”链接，会出现如图11-9所示的对话框。在输入框中填写相关词条的名称，然后按“添加”或“导入”按钮。这两个按钮的区别在于：

(1) 按“添加”按钮直接添加相关词条名，例如，为“电子商务”添加“C2C”等相关词条。

(2) 按“导入”按钮，添加与所出入词条相关的所有词条。例如：为“电子商务”导入“C2C”相关词条，而“C2C”的相关词条有“B2B”和“淘宝网”，那么按“导入”按钮后会把“C2C”的相关词条即“B2B”和“淘宝网”作为“电子商务”的相关词条。这样就免去了查找、输入等繁琐过程。此外，还可以按小红叉图标删除不恰当的相关词条。

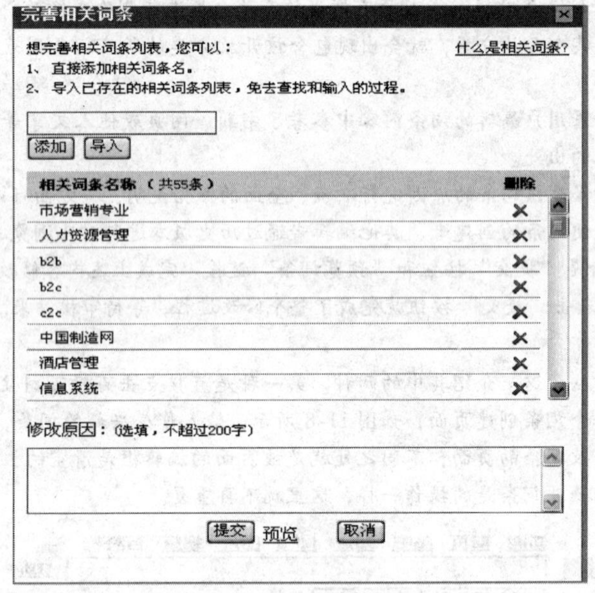

图11-9 完善相关词条

五、版本对比

百度百科中还可以查看历史记录进行版本对比。具体操作是：点击词条右侧的编辑次数数字，进入一个历史记录的页面，选择其中的两个历史记录，就可以进行对比。各版本中都记录着修改的原因，有助于验证内容的真实性和可靠性，即使被修改了也能恢复到先前的版本。

【相关链接】

1. IIS7.0 + PHP + Mysql + zend + phpmyadmin 配置教程，http://blog.sina.com.cn/s/blog_500789930100alnl.html
2. 解析中国 Wiki 现状互动百科掀知识热潮，http://news.ccw.com.cn/internet/htm2008/20081012_518316.shtml
3. 维基百科，http://www.wikipedia.org
4. 百度百科，http://baike.baidu.com
5. 互动百科，http://www.hudong.com

习　题

一、选择题

1. 第一个维基网站的创始者是（　　）。

A. 戴尔·多而蒂　　B. 戴夫·温纳　　C. 沃德·坎宁安　　D. 拉里·埃里森

2. 中国第一个维基网站是（　　）。

A. 网络天书　　B. 互动在线　　C. 维库　　D. 百度百科

3. 维基的主要思想不包括（　　）。

A. 开放架构　　B. 平易简单　　C. 名称无须统一　　D. 能够容错

4. Wiki 奥运百科全书《奥运宝典》是由哪个网站协作发布的？（　　）

A. 百度百科　　B. 互动百科　　C. 网络天书　　D. 天下维客

5. 建立独立的维基站点所需要的基础条件不包括（　　）。

A. 独立的服务器　　B. 独立的客户机　　C. 独立的软件系统　　D. 独立的域名

二、名词解释

1. 维基　2. CMS　3. PHP

三、简答

1. 简述 WAMP 是由哪几部分组成。

2. 简述 Wiki 的用途（列举 4 种用途即可）。

第十二章

博客与播客

【学习目标】学习本章要在了解博客与播客的含义和种类，以及掘客的发展及其与博客的区别的基础上，对博客的盈利方式进行分析研究，通过了解播客在诸多领域中的应用来进一步掌握播客的运作与盈利模式，并清楚播客的技术实现方法。

【关键概念】博客　掘客　个人主页　播客　网络电台

第一节　博客简介

一、博客的概念及发展

1. 博客名称的由来

博客是英文单词 blog 的中文名。blog 来源于 weblog，字面上的意思是“网络日志”，本意是网络服务器上所产生的用户访问记录档案，JornBarger 在 1997 年将两个单词合并为 Weblog，并赋予新的含义，即一种用网页形式来呈现的个人日记。到 1999 年，Peter Merholz 又把 Weblog 拆成一个主谓短语 We Blog，至此 blog 逐渐成为一个独立、正式的单词。

至于中文名—博客，则是在 2002 年由我国的博客先行者王俊秀提出，与方兴东、孙坚华三人商量后共同确定的。我国台湾地区将 blog 称为“部落格”，虽然是直接音译，但也形象地体现了博客就像是网络上一个个社群部落的含义。

2. 博客的概念

博客是一种十分简易的个人信息发布方式，任何人都可以轻易地完成个人网页的创建、发布和更新。由于博客是一个典型的网络新名词，目前还没有严谨、权威的定义。许多学者、机构和博客爱好者都有自己对博客的独特理解。

我国著名的博客启蒙人孙坚华在其发表的《博客论》中认为界定博客应该包括三个方面：内容的个性化表达；日记体方式而且更新频繁；充分利用链接，拓展文章内容、知识范围以及与其他博客的联系。

市场调查机构艾瑞咨询定义博客为一个新型的个人互联网出版工具，是网站应用的一种新方式，它是一个网站，它为每一个人提供了一个信息的发布、知识交流的传播平台，博客使用者可以很方便地用文字、链接、影音、图片建立起自己个性化的网络世界。

3. 博客的发展历程

（1）博客在国外的发展历程。一般认为，博客在世界范围内（主要是在美国）的发展可以分为三个阶段，分别为萌芽阶段、初期阶段和成长阶段。

1）萌芽阶段（20 世纪 90 年代中期到 90 年代末期）。这个阶段主要是一批 IT 技术迷、网站设计者和新闻爱好者的不自觉、无理论体系的个人自发行为，还没有形成一定的群体，也没有具备一种现象的社会影响力。在悄悄的演变过程中，也有一些事件和人物起到了非常关键的启蒙与带头作用。这个时期中具有代表性的重要事件有：

- 1997 年 4 月出现了最早的博客。Userland 公司的 CEO Dave Winer 出版的 Scripting News 开始真正具备了博客的基本重要特征。
- 1997 年底 Jorn Barger 最早用 Weblog 这个术语来描述那些有评论和链接，并且持续更新的个人网站，并建立了博客网站的基本模式。
- 1998 年 1 月，Matt Drudge 在他个人网站“德拉吉报道”上抢先报道了美国前总统克林顿与白宫助理莱温斯基的绯闻事件，震惊了世界，让世界第一次真正感受到了博客的力量。
- 1998 年 1 月，Pyra 公司出品的 blogger 成为最流行和最有影响力的博客软件，并且提供了免费的服务器空间。有了这个软件，一个博客就可以零成本地发布、更新和维护自己的网站。后来 www. blogger. com 一度发展成为全球最大的博客网站。
- 1999 年，Peter Merholz 在其写的帖子中以缩略词“blog”来命名博客，后来逐渐发展成为今天最常用的术语，并有了一系列的衍生词，如 blogger，blogsphere 等。

2）初期阶段（2000 年至 2006 年左右）。2000 年后博客开始不断涌现，这个阶段的特点是博客作为媒体的性质，参与报道了许多具有社会影响力的事件，使博客受到越来越广泛的关注。

这个阶段的代表事件如下：

- 2002 年 12 月，众多博客对美国参议院多数党领袖洛特的不恰当言论进行攻击谴责，迫使其宣布辞职。
- 2003 年 3 月，博客通过网络记录并向全世界及时讲述了海湾战争的真实情况以及伊拉克人民的生活，赢得了尊敬和信任。
- 2003 年 5 月，一个个人博客披露了美国新闻史上最大丑闻，《纽约时报》执行主编和总编辑因为假新闻事件而被迫辞职。
- 2003 年 6 月，美国总统候选人霍华德迪安开设博客网站帮助竞选，为他赢得了极高的人气和数百万美元的捐款，更是将博客的应用推向了一个新的高度。
- 2004 年，博客首度参与报道美国总统大选，首次成为可信赖的媒体。

3）成长阶段（2006 年至 2009 年）。2006 年之后成为博客的发展阶段，对于博客未来的发展很难预料，目前可以看到的是，博客正在不断地添加新的元素，如移动博客、播客、博客影视等。可以肯定地说，博客的内容将会越来越丰富多彩。与此同时，整个博客行业都在寻求适合博客健康发展的模式。在孕育培养了市场十年之后，博客产业的盈利问题终于被各大服务提供商及其投资者提上了日程。可以预见，接下来博客的发展方向将与其盈利模式密切相关。

(2) 博客在中国的发展历程。与其他所有的网络革命一样，中国博客的发展要比国外稍微晚一点。在中国，最早关注、追踪并系统阐述博客思想的，是一直研究新媒体的孙坚华，他在1998年的不少文章里就已经开始涉及许多博客现象，他的网易个人主页可以称为国内博客的前身。

近两年来，中国的博客发展速度之快，影响力之大，是许多互联网应用的发展速度无法相比的。下面将博客在中国最初发展中的重要事件作一个梳理：

- 2001年11月，硅谷著名IT博客DanGillmor在“清华阳光传媒论坛”上宣讲博客精神，为博客在中国的发展提供了一个良好的环境。
- 2002年8月，博客中国（blogchina）开通，标志着博客在中国的全面启蒙和推动。
- 2002年8月，孙坚华发表《博客论》，是国内第一篇系统、全面阐述博客革命的文章。
- 2002年12月，千龙新闻网和博客中国网联合举办了“首届博客现象研讨会”，第一批有关博客的系统研究论著公开。
- 2003年7月，我国台湾网络社团“艺立协”出版了《Blog—部落格线上出版、网络日志实作》，该书涵盖了国内外博客的最新发展，以及各种软件工具的应用。
- 2003年8月，国内第一本博客专著《博客—e时代盗火者》出版。
- 2003年年底，教育部哲学社会科学研究重大课题攻关项目——《博客（blog）技术及其对组织沟通和社会交流方式的影响研究》获得批准，博客应用首次纳入国家级科研项目。
- 2004年5月，博客中国推出《移动博客不完全手册》深度专题，正式点燃了国内业界对移动博客的商业化开发热浪。
- 2005年，博客网（www. bokee. com）和中国博客网（www. bfogcn. com）都获得了千万美元级别的风险投资，新浪、搜狐等门户网站开始加入到博客服务提供商的行列，推出名人博客、博客大赛等商业营销活动，大大促进了博客影响力的扩大。
- 到2009年，博客已在中国大众中得到较为普遍的应用。

二、博客的分类

博客主要可以分为以下几大类：

(1) 基本的博客：blog中最简单的形式。单个的作者对于特定的话题提供相关的资源，发表简短的评论。这些话题几乎可以涉及所有领域。

(2) 小组博客：基本的博客的简单变形。一些小组成员共同完成博客日志，有时候作者不仅能编辑自己的内容，还能够编辑别人的条目。这种形式的博客能够让小组成员就一些共同话题进行讨论，甚至可以共同协商完成同一个项目。

(3) 亲朋之间的博客（家庭博客）。这种类型的博客的成员主要由亲属或朋友构成，他们是一种生活圈、一个家庭或一群项目小组的成员（如布谷小区网）。

(4) 协作式博客。与小组博客相似，其主要目的是通过共同讨论使得参与者在某些方法或问题上达成一致。通常把协作式的博客定义为允许任何人参与、发表言论、讨论问题的博客日志。

（5）公共社区博客。公共出版在几年以前曾经流行过一段时间，但是因为没有持久有效的商业模型而销声匿迹了。廉价的博客与这种公共出版系统有着同样的目标，但是使用更方便，所花的代价更小，也更容易生存。

（6）商业、企业、广告型的博客。这种类型博客的管理类似于通常网站的 Web 广告管理。商业博客分为：CEO 博客、企业博客、产品博客、“领袖”博客等。以公关和营销传播为核心的博客应用已经被证明将是商业博客应用的主流。

1）CEO 博客。“新公关维基百科”目前已经统计出了近 200 位 CEO 博客，或者处在公司领导地位者撰写的博客。中国目前没有 CEO 博客列入其中。这些博客所涉及的公司虽然以新技术企业为主，但也不乏传统行业的巨头，如波音公司等。

2）企业博客。即以企业的身份而非企业高管或者 CEO 个人名义发表的博客。“新公关维基百科”统计到 85 家严格意义上的企业博客，不单有惠普、IBM、思科、迪斯尼这样的世界百强企业，也有 Stonyfield Farm 乳品公司这样的增长强劲的传统产业。NOVELL 公司还专门建立了一个公关博客，专门用于与媒介的沟通。

3）产品博客。即专门为了某个品牌的产品进行公关宣传或者以为客户服务为目的所推出的博客。据相关统计，目前有 30 余个国际品牌有自己的博客。例如在汽车行业，有日产汽车 Tiida 博客和 Cube 博客等。

4）“领袖”博客。除了企业自身建立博客进行公关传播，一些企业也注意到了博客群体作为意见领袖的特点，尝试通过博客进行品牌渗透和再传播。

（7）知识库博客，或者叫 K-LOG。基于博客的知识管理将越来越广泛，使得企业可以有效地控制和管理那些原来只是由部分工作人员拥有的、保存在文件档案或者个人电脑中的信息资料。知识库博客提供给了新闻机构、教育单位、商业企业和个人一种重要的内部管理工具。

（8）按照博客主人的知名度、博客文章受欢迎的程度，可以将博客分为名人博客、一般博客、热门博客等。

（9）按照博客内容的来源、知识版权还可以将博客分为原创博客、非商业用途的转载性质的博客以及二者兼而有之的博客。

此外，按照 Blog 存在的方式，还可以分为：①托管博客：无须自己注册域名、租用空间和编制网页，只要去免费注册申请即可拥有的博客，是最“多快好省”的方式。②自建独立网站的博客：有自己的域名、空间和页面风格，需要一定的条件（例如自己需要会网页制作，需要懂得网络知识）。当然，这种博客更自由，创建者有最大限度的管理权限。③附属博客：将自己的博客作为某一个网站的一部分（如一个栏目、一个频道或者一个地址）。这三类之间可以演变，甚至可以兼得，一人拥有多种博客网站。

三、博客与个人主页、bbs 论坛和网摘的区别

1. 博客与个人主页的区别

（1）个人网站技术门槛较高，需要懂得 HTML 语言、图形处理、网页制作、网页发布等相

关技术；而博客不需要任何网站建设的技术，只要会打字、会上网就行了。

(2) 个人网站成本高，需要租用个人空间、域名等；而博客则不需要这方面的投资，是零成本。

(3) 个人网站制作的时间周期长，从技术的掌握到网页的设计和发布需要很长的时间，而博客只需要在几分钟之内填写表单并提交就可以了。

(4) 个人网站常常注重内容的表现形式，很多个人网站总是追求技术的先进性和表现的艺术性，往往忽略了内容本身；而博客更注重知识的积累、共享和交流，关注内容本身，是个性化的个人知识管理系统。

2. 博客与bbs论坛的区别

(1) bbs是一个开放的、自由的空间，面向的是一个较松散的群组，是服务于公众的；而blog则是一个私有性较强的平台，面向的是个人和较小的、具有共同目标的群组，是服务于个人的。这二者最初的创设理念就不一样：bbs是为了解决人们缺乏自由发表言论的机会而创设的；随着网络的普及，这种情况得到较大的改善，而此时凸显个人才能、张扬个性的需求更日益突出，博客应运而生。

(2) bbs采用帖子置顶和发帖的时间顺序来组织帖子（文章），并采用分类方式对帖子进行分类。用户不能更改分类，只有管理员才具有这个权限。而博客则以日历的方式来组织文章（帖子）的，作者可以自行对文章（帖子）分类。

(3) bbs允许用户回复，但必须注册（通过设置也可以不需要通过注册），但用户在发帖过了一段时间后，很难能够再找到曾经发过的帖子（文章）。而博客不用注册就可以回复，写过的东西始终在您的博客中，可以任意处置。

(4) bbs组织帖子（文章）是杂乱的，很难查找；而博客要用RDF（资源描述框架）国际标准来组织信息，每个博客的“XML”标志链接的文档是rss. xml或index. xml，也就是说RSS (RDF) 也是XML语言描述的。这是bbs与博客在技术上的区别。

3. 博客与网摘的区别

网摘就是我们每天的网络阅读记录。虽然网摘有些功能与一些博客工具的功能有交叉的地方，但是博客和网摘在处理互联网内容时根本上是不相同的。博客主要用于你创造的内容（有时会包含链接），而网摘则关注你消化的内容（如该链接所指向的内容是什么）。借助网摘强大的工具（如存档和全文检索），可以建立一个自己的信息库。

第二节 Digg——掘客

一、掘客

1. Digg 的起源

2004年10月，美国人凯文·罗斯创办了www. digg. com网站，是第一个Digg网站。它从2005年3月开始渐渐为人所知，最初定位于科技新闻的挖掘；于2006年的6月第三次改版，扩充到其他领域，流量迅速上升。digg. com 的 Alexa 的排名是全球第 100 位。每天有超过 100 万人聚集在 Digg，阅读、评论和“Digging”4000 条信息。

2. Digg 的核心思想

Digg 的核心思想是发动大众进行新闻挖掘。Digg 与一般新闻网站所不同的是，新闻网站的新闻是由编辑推荐的，编辑的喜好决定了网站的内容；而 Digg 把这个新闻筛选的权利交给了网民，由网民民主投票来决定网站首页应该显示哪些新闻。Digg 相信大众的眼光和评审，这样筛选出的新闻往往是最有价值的、最受网民关注的新闻。Digg 是 Web2. 0 的又一种具体表现形式。

3. 掘客适合的人群

(1) 挖掘者。某些人发现了好的文章，就想推荐出来与其他人分享，这些人是掘客的原动力。凡是自己提交的文章，都会收录在自己的掘客家园里，等于是为自己提供了一个网络收藏夹。

(2) 浏览者。对于阅读者来说，在 Digg 网站上看到的文章，都是经过网友筛选的，都是精华，因此省去了大量在网上盲目浏览的时间，提高了阅读效率。尤其是现在流行的 tag 机制，能让阅读者迅速定位自己感兴趣的内容。

(3) 评论者。掘客不仅仅是把文章挖掘出来就结束，还要发动大家对挖掘出来的文章发表看法，探讨更深层次的东西。对于评论者来说，原文只是一个引子，而评论有时比原文更有价值。

(4) 收藏者。对于喜欢使用网络收藏夹的人来说，在掘客的每一次投票、每一次推荐、每一次评论，都是一个收藏的过程，凡是网友关注的文章，都会保存在网友的个人掘客家园里。

(5) 网络写手。博客的时代是全民写作的时代，越来越多的人参与到博客中来，如何推广自己的博客呢？如何让自己的博客迅速被别人知道呢？掘客就是一个很好的推广平台，把文章自己推荐到掘客，接受更多网友的浏览、点评和投票。

(6) 交友。掘客还提供了朋友圈的交友功能。和一般的纯粹为了交友而交友的网站不同的是，掘客是因为大家有共同的阅读喜好，所以才会走到一起，成为好友，这样的好友才会有共同语言。

(7) RSS 订阅。对于 RSS 订阅器使用爱好者来说，掘客也提供了标准的 RSS 订阅，以及分类的 RSS 订阅。订阅者可以随自己的喜好订阅自己喜欢的文章。

二、掘客和博客、播客的区别

博客和播客，号称是草根文化，但其实骨子里还是精英文化。能写出有价值的博客文章和制作播客，并且能坚持不懈的人，已经不是草根了。大部分普通草根，只是把博客当成记录生活琐事或者转载文章的工具，会很快淹没在信息海洋里。

而掘客，才是真正的草根与精英都适合的文化。如果你会写文字，那么你可以发表评论和看法；如果不会写或者懒得写，投个票，非常简单。而通过掘客的挖掘，不管是精英的文章或者是草根的文章，只要是有价值的，都被网友自发地推到了大众的眼前。掘客是博客和播客一个有益的补充和导航。

三、掘客类网站在中国的发展

在国内，掘客越来越被人们所接受，博客、播客、掘客成了 Web2.0 时代的三个代名词。很多其他门类的网站也渐渐把掘客的核心投票功能融入自己的产品和服务中，如抓虾的 RSS 新闻的投票、和讯博客的投票，以及土豆视频的投票等。Digg 也渐渐由一个社区变成了一种功能和服务。相信不久的将来，掘客将会被更多人所接受。

第三节 博客的盈利分析

博客行业价值链涉及的环节包括博客托管服务提供商 BSP（Blog Service Provider）、blogger（写博客的人）、广告主、用户、电信运营商等。它们之间的关系如图 12-1 所示。

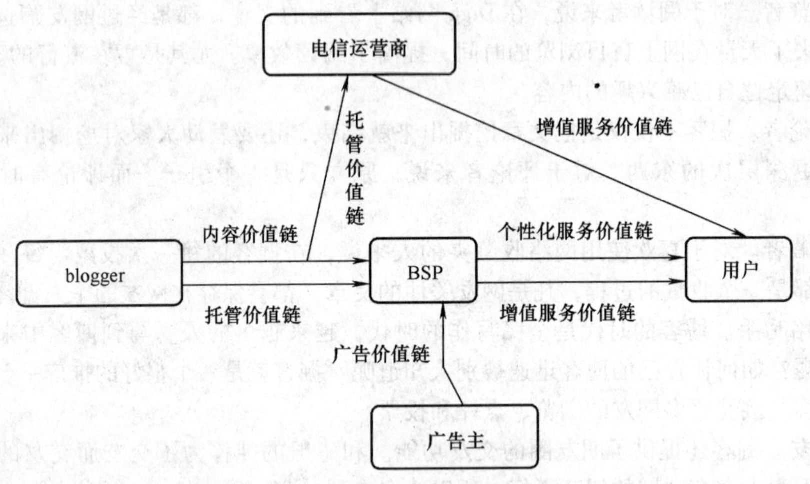

图 12-1 博客行业价值链

从博客商业价值链上看，该行业的利润有五大部分：广告平台、博客托管、博客内容、增值服务，以及用户个性化服务。下面一一分析这五部分的盈利模式。

1. 广告平台

网络广告是时下国外博客网站最主要的收入来源，例如 BlogAds（www.blogads.com）就是一个指导如何投放博客广告的专业站点，它列举多个特色博客以供选择。在国内，惠普公司、华为技术有限公司等开始在博客中国网站发布网络广告，但是效果并不显著。究其原因一方面是由于博客本身不够专业，广告投放并没有针对目标受众；另一方面也因为缺乏专门机构对广告投放进行指导。针对第一个问题，国内的博客网站寻求盈利点宜向专业化方向发展，吸引专业博客领域最有影响力的群体；博客网站除了走专业化道路，还应当探索新的广告模式。Clickz（www.clickz.com）网站实施的广告营销新模式为我们提供了一个参考：电子商务网站 Glam 作为广告发布的中介与7个博客网站合作，在这种模式下，广告主只需与Glam一家合作，便能够使得所投放的广告抵达这些博客针对的所有目标消费者；博客网站不仅能分享广告收入，还可得到Glam的内容推广。在这个新的博客网络服务模式中各方共享利益，是值得国内博客网站借鉴和思考的一种积极尝试。

2. 博客托管

进入2004年，网易、sohu、Tom等网站相继推出了博客托管服务。国外的blogger一般能接受博客网站每年收取几十美元的托管服务费。收取托管服务费的盈利方式要求博客网站提供的服务本身具有足够的吸引力和不可替代性。在不能保证用户对网站服务具有依赖性的情况下，对博客收费的模式应当慎用。

3. 博客内容

开发博客文章的商业价值也将使BSP和blogger双方获利。在2005年7月新加坡第一届blogger年会上，一批资深的博客作者发出了博客职业化的提议。把名人博客和精品博客变成印刷品或者CD，通过传统渠道出售，BSP与blogger都可按比例分红从而实现商业价值。这种模式的关键在于博客内容是否优质并有足够吸引力。为保证博客内容的质量，BSP可根据博客的点击率采取激励措施，按照点击率分红并对点击率高的博客的作者给予经济奖励。

4. 增值服务

目前，国外的博客增值业务的发展趋势是移动博客业务，它使用户可以随时随地搜索、记录、发布、传播博客，更能够满足E时代人们快捷传递资讯、自由彰显个性的独特需求。

在美国，textamerica是为数不多的几个移动博客的商用网站之一。该网站成立于2002年。除了免费的移动博客业务之外，该网站提供两种不同的收费业务，包括过滤广告的移动博客和私人移动博客。前者会自动去除在免费的服务中加入的广告，每月收取5.99美元的费用；后者加入了对浏览者的限制，仅供主人允许的用户浏览图片，每月收取9.99美元的费用。这两种收费业务还为用户提供100MB的存储空间、每月2GB的带宽和两个发送图片的E-mail地址。

近期，美国的Intercasting公司也推出基于BREW平台的移动博客业务Rabble。Rabble业务独特的“位置信息标签”，相当于一个记录地址的信息便条，为移动博客用户提供了更加人性化的服务。另外，美国的WaveMarket推出名为“Crunk ie”的博客服务，意大利的Mobaila与3Italy合作为意大利用户推出的移动视频博客业务、韩国赛我网（cyworld）的移动博客业务均实现了巨大利润。

目前国内博客网站的增值服务还主要体现在博客中应用短信、彩信等业务，移动博客的发展尚处于前期摸索阶段，为促进移动博客模式的进一步发展，包括终端用户、博客网站、电信运营商、手机终端服务商在内的移动博客业务链条上的各种利益关系还需进一步协调。

5. 用户个性化服务

博客网站探索实现商业价值的途径，应当立足于两点：一是纵向延伸，即以用户为中心提供优质信息服务；二是横向拓展，它体现在博客与其他Web2.0元素的融合之上。其中，博客与SNS结合形成的“商企专区”是已证明的行之有效的服务整合模式。

具体地说，利用博客加上SNS模式实现商业价值，可有以下几种策略：

(1) 现代商业广告已经基本摆脱了告知性、口号性的广告形式，而向娱乐性和平民化靠拢。如果在博客加 SNS 网站上建立主题广告专区，不会显得商业味道过重而冲淡博客和交友的主题，相反地，它将提供一种富于内容更有趣、表现形式更精美的广告宣传模式。对企业自身而言，博客加上 SNS 这种模式更有利于网罗该企业与行业上下游的资源。“让企业也有自己的朋友”，将不再是一句空洞的口号。这种主题广告专区在形成一定模式和影响力之后，对用户收取费用，是商企专区的盈利点之一。

(2) 博客加上 SNS 形成的商企专区可以在法律许可范围内出让用户信息给有需求的企业，还可以在商业调查过程中进行数据统计以扩大收益。

(3) 博客与 SNS 整合模式实行会员制，会员成为企业的朋友，享受企业提供的各种优惠服务，可以对会员开展收取会费、票务折扣、产品折扣等活动。

(4) 博客与 SNS 整合模式中，商企专区内的视频、音频资料的在线收听收看缴纳的费用，以及下载收费成为又一利润来源。

(5) 商企专区可以同企业联合组织线下的商务活动，对会员收取线下活动的费用。

(6) 信息服务提供商和商企专区的机构、企业及个人可以进行某些服务或产品的销售，售后所得的分成也成为该模式的一项收入。

对于具备技术优势的专业 BSP 来说，吸引个人用户的关键是提供个性化、易编辑、定制化的博客服务，吸引企业用户的重点则在于开辟渠道、开发能够满足中小企业需求的博客服务；对于提供博客服务的传统门户网站而言，宜在原有用户资源及服务平台之上使博客服务与其他互联网、移动增值业务相结合，从而增加自身的多渠道收入。总而言之，博客网站应根据自身的竞争优势判断网站是否存在有行业纵向或横向联合的机会，创造博客的商业价值并实现博客网站的可持续发展。

第四节 博客的技术方案

一、如何开设自己的博客

(1) 申请网站提供的博客空间。比如 hi. baidu. com 以及 blogcn. com 等站点提供的博客，这些博客和 QQ 空间一样，通过选择相应场景就可以创建。

(2) 自己申请免费空间和域名。条件允许时也可以自己写博客程序，当然也可以利用网上已有的博客程序。

(3) 自己租用专线，发布博客。现在企业和研究机构多采用这种方式创建博客。

二、博客工具

1. 客户端软件

(1) 天地博客工具（skyblog）v1.7 绿色版。它具有专业的博客自动发布功能：①自动填入文章标题和文章内容（如不写标题，则文章首行默认为标题）；②自动选择文章类型、标签、心情；③支持文章一键发布；④方便的转载文章发布功能；⑤方便的多博客切换与发布（目前支持强国博客、凤凰网、blogcn. com、bulog. cn、bloger. com）。

（2）web site robot 2. 2。这是一款带有博客工具、购物卡和在线相册的网站创建器。该软件可以使用信用卡安全在线支付，并且可以自动地创建和链接缩略图和音乐试听样本，不限制 html、文档、博客、照片、音乐、视频或者任何多媒体内容的存储空间。

（3）中国博客网客户端（rabo）v1. 0 正式版。rabo 是中国博客网集成了原有站内功能，同时又加入了多个新功能而开发出来的新型博客工具软件，简单易用，功能强大。同时，rabo 客户端还拥有离线写日志等功能。

（4）WordPress。这是一款符合 Web 标准的易用的个人信息发布平台。

（5）scribeFire。它是免费 firefox 插件，支持中文，支持图片，缺点是只能读出作者的一个博客。

（6）Qumana。它是免费软件，界面很漂亮，缺点是中文支持不好。

（7）Windows Live Writer。它不能方便浏览以前的文章，但贴图很方便。

（8）Zoundry。其特点有：免费，中文支持最好，支持图片，但是只能成一个很小的图片，只支持 ftp 上传图片的方式，可以方便浏览文章。

2. 服务器端软件

① Nucleus CMS。它可以支持 PHP 4 脚本，MySQL 3. 32 以上的数据库，可以创建一个或多个博客站点，可以将多个内容显示在同一个页面上，免费下载。

② Python Community Sever。这是一款免费针对 Windows、Mac、Linux 等平台的博客服务器软件，开放源代码。

3. 一般的博客工具

① Backupmyblog：自动备份博客数据，只对于 MySQL 数据库有效，wordpress 用户不用担心了。

② Feedburner：RSS 烧制工具。

③ Feedblitz：邮件订阅工具。

④ Mybloglog：博客统计工具，可以显示最近访客。

⑤ Performancing：博客编辑器，firefox 插件。

⑥ Dijjer | Redswoosh | Pando：减少你的流量，尤其对于富媒体文件比较多的博客，免费，易用。

⑦ Dead-Links：坏链检查工具。

⑧ Pingomatic：自动 ping 主流博客搜索引擎的工具，wordpress 自带。

⑨ RSS Re-mixers：RSS 聚合工具，可以把多个 RSS feed 聚合到一个 feed 里面。

⑩ Feedostyle：RSS 聚合工具，把其他任意一个 RSS 聚合到你的博客上面。

三、博客模板

① Oblog：官方免费下载站点，提供不同风格的模板。其首页如图 12-2 所示，可根据统计资

料和下载排行榜下载。

图 12-2 Oblog 博客首页

② 部落窝模板世界：首先注册，注册后可以下载窝头数为 0 的模板；如果需要窝头和一定等级的模板，也可以直接花钱购买，并升级到相应的级别；或者去发帖赚取积分。

第五节 播客的定义与特点

在博客已经非常普及的今天，很多人第一次听到“播客”都怀疑是写错了字，而此时播客正在网上掀起网络广播革命的浪潮。

一、播客的定义

尽管播客发展迅速，但当前对于播客的定义却并无统一说法。实际上，“播客”一词所对应的英文有三个，即 Podcast、Podcastor 和 Podcasting，我们所说的播客实际上也有多个含义。Podcast 是数字广播技术的一种，初期借助一个叫“iPodder”的软件与一些便携播放器相结合而实现。Podcasting 一词原是苹果电脑的“iPod”与“广播”（broadcast）的合成，指的是一种在互联网上发布音频文件并允许用户订阅 feed 来自动接收新文件的方法，或用此方法来制作的音频节目。2004 年 9 月，美国苹果公司发布 iPodder，这一事件被看做是播客（Podcast）出现的标志。

Podcasting 录制的是网络广播或类似的网络声讯节目，网友可将网上的广播节目下载到自己的 iPod、MP3 播放器或其他便携式数码声讯播放器中随身收听，不必端坐电脑前，也不必实时收听，享受随时随地的自由。更有意义的是，你还可以自己制作声音节目，并将其上传到网上与广大网友分享。Podcasting 是一种个性化的传播方式，也是一种传播形态。除了“播客”外，与 Podcasting 对应的中文名字还有“爱波”、“广波”、“波刻”、“网播”、“聚播”、“随身播”、“自由播”等中文译名，这些名字一方面有音译的因素，另一方面也表现出播客这种传播形态的特点。

Podcastor 则是指使用这一传播方式的人。

在实际发展中，Podcasting 逐渐成为一种互联网上的传播形态。人们只需要一个麦克风、一个摄像头、一台连接因特网的计算机和一个操作简单的编辑软件，就可以在播客网站或播客频道申请自己的播客空间，发布音视频节目，并且能够通过 RSS 定制自己需要的节目，使用电脑、手机、PDA、MP3、MP4 等多种终端收听收看。当前传媒形态之间出现了明显的交叉和融合的趋势，从广义的角度看，一些博客网站中的音频博客和视频博客也属于播客，播客与网络电台、网络电视也有相当的融合。

播客在 Wikipedia 中定义为：播客指的是一种在互联网上发布文件并允许用户订阅 feed 以自动接收新文件的方法，或用此方法来制作的电台节目。它与其他音频内容传送的区别在于其订阅模式，它使用 RSS 2.0 文件格式传送信息，该技术允许个人进行创建与发布，这种新的传播方式使得人人可以说出他们想说的话。

二、播客的特点

播客作为下一代网络广播的新技术，有以下特点：

(1) 简单易用、成本低，具有个人化的制作特色。播客的制作过程简单、制作成本低，准入门槛也比较低。播客可以用口语化进行自我表达，完全彰显个人价值和个性特点，具有更平民化和原生态的制作特色。这对普通大众来说极具吸引力。

(2) 动态更新、简单聚合。Podcast 以日志形式发布，具有动态和及时更新的特点。播客采用 RSS 技术，RSS 客户端软件根据用户的订阅使最新发布的播客节目在客户端自动简单聚合，而不用用户进入网站多次点击浏览信息。

(3) 带有草根色彩的传播，具有参与性、共享性。播客的到来，让每个人的声音都有机会平等地在世界范围内得到传播。每个人都可以当主持人，每个人都能制作富有平民化、草根化的节目。

(4) 可订阅、收听自由、内容丰富、个性化。播客是“可订阅”、“可选择”的新型广播，听众不必再像从前一样必须将就电台的节目表，完全可按照自己的时间安排随意收听节目。Podcast 利用 RSS 技术能在发表文本信息的基础上，传播交流音频、视频，也可以提供 Flash 动画等多媒体资料的链接下载。播客是个人创作的节目，其内容更加个性化、时尚化，更适合现代人使用。

三、播客的发展

播客的发展方向是从声音播客转向视频播客，最近的调查显示，视频 iPod 的用户只占全体用户 5% 不足，可见视频播客的发展仍处于初级阶段。

当前，许多世界国际广电媒体网站甚至报刊网站，如美国迪士尼、ABC News、ESPN、美国公众电台（WGBH）、加拿大广播公司（CBC）、英国国家广播公司（BBC）等均已提供播客平台。图 12-3 是美国 CNN 的播客网页。

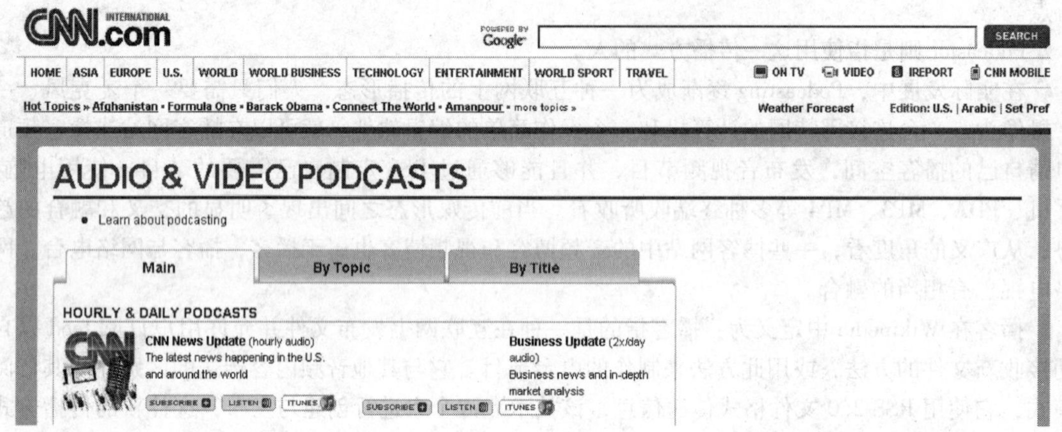

图 12-3　CNN 的播客

自 2004 年底 2005 年初至今，国内出现了一批播客站点，土豆网、播客中国、播客天下等网站先后推出播客服务、反波、有一说二、聆听雨婷等播客已经具有相当的知名度，一批富有个性的音视频节目在互联网上广泛传播。播客在互联网上产生的影响一直延伸到传统媒体，上海东方广播电台推出了《波歌播客秀》节目，北京文艺台推出了《播客风暴》节目。传统媒体从文字到图像，从图像到视频，这是在现实物理世界里的一条发展规律，同样，在比特世界里也不会例外。美国麻省理工大学教授尼古拉斯·尼葛洛庞帝早在他的《数字化生存》就预言将来私人电视台的出现，这里的“私人电视台”更接近于视频博客的概念，也就是我们现在所说的“播客”。在当前互联网内容为王的环境下，我们不必担心播客的内容。日益普及的 DV 和大量的视频聊天，以及 3G 所带来的手机短片，这些都将提供传统手段所无法企及的大量、实时的视频资料。

在 Web2.0 时代的大背景下，以个人为本的理念的盛行，RSS、博客、Wiki 等传媒形态的流行，宽带网络的发展和互联网用户对音/视频内容的需求，这些条件使得播客的快速发展成为一种必然。以音视频为主要传播内容的播客传播形态有着得天独厚的优势，随着宽带的进一步普及和数字传媒技术的发展，互联网空间的播客传播形态大有作为。

完整的播客传播形态主要有几个链条：一是播客网站或播客频道，它们为“播客”这一方式提供空间和技术支持；二是传播方式，能够下载浏览和使用 RSS 方式订阅是“播客”别于传统广播的重要功能。三是播客用户，即制作个性化的音视频节目并使用播客方式进行传播的人；四是播客节目，是播客的主要传播内容。四者共同构成了播客“Pedcasting”传播形态。

四、播客与博客、传统的广播电台和网络电台的区别

1. 播客与博客的区别

播客与博客的形式比较接近，都是个人通过互联网发布信息的方式，并且都需要借助于博客/播客发布程序（通常为第三方提供的博客托管服务，也可以是独立的个人博客/播客网站）进行信息发布和管理。博客与播客的主要区别在于，博客所传播的信息以文字和图片信息为主，而播客传递的则是音频和视频信息（目前播客是以音频信息为主）。与传统博客相比，播客更能展示个性，更有针对性，同时又拥有更强大的交互能力。

博客是把日记写在网上，把自己的思想通过文字和图片的方式在互联网上传播；而播客则是通过制作音频甚至视频节目的方式。从某种意义上来说，播客就是一个以互联网为载体的个人电台和电视台。

就像博客颠覆了被动接受文字信息的方式一样，播客颠覆了被动收听、收看的方式，使受众成为主动参与者。有人说，播客可能会像博客一样，带来大众传媒的又一场革命。目前几乎所有的播客作者都是博客作者，但如果认为“播客”只是博客的声音化，那就错了。“播客”用声音传达信息，更富有感情，更具个性。首先，对于信息的接收者来说，播客是充满悬念的，你无法知道后面等待你的将会是什么；而阅读博客完全可以跳行，一篇几千字的博客文章也许只需要几分钟的时间便知道了大概；其次，声音和视频永远比文字更为丰满，比如形容喧闹的街市、自然的鸟鸣、人心的挣扎，甚至简单的一句“我爱你”，其中蕴含的信息是文字不能够表达的；再次，播客也可以读文章，事实上没有文案的播客是不成熟的。播客的到来，为那些不擅长写作的人们提供了另一个出口。

2. 播客与传统广播电台的区别

第一，传统电台广播的频段在多数国家是被严格控制的，个人很难或者根本无法获得广播许可证，因此传统广播的主体多局限于国家专业的媒介组织。与之相比，“播客”不用经过层层审批，不必为争取到一个清晰的无线电波段而煞费苦心。播客传播主体可以是专业的媒介组织，也可以是社会团体，还可以是业余爱好者、个人等，只要你愿意，有表现欲望，都可以成为播客传播的主体。

第二，传统广播播放只是文字的声音版，Podcast 能在发表文本信息的基础上，传播音频、视频和 Flash 动画等多媒体资料，其中尤其以音频、视频的传播交流交互为特色。同时，播客播放不像传统电台播放时插播大量广告，此外，播客是个人创作的节目，其内容更加个性化、时尚化，更适合现代人的口味。

第三，不同于传统广播的有形实体，播客广播传播渠道以 RSS 技术为基础，是虚拟的、智能化的传播通道，是可以自动下载的影音文件订阅系统。广播和网络电台都是一对多的传播，一个节目源在中心，许多人接收。而播客传播中，首先是听众自动下载音频文件，其次接收者也可拥有节目的源数据，如节目日期、节目标题、节目描述等。

3. 播客与网络电台的区别

网络电台虽说可以在线实时收听，但受网络带宽、服务器的处理能力等限制造成声音断续，品质也不理想，而且会受到时间和地点的限制。对于播客来说，它采用订阅模式传送音频内容，将内容从服务器端“推送”至用户端，从而克服了网络电台的这些弊端。

与网络电台终端仅为处于固定位置的电脑相比，播客传播终端不仅仅局限于电脑，而是扩展到iPod、MP3、MP4、手机、PDA等，借助于这些终端听众自动下载音频文件到播放器中，听众不必端坐电脑前，也不必实时收听，而可以享受随时随地的自由收听。

第六节　播客的应用和网站的运作与盈利

一、播客的应用

虽然播客出现的时间很短，但是在很多领域却得到了切切实实的应用。目前，其应用领域主要有：

1. 娱乐

音乐、Flash、视频短片等娱乐类节目是目前内容的主流。播客的核心特性是“自动更新和即时传播”，可以更好地服务于一些不断更新但实时性要求不高的娱乐视频和音频节目的发布。例如国内的土豆网等。

2. 资讯

在国外，许多主流媒体分支机构纷纷开始提供新闻播客。媒体资讯方面，商业资讯是热点，如股市证券评论、商业技术新闻等。根据FeedBurner公司商务开发副总裁瑞克·克劳所提供的数据，洛杉矶KFI电台科技节目主持人雷奥·拉波特的播客“每周技术新闻”（This WeekIn Tech）的订阅用户数量，从2005年5月的360位已经上升到目前的41 000位。克劳表示，技术方面的播客始终是FeedBurner公司排名最前列的订阅源。

3. 教育

播客也逐渐成为教学的重要传播工具。如在我国知行快报英语播客有了越来越多的用户。在国外一些大学，还尝试通过播客提供班级讲座的录音重放。播客教学具有收听不受时间地点限制等优势，作为课堂教学的一种有效的补充手段，将得到更加广泛的运用。例如随时随地学英语（http://englishpod.com/lessons）等站点。

国内不少社区也利用播客来实现社区的教育需求㊀，例如有些社区播客学习平台提供了职业培训、文化生活、心理健康、育儿频道、娱乐在线等频道。通过社区播客学习平台，社区管理人员、教师、居民通过上传和录制功能奉献优质资源，共同创建视听学习社区，形成了系列化的资源集合，为自主学习创造了条件。社区居民可以在任何时间、任何地点，按照自己的实际需要，自由点播视/音频资源，自主控制学习进度，既丰富了社区文化，又营造了良

㊀ 相关内容参考：张凯．播客在社区教育中的应用，软件导刊，2009.

好的学习氛围。

还可以从教学资源库建设方面考虑运用播客技术针对不同学科、知识点建立不同的知识频道。播客基于RSS技术创建与发布，由于RSS技术的聚合性，可以实现不同社区的资源共享。这样一方面可以减少简单重复建设，另一方面也可以集中优势建设高质量的网络学习资源库。此外播客学习平台具有RSS聚合功能，社区居民可根据个人兴趣和学习需要，事先订阅所需的课程资源服务，RSS客户端软件根据学习者的订阅，能够将最新发布的播客节目在客户端自动聚合，社区居民可直接访问聚合的节目进行浏览、阅读，大大节省了信息搜索时间。

4. 营销

目前，许多公司还将播客运用于商业营销领域，将它作为传统广告渠道的补充。如甲骨文公司从2005年5月起，在公司的网站上提供播客服务。IBM也开始在公司网站的“投资者”栏目提供一些播客内容，这些片断都是关于IBM公司的技术在汽车、零售、医疗保健其他行业中的应用情况。一些电影明星也利用播客来做宣传，唱片公司也试图通过播客取悦歌迷。一些艺人认为播客将成为与歌迷建立良好关系的重要桥梁。

5. 政府服务或政治宣传

美国一些州政府利用播客展开政府服务。比如美国加州州长施瓦辛格开办了一个网络播客频道，叫做“政府官员的周末电台”（Governor's Weekly RadioAddress），用于政府新闻发布。随着其影响力的不断扩大，不少美国政客已经敏锐地认识到了播客的政治价值。美国一些参加竞选的议员也在自己的网站上发布竞选视频。

二、播客网站的运作与盈利模式

当前，由于定位不同、主办者之间的差异，各个播客网站风格不同。个性、多样是当前播客网站最大的特点。

1. 播客网站的主要功能

(1) 简单的注册。国内的绝大多数播客网站所提供的服务都是免费的，通过简单的注册程序，网民就成为了播客用户，可以自由下载、浏览、订阅音视频节目。

(2) 提供音视频文件的存储空间。由于音视频文件相对容量较大，有的播客网站对用户会有一个限制。

(3) 个人频道。播客网站的注册用户，只需下载安装一个管理软件，就可以成为一名真正的“播客”。“播客”可以在网站提供的固定频道页面管理自己的节目，整个过程操作简捷。用户还能够在自己的频道建立友情链接，建立联系人，与其他用户进行多种方式的交流。

(4) 提供技术支持。由于音视频流媒体的特点，用户需要根据不同的文件使用不同的播放器和编辑软件，播客网站一般都提供技术支持。播客节目的音视频格式有MP3、WMP、MOV、REAL、MPEG等格式。像土豆网就明确提示用户，该站提供下载的文件格式多为MOV，并推荐使用能够播放所有媒体格式的全能播放器——暴风影音，还有一些网站还支持在线的录制。

此外，一般播客站点还设有分类和频道，推出节目排行，网民也可以对节目进行评论和交流。一些网站还推出了新的功能，如“手机听播客”的软件，使得播客在传播平台上获得了更大的延伸。

2. 播客网站的分类

目前的播客网站大概可以分为4类。

(1) 播客门户站点，为“播客”提供网络空间，影响较大的有：土豆网、优酷网、波谱播客（原为播客天下）、爱播网等。

(2) 综合类播客频道，是隶属于其他网站的一个频道，如新浪网等网站均设有播客频道。

(3) 播客目录类网站，由于播客网站的迅速发展，所提供的音视频节目日益增多，对这些节目进行检索和制定目录供用户查找和订阅已经成为一种现实的需要，于是播客目录类网站应运而生。

(4) 专门的播客资讯网站，即提供播客的相关信息的网站，如播客宝典对国内外有关播客的信息进行梳理和整理，及时发布和更新。

由此可见，播客网站已经发展成了一个由门户站点、播客频道、播客目录站点和播客资讯站点所组成的层次分明、联系紧密的完整体系。

3. 播客网站的内容

(1) 形式与来源。从内容的形式来看，播客节目主要有三种：音频、视频、以Video格式出现的Flash。从来源看，节目分为转载和原创两种。许多符合网络传播特点、迎合网民口味的原创性的节目的点击率很高。

(2) 节目类别与内容。当前，我国播客节目的内容类别较多，如：广播节目、音乐、情感空间、娱乐搞笑、技术园地、社会百态、学习和教育、艺术文化、体育、新闻和媒体、英文播客、自然科学、儿童天地、宗教信仰、家居生活、商业和经济等，从类别上看还是很丰富的。但是从数量看，广播节目、音乐、情感空间、娱乐搞笑四类以娱乐、情感交流为主的节目远远超过了其他节目。

(3) 节目的受关注度。播客网站一般都提供评论和投票功能，由此我们可以看到受众对播客节目的关注度，可以作为衡量播客节目质量的一个参考。

三、播客网站盈利模式

虽然播客用户的增长非常迅猛，但是其盈利模式还很不明朗。目前，国内外许多播客网站都在进行盈利模式的尝试，主要模式有以下几种：

(1) 广告模式。这也是传统媒体的主要盈利模式，有两种：直接在网站上打广告；在播客节目中嵌入广告（也就是Podvertising)。而广告模式存在的问题是，播客最早的卖点之一就是没有广告，传统媒体的广告已经招人厌烦，播客如何来解决也是挑战。如英国的VirginRadio是英国最早开始尝试这种方式的广播电台；PodShow等已经开始把广告嵌入节目中。

(2) 赞助模式。这种模式适用热门节目。其好处是比广告更不扰人，更易被受众接受。例如，荷兰的世界第四大啤酒公司喜力啤酒赞助了著名DJ的“播客”节目，来进行全球酒吧推广活动，成效显著；国际品牌杜蕾斯也通过dcastAIley. com站点的“播客”节目传递品牌和产品信息。这种商业信号给播客带来了极大的鼓舞。但赞助对赞助商来说尺度较难把握，在赞助期内，节目的关注程度难以预料。

(3) 订阅模式。播客用户交纳一定费用后，可以实现包月等形式的订阅，也可以单独购买自己感兴趣的某个节目，这是最简捷的方式之一。目前国外有相当多的优秀播客频道实行了付费订阅制度。苹果公司在2005年4月为它的便携音乐播放器IPOD提供了来自知名广播公司如TripleJ、2DayFM、Nightline、SBSWorldview等超过15000套电台节目的播客订阅服务，在推出后两天内全球订阅量飞速增长，超过了100万。

(4) 与用户分享广告收入。土豆网对此设立的规则是：第一，播客可以选择是否插入广告；第二，播客的分成方式是用户每点击一次浏览，他们将获得一分钱的收入，当其账户达到100元时，就可以向土豆网支取广告收入。第三，加载广告的节目必须是原创节目，所投放的广告才会被有效计费。通过点击量来给节目上传者一定的报酬，而播客网站也可以从广告商那获得广告费用，这种模式对网民有很好的激励效果，鼓励他们积极制作原创节目，并且有利于网站自身的发展，提高点击率和流量。

(5) 与电视台合作。2008年4月，中央电视台新闻频道《社会记录》栏目，用视频的方式对4月中旬的沈阳雪灾进行了回顾，而节目中的大多数素材来自于视频分享网站优酷网。上传到视频分享网站上的视频成为电视台制作节目的素材，这无疑为视频网站带来了新的生机。如果说把电视台的内容拿到盈利复杂的互联网可能只是赚到眼球，但是反过来，互联网上的原创视频能够在电视台落地，这意味着新的盈利模式。优酷网已与三家电视台达成内容合作。

(6) 增值业务服务。随着越来越多的手机多媒体功能的强大和GPRS网络的发展，播客与移动通信领域的结合有着非常不错的发展前景，特别是3G网络的出现将会解决播客在传输速度方面的问题，从而大大推动手机播客服务的应用。例如土豆网与上海文广集团下属一家移动信息公司签订协议，作为内容提供商，提供手机视频点播的节目。手机增值业务是播客在盈利方面的重要尝试，所得的收入一部分投入网站的建设，另一部分付给播客制作者，这样播客制作者们可以得到不菲的报酬。

(7) 受众捐助。该模式适用于受众基数大的播客网站。如有20万听从的ThisWeekInTech希望听众每月捐助2美元，现在他们每月大约有10000美元的收入。在苹果公司的推动下，网站内容制作、曲目搜索、节目下载、多种终端使用已构成完整的价值链。

基于视频播客的业务运营模式也值得关注㊀。

IPTV视频播客业务的目标客户群定位为拥有宽带的家庭用户，其中安装了IPTV的用户为重点目标客户群。该业务为用户提供视频内容的交流和分享，极大地方便了亲朋好友间传递、共享视频内容，对家庭用户有很大的吸引力。

目前，随着国内IPTV业务的大力拓展，相关运营商在视频播客业务方面也进行了一些尝试，如上海电信推出的“影像空间”业务，用户在IPTV上可以创建个人的电视频道，像优酷等播客网站一样上传和管理私人的影像作品，并且可以通过即时消息系统向好友推荐节目并交流感想。该业务试运行一段时间后取得了不错的反响。此外也有一些运营商在省级范围开展视频播客业务试点，同时和国内的知名播客网站洽谈视频内容的合作事宜，希望达到双赢的目的，IPTV视频播客业务已成为IPTV中最有潜力的增值业务。

㊀ 参考资料：刘瑞生．播客：Web2.0时代的典型传媒形态．现代电视技术，2006.

当前，运营商开展IPTV视频播客业务应采取以下运营策略：业务开展初期通过营业厅、客服等渠道大力推广，并推出各种优惠政策，以免除业务基本月租、免费或半价观看付费视频、扩大用户视频空间容量、赠送相关道具等，培养用户在电视机上浏览视频的习惯，促进视频播客业务用户数量规模化增长。用户数量具备一定规模后，采取前向和后向收费相结合的多元化盈利模式。前向收费主要包括业务使用基本月租和付费点播视频的费用，后向收费则以广告收费和交易提成为主。运营商和各大商家合作引入广告视频，在用户点播视频播放前或播放后插入广告短片。该模式已被优酷、土豆等知名播客网站广泛采用，也逐渐被用户所接受。运营商亦可开设单独的广告展示专区，供商家展示商品并进行销售，结合网络购物和电视购物等商业模式拓展到电子商务领域，对交易收取一定的提成费用。此外，运营商还可与优酷、土豆等国内知名播客网站进行合作，引入互联网上的精品内容，既弥补了自身内容的不足，又为这些播客网站带来了人气和流量，实现了双赢的目的。

目前国内的IPTV产业处于发展高峰期，用户数量迅速增长，而相应的增值业务却发展十分缓慢，未能对IPTV产业起到推波助澜的作用。视频播客业务进一步丰富了IPTV增值业务，能有效地促进IPTV业务发展和宽带放号，同时可通过广告视频、付费视频、与互联网视频网站合作分成等方式创收，成为运营商新的利润增长点。

以上的盈利模式中广告可能是最具普遍性的一种模式。国内播客网站所做的探索还有：虚拟货币交易、与传统媒体合作、内容出版、制作空间收费等。这些盈利模式从理论上都是可行的，但是实际操作起来却不简单。总的来说，国内播客网站的盈利模式尚未成熟。

在Web2.0时代的大背景下，以个人为本的理念的盛行，RSS、博客、Wiki等传媒形态的流行，宽带网络的发展和互联网用户对音视频内容的需求，这些条件使得播客的横空出世成为一种必然。以音视频为主要传播内容的播客传播形态有着得天独厚的优势，随着宽带的进一步普及和数字传媒技术的发展，互联网空间的播客传播形态将大有作为。

第七节 播客的技术实现

一、播客的运作方式

播客的一般运作过程如图12-4所示：发布播客的人利用录音工具，录制一段节目或音效，并通过工具来产生Podcast RSS，然后再将所产生的Podcast RSS发布到网络上，供其他人订阅。对于听众来说，使用RSS阅读软件订阅播客节目之后，只要节目一有更新，便会自动接收下来，也可以设定自动将节目复制到iPod或其他设备中，使用者便可不限时间和地域收听播客的节目内容。收听/看播

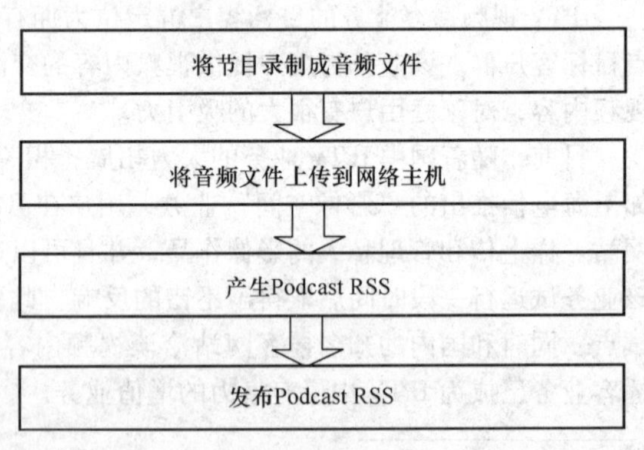

图12-4 制作播客节目的流程

客节目的流程如图 12-5 所示。

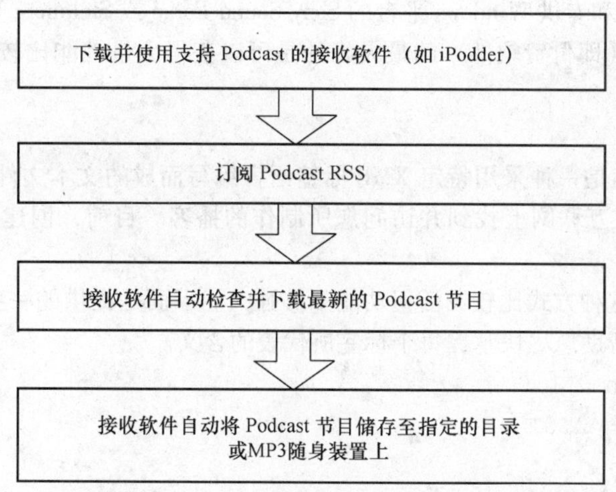

图 12-5 收听/看 Podcast 节目的流程

二、制作播客相关技术

制作播客并不是一个特别难的过程，只需以下几个步骤即可完成。当然，也可以制作比较复杂的播客。另外，当前还有很多各种各样的免费工具，可以帮助完成该过程。

1. 创建音频文件

播客可以是各种形式的，从无线电广播类型的脱口秀到激情飞扬的政治演说，从口头杂志到音乐节目，所有你想让听众听到的内容，你都可以录。在最初试验阶段，你可以直接往电脑上插一个 USB 话筒，然后使用跨平台的 Audacity 程序或专供 Mac 平台使用的 Garageband 程序等免费音频程序来对自己进行录音。

当然，如果你使用的音频系统较为复杂的话，录音效果也会相对较好。功能比较强的音频系统不仅可以将背景音乐和画外音分开，或者使片段与片段之间的衔接过渡变得更为平滑，而且还能够将不同的声音轨道混合在一起，从而使用户可以自由添加各种自己喜欢的音效等。在这些方面，Apple Logic 以及 Digidesign Pro Tools 等 DAW（数字音频工作站）软件能够带给用户一流的专业音频制作体验。

除了上述基本配置外，用户还可以使用很多其他音频设备，比如高品质的话筒、前置话筒放大器/处理器、效果器、调音台、工作室监听音箱和耳机等。在这些设备的帮助下，创作出来的播客质量肯定会比先前更上一层楼。

录音完毕之后，使用音频编辑器对播客的开头和结尾部分进行修剪，以确保播客在开始播放之前不会出现大段的无声空白。

2. 将音频文件转换成 MP3 格式

这是录音完成之后的工作，目的是确保听众可以顺利下载。很多软件都可以完成这种格式转换，比如免费的音频编辑器或文件转换器等。如果想获得更好的转换质量，可以使用专供 Mac 平台的 BIAS Peak 软件和专供 Windows 平台的 Sony Sound Forge 或 Steinberg Wavelab 等软件。使用这种“商业化”软件（即付费软件）的最大好处是可以获得大量性能比较稳定的音频编辑和音频处理功能。

3. 创建 RSS 文件

RSS 文件实际上就是一种采用特定 XML 标签语言编写而成的文本文件，其作用主要是确保聚合器或读取器能够在互联网上找到并访问您所制作的播客。目前，创建 RSS 文件的方式主要过程如下：

（1）手动创建。这种方式比较灵活但功能不够强大。下面是提供的一些简单的用 XML 写成的 RSS 代码，目的是帮助您尽快掌握每个标签所代表的含义。

```
<? xml version = "1.0"? >
<rss version = "2.0" >
<channel >
<title >Podcast Test #1 </title >
<link >http://www.xyyx.com/Podcasts/PCTest.mp3 </link >  <description >A test of Sinemedia podcasting </description >
<language >en-au </language >
<copyright >2005 </copyright >
<lastBuildDate >Mon,31 Oct 2005 16:31:58-0500 </lastBuildDate >
<ttl >360 </ttl >
<item >
<title >Sinemedia podcasting: Episode 1 </title >
<description >The first podcast ever created by Sinemedia </description >
<pubDate >Mon,31 Oct 2005 16:31:58 EST </pubDate >
<enclosure url = "http://www.xyyx.com/Podcasts/PCTest.mp3" length = "2067522" type = "audio/mpeg" />
</item >
</channel >
</rss >
```

“item” 以上的那些代码表示的是播客名称、所用语言以及版权等内容；而 “item” 以下的那些代码表示的则是其中特定的某一节或某一段内容，也就是说，允许用户可以一直地添加新的播客内容。

（2）使用免费的 RSS 创建软件。跨平台的 Podifier 和 Figure 2 以及专供 Windows 平台使用的 RSS Publisher 等，都是专供用户一步一步创建 RSS 文件的免费应用程序。在这些程序中，只需按照提示和要求完成表格，即可快速创建出属于自己的 XML 文件。

（3）使用收费的 RSS 创建程序。除了免费程序，还可以花钱买一个正版的 RSS 创建软件。

这种软件能够提供更多有用的功能，包括对任选标签的支持等。目前该类软件中有代表性的几款主要是 FeedForAll（可支持 Mac 和 Windows 两大平台）、Feeder（仅限于 Mac 平台）、ePodcast Creator（仅限于 Windows 平台）以及 Cast Easy（专供 Mac 平台）。

（4）上传 RSS 文件和 MP3。这一步通常是通过 FTP 来完成的，不过，很多免费或收费的 RSS 创建程序也会自动帮您完成该项操作。在该步骤中，唯一需要注意的就确保 RSS 文件和 MP3 文件装载在同一个目录中。

（5）激活 RSS 文件。这一步非常简单，进入 http://feedvalidator.org/，然后键入你的 RSS 文件的 URL 地址即可。在这一步中，如果 RSS 文件代码有错，Feed Validator 会自动将其查找出来，并提示具体的改正方法。

（6）在互联网上公开播客。如果所依托的网站在发布之前已经有很多播客目录，用户则可以在自己的网页上添上按钮和图标，以吸引人们的注意力。

三、常用的音视频文件格式

1. 视频文件格式

（1）AVI 格式。它的英文全称为 Audio Video Interleaved，即音频视频交错格式。它于 1992 年被 Microsoft 公司推出。所谓“音频视频交错”，就是可以将视频和音频交织在一起进行同步播放。这种视频格式的优点是图像质量好，可以跨多个平台使用。其缺点是体积过于庞大，且压缩标准不统一，所以在播放 AVI 文件时可能会出现由于视频编码问题而造成的视频不能播放，或即使能够播放但不能调节播放进度和播放时只有声音没有图像等问题。如果用户在进行 AVI 格式的视频播放时遇到了这些问题，可以通过下载相应的解码器来解决。

（2）nAVI 格式。nAVI 是 newAVI 的缩写，是一个名为 ShadowRealm 的组织发展起来的一种新视频格式（与上面所说的 AVI 格式没有太大联系）。它是由 Microsoft ASF 压缩算法的修改而来的，但是又与下面介绍的网络影像视频中的 ASF 视频格式有所区别，它以牺牲原有 ASF 视频文件视频“流”特性为代价而通过增加帧率来大幅提高 ASF 视频文件的清晰度。

（3）DV-AVI 格式。DV 的英文全称是 Digital Video Format，是由索尼、松下、JVC 等多家厂商联合提出的一种家用数字视频格式。目前非常流行的数码摄像机就是使用这种格式记录视频数据的。它可以通过电脑的 IEEE 1394 端口传输视频数据到电脑，也可以将电脑中编辑好的视频数据回录到数码摄像机中。这种视频格式的文件扩展名一般是.avi，所以也叫 DV-AVI 格式。

（4）MPEG 格式。它的英文全称为 Moving Picture Expert Group，即运动图像专家组格式，家里常看的 VCD、SVCD、DVD 就是这种格式。其压缩方法依据是相邻两幅画面绝大多数是相同的，把后续图像中和前面图像有冗余的部分去除，从而达到压缩的目的（其最大压缩比可达到 200:1）。目前 MPEG 格式有三个压缩标准，分别是 MPEG-1、MPEG-2 和 MPEG-4。

MPEG-1：制定于 1992 年，它是针对 1.5Mbit/s 以下数据传输率的数字存储媒体运动图像及其伴音编码而设计的国际标准，也就是我们通常所见到的 VCD 制作格式。这种视频格式的文件

扩展名包括 . mpg、. mlv、. mpe、. mpeg 及 VCD 光盘中的 . dat 文件等。

MPEG-2：制定于 1994 年，设计目标为高级工业标准的图像质量以及更高的传输率。这种格式主要应用在 DVD/SVCD 的制作（压缩）方面，同时在一些 HDTV（高清晰电视广播）和一些高要求视频编辑、处理上面也有应用。这种视频格式的文件扩展名括 . mpg、. mpe、. mpeg、. m2v 及 DVD 光盘上的 . vob 文件等。

MPEG-4：制定于 1998 年，MPEG-4 是为了播放流式媒体的高质量视频而专门设计的，它最有吸引力的地方在于它能够保存接近于 DVD 画质的小体积视频文件。这种文件格式还包含了以前 MPEG 压缩标准所不具备的比特率的可伸缩性、动画精灵、交互性甚至版权保护等一些特殊功能。这种视频格式的文件扩展名包括 . asf、. mov 等。

(5) DivX 格式。这是由 MPEG-4 衍生出的另一种视频编码（压缩）标准，也即我们通常所说的 DVDrip 格式，它采用了 MPEG4 的压缩算法同时又综合了 MPEG-4 与 MP3 各方面的技术。其画质直逼 DVD 并且体积只有 DVD 的数分之一。这种编码对机器的要求也不高，所以对目前的 DVD 造成的威胁最大。

(6) MOV 格式。这是美国 Apple 公司开发的一种视频格式，默认的播放器是苹果的 QuickTimePlayer。它具有较高的压缩比率和较完美的视频清晰度等特点，但是其最大的特点还是跨平台性，即不仅能支持 MacOS，同样也能支持 Windows 系列。

(7) ASF 格式。它的英文全称为 Advanced Streaming format，用户可以直接使用 Windows 自带的 Windows Media Player 来播放。由于它使用了 MPEG-4 的压缩算法，所以压缩率和图像的质量都很不错。

(8) WMV 格式。它的英文全称为 Windows Media Video，也是微软推出的一种采用独立编码方式并且可以直接在网上实时观看视频节目的文件压缩格式。WMV 格式的主要优点包括：本地或网络回放、可扩充的媒体类型、部件下载、可伸缩的媒体类型、流的优先级化、多语言支持、环境独立性、丰富的流间关系以及扩展性等。

(9) RM 格式。Real Networks 公司所制定的音频视频压缩规范称为 Real Media，用户可以使用 RealPlayer 或 RealOne Player 对符合 RealMedia 技术规范的网络音频/视频资源进行实况转播。RealMedia 可以根据不同的网络传输速率制定出不同的压缩比率，从而实现在低速率的网络上传送和播放影像。这种格式的另一个特点是用户使用 RealPlayer 或 RealOne Player 播放器可以在不下载音频/视频内容的条件下实现在线播放。RM 和 ASF 格式各有千秋，通常 RM 视频更柔和一些，而 ASF 视频则相对清晰一些。

(10) RMVB 格式。这是一种由 RM 视频格式升级延伸出的新视频格式，它的先进之处在于 RMVB 视频格式打破了原先 RM 格式那种平均压缩采样的方式，在保证平均压缩比的基础上合理利用比特率资源，就是说静止和动作场面少的画面场景采用较低的编码速率，这样可以留出更多的带宽空间，而这些带宽会在出现快速运动的画面场景时被利用。这样在保证了静止画面质量的前提下，大幅地提高了运动图像的画面质量。相对于 DVDrip 格式，RMVB 视频也是有着较明显的优势，这种视频格式还具有内置字幕和无需外挂插件支持等独特优点。播放这种视频格式可使用 RealOne Player2. 0 或 RealPlayer8. 0 及 RealVideo9. 0 以上版本的解码器。

2. 音频文件格式

（1）wav 文件。wav 文件是 Windows 所使用的标准数字音频文件，称为波形文件。wav 文件来源于对声音模拟波形的采样而未经压缩的文件，wav 文件使用三个参数来表示声音，它们是：采样频率、采样位数和声道数。wav 文件的特点还原性好、表现力强、支持它的播放器多、存储量大。

（2）mp3 文件。mp3 文件是根据 MPEG-1 视频压缩标准中，对立体声伴音进行三层压缩的方法所得到的第三层数字音频文件，其压缩比为 1∶12。mp3 文件存储量小，在一张普通的光盘上能保存相当于 10～12 张 CD 上的音乐，且具有流媒体的特点，适合在 Internet 上进行下载或实时播放。

（3）MID/MIDI 文件。MIDI 是音乐设备数字接口（Musical Instrument Digital Interface）的英文缩写，是 MIDI 协会设计的音乐文件标准。MID 文件实际上是对乐谱的数字描述，而不是采样量化声音波形，因此 MID 文件的存储量很小，一首 5 分钟的音乐其 MID 文件的容量只有几十 KB 大小，而其 wav 波形文件的容量有几十 MB 大小。

（4）RA/RM/RAM。Realaudio 文件是 Real Networks 公司开发的一种新型音频流文件格式，它包含在 Real Network 公司所定制的音频、视频压缩规范——Realmedia 中，主要用于在低速率的广域网上实时传输音频信息。网络连接速率不同，客户端所获得的声音质量也不尽相同：对于 14.4KB/s 的网络连接，可获得调幅（AM）质量的音质；对于 28.8KB/s 的连接，可以达到广播级的声音质量，如果使用 ISDN 或 ADSL 等更快的线路连接，则可获得 CD 音质的声音。

（5）VQF。VQF 即 TWINVQ，是有 NTT 与 YAMAHA 共同开发的一种音频压缩技术。VQF 的音频压缩率比标准的 MPEG 音频压缩率高出近一倍，可以达到 18∶1 左右，甚至更好。因此在音频压缩率方面，MP3 和 RA 都不如 VQF，而与它们相比，如此之高的压缩率也几乎没有影响音频的品质。

（6）AIF/AIFF。AIFF 是音频交换文件格式的英文缩写，是 APPLE 公司开发的一种音文件格式，被 Macintosh 平台及其应用程序所支持，Netscape Navigator 浏览器中的 Liveaudio 也支持 AIFF 格式，SGI 及其他专业音频软件包也同样支持 AIFF 格式。AIFF 支持 ACE2、ACE8、MAC3 和 MAC6 压缩，支持 16 位 44.1kHZ 立体声。

（7）AU。AU（Audio）文件是 SUN 公司推出的一种经过压缩的数字声音格式。AU 文件原先是 UNIX 操作系统下的数字声音文件。由于早期 Internet 上的 Web 服务器主要是基于 UNIX 的，所以，AU 格式的文件在如今的 Internet 中也是常用的声音文件格式，Netscape Navigator 浏览器中的 Liveaudio 也支持 AU 格式的声音文件。

【本章小结】

本章首先介绍了博客的概念、分类、博客与个人主页、BBS 论坛和网摘的区别；然后介绍了近几年迅速兴起的掘客的概念、掘客的核心思想，以及掘客和博客、播客的区别，掘客类网站在中国的发展；介绍了播客的相关概念，播客是网络领域中新兴的一种信息传播方式，它可以实现音频、视频的共享，相当于建立了个人的网络电台，这是一个从纯文字传播到音频和视频传播的过程。

博客与播客在形式上虽然大相径庭，但都是在 Web2.0 环境下的典型应用，都是普通网民向社会展现自身思想的一种途径，同时，也不可避免地影响着当代社会。

应用案例　老徐博客现象分析㊀

2005 年被称为"中国博客元年"。中国以惊人的速度进入了全民博客时代：几乎每秒 10 个博客的增长速度和 4000 万以上的博客注册用户。作为国内领先的博客门户，博客网获得了数千万美元的风险投资，发展势头迅猛；而作为传统门户的新浪、搜狐等，则不甘心落后于潮流，在分别推出了"首届中国博客大赛"和"全球中文博客大赛"后，相继推出了门户博客。借助于门户网站的优势，新浪和搜狐博客刚一面世就受到了网民们的追捧，而新浪和搜狐的名人博客战略也起到了极大的营销效果。

2005 年年底，一批"明星博客"初具规模，印证了 2005 年博客的勃兴，宣告博客时代的来临。这不仅方便了追捧这些名人的网民，使他们通过博客这种虚拟的交流平台直接了解明星每日的生活实录和喜怒哀乐，通过博客留言、发表评论等方式，将想表达却又没有渠道表达的话语和情感，通过博客传达给名人，博客还成为了记者获取名人信息的又一个重要来源。

2006 年 2 月 13 日约 11 时，徐静蕾的博客冲破 1000 万点击量大关，徐静蕾成为了中国名人博客第一人。而从 2005 年 10 月 25 日徐静蕾第一天写博客算起，整个过程仅 112 天。自此，"老徐的博客"成了她的第二张名片。目前，徐静蕾的博客在全球最具影响力博客 50 强中排名第 12 名，点击达到 222874639 次，基本上已经有了广告价值。徐静蕾的博客之所以走红，主要有几点缘由：

（1）率性表达。徐静蕾的写作随性、自然、真实。用她自己的话来说，正如她拍电影想要通过某种影像、通过一个故事的形式来表达想要说的话一样，博客也是一种表达方式。徐静蕾在她的博客中称自己为"老徐"，真实记述自己生活中的点点滴滴，评价自己生活中的事物，向网民展示了一位名人喜怒哀乐的真实情感世界，亲切而容易接近。

（2）较有文采。众所周知，从先前单纯的表演到现在的自导自演，徐静蕾是演艺圈内出了名的才女。阅读"老徐的博客"，其文字清新、朴实，凝聚了网络人气。

（3）亲历亲为。徐静蕾的博客从不请人代笔，她从来不会因为工作忙而间断写作，不会为了塑造形象而虚伪造作。

（4）名人效应。说到底，其吸引力的核心来源是名人本身的神秘面纱正在向大众揭开。博客是连续性写作的公共平台，它把名人的生活搬上了虚拟空间，让人感受到电子世界和虚拟空间中的名人"透明度"效应，正是通过连续的交流，虚拟世界连通了名人和网民的精神空间。

【相关链接】

1. 超过 120 项 Blog 实用工具集合，http://webleon.org/2007/06/120blog.html
2. 成功博客的 10 大条件，http://www.bookeer.cn/2008/07/success-blog.html
3. 要成为职业 blogger 所必需的 10 个条件，http://www.iblog2008.cn/about-blog/94
4. 播客百度百科，http://baike.baidu.com/view/7024.htm
5. 派派网，http://www.piekee.com

㊀ 资料来源：http://www.sznews.com/jbjob/content/2007-04/24/content_1072578.htm，有删节。

习 题

一、选择题

1. 最早，是由（ ）在1997年12月提出博客这个名称的。

A. CameronBarrett B. BrigitteEaton C. JornBarger D. JesseJ. Garrett

2. 哪一项不属于网络交流方式？（ ）

A. E-mail B. BBS C. blog D. digg

3. 掘客不适合哪一类人？（ ）

A. RSS订阅器使用爱好者 B. 交友的人 C. 评论者 D. 不爱上网的人

4. 下面哪项不属于博客与个人主页的区别？（ ）

A. 个人网站技术门槛较高 B. 个人网站制作的时间周期长

C. 个人网站常常注重内容本身 D. 个人网站成本高

5. 下列哪一项不是播客兴起的原因？（ ）

A. 寻求口语表达或影像表达的乐趣 B. 资源方面交流与共享的便利性

C. 技术赋予的生产随身性、可移动性的特性 D. 可以显示高雅的情操和格调

6. 以下哪个选项不是播客的好处？（ ）

A. 带有草根色彩的传播 B. 播放流程是线性化的

C. 传统媒介受众角色的改变 D. 个人化的制作特色

二、名词解释

1. 博客
2. 协作式的博客
3. 知识库博客
4. 草根文化
5. Podcast

三、简答题

1. 博客与个人主页有哪些区别？
2. 博客站点的设计有哪几步？
3. 如何开设自己的博客？
4. 简述Podcasting的定义。
5. 详细说明制作播客的相关技术及步骤。

参 考 文 献

[1] 陈德人. 电子商务系统结构 [M]. 2版：北京：高等教育出版社，2008.

[2] 比较 ASP. NET/ASP/PHP/JSP 网站开发语言 [R/OL]，http://hi. baidu. com/240728057/blog/item/cd22481f4538b869f624e4c6. html.

[3] 中国互联网的发展历史 [R/OL]，http://www. qjy168. com/forum/d_ 18989. html.

[4] 什么是电子商务 [R/OL]，http://zhidao. baidu. com/question/14584996. html? fr = ala0.

[5] Jeffrey F Rayport；Bernard J Jaworski. 电子商务导论 [M]. 史启亮，杨坚争，译. 2版. 北京：中国财政经济出版社，2004.

[6] 网络接入技术 [R/OL]，http://www. examda. com/ec/fudao/20080917/100536864. html.

[7] 阅读搜索引擎按其工作方式主要可分为三种 [R/OL]，http://www. 51hlht. com/seo/alexa/6c224264d8756b05. html.

[8] 特色搜索引擎 [R/OL]，http://news. chinabyte. com/48/2009548. shtml.

[9] 朱玉珍. 网络信息检索技术探析 [J]. 现代情报，2004 (8).

[10] 佘正平. 搜索引擎的使用与技巧 [J]. 农业图书情报学刊，2007 (11).

[11] 唐琴，许侃，林鸿飞. 搜索引擎发展阶段研究及热点发现 [J]. 情报学报，2008 (10).

[12] 董明哲，张同军. 基于信息语义异构信息集成方法研究 [J]. 计算机工程，2005 (2).

[13] 刘兴亮. 奥巴马的胜利得益于《长尾理论》 [DB/OL]，http://net. zdnet. com. cn/network_ security_ zone/2008/1110/1224500. shtml.

[14] 佚名. 互联网历史上的50个经典时刻——Web2. 0时代 [DB/OL]，http://net. zdnet. com. cn/network_ security_ zone/2008/1028/1199066. shtml.

[15] 佚名. 什么是 Web2. 0? [DB/OL]，http://www. marketingman. net/FAQ/0051. htm.

[16] 郑越. 我国 Web2. 0 发展现状与趋势研究 [D]. 北京：北京邮电大学，2006.

[17] 白玉. Web2. 0 环境下图书馆信息服务研究 [D]. 武汉：华中师范大学，2008.

[18] 陈爱红. 基于 Web2. 0 的网络营销策略研究 [D]. 合肥：合肥工业大学，2007.

[19] 邓建国. Web2. 0时代的互联网使用行为与网民社会资本之关系考察 [D]. 上海：复旦大学，2007.

[20] 王丹. 基于 Web2. 0 的信息服务研究 [J]. 情报资料工作，2007 (5).

[21] 艾瑞咨询集团. 中国 Web2. 0 发展及盈利模式研究报告 [R]. 2009.

[22] 金坚. XML 的诞生、特点及主要相关技术分类 [R/OL]，http://industry. ccidnet. com.

[23] XML 的诞生、特点及主要相关技术分类 [R/OL]，http://www. jspcn. net/htmlnews/1100380316. html.

[24] XML 带你步入精彩的网络世界 [R/OL]，http://www. souzz. net/online/xml/index. htm.

[25] 谢金领. 文档标记语言 XML 的发展前景分析 [J]. 黔东南民族师专学报，2001 (4).

[26] Ryan Asleson，Nathaniel T Schutta. Ajax 基础教程 [M]. 金灵，译. 北京：人民邮电出版社，2006.

[27] Dave Crane，Eric Pascarello，Darren James. Ajax 实战 [M]. ajaxcn. org，译. 北京：人民邮电出版社，2006.

[28] 柯自聪. Ajax 开发简略 [M]. 北京：电子工业出版社，2006.

[29] webservice 百度百科 [R/OL]，http://baike. baidu. com/view/837392. htm.

[30] 黎朝辉. 基于 Web 服务的 B2B 电子商务中的在线采购系统的实现研究 [D]. 武汉：武汉大学，2004.
[31] 王静丹. 基于 Web service 的 MIS 架构研究 [D]. 杭州：浙江大学，2002.
[32] 刘宝. 基于 Web service 的动态电子商务模型的研究 [D]. 杭州：浙江大学，2002.
[33] 李劳. 基于 Web 服务的 B2C 电子商务研究 [D]. 合肥：合肥工业大学，2007.
[34] 吴志航. 远程教育 Web Service 应用模型的设计与实现 [D]. 杭州：浙江大学，2002.
[35] 斯太门兹，P2P 系统及其应用 [M]. 王玲芳，陈焱，译. 北京：机械工业出版社，2008.
[36] 杨天路，刘宇宏，张文，等. P2P 网络技术原理与系统开发案例 [M]. 北京：人民邮电出版社，2007
[37] 邢小良. P2P 技术及其应用 [M]. 北京：人民邮电出版社，2008.
[38] 蓝牙技术与原理概述 [R/OL]，http://www.xici.net/u190263/d1181132.htm.
[39] 阐述 3G 技术在我国的发展现状 [R/OL]，http://lunwen.5151doc.com/Article/HTML/225564.html.
[40] 李馨，雷维礼. 宽带无线接入技术的现状及发展 [J]. 通信与信息技术，2005 (6).
[41] 沈惠敏. 我国移动电子商务发展趋势研究 [J]. 科技情报开发与经济，2007 (1).
[42] 李国彬. 新一代网络协议 IPv6 与 IPv4 的比较研究 [J]. 网络通讯与安全，2007 (4).
[43] 刘东明，王志勤. 3G 技术及其发展 [J]. 通信管理与技术，2005 (2).
[44] 王伟. 基于 Web2.0 环境下的电子商务的盈利模式研究 [D]. 北京：对外经济贸易大学，2006.
[45] 玉珀电子科技有限公司. 看天下 RSS 指南 [R/OL]，http://www.kantianxia.com.
[46] RSS2.0 内容提要 [R/OL]，http://www.whzz.org/webdesign/XML/20071115/31469.html. 2007-09-28.
[47] 天极网. 看天下网络资讯浏览器全攻略 [R/OL]. http://tech.163.com/school.
[48] 汤代禄，韩建俊，边振兴. 互联网的变革：Web2.0 理念与设计 [M]. 北京：电子工业出版社，2007.
[49] 李丹，吕继红，吴晓伟. SNS 的精准商务传播模式研究 [J]，上海商学院学报，2008 (5).
[50] 周庆山，王京山. 维基百科信息自组织模式探析 [J]. 情报资料工作，2007 (2).
[51] 罗志成，关婉湫，张勤. 维基百科与百度百科比较分析 [J]. 情报理论与实践，2009 (4).
[52] wiki 百度百科 [R/OL]，http://baike.baidu.com/view/737.htm.
[53] HDWIKI 安装教程 [R/OL]，http://www.hudong.com/wiki/HDWIKI%E5%AE%89%E8%A3%85%E6%95%99%E7%A8%8B.
[54] 刘蕤. 博客的商业价值探讨 [J]. 商业研究，2007 (1).
[55] 黄炯. 中国博客撰写者的博客使用行为影响因素实证研究 [D]. 杭州：浙江大学，2007 (6).
[56] dig 百度百科 [R/OL]，http://baike.baidu.com/view/617454.htm.
[57] 播客发展的内在逻辑 [R/OL]，http://www.lmtw.com/dab/Manalysis/200609/26033.html.
[58] 视频广告四路试水，成熟尚需时日 [R/OL]，http://tech.sina.com.cn/i/2007-06-07/19221551624.shtml.
[59] IBM 采用播客技术，企业播客有前途吗？[R/OL]，http://news.e800.com.cn/articles/2005/81/1124097267101_1.html.
[60] 艾瑞网摘，2007—2012 年美国播客听众规模，2008.
[61] 朱文宁. 播客赢利模式探析 [J]. 湖南大众传媒职业技术学院学报，2006.
[62] 播客盈利模式探析 [N]，人民邮电，2006 (07).
[63] 陈郸. 播客：网络时代的私人广播电视 [D]. 北京：中央民族大学，2009.